библиотека **Коммерсантъ**

ИД «Коммерсантъ»
ЭКСМО

ИЗГОИ

за
чертой бизнеса

Москва

ЭКСМО

УДК 334
ББК 65.5
С 60

Под общей редакцией *Владислава Дорофеева*
Авторы-составители: *Александр Соловьев, Валерия Башкирова*

Фото на обложке ИД «Коммерсантъ»
Дизайн *Андрея Ирбита*

Соловьев А.

С 60   ИЗГОИ. За чертой бизнеса / Александр Соловьев, Валерия Башкирова. — М. : Эксмо, 2013. — 432 с. — (Библиотека «Коммерсантъ». Люди).

ISBN 978-5-699-58877-0

Вдали от родины вынуждены жить Борис Березовский, Владимир Гусинский, Евгений Чичваркин, Елена Батурина... Отбывают сроки в тюрьмах и на зонах Михаил Ходорковский, Платон Лебедев, Алексей Френкель, Семен Могилевич... Ушли в мир иной Владимир Виноградов, Бадри Патаркацишвили... Все эти люди — первопроходцы российского бизнеса, фигуры неоднозначные, но, безусловно, яркие, сильные и умные. Но, по сути, в той или иной степени они были отвергнуты нашим обществом. Почему и как это случилось — расскажет эта книга. Впечатляющие истории, собранные здесь, — не огульные обвинения или нападки на предпринимателей, а рассказ о живых людях, а также о сложных, неоднозначных, порой печальных и постыдных сторонах российского бизнеса, судопроизводства и власти.

УДК 334
ББК 65.5

ISBN 978-5-699-58877-0

Оглавление

От издателя

Перед вами второе издание выдержавшей несколько тиражей книги об известных российских бизнесменах, в прошлом сильных мира сего, ставших изгоями русского бизнеса, «князьями без княжья», вышедших «из своего прежнего социального состояния». Одни вынуждены скрываться на чужбине, другие отбывают или отбыли срок в местах заключения за реальные или мнимые преступления, третьих нет в живых. Наши герои–первопроходцы российского бизнеса — люди неоднозначные, но, безусловно, яркие, сильные и умные. По сути, сегодня им нет места в нашем обществе. Почему и как это случилось — об этом наша книга. Почему они потеряли свое «дело»? Почему стали изгоями в своем Отечестве? Мы пытались найти ответы на эти вопросы.

Почему второе издание? Потому что историй стало больше, впрочем, кто-то умудрился и вернуться (Михаил Гуцериев). Во втором издании семнадцать судеб, составленных в пятнадцать историй, уложенных в три части. В первой части («В местах столь отдаленных») рассказывается о тех, кто сегодня вынужден жить постоянно или преимущественно за пределами России. Во второй части («В местах не столь отдаленных») речь идет о тех, кто оказался за решеткой или под следствием. Третья часть («Иных уж нет...») — о людях, которые ушли из жизни.

Впечатляющие истории, собранные в этой книге, — не огульные обвинения или нападки на российских бизнесменов, а попытка показать живых людей и рассказать о сложных, неоднозначных, порой печальных и постыдных сторонах и свойствах российского бизнеса, а зачастую судопроизводства и власти. Перелистаем страницы прошлого, чтобы лучше узнать настоящее. Может быть, это позволит понять, что ожидает отечественный бизнес и страну в дальнейшем.

ЧАСТЬ I

В МЕСТАХ СТОЛЬ ОТДАЛЕННЫХ

Родина там, где чувствуешь себя свободно.

Абу Аль-Фарадж

Вступив в явный или скрытый конфликт с Российским государством, герои первой части нашей книги стали изгоями. Теперь они вынуждены постоянно, как, например, Березовский, или преимущественно, как Смоленский, жить за границами России, опасаясь потерять свободу, оставшиеся деньги и даже, возможно, жизнь.

Вынужденная эмиграция в России — явление привычное со времен Александра Ивановича Герцена и даже князя Андрея Михайловича Курбского. Но вплоть до второй волны отъездов 70—80-х годов XX века это была эмиграция по политическим мотивам. Можно ли считать героев этой книги политэмигрантами? И да, и нет.

Да, потому что их изгойство — это бегство от государственной власти, с которой они вступили в конфликт, рискнув играть в свою игру с ее представителями. При этом они либо пытались диктовать свои условия и правила, либо грубо и демонстративно нарушали государственные законы (которые, как известно, «что дышло», в данном случае повернувшееся против них), издеваясь над государством и обществом. Значит, бегство было вызвано и политическими мотивами. Нет, потому что их действия (или противодействие) чаще всего вовсе не имели политической подоплеки, но были продиктованы нечеловеческой жадностью и гордыней, страстью к наживе, даже если эта страсть была обильно приправлена соусом из красивых слов о свободе, демократии, гуманизме и проч. Впрочем, где грань между политикой и экономикой, когда речь идет о миллионах и даже миллиардах? Но все же герои первой части нашей книги могут считать, что им повезло. Они потеряли свое дело, но не разорились (или пока еще не до конца), не заключены в тюрьму, относительно свободны, живы... пока.

Но ведь это можно сказать о любом из тех, кто живет сегодня в России. Или, точнее говоря, о каждом, кто живет сегодня!

ЧЕЛОВЕК КОНФЛИКТА

БОРИС БЕРЕЗОВСКИЙ,
«ЛогоВАЗ», ОРТ,
ИД «КОММЕРСАНТЪ»,
«СИБНЕФТЬ» И МНОГОЕ ДРУГОЕ

В полночь 4 декабря 2003 года в тбилисском аэропорту приземлился частный самолет из Лондона. Прилетевший на его борту человек предъявил грузинским пограничникам документ британского МВД (так называемый «документ для поездок», TRAVEL DOCUMENT) на имя Платона Еленина (в английской транскрипции — Эленина).

Березовский — это не фамилия. Это профессия.

Журналистская мудрость

Кто вы, Mr. Elenin?

Пограничники легко узнали в нем объявленного в международный розыск Бориса Березовского и тепло его приветствовали, сказав, что давно не виделись и уже соскучились. Господин Березовский прямо в аэропорту получил грузинскую визу и отправился домой к своему давнему другу Бадри Патаркацишвили, по приглашению которого и приехал.

На следующий день грузинский посол в Москве Зураб Абашидзе был приглашен в МИД России, где ему была вручена нота в связи с визитом Бориса Березовского в Грузию. Российская сторона потребовала разъяснить, на каком основании правоохранительные органы Грузии не приняли мер к задержанию господина Березовского с целью его дальнейшей экстрадиции в Россию.

А в конце января 2004 года министр внутренних дел Великобритании Дэвид Бланкетт официально подтвердил факт выдачи российскому политэмигранту Борису Березовскому документов на имя Платона Еленина. Многие российские СМИ предположили, что господин Березовский имеет поддельный британский паспорт. На самом деле все было гораздо проще: согласно британскому законодательству о беженцах, лицам, получившим в Соединенном Королевстве политическое убежище (Борису Березовскому его предоставили в октябре 2003 года), органами МВД выдается так называемый документ для поездок.

Он не является британским паспортом, но позволяет его владельцу выезжать за границу — во все страны, кроме его собственной (в этом случае статус беженца автоматически отменяется). Причем любой беженец, чтобы обеспечить свою безопасность, может попросить МВД выдать ему travel document на вымышленное имя.

Выступая на заседании палаты общин, министр внутренних дел Великобритании Дэвид Бланкетт сообщил: «Борис Березовский обратился с официальной просьбой сменить имя на Платон Еленин, и управление по делам иммиграции и гражданства (МВД Великобритании. — *Ред.*) выдало ему документ для поездок на это имя в соответствии с Конвенцией о статусе беженцев от 1951 года».

Имя для своего псевдонима Борис Березовский позаимствовал у главного героя кинофильма «Олигарх» Платона Маковского, а фамилия Еленин образована от имени супруги господина Березовского Елены.

От завлаба до медиамагната

Появление на свет Платона Еленина означало, что прежнего Бориса Березовского, человека, который (по его словам) привел в большой бизнес Романа Абрамовича, а в большую политику — Владимира Путина, больше нет. Проживавший к моменту своего граничащего с эскападой визита в Грузию уже более двух лет в Великобритании, он, пожалуй, в наибольшей степени соответствовал образу олигарха, т. е. богача у власти, и был, возможно, самой одиозной фигурой России середины и конца 1990-х годов.

Конечно, самым демоническим персонажем российской политики Борис Березовский стал не сразу. Родившийся в 1946 году в Москве математик Березовский до конца 80-х годов XX века делал вполне успешную научную карьеру. В 1967 году окончил факультет электроники и счетно-решающей техники Московского лесотехнического института, в 1973 году – мехмат МГУ, позднее — аспирантуру в Институте проблем управления АН СССР, где защитил кандидатскую диссертацию. В ИПУ он и работал до 1987 года, защитил докторскую, стал завлабом. Вершина его научной карьеры — звание члена-корреспондента РАН, полученное в 1991 году.

Еще за два года до этого Борис Березовский создал компанию «ЛогоВАЗ», в качестве гендиректора которой и был известен широкой общественности до 1994 года. Один из нарождающихся олигархов, не более того... Конечно, Березовский уже тогда решал свои дела политическими методами, но делал это кулуарно. Если он и «светился» в прессе, то только в связи с автомобильными делами.

Но летом 1994 года на Березовского было совершено покушение. Событие получило мощный резонанс в прессе и на телевидении. Юрий Лужков тогда даже объявил войну терроризму в Москве, ссылаясь на «вопиющий случай с Березовским». Олигархи чуть ли не впервые собирались вместе и обсуждали, что делать с «заказухой».

Вероятно, именно в тот момент Березовский почувствовал, что можно играть в большие игры, не только находясь в тени. Тогда и начался большой поход Березовского в политику. В начале 1995 года он создает ОРТ, в 1996-м накануне выборов организует «письмо тринадцати». Автором этого обращения крупнейших предпринимателей России к общественности, политикам и друг к другу, призывавшего одновременно к компромиссу и к недопущению победы коммунистов на выборах, был политолог-коммунист Сергей Кургинян. Документ, озаглавленный призывом «Выйти из тупика!», подписали президент группы «ЛогоВАЗа» Б.А. Березовский, председатель правления Сибирской нефтяной компании В.А. Городилов, председатель совета директоров группы «Мост» В.А. Гусинский, президент КБ имени Яковлева А.Н. Дундуков, президент МАК «Вымпел» Н.Б. Михайлов, президент нефтяной компании «ЮКОС» С.В. Муравленко, президент компании «Роспром» Л.Б. Невзлин, президент — генеральный директор АО «АвтоВАЗ» А.В. Николаев, председатель правления КБ «Возрождение» Д.Л. Орлов, президент АКБ «ОНЭКСИМбанк» В.О. Потанин, президент АКБ «Столичный банк сбережений» А.П. Смоленский, председатель совета директоров консорциума «Альфа-групп» М.М. Фридман, председатель совета директоров банка «Менатеп» М.Б. Ходорковский.

Борис Березовский: «Бизнесом с 1995 года я не занимаюсь».

Я действительно политик и бизнесмен, хотя непосредственно бизнесом с 1995 года не занимаюсь.

Из интервью газете «Известия». Опубликовано в газете «Коммерсант» 22 июня 2001 года

Дальше — больше: в 1997 году Березовский — заместитель секретаря Совета Безопасности, в 1998-м — исполнительный секретарь СНГ, в 1999-м — депутат Госдумы. Он участвует практически во всех «разборках» ельцинского периода — воюет то с Коржаковым против Гусинского, то с Гусинским против Потанина и Чубайса, то со всеми олигархами за Ельцина, то чуть ли не в одиночку против коммунистов. Он не расстается с мобильным телефоном. Иногда на людях он даже разговаривал одновременно по двум, но никому и в голову не приходило предложить ему скрестить трубки. Все понимали, что Березовский во всех своих разговорах — самая важная деталь, без которой обойтись невозможно.

Параллельно с политическим ростом Березовского рос и его бизнес. Одновременно с получением звания членкора РАН Березовский — точнее, его компания «ЛогоВАЗ» — получает статус официального импортера автомобилей Mercedes-Benz. В 1992 году он становится председателем совета директоров Объединенного банка. В 1994-м — возглавляет «Автомобильный Всероссийский Альянс» (AVVA), созданный для сбора средств на строительство завода по выпуску дешевых «народных автомобилей». В 1995 году он становится акционером Московской независимой вещательной корпорации (ТВ-6), а с 1996-го входит в совет директоров «Сибирской нефтяной компании» («Сибнефть»). Ему принадлежали доли во многих российских бизнесах (по крайне мере, по словам Березовского).

К началу 2000 года Борис Березовский превратился в медиамагната. Он сосредоточил в своих руках крупнейшие медиагруппы, формально не объединенные в одну структуру. Кроме жемчужины его коллекции, издательского дома «Коммерсантъ», он контролировал «Московский комсомолец», «Независимую газету», «Новые известия», журналы «Домовой» и «Огонек», радиостанцию «Наше радио», телеканалы ОРТ («Первый канал») и МНВК (ТВ-6), не говоря уже о нескольких мелких (на тот момент) интернет-проектах.

Борис Березовский:
«Мой бизнес строился на глубочайшем убеждении, что Россия должна идти по пути реформ».

Многие средства массовой информации усиленно хотят создать из меня образ человека, который думает исключительно о собственных интересах и не думает об интересах других, об интересах страны. Но мой бизнес строился на глубочайшем убеждении, что Россия должна идти по пути реформ. А все остальное было вторичным, в том числе и контакты с властью.

Из интервью газете «Известия».
Опубликовано в газете «Коммерсантъ» 22 июня 2001 года

Эпистолярный олигарх

2000 год стал, видимо, годом самого высокого взлета Березовского и, как ни банально это звучит, годом его падения. 26 марта 2000 года с подавляющим преимуществом на выборах Президента РФ победил исполняющий обязанности президента России (после ухода Бориса Ельцина) Владимир Путин. Еще до своей победы, в феврале 2000 года, на встрече с доверенными лицами он озвучил ключевые тезисы своей политики по отношению к крупному бизнесу, в совокупности ставшие известными в СМИ как «равноудаление олигархов».

Новый курс незамедлительно и непосредственно сказался на положении Березовского. Кремль последовательно дистанцировался от него. В кулуарных разговорах новые кремлевские чиновники отзывались о Березовском более чем снисходительно: «Да нет, трогать мы его не будем. Он не опасен».

Попытки Березовского вернуть прежний стиль общения наталкивались на «сами с усами». Молодая олигархическая поросль, которую связывали с Кремлем, — Абрамович и Мамут (и не только они), — постепенно затмевала ореол величия самого допущенного к власти олигарха, Березовского. Он переставал быть нужным, переставал быть первым среди олигархов. Самое страшное для человека, почувствовавшего вкус власти, — оказаться отодвинутым от нее. Березовский лишался главного: возможности реально влиять на политические процессы в стране.

С весны 2000 года началось открытое противостояние Березовского с Кремлем в целом и Путиным лично — на меньшее Борис Березовский не соглашался. 31 мая 2000-го Березовский опубликовал пространное открытое письмо Владимиру Путину, которое, впрочем, еще завершалось словами «с неизменным уважением». Формально бизнесмен вызывал президента на дискуссию о принципах федерализма (поводом для письма стал президентский указ об образовании семи федеральных округов — первый из пакета документов, оформляющих «вертикаль власти»). Фактически — провоцировал на перепалку, пытаясь вернуть хотя бы видимость былого властного авторитета.

Переписка в духе Иоанна Грозного и князя Курбского между президентом и олигархом не состоялась. По сути, ответ на свое письмо Борис Березовский получил за десять дней до его публикации — прокуратура реанимировала так называемое «дело "Аэрофлота"».

Еще в августе 1997 года Счетная палата РФ провела ревизию финансово-хозяйственной деятельности авиакомпании «Аэрофлот», выявившую серьезные нарушения в отчетности компании. 18 января 1999 года Генпрокуратура РФ возбудила по материалам проверки уголовное дело, а 6 апреля следователь Николай Волков предъявил обвинение первому заместителю гендиректора «Аэрофлота» Николаю Глушкову, коммерческому директору Александру Красненкеру и акционеру компании Борису Березовскому. Им инкриминировали незаконную предпринимательскую деятельность и отмывание денег.

По данным следствия, с 1996-го по 1999 год на счета швейцарской фирмы Andava и Финансовой объединенной корпорации (ФОК) было незаконно перечислено $252 млн, выведенных из оборота «Аэрофлота». Аналогичные обвинения были предъявлены также старшему вице-президенту «Аэрофлота» по финансам Лидии Крыжевской и руководителю ФОК Роману Шейнину.

4 ноября 1999 года обвинения с Березовского были сняты, и уголовное дело в отношении его прекращено, но 5 декабря 2000 года новый следователь Александр Филин переквалифицировал обвинение на «Хищения в составе организованной группы путем мошенничества», одновременно отказавшись подписывать постановление о прекращении уголовного дела в части предыдущих обвинений.

А в мае 2000 года швейцарские власти передали в Генпрокуратуру РФ документы, изъятые в рамках расследования у компании Forus. Дело «Аэрофлота» получило новое развитие. Борис Березовский проходил по делу свидетелем, его несколько раз вызывали на допрос к следователю, уточнявшему детали.

Второй «ответ» на свое письмо предприниматель получил летом. Первым «равноудаленным» среди олигархов стал давний неприятель Березовского Владимир Гусинский, весной 2000 года попавший под следствие по подозрению в мошенничестве в особо крупных размерах. 13 июня он был арестован по этому обвинению.

Поразмышляв месяц, Борис Березовский взорвал очередную медиабомбу: 17 июля он демонстративно сложил с себя полномочия депутата Госдумы от Карачаево-Черкесии. Изложенные им причины демарша — несогласие с реформами Путина, политические проблемы в Карачаево-Черкесии и желание избавиться от депутатской неприкосновенности, чтобы приобщиться к другим олигархам, — комментаторы немедленно посчитали поводом сложить с себя полномочия депутата, а не причиной. Главный вопрос, который волновал всех, звучал так: какую очередную гениальную комбинацию задумал Березовский?

Основных версий было две, и обе крайне авантюрные.

Первая версия. Березовский просчитал, что к концу осени — началу зимы 2000 года в России естественным путем сформируется мощная оппозиция Путину. В нее войдут губернаторы, недовольные переустройством системы управления страной, часть депутатов, которые успеют к тому времени обрасти политическим жирком и почувствовать свою самостоятельность, олигархи, напуганные слишком резкими темпами введения «диктатуры закона», и либерально настроенные граждане, опасающиеся за свободу слова и личности. Березовский, понимая, что рано или поздно Путин возьмется и за него, решил воспользоваться ситуацией и попытаться эту оппозицию если не возглавить, то хотя бы принять в ее создании посильное участие. А потом заняться любимым делом — выступить посредником между властью и новой оппозицией. Со всеми вытекающими дивидендами.

Версия вторая. Березовский увидел редкую возможность отмыться от негативного имиджа, приобретенного им за годы ельцинского правления, превратившись в борца за права человека, чего не могут не оценить на Западе. Пример Владимира Гусинского показал, что наиболее выгодная позиция в противостоянии с Кремлем — это роль медиамагната, любое давление на которого можно расценить как нападение на свободу слова. Отказ от депутатского мандата — сообщение миру о том, что Березовский чувствует себя вполне чистым перед законом.

Сделав свой ход, он стал ждать ответа от государства. Через три с половиной месяца он его получил: 1 ноября 2000 года Генпрокуратура официально предупредила Бориса Березовского, что 13 ноября ему будут предъявлены обвинения в тяжких преступлениях и его скорее всего арестуют. Находившийся в тот момент за границей олигарх принял решение не возвращаться в Россию (прокуратура, вне всякого сомнения, принимала в расчет и этот вариант, пойдя на беспрецедентный анонс следственных действий), о чем традиционно уведомил общественность открытым письмом от 14 ноября.

В нем он, в частности, писал: «...я принял тяжелое решение — не возвращаться на допрос в Россию. Я решился на этот шаг в связи с постоянно усиливающимся давлением на меня власти и лично президента Путина. По существу, меня вынуждают выбирать — стать политзаключенным или политэмигрантом...

Политики руководствуются целесообразностью, поэтому главное в этом конфликте — мои принципиальные разногласия с президентом по фундаментальным вопросам развития России... Если Путин будет продолжать свою губительную для страны политику, его режим не просуществует до конца первого конституционного срока...»

ЭКОНОМИЧЕСКАЯ СОСТАВЛЯЮЩАЯ МЕДИАВОЙНЫ

Проиграв Российскому государству политически, Борис Березовский постепенно начал проигрывать экономически. Находясь за границей, эффективно управлять российскими активами он, конечно, не мог, поэтому от них надо было избавиться с наибольшей выгодой. Но политэмиграция — не самая сильная переговорная позиция.

БОРИС БЕРЕЗОВСКИЙ: «Я БОРОЛСЯ ЗА СТРАНУ»

— ВЫ БЫЛИ СКОРЕЕ БИЗНЕСМЕНОМ ОТ ПОЛИТИКИ, ЧЕМ БИЗНЕСМЕНОМ В ПОЛНОМ СМЫСЛЕ СЛОВА. ТЕПЕРЬ ВОЗМОЖНОСТЬ ДОСТУПА К ВЛАСТИ ДЛЯ ВАС ПОТЕРЯНА. У ВАС НЕТ ОЩУЩЕНИЯ ГЛОБАЛЬНОГО ПОРАЖЕНИЯ?

— У МЕНЯ ОЩУЩЕНИЕ СОВЕРШЕННО ПРОТИВОПОЛОЖНОЕ. С 1994-ГО ПО 2000 ГОД Я БОРОЛСЯ НЕ ЗА ВЛАСТЬ. Я БОРОЛСЯ ЗА СТРАНУ. И ЭТА БОРЬБА ЗА РОССИЮ НА СЕГОДНЯШНИЙ ДЕНЬ ПОЛНОСТЬЮ ВЫИГРАНА. ТАК КАК 1996 И 1999 ГОДЫ ПЕРЕЛОМИЛИ ХОД ИСТОРИИ РОССИИ.

Из интервью газете «Известия».
Опубликовано в газете «Коммерсантъ» 22 июня 2001 года

Переговоры о продаже 49% акций ОРТ, принадлежащих Березовскому, шли всю осень 2000 года. В декабре Генпрокуратура арестовала друга Березовского, бывшего замгендиректора «Аэрофлота» Николая Глушкова по обвинению в мошенничестве с финансами авиакомпании. Как утверждал позже сам Березовский, его вынуждали продать акции ОРТ, обещая взамен выпустить Глушкова под подписку о невыезде. В январе 2001 года становится известно, что Березовский свою часть сделки выполнил (что примечательно, при посредничестве Романа Абрамовича). Однако Глушков остался в тюрьме.

Следующий обмен любезностями состоялся в апреле 2001 года. 6 апреля Березовский направил журналистам НТВ письмо, в котором заявил о готовности «незамедлительно приступить к выполнению всех необходимых процедур, позволяющих коллективу НТВ выходить на телеканале «ТВ-6». 10 апреля Березовский выступил в «Коммерсанте» с открытым письмом «Остановитесь!» с такими словами: «Опомнитесь! Каюсь. Тоже виноват. Меня развели самого первого. Не учел его, Путина, чекистскую заточку». А 13 апреля было сообщено, что Генпрокуратура возбудила новое дело против Николая Глушкова — по факту попытки побега из больницы, который, как утверждало следствие, организовали Борис Березовский и гендиректор ТВ-6 Бадри Патаркацишвили.

Летом Генпрокуратура вынесла постановление о его принудительном приводе на допрос. Параллельно пенсионный фонд «ЛУКОЙЛ-Гарант» продолжал судиться с Березовским за ТВ-6. 20 июля 2001 года Генпрокуратура объявила об окончании следствия по делу «Аэрофлота». В августе того же года в отдельное производство было выделено дело швейцарской компании Forus, заочным обвиняемым по которому стал политэмигрант Борис Березовский.

17 октября Березовский обратился к главе ЛУКОЙЛа Вагиту Алекперову с предложением выкупить у него пакет акций ТВ-6. Спустя три дня Березовского объявили в федеральный розыск.

В 2002 году накал медиавойны Березовского с Кремлем только усилился. 11 января, сразу после решения арбитражного суда о ликвидации ТВ-6, Борис Березовский заявил в интервью радиостанции «Эхо Москвы», что готовит для обнародования «пакет документов, который докажет всем, что именно спецслужбы России взрывали дома в Москве и в Волгодонске и готовили очередной взрыв в Рязани». 17 января Березовский поместил в «Коммерсанте» едкий комментарий по поводу интервью Владимира Путина польским СМИ и пресс-конференции во Франции, в частности, с такими словами: «Лжет, к величайшему сожалению, президент великой страны, поэтому и приговаривает, и проговаривается...»

24 января Березовскому на НТВ ответил директор ФСБ Николай Патрушев. По его словам, ФСБ располагает данными о причастности Березовского к финансированию незаконных вооруженных формирований в Чечне. А 29 января неназванный источник в правоохранительных органах сообщил «Интерфаксу» о «наличии в действиях Березовского и Патаркацишвили признаков преступлений, предусмотренных частью 1 статьи 208 УК РФ» (создание вооруженного формирования (объединения, отряда, дружины или иной группы), не предусмотренного федеральным законом, а равно руководство таким формированием).

28 февраля Генпрокуратура продлила срок следствия по делу Березовского до 28 мая. 5 марта Березовский провел в Лондоне пресс-конференцию «Россия Путина. Государственный терроризм?», на которой показал 10-минутный отрывок из фильма «Покушение на Россию» и обвинил ФСБ во взрыве домов в 1999 году. В тот же день Генпрокуратура ответила видеосюжетом, в котором неназванный свидетель с закрытым лицом и измененным голосом обвинил Березовского в заказе похищения полпреда МВД в Чечне Геннадия Шпигуна, и обещала, если это подтвердится, объявить Березовского в международный розыск.

Сложно сказать, принесла ли медиавойна Борису Березовскому материальные дивиденды. Жанр открытого письма полюбился опальному олигарху. Последнее (на сегодняшний день) открытое письмо под названием «О неизбежности краха путинского режима и необходимости новой революции в России» господин Березовский предложил «Коммерсанту» и «Ведомостям» в августе 2007 года. Российские газеты отказались его печатать. Напечатали СМИ на Украине.

Диалог с властью все-таки довольно быстро перешел на личности. Так, Владимир Путин еще в 2001 году подтвердил, что лично считает Березовского преступником (на встрече с журналистами НТВ на вопрос, нет ли в стране другого такого же опасного преступника, как Гусинский, президент ответил: «Ну почему же, есть еще Березовский»).

В результате общение власти с опальным олигархом больше всего стало напоминать крикливую свару в излюбленной русской стилистике: «Дурак!» — «Сам дурак!» То есть государство заговорило с Березовским на его же языке, тем самым как бы приподнимая его до своего уровня. Чего, собственно, тот и добивался на протяжении всей своей политической карьеры — как в диссидентские, так и в додиссидентские времена. И это стало, пожалуй, единственным успехом публичной деятельности Бориса Березовского.

Из других «приобретений» — объявление его в международный розыск и попытка Генпрокуратуры РФ добиться выдачи в 2003 году по очередному делу о мошенничестве. (Березовский обвинялся в хищении более 2300 автомобилей «АвтоВАЗ» при проведении «ЛогоВАЗом» в 1994—1995 годах зачетной сделки с «АвтоВАЗ» и администрацией Самарской области). 1 июля Лондонский суд отклонил запрос, так как Борис Березовский запросил политического убежища в Великобритании. 10 сентября оно было ему предоставлено.

Статус политического беженца обеспечил Березовскому новые возможности, и он продолжил заниматься любимым, видимо, делом — составлением комбинаций из нескольких миллионов людей, называемых избирателями, т. е. публичной политикой. Результатами на этом поприще, правда, похвастать он вряд ли может. Финансирование «Оранжевой революции» на Украине в 2004 году закончилось для него запретом на въезд в Украину в 2005-м. Интерес к Прибалтике — запретом на въезд в Латвию в том же 2005-м. Громкие выступления в прессе о подготовке «силового перехвата» власти в России (в январе 2006-го и апреле 2007 года) закончились потерей последнего крупного российского актива — издательского дома «Коммерсантъ», проданного в 2006 году через Бадри Патаркацишвили Алишеру Усманову, и возбуждением дела о попытке «насильственного захвата власти». А обвинения в адрес российских спецслужб по делу об отравлении в Лондоне экс-агента ФСБ Александра Литвиненко, работавшего на британскую MI6, — встречными обвинениями в том, что отравление Литвиненко организовал сам Березовский. А в феврале 2012 г. обвиняемый в убийстве обозревателя «Новой газеты» Анны Политковской (произошло 7 октября 2006 г.) бывший начальник отделения оперативно-поискового управления ГУВД Москвы Дмитрий Павлюченков дал показания о том, что заказчиками громкого преступления являлись бывший эмиссар чеченских боевиков Ахмед Закаев и бизнесмен Борис Березовский, у которых с журналисткой был конфликт.

Последние политические «перфомансы» Бориса Березовского уже граничат с клоунадой, причем такого уровня, до которого не опускался даже признанный мастер этого жанра Владимир Жириновский. Среди них — идея создания Христианско-демократической революционной партии России, озвученная предпринимателем в своем блоге в марте 2012 г. (смычка христианско-демократического и революционного посыла, по Березовскому, в том, что «переход от язычества к христианству — это революция»), или обещание выплатить 50 млн руб. тому, кто не пустит в Кремль инаугурационный кортеж новоизбранного Президента России В.В. Путина или вообще арестует его. Подобные действия, по мнению экс-олигарха, были бы направлены на «восстановление конституционного порядка» — последние думские и президентские выборы Борис Березовский считает «узурпацией власти».

Более успешной оказалась юридическая (или, если угодно, сутяжническая) деятельность Бориса Березовского в Великобритании. Он выиграл несколько процессов у различных СМИ, приписывающих ему уголовщину разной степени тяжести. В 2005 году в Высоком Суде Англии с треском разгромил руководителя «Альфа-групп» Михаила Фридмана, который в октябре 2004 года в эфире ток-шоу «К барьеру» на канале НТВ заявил, что Борис Березовский в 1999 году обещал его «замочить». Суд присяжных обязал Фридмана выплатить Березовскому 50 тыс. фунтов стерлингов.

В феврале 2009 года бизнесмен подал иск в Высокий суд Лондона с требованием подтвердить его права на 5% акций холдинга «Металлоинвест», которые он должен был получить по договоренности с покойным бизнесменом Бадри Патаркацишвили. Ответчиками стали наследники Патаркацишвили, компания Coalco, владевшие 20% «Металлоинвеста», ее глава Василий Анисимов. В январе 2010 года Березовский добился ордера на арест части имущества умершего партнера, но тяжба продолжается.

В 2010 году Борис Березовский выиграл крупный процесс против бизнесмена Руслана Фомичева, который брал у него кредит в 2003 году. Березовский отсудил у ответчика $52,5 млн.

Но истинной жемчужиной судебной деятельности обещает стать дело «Березовский против Абрамовича».

Как поссорились Борис Абрамович и Роман Абрамович

С момента эмиграции мысль о возмездии не выходила у Березовского из головы, он хотел отомстить Путину за то, что тот по достоинству не отблагодарил его за все старания, хотел отомстить Абрамовичу за то, что тот сделал выбор не в пользу его, Березовского, а переметнулся на сторону власти. Наверняка были и еще персоны, которых хотелось бы «зацепить».

Он давно решил затеять «процесс века», но лишь в 2007 году, спустя почти семь лет после эмиграции в Лондон, что-то начало получаться. Несмотря на то, что процесс этот вряд ли решится в пользу истца, он все же может изрядно подпортить репутацию некоторых его участников, а этого жаждущему мести Березовскому уже достаточно.

Березовский обвинил Абрамовича в том, что тот «путем рэкета и шантажа вынудил его по дешевке продать российские активы — половину «Сибнефти» за $1,3 млрд, половину ОРТ за $170 млн и четверть «Русала» за полмиллиарда». Действовал же «шантажист» якобы по наводке Кремля, и основным аргументом были угрозы: «Если не продашь акции, они будут отобраны».

Борис Березовский: «Роман Абрамович — молодой и обучаемый»

Я знаю, что есть пространство, где Роман очень силен — в личном общении с людьми. Я знаю, где он слабее меня — он пока хуже понимает политическую стратегию. Но и не претендует, что понимает. Он молодой и обучаемый. Хотя, с моей точки зрения, он недостаточно образованный человек, но обучаемый. Умный и, что особенно важно, точно оценивает свои возможности.

Из интервью газете «Коммерсантъ» 27 ноября 1999 года

Изначально иск был составлен на общую сумму $7,5 млрд — именно такую сумму, по мнению Березовского, ему недодали. Особенность иска в том, что истец вряд ли может рассчитывать на компенсацию, ведь в то время, когда он продавал перечисленные активы, он получил за них рыночную стоимость. Более того, многие договоренности бывших партнеров были сделаны скорее «по понятиям» и не закреплены документально: Березовский был госслужащим, и ему нельзя было заниматься предпринимательством.

Но, похоже, основная цель Березовского все же не получить деньги (это в случае выигрыша будет лишь приятным дополнением), а подпортить жизнь некоторым участникам действий и приковать внимание общественности к темной стороне ненавидимой им путинской России. За свою репутацию он уже не боится, на него и так только в России заведено 11 уголовных дел (в российских судах он проигрывает их одно за другим), а по всему миру и того больше. Поэтому он без особого стеснения в ходе дела вываливал из шкафов свои старые скелеты: скандальные залоговые аукционы по продаже «Сибнефти», взятки высшим должностным лицам, дела о крупных хищениях автомобилей, совершенных бывшими руководителями «ЛогоВАЗа», а также многое другое.

Кроме того, истец утверждал, что в обмен на выход из бизнесов ему обещали отпустить из места заключения его товарища Николая Глушкова, но не выполнили обещания. «Я считаю, что Абрамович – лучший в стране «разводчик». Этот человек гениально играет на всех слабостях, психологических нюансах, противоречиях своих контрагентов. Но для меня он перешел ту границу, которая отделяет человека от бандита», — заявлял «обиженный».

Момент вручения повестки заслуживает отдельной истории. Как-то осенью 2007 года Борис совершал покупки в бутике Dolce & Gabbana в Лондоне, и его телохранители заметили Романа Абрамовича, тоже покупающего что-то двумя магазинами ниже по улице.

До этого Березовский уже полгода возил повестку в своем лимузине и никак не мог выждать момент, когда ее можно будет вручить, а тут такая встреча (по британскому законодательству ответчика должны вызвать в суд лично судебные органы или сторона, подавшая иск). Недолго думая Березовский кинулся в машину за повесткой, затем, после небольшой стычки с телохранителями Абрамовича, прорвался к нему и протянул повестку. Но господин Абрамович засунул руки в карманы, и бумаги упали на пол. Так что можно было бы посчитать, что Абрамович ничего не получил, однако описанные события были сняты камерами внутреннего наблюдения магазина, и запись предоставлена Березовским в суд в качестве доказательства того, что повестка была вручена.

В 2008 году Роман Абрамович ответил 53-страничным документом в свою защиту. В нем, в частности, он рассказал о встрече в аэропорту Санкт-Морица в Швейцарии в 2001 году, когда господин Патаркацишвили попросил его заплатить $1,3 млрд господину Березовскому. «Ответчик (т. е. Роман Абрамович. — *Ред*.), — говорится в документе, — согласился заплатить эту сумму денег на основе того, что это будет последняя просьба о выплате со стороны господина Березовского и что он и господин Патаркацишвили прекратят публично ассоциировать себя с ним и его деловыми интересами».

Собственно судебный процесс начался в октябре 2011 г. Сумма претензий Березовского к Абрамовичу снизилась до $5,5 млрд. Показания фигурантов дела изобилуют взаимными обвинениями и миллиардными суммами. Судебная драма «Как поссорились Борис Абрамович с Романом Аркадьевичем» привлекает пристальное внимание как российской, так и международной прессы, которая уже запустила в оборот новое слово krysha. Свое отношение к процессу высказал даже российский премьер Владимир Путин, пожуривший бизнесменов за нежелание судиться на родине. «Деньги были заработаны и украдены здесь, пусть здесь и делят!» — заявил он.

Ожидается, что Лондонский суд примет решение к лету 2012 г.

ЧЕЛОВЕК КОНФЛИКТА

Когда-то почти всесильный, а ныне беглый олигарх, манипулятор, провокатор и комбинатор Борис Березовский — личность, бесспорно, многоплановая.

Сначала он сознательно создавал себе имидж человека, вхожего в высшие инстанции, умеющего решать вопросы и советующего власти, как ей поступать в том или ином случае. Потом имидж стал создавать его самого. При этом Борис Березовский всегда умудрялся быть не тем, кем его считало общественное мнение.

Политиком он был официально признан лишь после того, как стал одним из заместителей секретаря Совета Безопасности — далеко не самого важного органа в иерархии российских властных структур. Его считали идеальным чиновником для особых поручений. Переговоры с чеченскими лидерами, выкуп заложников на Северном Кавказе, неофициальные контакты с московскими коммунистами — это была его стихия.

Но как о публичном политике и он сам, и другие заговорили о нем лишь после его громкого увольнения в 1997 году. Как будто не было в его активе выдержанных в лучших популистских традициях выступлений на юге страны... Одно только обещание добиться от федерального правительства разрешения на ношение оружия казакам принесло ему больше популярности, чем часовые выступления премьер-министра.

ДЖОРДЖ СОРОС:
«БЕРЕЗОВСКИЙ — ЭТО ЗЛОЙ ГЕНИЙ»

БЕРЕЗОВСКИЙ — ЭТО ТОТ САМЫЙ ЗЛОЙ ГЕНИЙ, ТИПИЧНЫЙ ПРЕДСТАВИТЕЛЬ ГРАБИТЕЛЬСКОГО КАПИТАЛИЗМА.

ИЗ ИНТЕРВЬЮ ГАЗЕТЕ «КОММЕРСАНТЪ» 9 ИЮНЯ 1999 ГОДА

В каком-то смысле Борис Березовский похож на Бориса Ельцина. Тот тоже не мог долго жить в бездействии — и взрывал ситуацию. Вот тогда он чувствовал себя в своей тарелке. В бытность заместителем главы Администрации Президента России Владислав Сурков сказал, что Березовский — «человек конфликта». Это абсолютно точное определение. И Ельцин был «человеком конфликта». Только первый Президент России создавал свой конфликт, чтобы начать кого-то громить, а Березовский вклинивался в чужой конфликт, чтобы обеспечить свои интересы — и предпринимательские, и политические.

Без проблемы (все равно — реальной или созданной своими руками), которую нужно решать, ему, похоже, просто скучно.

Первый среди «равноудаленных»

Владимир Гусинский,
«Медиа-Мост», НТВ и др.

12 июня 2000 года медиамагнат Владимир Гусинский вернулся в Москву из очередной загранпоездки. Его ожидала повестка в Генпрокуратуру для дачи показаний по поводу хранения патронов к наградному пистолету (Гусинский получил его несколько лет назад в подарок от Правительства России), обнаруженных во время обыска его кабинета.

Демократы не могут заниматься бизнесом,
демократы могут заниматься политикой.
А в бизнесе не может быть демократии.
Военная дисциплина и абсолютное
выполнение поставленных задач.

Владимир Гусинский

Особенности русского видео

Владимир Гусинский не ожидал каких-то особенных проблем. Скорее он был даже в хорошем настроении — незадолго до этого Пресненский суд Москвы признал незаконными часть обысков, проведенных в мае Генпрокуратурой и ФСБ в офисе его группы «Медиа-Мост». Направляясь к 17.00 в прокуратуру, медиамагнат был в настолько благодушном состоянии, что не взял с собой адвоката. Но уже через полчаса после начала допроса следователь по особо важным делам Владимир Николаев сообщил Гусинскому, что тот подозревается в хищении госсобственности в особо крупных размерах и в интересах следствия задерживается на десять дней до предъявления обвинения. Это время ему предстояло провести в Бутырке.

Суть обвинений состояла в том, что «Медиа-Мост» фактически за бесценок получил «11-й» гостелеканал в Петербурге. Инициатором сделки следствие считало руководителя госкомпании «Русское видео» Дмитрия Рождественского. В декабре 1996 года сотрудниками РВ была учреждена фирма «Юридическое сотрудничество», которая, в свою очередь, организовала ООО «Русское видео — 11-й канал». Все имущество госкомпании было переведено на баланс этой фирмы. Позже в состав ее учредителей вошел «Медиа-Мост», получивший всего за 25 млн «старых» рублей (около $5000) 70% акций «Русского видео», в то время как собственность госкомпании была оценена в $10 млн. Через 12 дней после заключения сделки на счета учрежденной Рождественским в Финляндии компании Russkoe video из США поступил $1 млн. Следствие считало, что это был «откат» за выгодную продажу госкомпании.

До своего ареста Владимир Гусинский не проходил даже свидетелем по этому делу, но арест вроде бы говорил о том, что именно он станет основным его фигурантом. Правда, уже через два дня Владимир Путин фактически дал команду его освободить, заявив во время своего пребывания в Германии: «Я считаю, что брать Гусинского под стражу не следовало».

16 июня в 16.30 к дежурившим у Бутырского СИЗО журналистам вышел адвокат медиамагната Генри Резник и сообщил, что Гусинскому предъявлено обвинение по статье 159 УК РФ «Мошенничество в крупном размере». При этом мера пресечения оставалась прежней — СИЗО. Однако в тот же день в 22.00 Гусинский вышел на свободу под подписку о невыезде.

Приложение № 6

Следующий месяц с небольшим Владимир Гусинский исправно посещал допросы и ходатайствовал перед Генпрокуратурой о выезде в Испанию, к семье. Ему отказывали, потом разрешали. Медиамагнат уезжал и возвращался, чтобы присутствовать на новом допросе. Журналисты и политологи плодили версии.

Чаще всего говорили о начале реализации политики «равноудаленности олигархов», озвученной Путиным еще до своих выборов, в феврале 2000 года. Эта версия вполне вязалась с его обещаниями установить в стране «диктатуру закона», бороться с коррупцией и не позволять олигархам — тем более откровенно оппозиционным Кремлю — давить на власть. С удовольствием обсуждали разные версии «кремлевского заговора». Состав заговорщиков впечатлял: глава президентской Администрации Александр Волошин, премьер Михаил Касьянов, предприниматели Борис Березовский и Роман Абрамович. Именно с ними в основном конфликтовал Гусинский и вел «информационные войны» подконтрольный ему медиахолдинг.

Другая конспирологическая версия подразумевала сложную интригу, затеянную Чубайсом против Волошина и Генпрокурора Устинова.

Но самой красивой была идея о том, что Владимир Гусинский сам инспирировал свой арест. Задавленный исками по кредитам, медиамагнат отчаянно пытался найти инвесторов на Западе, и образ непримиримого борца за демократию и свободу слова должен был способствовать этому поиску.

Как бы то ни было месяц допросов, выемок документов и переговоров прошел. 20 июля 2000 года (через 38 дней после задержания) было подписано соглашение, согласно которому «Газпром» должен был приобрести ЗАО «Медиа-Мост» за $773 млн. Из них $473 млн должно было стать взаимозачетом по долгам, а $300 млн получал «живыми» деньгами Владимир Гусинский. 26 июля 2000 года уголовное дело было прекращено. Через восемь часов Гусинский уехал за границу. Однако история еще только начиналась.

9 сентября 2000 года Владимир Гусинский объявил, что отказывается исполнять договор с «Газпромом», подписанный им «под давлением». Он упоминал некий «Протокол № 6», о кото-

ром узнал якобы еще в Бутырке. Протокол предполагал «прекращение уголовного преследования гражданина Гусинского Владимира Александровича по уголовному делу, возбужденному в отношении его 13 июня 2000 года, перевод его в статус свидетеля и отмену избранной меры пресечения в виде подписки о невыезде». Кроме того, согласно протоколу «гражданину Гусинскому Владимиру Александровичу и другим акционерам предоставили гарантии безопасности, защиты прав и свобод, включая обеспечение права свободно передвигаться, выбирать место пребывания и жительства, свободно выезжать за пределы Российской Федерации и беспрепятственно возвращаться».

МИХАИЛ ЛЕСИН,
министр Российской Федерации по делам печати
телерадиовещания и средств массовых коммуникаций (1999—2004):
«ПРИЛОЖЕНИЕ № 6 —
САМОЕ ГЛАВНОЕ ЗАВОЕВАНИЕ НОВОЙ РОССИИ»

— ПРИЛОЖЕНИЕ № 6 — ДЕКЛАРАЦИЯ, НЕ ВХОДЯЩАЯ В ПАКЕТ ДОКУМЕНТОВ ПО СДЕЛКЕ. ПРИЧЕМ СОЗДАННАЯ ИСКЛЮЧИТЕЛЬНО ПО ИНИЦИАТИВЕ «МЕДИА-МОСТА» И ЛИЧНО ГОСПОДИНА ГУСИНСКОГО.
— ТО ЕСТЬ ПРИЛОЖЕНИЕ СОСТАВЛЯЛОСЬ ГУСИНСКИМ И ЕГО АДВОКАТАМИ?
— ДА. В ДЕНЬ ПОДПИСАНИЯ ОБЩЕГО ДОГОВОРА КО МНЕ С ЭТИМ ПРИЛОЖЕНИЕМ ПРИЕХАЛ МАЛАШЕНКО И ПОПРОСИЛ ЗАВИЗИРОВАТЬ ЭТОТ ДОКУМЕНТ, НА КОТОРОМ УЖЕ СТОЯЛА ПОДПИСЬ КОХА И ГУСИНСКОГО... С ПРОСЬБОЙ О ПОДПИСАНИИ МНЕ ЗВОНИЛ САМ ВЛАДИМИР АЛЕКСАНДРОВИЧ ГУСИНСКИЙ, ПРИБЛИЗИТЕЛЬНО С ТАКИМ ТЕКСТОМ: «МИША (МЫ С НИМ НА «ТЫ»), Я ПРОШУ ТЕБЯ ПОДПИСАТЬ ДОКУМЕНТ, ПОСКОЛЬКУ ДЛЯ МЕНЯ ОЧЕНЬ ВАЖНА ТВОЯ ПОЗИЦИЯ. ДЛЯ МЕНЯ ЭТО БУДЕТ ЯВЛЯТЬСЯ ПОДТВЕРЖДЕНИЕМ СЕРЬЕЗНОСТИ СДЕЛКИ И НАМЕРЕНИЙ «ГАЗПРОМА»...»
В РЕЗУЛЬТАТЕ МАЛАШЕНКО, ЦИМАЙЛО И ГУСИНСКИЙ, ОБРАТИВШИЕСЯ КО МНЕ ЗА ПОМОЩЬЮ, ОКАЗАЛИСЬ НЕЧЕСТНЫМИ ЛЮДЬМИ...
НАВЕРНОЕ, ТОГДА МНЕ НЕ СТОИЛО РИСКОВАТЬ СВОЕЙ РЕПУТАЦИЕЙ И ПОЗВОЛЯТЬ ИСПОЛЬЗОВАТЬ [СЕБЯ] КАК ПРИМАНКУ. НО Я БЫ И СЕГОДНЯ ПОДПИСАЛ ЭТУ ДЕКЛАРАЦИЮ, ТАК КАК СЧИТАЮ: ЭТО САМОЕ ГЛАВНОЕ ЗАВОЕВАНИЕ НОВОЙ РОССИИ.
ИЗ ИНТЕРВЬЮ ГАЗЕТЕ «КОММЕРСАНТЪ» 20 СЕНТЯБРЯ 2000 ГОДА

Так в истории НТВ начиналась, возможно, самая политически яркая страница. В российской же части истории медиамагната Владимира Гусинского — последняя.

Лучшее телевидение в России

Владимир Гусинский не стремился к оригинальности, он всегда хотел денег. До перестройки бывший театральный режиссер подрабатывал «бомбилой» на собственных «Жигулях», в середине 1980-х зарегистрировал кооператив «Инфэкс» и занялся торговлей сигаретами и компьютерами, а заодно консультированием по вопросам бизнеса. Тогда он и познакомился с будущим банкиром Борисом Хаитом, в то время тоже занимавшимся чем-то подобным. Но Хаитов консалтинг выгодно отличался от многих других: Хаит был вхож к Лужкову.

Сойдясь поближе, Хаит и Гусинский учредили в 1989 году СП «Мост», иностранным партнером которого стала известная американская консалтинговая фирма «Арнольд и Портер» (Arnold & Porter). В 1991 году СП «Мост» при поддержке мэрии Москвы учредило «Мост-банк». А в 1992 году все «Мосты» были объединены в холдинг «Группа Мост», в котором почему-то уже не было никакого иностранного капитала. Долю американцев «выкупили по номиналу» — нормальное дело для российского предпринимательства начала 1990-х годов.

При растущем курсе доллара банки прекрасно зарабатывали, дружба с Лужковым тоже приносила плоды, и вскоре Гусинский был уже в полном порядке. Это в материальном плане. Но не в моральном. Хотелось чего-то большего, чем просто быть удачливым по российским меркам банкиром.

В 1993 году «Группа Мост» учредила газету «Сегодня». Вскоре Евгений Киселев и Олег Добродеев, ушедшие с «Первого канала», попросили Гусинского поддержать аналитический телевизионный проект «Итоги». По мостовской легенде, Владимир Александрович только глянул на этих ребят и сразу решил делать телеканал. На самом деле он сначала поддержал лишь «Итоги», которые в 1993 году вышли на «Пятом канале» (петербургском).

А телеканал НТВ — это долгая история. Судьбоносный указ Бориса Ельцина о передаче НТВ шестичасового вещания на «Четвертом канале» пробил Шамиль Тарпищев по просьбе близкого ему банкира Александра Смоленского, который стал одним из спонсоров проекта. Другими спонсорами были банкиры Владимир Виноградов и Олег Бойко. Свое спонсорство они оформили в виде кредитов каналу (говорят, просто опасались выступить учредителями непонятного новшества).

Спонсором стал, конечно, и Гусинский, который не побоялся стать учредителем. Это было правильное решение: через год он вернул партнерам кредиты и оказался хозяином перспективного бизнеса.

Гусинский сумел выстроить эффективную систему управления телеканалом. Он подобрал журналистам Добродееву и Киселеву начальника — холодного и расчетливого Игоря Малашенко, бывшего политического директора телеканала ОРТ. Топ-менеджеры «Медиа-Моста» так и остались чужды друг другу. Весь свой последний год на НТВ Добродеев даже не разговаривал с Малашенко. Впрочем, это не помешало хозяину НТВ суметь спаять этих людей в эффективно работающую команду.

НТВ закупило на Западе фильмы, которые в России смотрели лишь в дрянных копиях из видеопроката. Вот список лишь нескольких картин, показанных по НТВ в первые месяцы: «Сладкая жизнь» Федерико Феллини, «Зелиг» Вуди Аллена, «Челюсти» Стивена Спилберга, «Дикая орхидея» Залмана Кинга, «Рожденный четвертого июля» Оливера Стоуна, «Человек-слон» Дэвида Линча, «Иисус из Назарета» Франко Дзеффирелли. Телеканал показывал кинематографические сливки в течение полутора лет, и эта акция заметно повлияла на его рейтинг и доходность.

С 1994 по 1997 год канал НТВ был окупаем «по определению». Дело в том, что в начале каждого года из вышеуказанного промежутка времени весь объем рекламы канала на целый год продавался оптом агентству «Видео Интернешнл». Это называлось «работать на гарантии».

Сумма ежегодной платы агентства определялась как «все расходы телеканала плюс небольшая прибыль». В 1994 году рекламный рынок рос, поэтому многим рекламщикам казалось, что НТВ из-за «договора гарантии» недобирает прибыль.

Однако Гусинский предпочитал не рисковать в таком новом для себя деле, как телевидение. И не прогадал: свободные от рекламных забот менеджеры НТВ могли сконцентрироваться на создании качественного телевидения, которое быстро стало лучшим в России. Это в конце концов Гусинского и погубило.

ВЛАДИМИР ГУСИНСКИЙ:
«Я СОБРАЛ ВОКРУГ СЕБЯ ЛУЧШИХ ЛЮДЕЙ»

— Я НЕ ЯВЛЯЮСЬ САМЫМ КВАЛИФИЦИРОВАННЫМ БАНКИРОМ. ЗАМАНИ РАЗБИРАЕТСЯ В ЭТОМ ЗНАЧИТЕЛЬНО ЛУЧШЕ. Я НЕБОЛЬШОЙ СПЕЦИАЛИСТ ПО ЧАСТИ ТЕЛЕВИДЕНИЯ. ИГОРЬ МАЛАШЕНКО ПРО-

ФЕССИОНАЛЬНЕЕ... МОЙ ТАЛАНТ ЗАКЛЮЧАЕТСЯ В ТОМ, ЧТО Я СОБРАЛ ВОКРУГ СЕБЯ ЛУЧШИХ ЛЮДЕЙ, ЛУЧШИХ СПЕЦИАЛИСТОВ ВО ВСЕХ ЭТИХ ОБЛАСТЯХ.

ИЗ ИНТЕРВЬЮ ЖУРНАЛУ «ВЛАСТЬ» 19 ДЕКАБРЯ 2000 ГОДА

ПОЛИТИЧЕСКИЙ КАПИТАЛ КАК СРЕДСТВО ОБЕСПЕЧЕНИЯ ПО КРЕДИТАМ

Решающим для Гусинского стал, конечно, 1996 год. После победы Ельцина все приложившие к победе руку уверовали в силу политических технологий. Скорее всего уйти с головой в медиа-бизнес Гусинский решился именно тогда. В марте 1997 года он начал лично проводить производственные совещания на НТВ. Он говорил своим сотрудникам, что НТВ вещает целый день, но смотрят его по-прежнему лишь пять часов в сутки. Под его давлением менеджеры всерьез занялись сеткой вещания, стали заказывать новые программы и бороться за качество.

Еще в начале 1996 года он вместе с Newsweek начинает издавать «Итоги». Потом покупает лучшую новостную радиостанцию «Эхо Москвы». К началу 1997 года в медиаимперии Гусинского было шесть основных составляющих: НТВ (уже получившее в награду за выборы «Четвертый канал» целиком), спутниковое телевидение «НТВ плюс», радиостанция «Эхо Москвы», газеты «Сегодня» и журналы «Семь дней» и «Итоги».

27 января 1997 года Гусинский ушел из «Мост-банка» и «Группы Мост» и стал гендиректором ЗАО «Медиа-Мост». Говорят, что в «Группе Мост» считали «Медиа-Мост» игрушкой Гусинского и якобы предложили ему выбирать между банком и СМИ. Сам Гусинский это отрицал. Но выбрал СМИ. Он верил в будущее издательского холдинга больше, чем в будущее «Мост-банка». Кроме того, за годы, проведенные в бизнесе, он очень четко понял, что для Запада бизнесмен из России — никто, а независимый медиамагнат — фигура.

ВЛАДИМИР ГУСИНСКИЙ:
«Я ФАНАТ ЗАРАБАТЫВАНИЯ ДЕНЕГ»

— Я НЕ ФАНАТ ТЕЛЕВИДЕНИЯ. Я ФАНАТ ЗАРАБАТЫВАНИЯ ДЕНЕГ. ТЕЛЕВИДЕНИЕ СЕГОДНЯ НАИБОЛЕЕ ПРЕДРАСПОЛОЖЕНО К ЭТОМУ.

ИЗ ИНТЕРВЬЮ ГАЗЕТЕ «КОММЕРСАНТЪ» 18 ФЕВРАЛЯ 1997 ГОДА

Владимир Гусинский начинал делать холдинг вовсе не для того, чтобы стать оппозиционером. Он реально хотел зарабатывать деньги и сумел сделать прибыльными и НТВ, и «Семь дней», и «Эхо Москвы», и множество других проектов. В 1997—1998 годах Гусинский начал выводить свой медиабизнес на новый уровень — имперский. Он стал организовывать масштабные проекты с громадными инвестициями, брать кредиты, измеряемые сотнями миллионов долларов. Самый амбициозный его телепроект — «НТВ плюс».

Владимир Гусинский считал, что в России живут 2 млн потенциальных подписчиков спутникового телевидения. Эта цифра основывалась буквально на ощущении. Но этого ощущения было вполне достаточно, чтобы он уверовал в новый проект и приступил к его реализации. Затраты на «НТВ плюс» были колоссальны — называются суммы в несколько сотен миллионов долларов. Эти траты вызывали ропот даже в самой компании. Однако конструктивной критики не получалось, просто каждый менеджер говорил, что неплохо было бы вкладывать деньги в его сферу — киношную, информационную и так далее. Лишь после ухода с НТВ Олег Добродеев в интервью «Известиям» заявил: «Проект «НТВ плюс» придавил НТВ». Да и газета «Сегодня» стала очевидным коммерческим провалом.

Прибыль не покрывала расходов, и Гусинский влез в долги. С точки зрения бизнеса — абсолютно нормальная ситуация. При этом Гусинский не держал все яйца в одной корзине: он брал кредиты на ЗАО «Медиа-Мост», а телекомпания НТВ оставалась независимой от этого ЗАО и этих долгов. Нельзя, конечно, сказать, что он заведомо шел на банкротство и набирал $1 млрд кредитов, не собираясь их отдавать. Идея была вполне достойная — вывести компанию на биржу в США и продать достаточное количество акций, чтобы расплатиться по кредитам. Эта затея была похоронена в августе 1998 года, и с той поры Владимир Гусинский лишился выбора: чтобы сохранить контроль над своим любимым детищем, он должен был играть в политику.

РОКОВЫЕ ОШИБКИ МЕДИАМАГНАТА

Утверждают, что Владимира Гусинского, всегда с большим пиететом относившегося к людям во власти, увлек страстным стремлением к политическим высотам Игорь Малашенко. Именно он еще в 1996 году, сразу после президентских выборов, решил создать некую PR-контору (у нее даже было название — «Группа-96»), которая за большие деньги проворачивала бы большие проекты. Тот же Малашенко, как рассказывают, привлек Владимира Гусинского и к проекту «дружба с Западом». Он разъезжал по заграницам, пропагандируя НТВ как самую независимую и объективную российскую телекомпанию. Малашенко удалось убедить владельца НТВ в том, что в случае чего Запад поможет.

Отношения с властью у медиамагната испортились после проигранной (вместе с Березовским) битвы за «Связьинвест». По свидетельству очевидцев, Гусинский чувствовал себя несправедливо обиженным. Он требовал компенсации, но лишь вызвал раздражение властей. Вот тогда Гусинский и начал применять новую схему получения кредитов. Кремлевские чиновники называли ее «шантажом» — он получал кредиты в обмен на обещания «не наезжать» на кредитующие структуры. Именно так он якобы получал деньги от «Газпрома». Это вульгарная трактовка классической технологии медиабизнеса.

Да, Гусинский лоббировал множество разных вопросов, важных для того же «Газпрома». В крайнем случае можно сказать, что «Медиа-Мост» торговал влиянием. Это могло длиться сколько угодно, если бы Гусинский «продавал влияние» только коммерческим или полукоммерческим структурам. Если бы остался бизнесменом... Но напомнила о себе режиссерская выучка. Его взволновал новый сюжет: «семья», отождествившая себя с государством.

Наверное, в какой-то момент Гусинскому показалось, что он сможет назначать исполнителей главных ролей в стране. У него было трое кандидатов: Лужков, Примаков и Явлинский (именно в такой последовательности, хотя Явлинского Гусинский полюбил гораздо раньше и искреннее, чем первых двух). Он счел, что лучшее в России телевидение сможет хотя бы одного из них сделать президентом страны.

Это стало роковой ошибкой. С появлением Путина шансы Лужкова и Примакова обнулились. Главный режиссер страны работал теперь в Кремле, а его основными сценами стали ОРТ и РТВ. Говорили, что Гусинский до последнего момента сохранял отчаянную веру в Явлинского. Некоторые аналитики считали, что народ так боялся Путина, что у Явлинского оставался шанс победить. Рассказывают, что после выборов Гусинский с горечью бросил: «Сколько денег в Гришу вложено — и все зря!»

Второй роковой ошибкой стала попытка медиамагната определять не только стратегию, но и тактику своего медиаактива. По словам бывших сотрудников НТВ, руководитель информационного блока Олег Добродеев, оставаясь в принципе вполне лояльным руководству, считал, что пропаганду надо делать изящно, в рамках традиционного профессионализма НТВ. Но Гусинскому и Малашенко изящная пропаганда показалась недостаточной, и они принялись лично вмешиваться в кухню информационного вещания, чего раньше себе почти не позволяли.

Владимир Гусинский: «Профессионал должен делать свое дело»

— Главный организационный принцип [бизнеса] — профессионал должен делать свое дело, ему нельзя мешать. В тот момент, когда я начинаю мешать, — тем более что я по образованию театральный режиссер и у меня на все есть свое мнение, — для меня главное — положить мое мнение далеко на полку и забыть о нем.

Из интервью газете «Коммерсантъ» 18 февраля 1997 года

Договоренность о том, что особое мнение хозяина будет звучать только в программе «Итоги», была нарушена. Малашенко начал давать прямые указания Добродееву: сделай то-то и то-то. Оскорбленный Добродеев был вынужден уйти. А в январе 2000 года, когда прошли парламентские выборы, стало окончательно ясно, что политически Гусинский проиграл.

Все три его героя мигом вписались в новую реальность. А он — нет. Еще в июне 1999 года Внешэкономбанк отказался продлить кредиты группе «Медиа-Мост» и телекомпании «НТВ плюс» бизнесмена Владимира Гусинского. А 16 сентября 1999 года Внешэкономбанк подал заявление об аресте денежных средств и имущества «Медиа-Моста» на сумму $42,2 млн. С этого началась серия судебных исков к «Медиа-Мосту» и его хозяину. Новая реальность отбирала у него то место, за которое он столько лет боролся. В Кремле утверждают, что после выборов Гусинский интересовался, чего от него хотят победители за добровольную сдачу. Оказалось, что хотят все — весь бизнес «Медиа-Моста». По законам политического бизнеса они были в своем праве. Ведь Гусинский тоже хотел получить «все» или очень много... И получил бы. Да вот только кандидаты его проиграли.

Разумеется, Гусинский не мог добровольно сдать бизнес, в котором прожил самые яркие годы жизни. Он должен был использовать свой последний шанс — поставить оппозиционную драму. Кто мог предположить, что дело закончится Бутыркой?

Из тюрьмы Гусинский вышел внешне не сломленным и очень агрессивным, но одному из близких людей рассказал, что Бутырка оказалась для него страшным шоком. Особенно первая ночь: «Я смотрел в потолок и все еще не мог поверить, что такое возможно. Ко мне еще не пустили адвоката, я был полностью изолирован и не мог даже предполагать, что там происходит, за стеной. К утру я понял, что это очень даже возможно — вот так просто могут вызвать в прокуратуру и сказать: «Вы арестованы».

ВЛАДИМИР ГУСИНСКИЙ: «Я ПОДПИСЫВАЛ СОГЛАШЕНИЯ ПОД ДУЛОМ ПИСТОЛЕТА»

— 18 ИЮЛЯ, ЗА ДВА ДНЯ ДО ПОДПИСАНИЯ ЭТОГО СОГЛАШЕНИЯ, Я В ПРИСУТСТВИИ ИНОСТРАННЫХ АДВОКАТОВ СДЕЛАЛ ЗАЯВЛЕНИЕ О ТОМ, ЧТО ВСЕ ТЕ ДОКУМЕНТЫ, КОТОРЫЕ Я ПОДПИШУ ИЛИ, ВЕРНЕЕ, БУДУ ВЫНУЖДЕН ПОДПИСАТЬ, НИКАКОЙ ЮРИДИЧЕСКОЙ СИЛЫ НЕ ИМЕЮТ, ПО СУТИ, ПОТОМУ ЧТО Я ФАКТИЧЕСКИ ПОДПИСЫВАЮ ИХ ПОД ДАВЛЕНИЕМ, МОЖНО СКАЗАТЬ, ЧТО ПОД ДУЛОМ ПИСТОЛЕТА... ФАКТИЧЕСКИ МЕНЯ ОСВОБОЖДАЛИ КАК ЗАЛОЖНИКА.

ПЕРЕГОВОРЫ НАЧАЛИСЬ В ТОТ МОМЕНТ, КОГДА Я НАХОДИЛСЯ В ТЮРЬМЕ, И ПРЕДЛОЖЕНИЯ ПОСТУПИЛИ ОТ МИНИСТРА ПО ПЕЧАТИ И ИНФОРМАЦИИ, ЕСЛИ ТАК МОЖНО ВЫСКАЗАТЬСЯ, ЛЕСИНА ГОСПОДИНУ МАЛАШЕНКО, КОТОРЫЙ ВЕЛ ПЕРЕГОВОРЫ.

Из интервью радиостанции «Эхо Москвы» («Коммерсантъ», 19 сентября 2000 года)

Через пару дней после отлета Гусинского в Испанию оттуда пришла благая весть для многих российских дельцов. Гусинский выразил готовность продать свой бизнес в России. Весть пришла в очень интересной форме. Зампред правления «Моста» Андрей Цимайло на встрече с гендиректором «Газпром-Медиа» Альфредом Кохом заявил, что продажа холдинга «Медиа-Мост» «возможна» за $350 млн. Кох ответил, что «речь вряд ли может идти о сумме, превышающей 100 миллионов». Об этих переговорах сообщила газета «Коммерсантъ». На следующий день Альфред Кох официально заявил, что содержание публикации не соответствует действительности. Но не указал, в чем конкретно не соответствует. Источники в «Газпроме» подтвердили, что газета абсолютно верно передала ход переговоров, однако, по их словам, «Кох был вынужден» сделать свое заявление, потому что «ему-то надо вести переговоры».

Те же источники полагали, что Гусинский на самом деле по-прежнему не хочет продавать свою медиаимперию. Он заломил «невероятную» цену в $350 млн для того, чтобы ситуация зашла в тупик. Силовых действий со стороны российских властей он в Испании, разумеется, не опасался. Между тем телекомпания НТВ и все ее сотрудники остались в России. Поэтому с ними немедленно началась «работа попеременно кнутом и пряником» с целью заставить их «помочь Гусинскому продать холдинг «Газпрому». Отголоски этого скандала, в который тем или иным способом были вовлечены практически все заметные фигуры российских СМИ, стихли лишь к концу 2001 года.

Демарш, предпринятый Гусинским 9 сентября 2000 года, задержал смену владельца НТВ почти на год. Первая половина сентября прошла под знаком «медиавойн» защитников «свободы слова» (или, что будет точнее, собственности Гусинского и создателей НТВ) и поборников государственности и «соблюдения договоров» (т. е. «Газпрома»). На этом фоне практически незамеченным прошло банкротство «Мост-банка» — по сути, техническое, ибо банк не сумел оправиться после августовского кризиса 1998 года. 27 сентября Генпрокуратура возбудила против Гусинского новое уголовное дело о получении обманным путем кредита на сумму более $300 млн и затем объявила бизнесмена в федеральный и международный розыск. Вскоре было возобновлено и дело «Русского видео».

От тюрьмы до сумы

14 ноября 2000 года гендиректор ЗАО «Газпром-Медиа» Альфред Кох отозвал свою подпись под мировым соглашением, которое предполагало продажу бизнеса Владимира Гусинского за долги. Это обещало новый виток напряженности, тем более что в прессе активно обсуждалась возможность покупки НТВ кем-то из американских инвесторов — Тедом Тернером или Джорджем Соросом.

13 декабря 2000 года по запросу Генпрокуратуры РФ Владимир Гусинский был арестован в Испании. Он провел четыре месяца в тюрьме и под домашним арестом. Тем временем «стра-

сти по НТВ» выплеснулись на улицу — на Пушкинской площади Москвы прошел митинг в защиту свободы слова и НТВ.

18 апреля 2001 года мадридский суд отказал в выдаче Гусинского России. А в ночь на 14 апреля 2001 года «Газпром» установил контроль над телеканалом НТВ — главным активом «Медиа-Моста». Владимир Гусинский тогда заявил CNN: «Все крупные решения в этой кампании принимались с санкции, к сожалению, самого президента. Я уверен, что Путин знает и управляет всем, что происходит».

22 апреля 2001 года Генпрокуратура РФ выдала новый ордер на арест Владимира Гусинского, обвинив его в отмывании 2,8 млрд руб.

4 июля 2001 года по решению Мосгорсуда 19% акций НТВ и 25% в 23 других компаниях «Медиа-Моста» юридически перешли в распоряжение дочерней структуры «ГазпромМедиа» — зарегистрированной на Кипре компании Leadville Investment. В результате «Газпром» получил полный контроль над бывшими активами Владимира Гусинского: у госконцерна суммарно оказалось 65% акций НТВ и 50% плюс одна акция в прочих компаниях «Медиа-Моста».

Еще 18 июня 2001 года, как бы подытоживая «дело Гусинского» на встрече с американскими журналистами, Владимир Путин заявил, что «господин Гусинский получил почти миллиард, не отдал и не собирается». Имелось в виду следующее.

Общую сумму долга опального медиамагната составляли кредиты, полученные «Медиа-Мостом»: несколько займов общей суммой около $300 млн от Сбербанка России, $220 млн от «Москомзайма», а также $211 млн и $262 млн от банка Credit Suisse First Boston, гарантированных «Газпромом».

Кредиты Сбербанку были обеспечены ценными бумагами («вэбовками» и прочим), часть которых перешла в собственность Сбербанка. Поэтому, в частности, весной 2001 года глава Сбербанка Андрей Казьмин заявил, что сотрудничество с «Медиа-Мостом» его устраивает и что холдинг не имеет просроченной задолженности перед банком.

Кредит «Москомзайму» должен был погашаться равными траншами с апреля 2001 года по март 2003 года. В мае «Медиа-Мост» не заплатил $7 млн. В связи с этим «Москомзайм» подал иск в суд. Срок выплаты второго транша — $30 млн — июнь.

Срок выплаты кредита в $211 млн наступил весной 2000 года. «Медиа-Мост» не выплатил его и после серии судов с компанией

«Газпром-Медиа» передал в собственность «Газпрома» 16% акций телекомпании НТВ и 25% плюс одну акцию во всех остальных компаниях холдинга. Таким образом этот кредит был погашен.

Выплата по кредиту в $262 млн наступала в конце июля 2001 года. В залоге у «Газпрома» по этому кредиту были 19% акций НТВ и 25% акций во всех остальных компаниях холдинга. «Газпром-Медиа» выиграл суд в первой инстанции о взыскании с «Медиа-Моста» этих акций в погашение кредита. Однако решение не вступило в законную силу, поскольку предстояла вторая инстанция. Более того, в июле Гусинский имел возможность погасить свой долг деньгами.

Таким образом, из $1 млрд своих долгов в России к лету 2001 года бывший медиамагнат погасил половину. Вот только это было уже неважно: бизнес-приговор обжалованию не подлежал. Другое дело — вопрос о статусе самого Гусинского. Этот вопрос Владимир Путин воспринимал как личный — позже стало ясно, что он воспринимает как личный любой вопрос, касающийся оппозиционной деятельности олигархов.

21 августа 2003 года бизнесмен был задержан в аэропорту Афин и провел восемь дней в тюрьме. 14 октября суд Афин отказал в его экстрадиции в Россию. Следующий ход был за Евросудом, и 19 мая 2004 года Европейский суд по правам человека признал, что уголовное преследование бизнесмена имело цель вынудить его отдать НТВ. Суд обязал Россию выплатить господину Гусинскому €88 тыс. судебных издержек.

В дальнейшем Владимир Гусинский воздерживался от активной политической деятельности. Он развивал свои активы за пределами России, в частности ему принадлежит 25% акций концерна «Маарив» («Вечерняя молитва»), второго по величине медиахолдинга Израиля. «Маарив» занимается книгоиздательской деятельностью, владеет крупными пакетами акций телекомпании «Тельад», телевизионной кабельной сети «Матав» и несколькими студиями звукозаписи. Также Гусинский владеет блокирующим пакетом акций в чешском медиахолдинге СМЕ.

Те же медиаактивы, которые могут «охватывать» российскую аудиторию: телеканал RTVi, новостной портал newsru.com, интернет-издание «Ежедневный журнал», — либо представлены в сети вещания российского телевидения номинально, либо не слишком популярны.

Обращение к Путину

До 2009 года Владимир Гусинский практически не попадал на первые страницы российских СМИ. Упоминали лишь, что в апреле 2005 года израильская полиция допрашивала его по делу об отмывании денег в банке Hapoalim, но никаких обвинений не выдвинула, да еще о том, как в феврале 2007 года Гусинский получил гражданство Испании, доказав, что является потомком евреев-сефардов, изгнанных из страны в XV веке.

Тем неожиданней прозвучало его интервью израильской газете The Marker в октябре 2009 года. Говоря о России, Гусинский заметил: «Я родился в этой стране. Я владею русским языком. Я не в изгнании и до сих пор вижу Россию как свою страну». Разговор шел не об абстрактном «возвращении в Россию». Вопрос корреспондента The Marker был конкретным: «Если бы Владимир Путин пригласил Вас вернуться, Вы бы вернулись?» Ответ был кратким: «Да, вернулся бы».

«Если ты когда-то боролся против правительства, то решать, возвращаться тебе или нет, будет правительство», — продолжил Гусинский, и это, по его мнению, «нормально».

Эти слова очень сильно отличались от резких высказываний образца 2001 года, когда в интервью газете «Коммерсантъ» опальный медиамагнат бросил: «Я смогу вернуться в страну, только когда пойму, что там не будут больше бить журналиста Лурье, власть не будет торговать Бабицким, не будут уничтожать нас, не будет с экрана врать Кох. Когда Лесин не будет министром печати, а Устинов не будет генеральным прокурором, а будет сидеть в тюрьме, где ему и место».

Разглядел ли Владимир Гусинский новый способ заработать деньги на телевидении в России? Или это ностальгия? В принципе, он, пожалуй, может удивить многих, считающих себя ультрапрофессионалами, причем в любой сфере, связанной с умением собрать команду единомышленников.

Главный враг

Михаил Живило,
«Металлургическая инвестиционная компания» (МИКОМ)

16 мая 2001 года в Париже открылось заседание апелляционного французского суда. Суд должен был решить, удовлетворить ли запрос российских властей на экстрадицию в Россию предпринимателя Михаила Живило, арестованного по ордеру Интерпола.

Мы занимались только тем, что является
нормальной мировой практикой.

Михаил Живило

ДЕКЛАРАЦИЯ О НАМЕРЕНИЯХ

В начале заседания председательствующий на процессе судья Жильбер Азибер задал господину Живило единственный вопрос: не хочет ли он домой, т. е. не согласится ли на добровольную экстрадицию. Предприниматель коротко ответил: «Нет!» Ему уже задавали этот вопрос раньше, во время предварительного слушания. Ответ был таким же.

После этого судья зачитал обвинительное заключение, в основу которого были положены материалы дела о подготовке покушения на губернатора Кемеровской области Амана Тулеева, присланные из России, и предоставил слово одному из адвокатов господина Живило Анри Леклерку. Тот отметил, что намерения убрать губернатора, о которых говорилось в бумагах, присланных Генпрокуратурой России, не могут рассматриваться судом как преступление. «Выдача Живило правоохранительным органам, которые располагают подобными доказательствами его вины, — заявил защитник, — означала бы, что юстицию вывернули наизнанку». Даже прокурор перед тем, как суд удалился на совещание, высказался против экстрадиции.

Вердикт был оглашен через сорок минут. Председательствующий, отклонив просьбу о выдаче, распорядился немедленно освободить господина Живило из-под стражи.

Второй адвокат Живило, госпожа Ариэль Гаскон-Реторе, не скрывала радости. «Спасибо вашим ребятам (прокуратуре и УФСБ Новосибирска, готовившим материалы для экстрадиции. — *Ред.*). Они мне очень помогли. Присланные материалы были, мягко говоря, слабыми. Они ничего не доказывали», — торжествовала она.

Вечером Михаил Живило вернулся из тюрьмы «Санте», где после ареста 22 февраля провел в ожидании суда почти три месяца, в свою парижскую квартиру. Генпрокуратура России предупредила, что будет добиваться его выдачи на основании новых обвинений. Французские адвокаты опального предпринимателя пожали плечами, уверенные в том, что к этому вопросу французский суд уже не вернется никогда.

— Живило — прожженный преступник и вор. Я думаю, это прекрасно понимают и на Западе. Но Живило им нужен потому, что он занимался незаконным переводом криминальных денег в западные банки. Собственно, только этим он интересен Западу. Им нужно выявить схемы перевода денег, каналы, механизмы, банки, людей и прочую связанную с этим информацию. И как только они это получат, Живило станет им неинтересен. И это еще вопрос, где ему лучше быть — там или бежать бегом прямо в российскую тюрьму, потому что они его все равно в покое не оставят.

— Говорят, война между вами и Живило возникла из-за того, что он не дал вам денег на предвыборную кампанию?

— Это полная чушь. Как я мог взять деньги у врага?!

Из интервью газете «Коммерсантъ» 18 мая 2001 года

Толлинг, рейдерство и другие реалии алюминиевого бизнеса

До того, как стать «главным врагом» кемеровского губернатора, Михаил Живило шел по вполне типичному для российского бизнеса 1990-х годов пути. Он родился 28 июля 1966 года на Украине, в Донецкой области, по его словам, в простой шахтерской семье. Впрочем, некоторые СМИ упоминали, что его отец занимал крупную должность в Минцветмете СССР. В 1990 году Михаил окончил Московский финансовый институт, а его старший брат Юрий — МГИМО по специальности «международные экономические отношения». В 1990—1992 годах Михаил был главным маклером Российской товарно-сырьевой биржи.

В 1991 году с братом Юрием Живило создал, а в 1992 году возглавил «Металлургическую инвестиционную компанию» (МИКОМ).

В том же году впервые в российский деловой лексикон вошло слово «толлинг» — переработка иностранного сырья с последующим вывозом готовой продукции. В Советском Союзе алюминиевая промышленность имела стратегическое значение. Либерализация внешней торговли и уменьшение военных заказов в начале 1990-х годов привели к тому, что алюминиевые заводы стали искать потребителей самостоятельно. Для обеспечения их загрузки и пригодились толлинговые схемы. Глинозем на заводы поставляли трейдеры, а заводы «расплачивались» с ними алюминием.

От толлинговых схем всего шаг до приватизации. Решения по всем вопросам, касающимся толлинга и экспорта, принимали администрации заводов, а подчинялись они собраниям акционеров. Мимо этой возможности отечественные трейдеры пройти не могли. Разглядел ее и Михаил Живило, хотя при создании группы МИКОМ братья утверждали, что инвестированием (а по сути — приватизацией) предприятий цветной металлургии группа заниматься не намерена.

Застрельщиками активной инвестиционной политики стали сразу несколько компаний: Trans-CIS Commodities — на Братском и Красноярском алюминиевых заводах, «Ренова» — на Иркутском, РИАЛ («Разноимпорт-Алюминий») — на Волгоградском и Кандалакшском, «Ал-инвест» (производное «Алюминпродукта») — на Саянском. МИКОМ же обратил основное внимание на Новокузнецкий. В процессе приватизации с российского рынка активно вытеснялись зарубежные трейдеры, а из советов акционеров предприятий — представители администрации. К концу 1994 года рынок алюминия был уже полностью переформирован. Михаил Живило занял свое место среди «алюминиевых королей» России.

При этом он держался в тени, в отличие от многих ярких фигур середины 1990-х годов, чьи имена сейчас уже не на слуху.

Он остался в стороне от так называемой первой алюминиевой войны — событий вокруг Красноярского алюминиевого завода середины 1995 года. «Засветился» он только в самом начале своей деятельности: у братьев Живило не хватало денег на приватизацию НкАЗ, и часть суммы они заняли у Льва Черного — самого, пожалуй, влиятельного на тот момент «алюминиевого короля». Лев Черный контролировал группу Trans-CIS Commodities. Прокредитовав Живило, он получил (пусть и опосредованный) доступ к 12—15% акций НкАЗ.

После 1994 года Михаил Живило почти исчез со страниц (во всяком случае с первых полос) СМИ. Он расширял свой бизнес. Живило финансировал новокузнецкое УВД, налаживал отношения с тогдашним кемеровским губернатором Кислюком, договаривался с «Кузбассэнерго» о пониженных тарифах на электроэнергию, получил контроль над несколькими угольными разрезами — и все без особой помпы.

Михаил Живило: «Мы просто ограждаем свой бизнес»

— Зачем МИКОМу соцпрограммы? Чтобы в случае проблем на соседних предприятиях нас не накрыла волна разгневанных люмпенов. Мы просто ограждаем свой бизнес. Вспомните, как шахтеры перекрывали Транссиб. Думаете, у местной администрации не было средств выплатить зарплаты? Ерунда. Это просто демонстрация силы Москве: мол, область может перекрыть магистраль и разделить страну надвое. В принципе мы могли обеспечить поставки сырья для НкАЗа по обходному пути, но он идет через Прокопьевск. Чтобы застраховаться, мы инвестировали деньги в шахты Прокопьевска, и никто больше не садился на рельсы.

Из интервью журналу «Власть» 11 апреля 2000 года

В центре внимания газет Живило вновь оказался в 1999 году, в связи с громким банкротством «Токобанка», первым в новейшей российской истории примером банкротства, доведенного до конца. К этому приложила значительные усилия его группа МИКОМ. Иск о банкротстве банка подала одна из фирм группы — АО «Трелл». Это АО, в свою очередь, было 100%-ной дочкой кипрской Alkomet Trading Ltd. — одной из пяти фиктивных фирм-кредиторов, что объявились перед собранием акционеров, на котором было принято окончательное решение о банкротстве. Конкурсный управляющий Андрей Федотов, назначенный собранием кредиторов, — бывший сотрудник одной из фирм группы МИКОМ. Трое из семи избранных членов комитета кредиторов «Токобанка» были представителями фирм группы МИКОМ.

Вообще циничное банкротство было фирменным стилем ведения бизнеса не только Михаила Живило — так поступали многие. В деловой лексикон России уверенно входило слово «рейдерство».

Спор хозяйствующих субъектов

В конце 1997 года прежнего губернатора Кемеровской области Николая Кислюка, с которым у МИКОМа установились дружественные отношения, сменил Аман Тулеев, и в 1999 году прежде надежные позиции МИКОМа в области оказались под серьезной угрозой. Михаил Живило нацелился на Кузнецкий металлургический комбинат. Это противоречило планам Тулеева, собравшегося создать свой металлургический гигант, объединив КМК с другим мощным предприятием — Западно-Сибирским комбинатом.

Обладминистрация планировала обанкротить ЗСМК и КМК, а затем объединить их, передав полученное в счет долгов имущество во вновь образованную «суперкомпанию». Причин, по которым губернатор считал объединение целесообразным, называлось множество: от необходимости оптимизировать работу предприятий до улучшения их отношений со смежниками. Между тем предприятия никак (если не считать периодических поставок чугуна с КМК на «Запсиб») не были связаны друг с другом.

КМК был монополистом в странах СНГ по производству железнодорожных и трамвайных рельсов (соответственно, 60 и 100% от их общего производства). Кроме того, на комбинате производили передельный и литейный чугун, лемешную, листовую, шарикоподшипниковую и трансформаторную сталь, широкий ассортимент проката. Доля КМК в производстве основных видов металлургической продукции в России в 1998 году составляла от 7 до 9%.

Основная продукция ЗСМК — металлопрокат для строительной индустрии (арматурный, угловой, швеллеры и балки, проволока). ЗСМК также выпускал продукты коксохимии: кокс, сульфат аммония, нафталин, ангидрид фталевый, чистые окислы железа, кислород, инертные газы. Производственные мощности ЗСМК — 4,3 млн тонн стали в год (13% российского производства), 3,5 млн тонн чугуна (10%), 3,1 млн тонн проката (10%) и более 300 тыс. тонн проволоки.

МИКОМ начал подбираться к КМК еще в 1995 году. ЗАО «Гермес-Металл-Инвест» (партнер МИКОМа) начало скупку акций комбината, заручилось поддержкой ряда других совладельцев КМК и, получив контроль над более чем 40% акций, попыталось принять участие в управлении. Администрация КМК делиться контролем отказалась, и до лета 1998 года Кузнецким металлургическим комбинатом управляла команда менеджеров, близких Аману Тулееву. После прихода МИКОМа (согласно решению арбитражного суда в июне 1998 года) все эти управленцы перешли на подконтрольный администрации «Запсиб». За время работы этой команды производство на КМК сократилось до 600 тыс. тонн проката в год. Из десяти мартеновских печей работали только две. Рабочие не получали зарплату пять месяцев, а суммарная задолженность по ней составляла девять месяцев.

С приходом МИКОМа ситуация изменилась. К осени 1999 года на КМК работали девять печей. Объем продукции вырос в четыре раза, экспорт — вдвое. Зарплату рабочие получали регулярно, кроме того, МИКОМ сократил накопленный долг по зарплате с 240 млн до 25 млн руб. КМК стал одним из самых примерных налогоплательщиков в области.

Микомовцы пытались найти общий язык с Тулеевым, ведь российские предприятия приучены делиться с губернаторами. Но не смогли. И решили действовать иначе. 1 марта 1999 года собрание кредиторов КМК приняло решение о конкурсном управлении и продаже имущественного комплекса комбината для расчета с кредиторами. Временным управляющим комбината стал менеджер МИКОМа Сергей Кузнецов.

Задолженность КМК перед конкурсными кредиторами составила 3,9 млрд руб., а перед бюджетами и небюджетными фондами — 1,4 млрд руб.

Начальная цена была определена в $350 млн. Представители группы категорически отрицали, что покупателем КМК станет МИКОМ — у компании не было таких денег. Но отрицали они из лукавства. Ведь $350 млн — это стартовая цена, и отсчет на торгах идет в обратную сторону: цена падает до тех пор, пока не найдется покупатель.

Аман Тулеев не собирался уступать лакомый актив. Борьба кемеровского губернатора с предпринимателем развернулась на всех фронтах. Редакции ведущих газет заполнили толстые пачки компромата на обе стороны — Живило не оставался в долгу.

Реальная прибыль КМК оседает в офшорах — утверждал Тулеев и был прав. Сбыт продукции КМК, а также поставки сырья на комбинат осуществлялись через посреднические структуры, близкие МИКОМу, — «Эрго» и Base Metal Trading Ltd. Там и оказывалась прибыль Кузнецкого металлургического комбината. МИКОМ выкачивал из КМК более 50 млн руб. в месяц ($24 млн в год).

Михаил Живило:
«Мы занимались только тем, что является нормальной мировой практикой»

— Что подразумевается под откачкой денег за рубеж? Взял, вывез на Запад, были обязательства возвратить — не возвратил? Мы этим не занимались. Это преступная деятельность. Заработал деньги, не показал в России прибыль, не уплатил налоги и вывез? Мы этим не занимались. Мы занимались только тем, что является нормальной мировой практикой.

Из интервью газете «Коммерсантъ» 21 мая 2001 года

Тулеев довел область до банкротства — отвечал Живило и тоже был прав.

В июне Счетная палата проверила Управление налоговой инспекции Кемеровской области. Проверка показала, что дефицит областного бюджета составил 42% из-за того, что Аман Тулеев давал налоговые поблажки всем «своим» предприятиям, а их в крае большинство.

МИКОМ цинично банкротит КМК — настаивал Аман Тулеев (словно позабыв о своих же планах). И снова был прав.

МИКОМ, как и в случае с «Токобанком», не гнушался подлогом и подтасовками. Так, решение о продаже КМК было принято на собрании кредиторов 1 марта 1999 года, когда Сергей Кузнецов подтасовал реестр кредиторов — уменьшил долг нескольким кредиторам даже вопреки решениям судов с признанием определенных задолженностей. Например, долг КМК перед Западно-Сибирской железной дорогой был снижен с 617 млн до 454 млн руб. Соответственно, снизилось и количество голосов, которое имели эти враждебные МИКОМу кредиторы на собрании 1 марта, где и решалась судьба КМК. 18 октября 1999 года прокурор Кемеровской области возбудил уголовное дело в отношении Кузнецова по фактам фальсификации результатов голосования.

В ответ МИКОМ обвинял Тулеева фактически в шантаже областного бизнеса. Губернатор создал специальный «фонд риска», предложив работающим в области предпринимателям перечислять туда определенные суммы. Живило отказался наотрез. Более того, он перерегистрировал Новокузнецкий алюминиевый завод в Московской области. Возможно, это стало последней каплей, переполнившей чашу терпения.

Конфликт быстро вышел за пределы области, и тут опытный и гибкий политик Тулеев имел заведомое преимущество. В Москве он вполне мог рассчитывать на поддержку главы РАО «ЕЭС» Анатолия Чубайса — между ними установились тесные деловые связи. Осенью 1999 года Чубайс получил от Тулеева два крупных аванса: во-первых, Тулеев позволил снять руководителя «Кузбасэнерго» Владимира Зубкова, с которым Чубайс воевал весь тот год; во-вторых, контрольный пакет самого прибыльного угольного предприятия Кузбасса — «Кузбассразрезугля» — был продан группе «Сибирский алюминий», глава которой Олег Дерипаска на тот момент был близок Чубайсу. Это была, возможно, первая цена в торге за КМК.

Из московских ведомств Тулеева поддержала также Федеральная служба по делам о несостоятельности и финансовому оздоровлению (ФСДН). 16 сентября апелляционная комиссия ФСНД отозвала у Сергея Кузнецова лицензию арбитражного управляющего в связи с тем, что он «нарушал интересы кредиторов». Однако уже 27 сентября Московский арбитражный суд отменил решение комиссии ФСДН об отзыве лицензии у Кузнецова.

Впрочем, на политическом поле Тулеев осечек практически не допускал. Умело вбрасывая провокационные «сливы», вроде ноябрьского письма Геннадию Зюганову с требованием рассказать, не финансируется ли КПРФ «грязными деньгами» группы МИКОМ, он мастерски вел интригу. Само это письмо позволяло кемеровскому губернатору убить двух зайцев: он одновременно демонстрировал свою лояльность высокопоставленным антикоммунистам (напомним, что во время выборов в Госдуму 1999 года Аман Тулеев все еще входил в список КПРФ) и компрометировал Зюганова и МИКОМ.

Михаил Живило:
«Когда прокуратура и МВД заодно — это смерть»

— Конфликт с Тулеевым — это политика. И целая история. Критический момент в наших отношениях наступил, когда в 1999 году появилась новая команда администрации в Кремле и сформировала свою команду: министр внутренних дел, генпрокурор... И вход в эти коридоры власти показали Тулееву наши конкуренты. А для него это было очень важно, потому что он оказался вроде как на отшибе — и не с коммунистами уже, и не с новыми. Потом вмешалась областная прокуратура. Она уже была под контролем Тулеева. Страна занималась выборами, всем было не до нас, а нами занимались прокуратура и МВД. А когда они заодно — это смерть.

Из интервью газете «Коммерсантъ» 21 мая 2001 года

Окончательный алюминиевый передел

К концу 1999 года Аман Тулеев обеспечил себе окончательный перевес, получив серьезнейшую поддержку в Москве. Так, в середине ноября тогда еще (в первый раз) премьер-министр Владимир Путин на пресс-конференции с министром внутренних дел Владимиром Рушайло, рассказывая, как в России процветают олигархи, коррупция и организованная преступность, в качестве примера привел лишь группу МИКОМ, действия которой «вышли далеко за рамки правового поля». Тогда же Тюменский окружной арбитражный суд принял решение о снятии с должности конкурсного управляющего КМК Сергея Кузнецова.

А в самом конце года губернатор при поддержке главы Уральской горно-металлургической компании Искандера Махмудова отстранил от работы управленцев МИКОМа на Кузнецком металлургическом комбинате и на угольном разрезе «Черниговец».

После этого последовала атака на Новокузнецкий алюминиевый комбинат. Дружественная губернатору компания «Кузбассэнерго» подала в арбитражный суд иск, требуя взыскать с завода компенсацию за якобы незаконное использование льготного тарифа на электроэнергию (НкАЗ пользовался им с 1997 года). Суд иск «Кузбассэнерго» удовлетворил (заседание заняло 30 минут — рекордный срок!) и обязал завод выплатить 700 млн руб. НкАЗ платить отказался, и тогда в январе суд ввел на заводе внешнее управление. Управляющим — с санкции губернатора — был назначен Сергей Чернышов, а в руководстве НкАЗа появились менеджеры из «Сибирского алюминия».

Однако работать с новыми руководителями завод не смог. Поставщиками сырья для НкАЗа были близкие МИКОМу структуры. И когда на НкАЗе переменилась власть, они устроили бойкот новым управленцам. Эмиссары «Сибирского алюминия» не раз пытались наладить отношения с поставщиками, которые тоже несли убытки из-за прекращения контактов с НкАЗом. Однако для того, чтобы завод заработал, нужно было «политическое» решение о прекращении блокады, а принять его могло только высшее руководство МИКОМа.

В начале февраля 2000 года президент группы «Сибирский алюминий» Олег Дерипаска и глава МИКОМа Михаил Живило все же сели за стол переговоров. На встрече настоял именно Дерипаска — говорят, Живило несколько раз ему отказывал. Стороны договорились о том, что НкАЗ возобновит производство первичного алюминия. Однако МИКОМ не согласился с предложением «Сибирского алюминия» о том, чтобы структуры этой группы стали поставлять сырье на НкАЗ. Михаил Живило также отказался обсуждать предложение о продаже акций НкАЗа (это «легализовало» бы работу менеджеров «Сибирского алюминия» на заводе), он упрямо отказывался признать себя побежденным в противостоянии с кемеровским губернатором.

Вот только это казалось бравадой, позой. Михаил Живило не мог не понимать, что уже проиграл. Причем даже не Аману Тулееву: 11 февраля 2000 года стало известно сразу о трех крупных сделках, кардинально изменивших российский алюминиевый рынок, — с пакетами акций Братского, Красноярского и Новокузнецкого алюминиевых заводов.

Владельцами контрольных пакетов акций КрАЗа и БрАЗа стали акционеры компании «Сибнефть», а НкАЗ якобы купил «ЛогоВАЗ». Однако за этими сделками стоял один человек — Роман Абрамович. Как депутат Госдумы он формально не имел права заниматься коммерческой деятельностью, но оставался крупнейшим акционером «Сибнефти» (через номинальных держателей). В свою очередь, «ЛогоВАЗ» был связан с ним и «Сибнефтью» партнерскими отношениями. Абрамович, по сути, занял место Льва Черного, который потерял всякую связь с алюминиевой промышленностью.

У акционеров «Сибнефти» и «ЛогоВАЗа» остался только один серьезный конкурент на алюминиевом рынке — группа «Сибирский алюминий». Именно продажей акций НкАЗа «ЛогоВАЗу» объясняли эксперты неуступчивость Живило в переговорах с Дерипаской. Правда, тут же выяснилось, что акции НкАЗа еще не проданы, но их продажа считалась вопросом дней. Тем более что чуть позже «Сибирский алюминий» и подконтрольная Абрамовичу Millhouse Capital договорились совместно управлять принадлежащими им алюминиевыми и глиноземными активами, и была создана новая компания — ОАО «Русал».

Михаил Живило: «Нужен был кто-то равносильный...»

— Зимой 1999-го казалось, что начнется алюминиевая война.

— Так и было. Мы к Роме (Абрамовичу. — Ред.) по НкАЗу обращались. Нужен был кто-то равносильный, кто еще мог бы купить. С Дерипаской вообще не многие хотят работать. Понимают, кто за ним стоит. И никто не был уверен, что у него есть деньги, чтобы расплатиться. Мы обратились к Роме, чтобы он помог урегулировать этот конфликт. И акционеры НкАЗа, БрАЗа. Просто как к влиятельному лицу. Он счел, что это предложение для него выгодно — серьезное влияние, минимум денег и огромный ресурс. А потом через какое-то время я на даче у Ромы встречаю Дерипаску.

— То есть вы приходите к Роману Абрамовичу, чтобы он защитил вас от Олега Дерипаски, а он с ним договаривается? Как-то...

— Нормально. И нас выкидывают...

Из интервью газете «Коммерсантъ» 21 мая 2001 года

Тем не менее Живило продолжал сопротивляться. Борьба за угольный разрез «Междуреченский», например, шла буквально до конца августа 2000 года. Однако в конце концов он отошел «Евразхолдингу». Михаил Живило инициировал несколько судебных процессов за границей, и по ним были арестованы поставки алюминия с НкАЗа объемом более 100 тыс. тонн и стоимостью порядка $180 млн — чуть меньше половины годового производства на заводе.

«Русскому алюминию» были жизненно необходимы акции НкАЗа, которые до лета 2000 года принадлежали МИКОМу. Вопреки тому, что сообщалось в феврале, прогресса в этом направлении новым «алюминиевым королям» добиться не удалось. Между тем компания планировала консолидировать всю собственность до осеннего собрания акционеров, которое должно было принять решение о выводе акций «Русского алюминия» на открытый рынок. Живило срывал стратегический план развития алюминиевого гиганта.

Именно в этот момент было раскрыто покушение на Амана Тулеева, точнее, громко объявлено о его раскрытии. В ночь на вторник 8 августа 2000 года легендарный советский биатлонист, 13-кратный чемпион мира, 19-кратный чемпион СССР Александр Тихонов был задержан у себя дома сотрудниками УФСБ и прокуратуры Новосибирской области и отправлен в следственный изолятор «Лефортово». На следующее утро информагентства наперебой передавали сенсационную новость о предотвращенном покушении на жизнь Амана Тулеева, которого хотели отравить, и об «исчезновении» главного врага Тулеева, главы группы МИКОМ Михаила Живило.

Строго говоря, первая часть сообщения сенсацией не была. Месяцем раньше «Новая газета» сообщила о поимке подозреваемого в подготовке убийства. Он признался, что был нанят за $700 тыс., чтобы отравить губернатора. Вторую часть сообщения немедленно опроверг руководитель пресс-службы МИКОМа, заявивший, что его шеф находится в офисе и ведет переговоры с представителями «Русского алюминия». Вероятно, это были те самые переговоры, на которых Олег Дерипаска предложил Михаилу Живило продать подконтрольные МИКОМу 60% акций НкАЗа, за что тот «заломил безумную цену».

Днем раньше, 7 августа, в 17.00 в офис МИКОМа нагрянули сотрудники Новосибирского УФСБ, Западно-Сибирского РУБО-Па и управления Генпрокуратуры РФ в Сибирском федеральном округе. Самого Живило они не застали, но провели обыск. При этом один милиционер забыл поставить автомат на предохранитель и случайно сделал два выстрела. Пули отскочили от потолка и застряли в паркете. Сотрудница МИКОМа упала в обморок. Стражи порядка изъяли некоторые документы и поспешили завершить свою операцию. Одновременно сотрудники тех же новосибирских органов провели обыски в офисе компании «Тихоновский хлеб», принадлежащей Александру Тихонову.

9 августа Михаил Живило отправился в отпуск «в одну из европейских стран». 10 августа Александру Тихонову было предъявлено обвинение в соучастии в подготовке покушения на Тулеева. Был взят под стражу его брат Виктор, который сразу начал сотрудничать со следствием и дал признательные показания, подтверждающие версию правоохранительных органов: в администрацию Кемеровской области был внедрен наемный убийца, в задачу которого входило отравить Тулеева или подложить в его кабинет радиоактивные материалы. В качестве аванса киллер получил $300 тыс., а еще $400 тыс. ему пообещали после выполнения задания. Александр Тихонов от дачи показаний отказался.

У Тихонова с Живило действительно было много общего. Руководитель МИКОМа работал в предвыборном штабе Тихонова, когда тот баллотировался на пост губернатора Подмосковья. Кроме того, Живило с 1999 года был спонсором Федерации зимних видов спорта, куда входила возглавляемая Тихоновым Федерация биатлонистов России. Биатлонист-предприниматель к 2000 году был не просто партнером Живило по нескольким проектам, а едва ли не самой значимой его «связью». Свои связи руководитель МИКОМа к тому времени уже подрастерял.

Основу обвинения составляли показания неких Никанорова и Харченко, которых Александр Тихонов назвал лидерами новосибирской преступной группировки. В марте 2000 года они обратились в УФСБ с заявлением о том, что получили от брата Александра Тихонова Виктора $200 тыс. за убийство губернатора Тулеева. Контрразведчики тут же установили наблюдение за Михаилом Живило и Александром Тихоновым, а полученные заявителями деньги якобы разрешили им потратить на покупку машин, недвижимости и уплату налогов одного из новосибирских казино. Александр Тихонов назвал обвинения смехотворными, а Михаил Живило был уже недоступен для комментариев.

Эксперты сразу же предположили, что операции правоохранительных органов могут сделать Живило сговорчивее в вопросе с продажей акций НкАЗа, а то и вовсе заставить «исчезнуть». Оправдались оба предположения.

В сентябре 2000 года в прессу просочились сведения о продаже этих акций компании Григория Лучанского «Центр инвестиционных проектов и программ». По неофициальным данным, акции Лучанскому не продавались, а лишь были переданы для продажи — Тулееву или «Русскому алюминию». Информация в СМИ поступила от самого Лучанского. Возможно, дело было в том, что господин Лучанский, в свою очередь, не смог перепродать акции «Русалу», поскольку эта компания отказалась покупать бумаги без кредиторской задолженности, остававшейся за компаниями братьев Живило.

Сложившуюся ситуацию можно было трактовать двояко. Если сделка действительно имела место, Лучанский попросту подставил Живило: вместо денег за акции того в лучшем случае ожидало прекращение уголовного дела. Если же сделки не было и Живило по-прежнему мог продавать акции НкАЗа от своего имени, то крайним оставался Лучанский. Прикрывшись им, Живило мог надеяться на то, что его не слишком активно будут искать за границей правоохранительные органы и службы безопасности заинтересованных в акциях структур.

ГРИГОРИЙ ЛУЧАНСКИЙ: «ЖИВИЛО — МОШЕННИК»

— ОН МЕНЯ БУКВАЛЬНО НА КОЛЕНЯХ УМОЛЯЛ КУПИТЬ У НЕГО АКЦИИ НКАЗА. Я ПОНИМАЛ, ЧТО АБРАМОВИЧ И ДЕРИПАСКА ВСЕ РАВНО САМЫЕ РЕАЛЬНЫЕ ПРЕТЕНДЕНТЫ НА ПОКУПКУ АКЦИЙ. ОДНАКО БУМАГИ БУДУТ СТОИТЬ МНОГО БОЛЬШЕ, ЕСЛИ В ПАКЕТЕ С НИМИ БУДЕТ ПРОДАНА И КРЕДИТОРСКАЯ ЗАДОЛЖЕННОСТЬ КОМБИНАТА. ОДНАКО ПРОДАВАТЬ КРЕДИТОРКУ ЖИВИЛО НЕ ЗАХОТЕЛ. ПОЭТОМУ В СО-

ГЛАШЕНИИ МЫ ЗАПИСАЛИ, ЧТО СТОРОНЫ БУДУТ СПОСОБСТВОВАТЬ УМЕНЬШЕНИЮ КРЕДИТОРСКОЙ ЗАДОЛЖЕННОСТИ И ПРЕКРАЩЕНИЮ НА ПРЕДПРИЯТИИ ВНЕШНЕГО УПРАВЛЕНИЯ. Я ПЫТАЛСЯ СВЯЗАТЬСЯ С МИШЕЙ ИЛИ ЮРОЙ (БРАТОМ МИХАИЛА ЖИВИЛО. — *Прим. ред.*) И ПРОЯСНИТЬ СИТУАЦИЮ. НО МИША ПРОПАЛ ИЗ ВИДА СРАЗУ ПОСЛЕ 8 АВГУСТА, КОГДА БЫЛИ ПЕРЕЧИСЛЕНЫ ДЕНЬГИ...

ИЗ ИНТЕРВЬЮ ГАЗЕТЕ «КОММЕРСАНТЪ» 12 ФЕВРАЛЯ 2001 ГОДА

С иском по миру

В октябре 2000 года Михаил Живило был объявлен в международный розыск. Между тем он, особо не прячась, обосновался во Франции, откуда продолжал руководить судебными кампаниями против своих противников. Так, уже в декабре 2000 года в Федеральный окружной суд Южного округа Нью-Йорка с иском к «Русскому алюминию» и требованием компенсации в размере $2,7 млрд за ущерб, причиненный в результате банкротства Новокузнецкого алюминиевого завода, обратились три компании-трейдера, связанные с МИКОМом.

Эта активность предпринимателя, с одной стороны, облегчала задачу правоохранительных служб по его поиску, а с другой, как ни странно, могла затянуть следствие, которое и без того приостанавливалось из-за стационарного лечения Александра Тихонова и упорных попыток следователей установить криминальную связь между ним и Михаилом Живило. Объявив к середине января 2001 года сроки окончания следствия, правоохранительные органы продолжали вызывать биатлониста на допросы, в то время как он уже должен был начать знакомство с материалами дела.

Что же касается разыскиваемого по плану «красный угол» (т. е. по ориентировкам с пометкой «подлежит выдаче», направленным во все 118 стран, входящих в систему «Интерпол») Живило, то его обнаружение автоматически означало подготовку запроса о его выдаче и должно было, естественно, потребовать отдельных усилий и дополнительного времени. Именно это в итоге и произошло.

22 февраля 2001 года Михаил Живило был арестован в Париже. В марте прокуратура и УФСБ Новосибирска подготови-

ли к отправке во Францию документы для его экстрадиции и к маю уже ждали предпринимателя в России. Тогда же через своего адвоката Михаил Живило во второй раз обратился с ходатайством о предоставлении ему так называемого территориального убежища. Собственно, первое ходатайство и привело к его аресту — в нем он указал свой адрес во Франции. Второе, в котором Живило сообщил, что его жизни в России угрожает опасность, ускорило разбирательство во французском суде.

Доводы российского обвинения, как известно, французскую сторону не убедили. Это решение французского суда, с одной стороны, было несомненной победой Михаила Живило и его адвокатов. С другой стороны, оно стало началом целого юридического сериала: российское следствие отыскивало все новые улики против Живило, переквалифицировало его дело (вместе с делами братьев Тихоновых) и готовило новые запросы на его экстрадицию. Французское правосудие их прилежно рассматривало и отклоняло. Дело приостанавливали — до появления новых материалов.

АРИЕЛЬ ГАСКОН-РЕТОРЕ,
адвокат Михаила Живило:
«ЖИВИЛО — ЧЕСТНЫЙ? Я НЕ ЗНАЮ»

— ЧЕСТНЫЙ ЛИ МИХАИЛ ЖИВИЛО? Я НЕ ЗНАЮ. ВОЗМОЖНО, ОН И СОВЕРШИЛ КАКИЕ-ТО ПРАВОНАРУШЕНИЯ, НО РОССИЙСКИЕ ВЛАСТИ ОБВИНЯЮТ ЕГО В ПОКУШЕНИИ НА УБИЙСТВО ГУБЕРНАТОРА ТУЛЕЕВА И БОЛЬШЕ НИ В ЧЕМ ДРУГОМ.

— У ЖИВИЛО ЧТО, ЖЕЛЕЗНОЕ АЛИБИ?

— ВОПРОСА ОБ АЛИБИ НЕ ВОЗНИКАЕТ, ТАК КАК ПРЕСТУПЛЕНИЕ СОВЕРШЕНО НЕ БЫЛО. НЕ БЫЛО ДАЖЕ ПОПЫТКИ ЕГО СОВЕРШИТЬ. ОН ЯКОБЫ СОБИРАЛСЯ ОБ ЭТОМ ПОПРОСИТЬ АЛЕКСАНДРА ТИХОНОВА, ТИХОНОВ ЯКОБЫ СОБИРАЛСЯ СООБЩИТЬ ОБ ЭТОМ СВОЕМУ БРАТУ ВИКТОРУ, КОТОРЫЙ ЯКОБЫ ЗАТЕМ СОБИРАЛСЯ РАССКАЗАТЬ ОБ ЭТОМ ЕЩЕ ДВУМ ЛЮДЯМ ИЗ КЕМЕРОВА...

ИЗ ИНТЕРВЬЮ ЖУРНАЛУ «ВЛАСТЬ» 15 МАЯ 2001 ГОДА

Состояние здоровья Александра Тихонова также не способствовало скорой передаче его дела в суд. В марте 2001 года он выехал из Новосибирска в Москву на операцию. Летом того же года — в Австрию, где проходил курс лечения (его адвокаты официально проинформировали об этом ФСБ, что не помешало Новосибирскому областному управлению ФСБ 19 декабря обратиться с запросом в Интерпол об установлении его местонахождения). До 2006 года это местонахождение считалось неизвестным, поэтому дело Александра Тихонова было выделено в отдельное производство, а потом и приостановлено до его возвращения в Россию в 2007 году.

Успех в апелляционном суде Парижа стал главным и единственным юридическим успехом Михаила Живило. Еще в марте 2001 года Григорий Лучанский договорился с компанией «Русский алюминий» о продаже ей контрольного пакета акций НкАЗа, а внешний управляющий завода Сергей Чернышев увеличил кредиторскую долю компаний «Русала» до 50% с лишним. В итоге на собрании в Доме металлурга в Новокузнецке 6 марта 2001 года кредиторы НкАЗа в лице компаний, представляющих интересы «Русала», проголосовали за мировое соглашение (они собрали голоса кредиторов, представлявших 50,7% от задолженности предприятия). После этого уже ничто не мешало «Русалу» включить Новокузнецкий завод в свою империю.

В августе 2001 года группа компаний, подконтрольных Михаилу Живило (в том числе МИКОМ и Base Metal Trading), подала иск в окружной суд Южного округа города Нью-Йорка. Иск был направлен против четырех предпринимателей (Олега Дерипаски, Михаила Черного, Арнольда Кислина, Искандера Махмудова), компаний «Русский алюминий» и «МДМ-банка». Истцы, к которым позже присоединился бывший глава АО «Качканарский ГОК» Джалол Хайдаров, обвиняли ответчиков в создании преступного сообщества, которое лишило их бизнеса в России (так называемый иск RICO — от одноименного закона США по преследованию оргпреступности). Сумма исковых требований составила $3 млрд — утроенную сумму потерь, заявленных истцами ($0,9 млрд — компании Михаила Живило, $100 млн — партнеры господина Хайдарова).

На нью-йоркский иск адвокаты Михаила Живило из компании Marks, Sokolov & Partners ставили очень многое. Из четырех тяжб, инициированных ими против «Русала» и его партнеров за пределами России, это была наиболее крупной и единственной гражданской — в остальных случаях юристы просили судей не дать оценку действиям обвиняемых, а лишь возместить ущерб. Арбитражные суды в Швейцарии и Швеции отвергли претензии компаний господина Живило, но адвокат Брюс Маркс объяснял неудачи техническими проблемами и ожидал в Нью-Йорке положительного решения.

Однако 30 марта 2003 года судья Коэлтл отказал истцу в рассмотрении иска, носившего, по постановлению суда, «манипуляционный характер»: «Истцы многократно использовали российскую правовую систему для решения возникающих споров до тех пор, пока она не перестала их удовлетворять».

Против истцов сыграли и четыре приложенных к иску решения российских судов в пользу Михаила Живило: господин Коэлтл, ознакомившись с ними, сделал вывод, что наличие таких решений «свидетельствует о способности российской правовой системы вести подобные дела».

МЕСТЬ БРАТА

Постепенно дело о несостоявшемся покушении на кемеровского губернатора стало, казалось, забываться. В 2004 году из колонии строгого режима освободился Виктор Тихонов — единственный фигурант этого дела, получивший срок. Он уклонялся от общения с журналистами, так что новой пищи для размышлений СМИ не получили.

Михаил Живило также не привлекал к себе особенного внимания. Если первые годы во Франции (пока еще шел процесс над Виктором Тихоновым) он пытался выйти на како-то диалог с российскими правоохранительными органами, предлагая дать показания во французском суде, активно вел тяжбы с «Русалом» по всему миру, то после 2003 года о нем почти ничего не было слышно.

Получив территориальное убежище во Франции (а весной 2005 года — статус политического беженца), он занимался инвестиционным бизнесом, торговлей акциями, целиком и полностью игнорируя российские компании. В 2005 году он заключил мировое соглашение с «Русалом», правда, по его словам, ему все равно не доплатили $200—300 млн.

Но российские правоохранительные органы дело о покушении отнюдь не закрыли. В начале 2007 года в Россию вернулся Александр Тихонов для участия в оргкомитете по проведению чемпионата России по биатлону. Ему пообещали свободу до суда, но попросили больше не игнорировать следственные органы.

А 29 января 2007 года в Новосибирском областном суде начался новый процесс по старому делу — в подготовке покушения обвинялся Александр Тихонов. Он находился на свободе и проживал в Москве по подписке о невыезде. Один из главных свидетелей — Виктор Тихонов — выступил на процессе только в мае 2007 года. Сначала он отказался давать показания, объяснив это плохим самочувствием, но потом неожиданно попросил выслушать его заявление. «Никакого покушения на Тулеева не было. Сразу после моего задержания я был вынужден принять версию событий, предложенную мне оперативными сотрудниками ФСБ и РУБОПа, а затем придерживаться ее до окончания следствия, — сказал Виктор. — Весь заказ от начала до конца придуман мной и оказался неудачной аферой».

По его словам, в январе 2000 года к нему на двух джипах приехали некие кемеровчане. Один из гостей, представившийся генералом, предложил заработать денег, создав видимость подготовки убийства Амана Тулеева. Это предложение Виктор Тихонов якобы решил использовать, чтобы отомстить брату и главе группы МИКОМ Михаилу Живило за историю, произошедшую в 1997 году. По словам Тихонова-младшего, тогда он вложил в МИКОМ $180 тыс., вырученных от продажи трех квартир, шести гаражей, а также двух автомобилей Volvo и двух автобусов. Александр Тихонов якобы пообещал через три года вернуть брату втрое больше денег, но обманул.

В дальнейшем Виктор встретился с криминальными авторитетами Сергеем Никаноровым и Владимиром Харченко, которым предложил исполнить убийство губернатора Тулеева (о подготовке покушения они сообщили в ФСБ и были освобождены от ответственности). «Я ведь не думал, что ситуация так повернется, что Александра Тихонова и посторонних людей станут обвинять в подготовке убийства», — завершил свое выступление Виктор Тихонов.

Это полностью противоречило его показаниям на предварительном следствии. Тогда Тихонов-младший указал, что в офисе МИКОМа, куда его привез брат, Михаил Живило предложил ему ликвидировать губернатора Тулеева. На одном из следующих допросов Виктор Тихонов указывал, что господин Живило предлагал ему за покушение на чиновника взять «любую сумму». Отвечая на вопросы адвокатов Александра Тихонова, Виктор сказал, что признательные показания он давал под давлением сотрудников УФСБ, которые его чем-то опаивали.

Заявление свидетеля было приобщено к материалам дела. Но не повлияло на решение суда. 23 июля 2007 года многократного олимпийского чемпиона признали виновным в подготовке покушения на губернатора Кемеровской области Амана Тулеева, приговорили к трем годам лишения свободы, но от наказания освободили, применив амнистию, приуроченную к 55-летию Победы в Великой Отечественной войне.

Этот приговор позволяет следственным органам вернуться к вопросу об экстрадиции в Россию главного врага Амана Тулеева — бизнесмена Михаила Живило.

Новый
ТУРЕЦКОПОДДАННЫЙ

Тельман Исмаилов,
группа «АСТ»

Открытие в конце мая 2009 года в Турции отеля Mardan Palace стало звездным часом основного владельца группы «АСТ» Тельмана Исмаилова. Сам предприниматель сравнил торжество с открытием Олимпиады.

На то мы и предприниматели, чтобы быть предприимчивыми.

Тельман Исмаилов

«ГДЕ ПОСАДКИ?»

В приеме по случаю открытия отеля Mardan Palace стоимостью в $1,6 млрд приняли участие мэр Москвы Юрий Лужков с супругой Еленой Батуриной, актеры Ричард Гир, Шарон Стоун и Моника Белуччи, депутат Госдумы Иосиф Кобзон, певица Мэрайя Кэри, посол Азербайджана в России Полад Бюль-Бюль Оглы, экс-президент Ингушетии Руслан Аушев, телеведущая Пэрис Хилтон и т. п.

Зажигательное выступление Тома Джонса, которому господин Исмаилов прямо на сцене подарил свои часы (это уже становилось традицией), сменилось мини-концертом Иосифа Кобзона. Вслед за ним выступила Мэрайя Кэри. Лишь приглашенный на открытие Филипп Киркоров не пел. Праздник продолжился до 6 часов утра.

Звездный час оказался именно часом. 1 июня 2009 года на заседании президиума правительства премьер Владимир Путин посетовал на низкий уровень борьбы с контрабандой. «Борьба вроде бы ведется, а результатов мало, — заявил премьер, открывая заседание, — где посадки?» — и как бы невзначай заметил: «На одном из рынков товары как стояли на миллиарды рублей, так и стоят. А хозяев нет».

Через неделю Генпрокурор Юрий Чайка сообщил об обнаружении на Черкизовском рынке 6 тыс. бесхозных контейнеров с одеждой и обувью общим весом 100 тыс. тонн и стоимостью $2 млрд. По сообщению Следственного комитета при прокуратуре, ликвидация этой контрабанды должна была обойтись федеральному бюджету в 212 млн руб. Следственный комитет при прокуратуре РФ возбудил уголовное дело по факту хранения на складах группы компаний «АСТ» контрабандного товара на $2 млрд. Обнаруженные следователями бесхозные товары, согласно результатам санитарно-эпидемиологических экспертиз, «не соответствовали требованиям санитарно-эпидемиологических правил». Более того, по словам Генпрокурора Юрия Чайки, «груз не имел ни хозяев, ни тех, в чей адрес он пришел».

Компания «АСТ» от комментариев воздерживалась. «Мой клиент не имеет никакого отношения к арестованному товару», — заявил адвокат Тельмана Исмаилова Павел Астахов. Он рассказал, что контейнеры, о которых идет речь, были опечатаны сотрудниками Следственного комитета и ФСБ еще в сентябре 2008 года. Контейнеры действительно принадлежали «АСТ», но товар, находящийся в них, — почти 10 тыс. арендаторов, в основном выходцам из стран СНГ.

То есть товар был арестован еще за 10 месяцев до того, как Генпрокурор его «обнаружил», и хранился в контейнерах под охраной спецназа ФСБ. Вывозить арестованное имущество с рынка следствие отказалось. На уничтожение денег катострофически не хватало. «АСТ» же несло существенные убытки из-за того, что не могло сдавать эти контейнеры. «Господин Исмаилов еще в сентябре прошлого года обратился к следственным органам, чтобы они решили проблему арестованных товаров, однако она остается все в том же состоянии», — добавил адвокат. На следующий день следственные органы проблему решили, получив от Басманного райсуда Москвы разрешение на их уничтожение. Деньги нашлись мгновенно. Жалоба же компании «АСТ-Карго» на апрельское решение того же суда, признавшего законными действия главы Следственного комитета при прокуратуре РФ Александра Бастрыкина и следователя, ведущего дело о контрабанде, была отвергнута Мосгорсудом.

Именно постановление следователя привело к аресту контейнеров. Правда, на заседания судов представители истца не являлись.

КОНЕЦ «ЧЕРКИЗОНА»

В середине июня первый заместитель Генерального прокурора Александр Буксман выступил с античеркизовской речью на Первом канале. Генпрокуратура объявила Черкизовский буквально филиалом ада на территории Москвы: рынок оказался средоточием всех возможных пороков, как социальных, так и экономических — от подделки торговых марок до антисанитарии. Не забыли и о наркомании, пожарной безопасности и нелегальной миграции.

29 июня «Черкизон» был закрыт «из-за нарушений санитарных норм». А Следственный комитет при прокуратуре РФ направил мэру Москвы Юрию Лужкову представление с требованием «обеспечить выполнение федерального законодательства» на территории Черкизовского рынка столицы.

Оказалось, на рынке нарушались требования миграционного и земельного законодательства. Были возбуждены уголовные дела против руководителей Российского университета физической культуры, спорта и туризма — владельца значительной части территории, на которой располагался «Черкизон». «Продление сроков деятельности рынков группы компаний «АСТ» повлечет дальнейшее совершение преступлений», — резюмировал Следственный комитет. Такой прогноз ведомство объясняет тем, что «коммерческая деятельность на их территории осуществляется без должного контроля со стороны администрации рынков и Департамента потребительского рынка и услуг города Москвы и влечет за собой предпосылки для многочисленных нарушений миграционного, гражданского, административного и уголовного законодательства».

Впрочем, префект Восточного административного округа Николай Евтихиев заметил, что рынок закрыт временно и это связано не с представлением Следственного комитета, а с нарушением санитарных норм. А в мэрии к представлению СК отнеслись весьма сдержанно. Замруководителя пресс-службы мэрии Леонид Крутаков подчеркнул: «80% территории рынка относится к ведению Росимущества, и в первую очередь там должны решать его судьбу».

Рынок так и остался закрытым, а Тельман Исмаилов продолжал терять свои активы. В июле 2009 года Следственный комитет при прокуратуре РФ объявил, что по итогам проверки Черкизовского рынка будет добиваться закрытия двух компаний группы «АСТ» Тельмана Исмаилова — ЗАО «Компания «АСТ-Карго» и ООО «КБФ-АСТ» (головная компания группы «АСТ»).

В августе правительство Москвы оспорило в суде сделку по продаже КФБ-АСТ кинотеатра «Севастополь», который структура бизнесмена выкупила у города в 2002 году за $371,8 тыс. «АСТ» не выполнила условия договора и вместо современного киноцентра организовала в здании склады для торговцев с Черкизовского рынка, утверждали в мэрии. «Севастополь» грозил стать уже третьим утраченным активом — после «Черкизона» и ЗАО «Торговый дом ЦВУМ» (на его балансе находится здание «Военторга»), 100% которого были проданы ранее «Нафта Ко» Сулеймана Керимова.

На этом фоне назначение Олега Митволя на должность префекта Северного административного округа Москвы вместо Фазиля Измаилова (брата Тельмана Исмаилова, ставшего заместителем Олега Митволя и изредка мелькавшего в новостях, посвященных разбирательствам вокруг якобы незаконного строительства в поселке «Сокол») или обыск в ресторане «Прага» были лишь неприятными мелочами.

В ресторане следователи — формально — искали документы по уголовному делу Олега Матыцина, бывшего ректора Российского государственного университета физической культуры, спорта и туризма (РГУФКСиТ), предоставившего в аренду компании господина Исмаилова под Черкизовский рынок земли университета. В реальности же изымались все документы, относящиеся к любому бизнесу предпринимателя. Изучая их, следствие искало повод для привлечения бизнесмена к уголовной ответственности.

Близкое окружение Тельмана Исмаилова не питало иллюзий. «Тем, кто близко знаком с происходящим вокруг его бизнеса, уже понятно, что приказы исходят с самого верха», — сообщил на условиях анонимности один из близких ему людей. Не питал их и сам Тельман Мартанович. Перебравшись в Турцию, он оформлял гражданство этой страны. Тем более что пример у него был перед глазами — его коллега и бизнеспартнер Год Нисанов был де-факто лишен российского гражданства Верховным Судом РФ года за два до начала антиконтрафактной кампании.

Московский «Шанхай»

Черкизовский рынок по праву называли московским «шанхаем». Настоящее столпотворение... Сотни носильщиков снуют с тележками и тюками, хронические пробки в радиусе нескольких километров, полностью оккупированные окрестные парковки, продирающиеся сквозь толпу «Мерседесы» и «Газели», хватающие за рукав торговцы, сомнительного качества чебуреки и беляши, навязчивая музыка из колонок.

Самый большой автовокзал в Москве располагался не по соседству — возле станции метро «Щелковская», как многим казалось, а на Черкизовском рынке. Стоянка автобусов в «шанхае», в отличие от Щелковского автовокзала, официально на такое звание не претендовала, но каждый день там швартовались сотни автобусов (в том числе из Украины и Белоруссии), загружались под завязку и уезжали в Минск, Могилев, Воронеж или какую-нибудь деревню Михайлово. Везли все — от резиновых сапог и зимних курток до дешевых электрочайников. Преимущество автобусных перевозок перед транспортировкой товара фурами состояло в том, что автобусы сравнительно редко подвергались террору со стороны сотрудников ГИБДД.

Колорит восточного базара придавали Черкизовскому рынку продавцы, носильщики и кулинары (рынок кормился по большей части азиатским и кавказским фастфудом), около 80% которых имело ярко выраженную кавказскую или восточноазиатскую внешность. Это, помимо размеров рынка («Черкизон» площадью 234 га был самым крупным рынком не только в Москве, но, возможно, и в Европе), одна из причин, по которым к нему всегда было обращено пристальное внимание.

Гигантское торжище, состоявшее из полутора десятков рынков и торговых центров, только арендной платы в год собирало $300—350 млн, 12 торговых зон каждый день посещали 100—120 тыс. покупателей. По словам работавших на рынке, аренда здесь была значительно дороже, чем в других торговых центрах столицы, и составляла от $4 тыс. до $10 тыс. в месяц. Самые хлебные места на рынке продавались и чуть ли не передавались по наследству. Если с заинтересованным видом подойти к смотрящему за порядком сотруднику МВД, то рядом с ним почти всегда оказывался какой-нибудь «жучок» с предложением решить проблемы по аренде или покупке торгового места.

На здании, где размещалась администрация Черкизовского рынка, не было никакой указующей на то таблички. Ни у его владельцев, ни у менеджеров не было служебных телефонов (во всяком случае, ни в справочниках, ни на официальном сайте), руководство рынка всячески избегало встреч с прессой. Здесь постоянно что-то горело или взрывалось. Еще в 1992 году 40 русских националистов устроили на Черкизовском погром, жертвами которого стали 14 торговцев. 21 августа 2006 года в результате взрыва двух бомб, заложенных членами ультраправой группировки «Спас», погибли 14 и пострадали 47 человек.

На допросе террористы заявили, что так они хотели «отомстить нелегалам, заполонившим Россию».

Если же описывать «Черкизон» языком бизнеса, то получится, что несколько юрлиц, контролировавших его территорию (формально 72 га принадлежало Российскому госуниверситету физической культуры (РГУФК), остальное — московскому правительству), предоставляли место для работы крупнейшему торгово-логистическому центру в пределах бывшего СССР.

Рынком управляли шесть компаний: группа «АСТ», ООО «Фирма «Илиев», ООО «Голден Сенчери», ЗАО «Росклас», ЗАО «Физкультурно-оздоровительное предприятие «Измайлово» и ООО «Трейдикс». По официальным данным, их общая годовая выручка составляла около 1 млрд руб.

Всего в Москве было 82 рынка аналогичного профиля. Черкизовский перенял во второй половине 1990-х годов лидерство у рынка «Лужники»: подобные объекты всегда тяготеют к стадионам, поскольку требуют пространства. Основным занятием работников Черкизовского рынка было обслуживание сотен тысяч мелкооптовых закупщиков товаров народного потребления для регионального сбыта. На северо-востоке Москвы они покупали, как правило, и услуги по транспортировке товара до дома.

Часть продукции, предлагавшейся на Черкизовском рынке, была импортной, преимущественно из КНР и Вьетнама, а также из СНГ (Киргизия, Казахстан), часть — российской (Подмосковье, Северный Кавказ, Центральная Россия), часть — московского производства. Здесь же, в кустарных цехах в ангарах «Черкизона», производились и мелкие партии. Отсюда и засилье на рынке граждан этих стран — это и представители производителя, и посредники. Только граждан КНР здесь работало, по сообщениям китайских СМИ, около 30 тыс. А по оценкам Федерации мигрантов России, к моменту закрытия рынка на нем трудилось более 100 тыс. человек. Самыми многочисленными были китайская и таджикская диаспоры (30 тыс. и 17 тыс. человек соответственно). Москвичи составляли 10% работников. Объявления администрации рынка транслировались на четырех языках — русском, китайском, вьетнамском и азербайджанском.

Как правило, импортные товары поставлялись сюда без уплаты таможенных пошлин. Что же касается отечественго производства, то, как и в случае с большей частью малого бизнеса РФ, налоги здесь практически не платились. Не было здесь ни регистрации иностранных сотрудников, ни соблюдения санитарных требований, ни контроля качества, ни применения контрольно-кассовых аппаратов.

ТЕЛЬМАН ИСМАИЛОВ:
«У НАС РУБЛЬ СЪЕШЬ — ТРИ ОТДАШЬ»

Я ТОЖЕ БЫЛ НЕ ПОДАРОК. У НАС РУБЛЬ СЪЕШЬ — ТРИ ОТДАШЬ.
ИЗ ИНТЕРВЬЮ ГАЗЕТЕ «ВЕДОМОСТИ» 28 АВГУСТА 2007 ГОДА

Иными словами, Черкизовский рынок был территорией классической теневой экономики — той ее части, которая, имея массу негативных побочных эффектов, обществу скорее полезна. В отличие от более «респектабельных» секторов российской теневой экономики — от оргпреступности и верховой коррупции до операций по уходу от налогов крупных предприятий, — мелкий торгово-производственный бизнес в России политически защищен гораздо хуже. Де-факто эта часть теневой экономики — крупнейший в стране резервуар самозанятости населения, по своему значению сравнимый с сельскими подсобными хозяйствами.

ПОЗОЛОЧЕННЫЙ САМОЛЕТ И БРИЛЛИАНТОВЫЙ МИКРОФОН

Московский «шанхай» мэрия хотела сровнять с землей чуть ли не со дня его основания в 1991 году. Ну, с 2001-го уж точно... Однако дело всегда ограничивалось угрозами и громкими заявлениями. Поговаривали, что у хозяев рынка какие-то связи в Кремле. Казалось, что в 2007 году «Черкизону» и правда придет конец. Еще 14 февраля 2007 года распоряжение о закрытии Черкизовского рынка подписал мэр Москвы Юрий Лужков. В московском правительстве не скрывали, что рынок, известный как один из крупнейших центров массового сосредоточения нелегальных мигрантов, закрывается после призыва Президента Владимира Путина «защитить коренное население».

До конца 2007 года все предприятия на территории Черкизовского рынка должны были прекратить свою деятельность — большинство из них выводили в район будущего четвертого транспортного кольца возле Окружного проезда. На месте рынка предполагалось построить спорткомплексы и жилье бизнес-класса. Впрочем, через полгода в распоряжение правительства были внесены изменения — срок закрытия рынка передвигался на середину 2008 года. Потом — еще изменения, потом еще. С каждым изменением этот срок отодвигался все дальше.

У истинных хозяев «Черкизона» поводов для беспокойства становилось все меньше. Напротив, 2007-й стал годом взлета президента группы «АСТ» Тельмана Исмаилова — основного (наряду с Зарахом Илиевым) арендатора земли и владельца объектов Черкизовского рынка. Основным его активом была созданная в июле 1989 года группа «АСТ». Компания в равных долях принадлежит Тельману Исмаилову, двум его сыновьям и племяннику. Первоначально фирма открыла несколько десятков магазинов и рынок «Лужники» в Москве, позже переключилась на строительство и другие виды деятельности. К середине 2009 года в группу входило более 30 компаний. Например, турфирма «АСТ-Тур», гостиничный комплекс «АСТ-Гоф» на улице Большой Филевской, рестораны «Прага» и «Славянская трапеза», Дом приемов Safisa, девелоперские компании «КБФ АСТ» и «АСТ-Капстрой», «АСТТакси» (пассажирские перевозки), ОАО «Торговый дом ЦВУМ» (управление «Военторгом»), «АСТ-Агропром», «Московский полиграфический дом», ЧОП «АСТ-Щит», «АСТ-Транс-Сервис», «АСТГолд», «АСТ Фотовидео», «АСТ-music», «АСТ Стоматологический центр» и другие.

Тельман Исмаилов: «До меня этим никто не занимался»

13 ИЮЛЯ 1989 ГОДА Я ЗАРЕГИСТРИРОВАЛ СОБСТВЕННУЮ КОМПАНИЮ, КОТОРАЯ РАБОТАЕТ И ПО СЕЙ ДЕНЬ, — ГРУППУ «АСТ». НАЗВАНИЕ ПРИДУМАЛ ПО ПЕРВЫМ БУКВАМ ИМЕН СВОИХ СЫНОВЕЙ — АЛИК, САРХАН, ТЕЛЬМАН. ЗА ГОД И ТРИ МЕСЯЦА Я ОТКРЫЛ В МОСКВЕ 52 КОММЕРЧЕСКИХ МАГАЗИНА. ДО МЕНЯ ЭТИМ В СТОЛИЦЕ НИКТО НЕ ЗАНИМАЛСЯ. ПОТОМ ОТКРЫЛ РЫНОК «ЛУЖНИКИ». А ЗАТЕМ КОМПАНИЯ УЖЕ СТАЛА СТРЕМИТЕЛЬНО РАЗВИВАТЬСЯ ПО МНОГИМ НАПРАВЛЕНИЯМ.

ИЗ ИНТЕРВЬЮ ГАЗЕТЕ «ВЕДОМОСТИ» 28 АВГУСТА 2007 ГОДА

В 2007 году группа оценивала свой оборот в $2 млрд, а стоимость активов в $3 млрд. В 2009 году Тельман Исмаилов занимал 61-е место в списке богатейших россиян журнала Forbes с состоянием $600 млн. Попал он и в другой рейтинг — в список ста самых экстравагантных миллиардеров мира, составленный однажды Financial Times. Считается, что поводом для этого стало его прибытие на одну из вечеринок на Лазурном Берегу на позолоченном самолете. Хобби у миллиардера также достойно рейтинга FT: по его словам, он коллекционирует часы, их у него уже около двух тысяч.

Вообще пристрастие к шику и пышности всегда было свойственно господину Исмаилову. На свои вечеринки он регулярно выписывал артистов мирового масштаба. Для его гостей выступали Робби Уильямс, Мэрайя Кэри, Рики Мартин. На 50–летний юбилей предпринимателя прилетела Дженнифер Лопес. Сумма гонорара — «обычная, не запредельная», т. е. около $1,5 млн. Кроме гонорара счастливый именинник вручил диве подарок в своем стиле — сувенир в виде золоченого микрофона с бриллиантовыми вкраплениями. Возможно, в качестве компенсации за то, что певице пришлось долго ждать своей очереди — со сцены Дома приемов Safisa юбиляра поздравляли мэр Москвы Юрий Лужков, депутат Госдумы Иосиф Кобзон, певица Алла Пугачева, «отец музыки соул» Джеймс Браун, режиссеры Марк Захаров и Юлий Гусман, сатирик Геннадий Хазанов и многие другие.

Засветившись на другом торжестве — открытии первого в России частного киноиндустриального холдинга «Ментор Синема», Тельман Исмаилов, который пришел поддержать своего друга Алиджана Ибрагимова, партнера «Ментор Синема» и члена совета директоров ассоциации, подарил экс-премьеру Казахстана Нурлану Балгимбаеву свои часы, сняв их с руки. Было это в 2007 году, и тогда дарение часов «с руки» еще не стало традицией политического истеблишмента России.

«Ты наш брат!»

Смесь экстравагантности и закрытости (Тельман Исмаилов дал о себе и своем бизнесе только одно интервью: в том же 2007 году газете «Ведомости»), безусловно, подогревала интерес к его персоне — неординарной, с одной стороны, и совершенно типической — с другой. Его история — классический пример того, как теневая советская экономика мутировала в свое нынешнее состояние. Сын крупного бакинского цеховика, с 14 лет при делах (начал помогать отцу), с 18 — в доле.

А родился Тельман Марданович Исмаилов 26 октября 1956 года в Баку. С 1973 по 1976 год учился в Азербайджанском народном хозяйственном институте. Тогда же, по своим собственным словам, стал директором первого в городе коммерческого магазина. После службы в армии перевелся в Московский институт народного хозяйства им. Плеханова, который окончил в 1980 году. Затем работал экономистом в Министерстве торговли, а также экспертом в «Востокинторге».

Зрелость наступила в Москве в конце 1980-х годов, где Тельман Исмаилов начал путь из кооператоров в бизнесмены. Компания «АСТ» была не первым деловым начинанием молодого Исмаилова. В 1987 году он зарегистрировал кооператив под противоречивым названием «Коммерческая благотворительная компания». Создавая и развивая эту компанию, Тельман Исмаилов познакомился с председателем комиссии Мосгорисполкома по кооперативной деятельности Юрием Лужковым (секретарь комиссии, если кому интересно, — Елена Батурина).

Тельман Исмаилов: «На то мы и предприниматели»

На то мы и предприниматели, чтобы быть предприимчивыми. Но есть нюанс: иногда сделать что-то можешь, а рассказать, как именно, — нет.

Из интервью газете «Ведомости» 28 августа 2007 года

Венцом этих отношений через двадцать лет стало выступление мэра Москвы Юрия Михайловича Лужкова на упомянутом уже юбилее: «Тельман! Ты наш брат! Мы идем с тобой по жизни!» Так что не было у Тельмана Мардановича протекции в Кремле. Она была именно там, где на протяжении почти 15 лет пытались закрыть «Черкизон», — в правительстве Москвы.

Черкизовский рынок тем временем процветал. Процветал и расширялся бизнес Тельмана Исмаилова. Его строительная компания построила офисный центр на Красной Пресне на

70 тыс. кв. м. На Поклонной горе планировался офисный и торгово-развлекательный центр на 330 тыс. кв. м. Агрокомплекс в Клинском районе на площади в 3500 га. Планы строительства 1 млн кв. м жилья в подмосковном Клину по национальному проекту «Доступное жилье» — правда, не реализованные. Планы провести IPO, на котором должны были быть проданы 15% акций (IPO, правда, так и не произошло). Ресторан «Прага», наконец... Впрочем, «Прага» — это для души. Господин Исмаилов утверждал, что ресторан убыточен, а вот возводимая напротив него гостиница должна была стать прибыльной. Но узнать, так ли это, мы уже скорее всего не сможем. Удар, нанесенный по бизнесу Тельмана Исмаилова, оказался слишком тяжелым.

Ставшая уже привычной картина: «От премьера сбежал очередной персонаж из списка *Forbes*» — будоражила Москву недолго. Торговцы с «Черкизона», постояв в очередях за бесплатным питанием, постепенно либо перебрались на другие рынки, либо были депортированы в свои страны.

Москвичи вяло обсуждали, почему сбежал Тельман Исмаилов. Кто-то считал, что премьер возмутился пышными сценами открытия отеля в Анталии, слишком уж диссонировавшими с кризисом, в котором находилась вверенная премьеру Россия. Другие указывали на конфликт Исмаилова с одним из его партнеров Зарахом Илиевым, который дружен с Ильхамом Рагимовым, однокурсником и партнером по дзюдо Владимира Путина, — но ведь и Илиеву досталось не меньше. Третьи — их большинство — все объясняли очередной атакой федералов на друга и «брата» Исмаилова Юрия Лужкова. Какая из этих версий точнее — на самом деле уже не так важно, ведь в деле о контрабанде сам Исмаилов не фигурирует.

Тельман Исмаилов:
«Надо уметь вовремя остановиться»

Время было такое. Закон не работал. Налоговая служба не работала, таможня не работала. Мы не знали, кому платить налоги. Спокойнее было бы, если бы все работало цивилизованно. В итоге я сам и ушел. Нас никто не выдавливал. Просто надо уметь вовремя остановиться и уйти, даже из бизнеса. Нельзя объять необъятное.

Из интервью газете «Ведомости» 28 августа 2007 года

Речь даже не о потере Тельманом Мардановичем части своего бизнеса — в конце концов, по тем или иным причинам это происходит постоянно, а предприниматель, основным бизнес-активом и УКП (уникальным конкурентным преимуществом) которого является дружба с сильными мира сего, должен отдавать себе отчет в том, что на всякого сильного в конце концов может найтись еще более сильный.

Речь, например, о том, что самая крупная за последнее десятилетие атака на теневой сектор российской экономики привела к снижению занятости в этом секторе более чем на 1%. Таковы истинные масштабы «Черкизона» в экономике страны. Или о том, что в середине февраля 2010 года экстравагантный бизнесмен сенсационно вернулся в Россию. 15 февраля Тельман Исмаилов и его сын Сархан в Грозном встретились с президентом Чечни Рамзаном Кадыровым. На этой встрече господин Исмаилов выразил намерение изучить вместе со специалистами «целый ряд инвестиционных проектов в республике и выбрать те, в которые целесообразно вложить средства».

Возможно, он остановится на проекте гостиничного комплекса в Грозном за 850 млн руб., заявил сенатор от Чечни Зияд Сабсаби. А пока сын предпринимателя принял пост вице-президента ФК «Терек», что скорее всего означает финансовые обязательства по инвестициям в клуб. За все ведь надо платить, ну, или расплачиваться, в том числе и за покровительство со стороны одного из самых влиятельных региональных политиков России.

Колобок

Александр Конаныхин,
«Всероссийский биржевой банк»

Судьба Александра Конаныхина напоминает сказку про Колобка. Еще в начале 1990-х годов он стал одним из самых богатых людей России и одним из первых бизнесменов, бежавших из страны. За ним охотились бывшие сотрудники КГБ, обвинившие его в мошенничестве, Главная военная прокуратура, Главное следственное управление ГУВД Москвы, ФБР, Министерство внутренней безопасности США, Скотланд-Ярд и Интерпол. В США он трижды побывал в тюрьме. Наконец со второй попытки получил статус политического беженца. Сегодня он живет в Америке и неплохо себя чувствует, но вернуться в Россию не может — здесь он стал изгоем почти двадцать лет назад.

Президент ВББ (Александр Конаныхин. — *Ред.*) был импульсивным человеком, который всю свою жизнь стремился к получению быстрых и легких денег. Эта страсть к быстрым деньгам его и погубила.

Александр Волеводз, доктор юридических наук, профессор кафедры уголовного права, уголовного процесса и криминалистики МГИМО, бывший военный прокурор Московского военного округа

ЧЕТЫРЕ ТЫСЯЧИ В КОНВЕРТЕ

В октябре 2007 года правительство США признало окончательным решение федерального иммиграционного суда о предоставлении политического убежища бывшему руководителю «Всероссийского биржевого банка» Александру Конаныхину. Таким образом, он получил право подать документы на постоянный вид на жительство в США, а американские власти отказались от попыток его депортации в Россию.

Всему этому предшествовали почти два десятилетия «разборок» с партнерами по бизнесу, Главной военной прокуратурой РФ и Главным следственным управлением МВД России, Федеральной резервной службой США, американскими иммиграционными властями, Интерполом, Скотланд-Ярдом и даже правительством Антигуа, а также поспешное бегство сначала в Венгрию, потом в США. Началась эта история в 1992 году. А может быть, еще раньше: например, в 1986-м, когда однокашники Конаныхина заподозрили его в том, что он присваивает их деньги.

Александр Конаныхин родился в городе Осташкове (Тверская область) в 1966 году в семье научных работников. Ребенком он был одаренным и в школе учился на одни пятерки. Особенно ему нравились математика и физика. На школьных олимпиадах по этим предметам Конаныхину не было равных. В 1983 году он занял четвертое место на Всероссийской олимпиаде по физике и в том же году поступил в Московский физико-технический институт (МФТИ), где учился так же хорошо, как и в школе. Но через три года его неожиданно отчислили из вуза и выгнали из комсомола — «за поведение, недостойное звания советского студента». По некоторым данным, отчисление было связано с тем, что Конаныхин организовал из участников студенческого стройотряда несколько бригад, которые подрабатывали обработкой огородов и строительством. Значительную часть заработанных «шабашниками» денег он присвоил, и студенты написали жалобу в деканат.

АЛЕКСАНДР КОНАНЫХИН:
«МОИ ЗАРАБОТКИ ВЫЗВАЛИ ЖИВОЙ ИНТЕРЕС»

— ТЫ УЧИЛСЯ НА ФИЗТЕХЕ, И ТЕБЯ ОТТУДА ВЫГНАЛИ. ЗА ЧТО?
— ЗА БИЗНЕС. ПОСТУПИВ В ИНСТИТУТ, Я РЕШИЛ НАЧАТЬ САМОСТОЯТЕЛЬНУЮ ЖИЗНЬ. ЛЕТОМ ПОШЕЛ РАБОТАТЬ В СТРОЙБРИГАДУ, ИЛИ

«ШАБАШКУ». МЫ РАБОТАЛИ КАК ЛОШАДИ И ЗАРАБАТЫВАЛИ СООТ-
ВЕТСТВЕННО. НА СЛЕДУЮЩИЙ ГОД Я ОРГАНИЗОВАЛ СВОЮ БРИГАДУ,
НО ПО ДРУГОМУ ПРИНЦИПУ. ЛЮДИ РАБОТАЛИ ЗА ЗАРПЛАТУ, Я ПОЛУ-
ЧАЛ ОСТАВШУЮСЯ ПРИБЫЛЬ. ОПТИМИЗАЦИЯ ПРОШЛА УСПЕШНО, Я
ЗАРАБОТАЛ ОКОЛО 22 ТЫС. РУБ. (1985 ГОД. — *Ред.*). <...> «КОМСО-
МОЛЬЦЫ» ОБИДЕЛИСЬ И ИСКЛЮЧИЛИ МЕНЯ ИЗ СВОИХ РЯДОВ «ЗА
ДЕЛЯЧЕСТВО И РАСПРЕДЕЛЕНИЕ ДЕНЕЖНЫХ СРЕДСТВ НЕ ПО ТРУДУ».
<...> ЗАТЕМ МЕНЯ ВСЕ-ТАКИ ВЫГНАЛИ ИЗ КОМСОМОЛА И ИЗ ИНСТИ-
ТУТА. НУЖНО БЫЛО ИДТИ В СОВЕТСКУЮ АРМИЮ.

— И ТЫ ПОШЕЛ СЛУЖИТЬ?

— НЕТ. УЕХАЛ ВО ВЛАДИМИРСКУЮ ОБЛАСТЬ И НАЧАЛ ТАМ БИЗ-
НЕС. ОРГАНИЗОВЫВАЛ «ШАБАШКИ». К СЧАСТЬЮ, ОТСТУПЛЕНИЕ ОТ
РЫНОЧНЫХ РЕФОРМ У ГОРБАЧЕВА ПРОДОЛЖАЛОСЬ НЕДОЛГО. ЧЕМ
БЫСТРЕЕ ОН К НИМ ВОЗВРАЩАЛСЯ, ТЕМ БЛИЖЕ Я ПРИБЛИЖАЛСЯ К
МОСКВЕ. К 1991 ГОДУ В МОЕМ СТРОИТЕЛЬНОМ БИЗНЕСЕ РАБОТАЛО
ОКОЛО 600 ЧЕЛОВЕК. БЫЛ ОФИС В ЦЕНТРЕ МОСКВЫ И БОЛЬШОЙ
ДОМ В МАЛАХОВКЕ.

Из интервью журналу «Деньги» 23 октября 2006 года

Александра хотели призвать в армию, но он предусмотри-
тельно женился, усыновив двух детей своей супруги от первого брака. Брак не был фиктивным, и в семье вскоре появился
третий ребенок. В 1991 году Конаныхин развелся с женой, а
еще через год в Канаде зарегистрировал новый брак, с Еленой
Грачевой. Интересная деталь: по словам его бывшей супруги,
банкир говорил ей, что работает в строительном кооперативе,
хотя на самом деле в то время уже руководил одним из крупнейших банков страны. Проблемы оставленной семьи банкира не интересовали. Он вспомнил о бывшей супруге лишь в
1992 году, когда она лежала в больнице — передал ей конверт,
в котором лежали 4000 руб., и скрылся.

Миллионер

Свое первое дело — кооператив «Жилремстрой» — Конаныхин с друзьями открыл еще в 1986 году. Одним из партнеров
предпринимателя стал руководитель кооператива АНТ Владимир Ряшенцев. По некоторым данным, когда АНТ попался на
продаже танков, Ряшенцев успел передать часть средств Конаныхину. Так или иначе, но сразу же после скандала с АНТом
Конаныхин резко пошел в гору. В 1990 году с командой еди-

номышленников он создал Всероссийский биржевой центр «Росинформбанк» (после выхода Закона «О банках и банковской деятельности» его название было сокращено до ВБЦ). В 1991 году ими была организована «Всероссийская биржа недвижимости». Умело построенная рекламная кампания позволила привлечь под этот проект большие деньги. Часть из них впоследствии была использована при создании «Всероссийского биржевого банка» (ВББ). Позднее Александр Конаныхин рассказывал, что финансировал Ельцина, а в 1992 году даже летал с ним в Вашингтон.

Александр Конаныхин: «Я подписывал чеки, а Ряшенцев занимался организацией»

— Я познакомился с неким Ряшенцевым, который тогда был известен из-за «дела» кооператива АНТ <...> У меня охранником работал человек из службы безопасности Ряшенцева. Я из любопытства начал задавать ему вопросы. Потом сказал, что готов помочь, и помог. Ряшенцева тогда выгнали из квартиры и из офиса. Я ему дал и то и другое. История с Ряшенцевым стала катализатором событий, которые переместили меня в центр политической жизни <...> Мы регулярно гуляли с Ряшенцевым вокруг Малаховского озера, поскольку считали, что мой дом и офис прослушиваются. Во время одной из таких прогулок он предложил финансировать Ельцина. Его тогда выкинули из ЦК КПСС. Я спросил: «А на хрен нам финансировать Ельцина?» Он ответил: «Коммуняки его ненавидят. Он их тоже не любит, значит, будет свара, и от нас отстанут».

— Вы с Ряшенцевым не хотели Ельцина о чем-нибудь просить? Все-таки ты $7 миллионов дал...

— Никогда. То есть до своего отъезда из России я Ельцина ни о чем не просил.

— Но ты с ним встречался?

— Да. Три раза в маленькой компании. Вместе с его сподвижником и Ряшенцевым. Еще мы приезжали с официальной делегацией Ельцина в США и в Канаду.

— Ельцин отрабатывал $7 миллионов?

— Борис Николаевич оказался человеком, который, в отличие от многих политиков, как бы «помнил». Когда он стал «царем», то понял, что ему положено делать царские подарки.

Из интервью журналу «Деньги» 23 октября 2006 года

В начале 1990-х годов Конаныхиным и его командой были реализованы еще несколько крупных проектов: Российская национальная служба экономической безопасности, Международная универсальная биржа вторичных ресурсов (МУБВР), АО «Союзинформатизация», еженедельная газета «Биржевые ведомости», Московская международная фондовая биржа. Всего же, по словам банкира, он приложил руку к созданию более ста коммерческих структур.

АЛЕКСАНДР КОНАНЫХИН: «ЭТО БЫЛИ МАШИНЫ ПО СОЗДАНИЮ ДЕНЕГ ИЗ ВОЗДУХА»

— НА СКОЛЬКИХ БИРЖАХ ТЫ БЫЛ АКЦИОНЕРОМ?

— КАЖЕТСЯ, НА ТРИДЦАТИ. В ОЧЕРЕДНОЙ РАЗ ГУЛЯЯ ВОКРУГ МАЛАХОВСКОГО ОЗЕРА, Я ПОНЯЛ, ЧТО У МЕНЯ ОБРАЗОВАЛСЯ БИРЖЕВОЙ ЦЕНТР. СУТЬ ЕГО СВОДИЛАСЬ К ТОМУ, ЧТО ЕСЛИ В НОВОСИБИРСКЕ ЛЕС СТОИТ РУБЛЬ ЗА КГ, А В ЛЕНИНГРАДЕ — ТРИ ЗА КГ, ТО ПОЧЕМУ БЫ ДЕРЕВО НЕ ОТПРАВИТЬ В ПИТЕР...

— КАК ДОЛГО ТЫ ЭТИМ ЗАНИМАЛСЯ?

— ПАРУ ЛЕТ. ПОСКОЛЬКУ ЭТО БЫЛИ МАШИНЫ ПО СОЗДАНИЮ ДЕНЕГ ИЗ ВОЗДУХА, ТО ОНИ ВЫЗВАЛИ БЫСТРЫЕ ИЗМЕНЕНИЯ В МОЕЙ ЖИЗНИ.

— КОГДА О ТЕБЕ СТАЛИ ГОВОРИТЬ, ЧТО ТЫ САМЫЙ «ПЕРВЫЙ, УСПЕШНЫЙ И БОГАТЫЙ»?

— НЕ ЗНАЮ, ЧЕЛОВЕК Я ИНТРОВЕРТНЫЙ. СИЖУ СЕБЕ ЗА КОМПЬЮТЕРОМ И РАБОТАЮ. МЕНЯ ПРАКТИЧЕСКИ НИКОГДА НЕ УВИДИШЬ НА ПРИЕМАХ ИЛИ ВЕЧЕРИНКАХ.

— КАК ТЫ СТАЛ БАНКИРОМ?

— ТОГДА ОДНА КОМПАНИЯ НЕ МОГЛА ПРЕДОСТАВИТЬ ДРУГОЙ КРЕДИТ ИЛИ ПРОСТО ПЕРЕДАТЬ ДЕНЬГИ. ПО СОВЕТСКОМУ ЗАКОНОДАТЕЛЬСТВУ ЭТИМ МОГ ЗАНИМАТЬСЯ ТОЛЬКО БАНК. ЧАСТО СКЛАДЫВАЛАСЬ СИТУАЦИЯ, КОГДА МОЯ БРОКЕРСКАЯ ФИРМА В НОВОСИБИРСКЕ ИМЕЛА КУЧУ ДЕНЕГ, А ГДЕ-ТО В ЛЕНИНГРАДЕ У МЕНЯ СРЕДСТВ НЕ ХВАТАЛО. ПОЭТОМУ Я ЗАРЕГИСТРИРОВАЛ БАНК И ПОЛЬЗОВАЛСЯ ИМ КАК ВНУТРЕННЕЙ КАССОЙ.

Из интервью журналу «Деньги» 23 октября 2006 года

О том, как складывалась его карьера, Конаныхин в 1993 году рассказал в одном из писем, разосланных по факсу в российские СМИ. Он, в частности, писал, что к 23 годам не было ни одной валюты, в которой он не был бы миллионером. (Мы всего лишь фиксируем заявления героя, что вовсе не означает, что мы принимаем всерьез любой бред, исходящий от наших героев. — *Ред.*). Ряд самых крупных коммерческих организаций России, по его словам, были фактически и по смыслу объединены в большую экономическую структуру — «это был принадлежащий мне холдинг организаций; насколько мне известно, крупнейший из частных холдингов, существовавших в послереволюционной России». Ввиду невозможности лично руководить всеми организациями Конаныхин с 1992 года не занимал высших административных постов на биржах, «однако, чтобы иметь возможность при желании выступать от их имени и контролировать повседневную деятельность, я имел пост вице-президента ВБН и МУБВР». ВББ, где Конаныхин «лично осуществлял общее руководство», занимая пост президента банка, в 1991—1992 годах был крупнейшим в России по размеру уставного капитала и, бесспорно, немало влиял на финансовый рынок страны.

Более половины оборота ценных бумаг на фондовых биржах России обеспечивали бумаги с подписью Конаныхина, а объем конвертационных сделок в ВББ превысил в 1991 году объем сделок на Валютной бирже Госбанка СССР. Значимость банка отражалась и на статусе его хозяина: правительство предоставило ВББ право чеканки депозитных сертификатов в виде собственных монет, на которых был изображен профиль его супруги, а также резиденцию, построенную для Президента СССР, правительственную охрану и правительственный транспорт.

КГБ против ВББ

Несмотря на предпринимательскую хватку и талант, успешной реализацией своих проектов бизнесмен во многом был обязан своей команде, основу которой составляли его сокурсники по МФТИ и бывшие сотрудники КГБ, нашедшие себя в бизнесе. Причем не те, что отличились на поприще сбора компромата на диссидентов, а те, кто работал в научно-исследовательских институтах Лубянки. Они и составили мозговой центр финансово-предпринимательской империи Конаныхина.

До 1992 года Конаныхин и его менеджеры уживались мирно. О том времени основатель ВББ вспоминает не без сожаления: «Я жил на громадной правительственной вилле в лесу, имел свой спортзал и гараж с десятком иномарок». Большую часть времени он проводил за границей, в Венгрии, где у него был свой дом. В России он появлялся довольно редко, а гэбэшная команда успешно справлялась с делами и без него.

Однако, по словам Александра Лазаренко, еще летом 1992 года внутри банковского руководства сформировалась оппозиция, которая стала планомерно готовить отстранение Конаныхина от дел. В конце августа руководство банка переругалось, в результате чего Конаныхин бежал из Москвы сначала в Венгрию, а затем в США. Возможно, предчувствуя скорую развязку, он пытался перевести в Швейцарию со счета своего банка несколько миллионов долларов в качестве кредита для подконтрольной ему фирмы. Однако банковской оппозиции удалось заблокировать эти деньги в одном из швейцарских банков с помощью местных властей. Поскольку сделка была оформлена законно, возбудить уголовное дело по данному эпизоду противники Конаныхина не смогли. Тогда они решили отобрать имущество принадлежащих ему и управляемых его друзьями компаний «Фининвестсервис», «Жилремстрой» и «ИнфоСофт». В ответ Лазаренко обратился в милицию. По заявлению трех компаний были заведены уголовные дела против банка.

16 октября 1992 года в здании Московской торговой палаты состоялось общее собрание акционеров ВББ, которые официально отстранили бывшего председателя совета банка Александра Конаныхина от занимаемой должности. Из совета банка был выведен также его друг и сокурсник Александр Лазаренко. Акционеры утвердили новый состав совета ВББ. В него вошли Авдеев, Болдырев, Сумской, Константин Сидячев и Василий Солдатов.

Новые руководители ВББ Авдеев и Болдырев уверяли, что возбуждение уголовных дел против должностных лиц банка и затем обыск в его помещении — либо происки Конаныхина, желающего насолить изменившим ему товарищам, либо желание милиционеров собрать конфиденциальную информацию о деятельности крупной коммерческой структуры. Михаил Болдырев рассказал, что еще в августе 1992 года руководство банка обратилось к Конаныхину с требованием срочно собрать совет и обсудить вопрос злоупотребления должностными полномочиями его председателя. Такие, например, как история предоставления фирме «Жилремстрой» кредита на приобретение двух автомобилей BMW, которые впоследствии были сданы фирмой в аренду банку под проценты, намного превышающие проценты по кредиту (один из купленных автомобилей находился в распоряжении Лазаренко, бывшего в то время членом совета ВББ, а другой — его супруги). Злоупотребления должностными полномочиями президента заставили руководство банка поставить на совете вопрос о его отстранении от занимаемой должности. Однако на заседание совета Конаныхин не явился. Более того, он попытался незаконно списать с корсчета банка в Credit Swiss те самые $3,1 млн на счет возглавляемой им офшорной компании International Investment Association for East Europe Ltd. Суть указанной махинации, по словам Болдырева, заключалась в следующем. Конаныхин представил на подпись Василию Солдатову договор, по которому банк предоставлял компании обеспеченный сертификатами ВББ кредит на сумму $300 тыс. на 10 месяцев под 10% годовых. Договор был составлен таким образом, что разделы «Предмет договора» и «Условия договора» находились на одном листе, а подписи и печать банка — на другом. Конаныхин при этом пообещал, что в ближайшее время договор со стороны заемщика будет подписан директором компании. Однако в тот же день он предъявил начальнику отдела валютных операций банка Валерию Кургузову подписанный договор с замененными страницами, на которых значилось, что ВББ предоставляет компании International Investment Association for East Europe Ltd. ничем не обеспеченный кредит на сумму $3,1 млн на пять лет под 3% годовых, и попросил его немедленно перевести деньги на счет компании. Поскольку на договоре стояла подпись Солдатова, Кургузов выполнил распоряжение. На следующий день Конаныхин уехал за границу, а Солдатов получил выписку по операциям с валютными счетами, где было отражено списание $3,1 млн. Руководство банка отправило экстренное требование заморозить сумму в Credit Swiss и отстранило Конаныхина от должности. После этого, по словам Болдырева, пытавшийся ограбить собственный банк Конаныхин предпринял попытки отвести от себя подозрения и обвинить во всех грехах руководство банка.

Вадим Авдеев рассказывал, что «Конаныхин был акционером ВББ, Российской национальной службы экономической безопасности, Всероссийской биржи недвижимости, учредителем и издателем газеты «Биржевые ведомости», но заметного вклада в их развитие не внес». По словам Авдеева, над созданием перечисленных коммерческих структур работали многие люди, а в результате Конаныхин назвал плоды их творчества своей «финансовой империей», хотя к тому, что получилось, «даже слово «холдинг» мало подходит». Авдеев не отрицал, что в ВББ трудятся люди из бывшего КГБ, но объяснял это тем, что на определенных постах нужны хорошие чиновники, а «лучше, чем в ГБ, не сыскать». Кроме того, «гэбэшный» имидж фирмы спасал контору от мелких налетчиков. Однако Авдеев подчеркивал, что эти люди прежде работали в основном в научно-исследовательских предприятиях КГБ и не имели возможности оказывать какое-либо влияние через бывших «конторских» коллег на получение прибылей своих нынешних работодателей.

Что касается бандитского нападения на Конаныхина, якобы организованного Авдеевым и Болдыревым, то Авдеев рассказал, что 2 сентября 1992 года действительно встречался с банкиром в Венгрии — «вычислил» его в одной из престижных гостиниц Будапешта и попросил своего товарища организовать встречу, которую тот и устроил. В результате Конаныхин устно согласился, что поступил некорректно с $3 млн. В тот момент, по словам Авдеева, деньги можно было вернуть мгновенно с помощью факса. Пообещав отправить факс о переводе денег и уйти от банковских дел на родине, Конаныхин ночью сбежал из Венгрии через австрийскую границу. Кстати, по словам Авдеева, отъезд Конаныхина в Венгрию был связан не с историей с $3 млн, а с его причастностью к делу АНТа. Косвенным подтверждением этому мог служить тот факт, что тогда в Венгрии скрывался и Владимир Ряшенцев.

Сам Конаныхин, который в это время уже находился в Америке, уверял, что всему виной деятельность группы из четырех новых сопредседателей совета ВББ (Авдеева, Сидячева, Сумского и Болдырева), осуществляющей всевозможные экономические махинации, и в очередной раз обвинил эту группу в преследовании его самого и верных ему людей. «31 августа мне поставили условие: $3 млн наличными в 24 часа, — сказал банкир. — Я уехал в Будапешт, но и там меня нашел Авдеев и снова стал угрожать. Мне чудом удалось бежать в Америку. Воспользовавшись моим отсутствием, группа узурпировала руководство банком и объявила себя «сопредседателями». Сейчас они стали совершать хищения и шантажировать верных мне сотрудников». Конаныхин собирался преследовать своих бывших компаньонов в судебном порядке и даже обратился с этой целью в адвокатскую фирму Skadden, Arts (США).

Конфликт между Конаныхиным и его бывшими соратниками развивался по нарастающей. Не имея возможности участвовать в разборках лично, он комментировал происходящее, рассылая факсы в российские СМИ. В апреле 1993 года Конаныхин вновь проинформировал Президента России, правительство, правоохранительные органы и многие СМИ, отправив им сообщения по факсу о том, что команда гэбэшников захватила власть на созданных им биржах и в банке, совершает незаконные операции с ценными бумагами и хищение сотен миллионов рублей. А выгнали его потому, что он, Конаныхин, злоупотребления выявил и пытался им помешать.

Александр Конаныхин: «Чудом мне удалось бежать от бандитов»

В 1991 году я провел за рубежом более 75% своего времени и вел управление холдингом из-за рубежа, ввиду чего персональный контроль за менеджерами ослаб. Воспользовавшись моим длительным отсутствием, ряд из них начал использовать свое служебное положение в корыстных целях. <...> К августу 1992 года мне стало известно о незаконных операциях с ценными бумагами и хищении сотен миллионов рублей, совершенном на ВБН Авдеевым, Болдыревым и Сумским. Им было понятно, что раскрытие мною хищений приведет к ревизии, их увольнению и обращению к следственным органам. Сделав вывод, что терять им все равно нечего, указанные лица решили запугать меня и выдвинули следующие требования: я отказываюсь от намерения наказать их за совершенные хищения, отказываюсь от прав управления ВБН и МУБВР в их пользу и передаю им $3 млн наличными. В противном случае, как было ими заявлено, они организуют убийство меня или моей жены. <...> Я отправил письменные заявления о произошедших событиях в

Министерство внутренних дел, в прокуратуру и Министерство безопасности России, но бесполезно: в стране уже шел правовой беспредел...

Из письма, разосланного по факсу в российские СМИ
27 августа 1993 года

Правоохранительные органы не оставили без внимания заявления банкира. Поскольку в своих письмах он писал, что его обокрал КГБ, проверка была поручена военной прокуратуре. Проводил ее военный прокурор Московского военного округа Александр Волеводз. По его словам, он попытался найти Конаныхина, чтобы его опросить, но не смог: «Местонахождение банкира было никому не известно. Я знал лишь, что его нет в России. На одном из посланий остался номер факса, с которого его отправляли. Я составил письмо с вопросами и отправил по этому номеру. В июне 1993 года в прокуратуру по почте пришел пакет документов и некоторые объяснения от Конаныхина». Между прокурором и банкиром завязалась переписка.

Как вспоминает Волеводз, ответы банкира оставляли у него двоякое впечатление — вроде бы он был готов к сотрудничеству, но в то же время старательно обходил острые моменты, не замечая целых групп вопросов. Время от времени банкир посылал в прокуратуру заявления, требуя проверить очередной факт противоправных действий его бывшей команды. Например, такой: «На мой загородный дом в поселке Малаховка (улица Тургенева, 62) было совершено бандитское нападение. Неизвестные забросали дом взрывными устройствами и бутылками с зажигательной смесью. В результате несколько человек получили ранения». На место происшествия выехали сотрудники милиции и прокуратуры. Оказалось, что на улице Тургенева ни Конаныхин, ни его жена никогда не проживали. По указанному адресу находился обычный многоквартирный дом, в котором ничего подобного не происходило.

Одновременно была проведена проверка и в ВББ. Выяснилось, что в 1991—1992 годах из ВББ пропало более $8 млн. К 1994 году судьба пропавших миллионов более или менее прояснилась. Оказалось, что еще в январе 1992 года Конаныхин выдал кредит в размере $5 млн зарегистрированной в оффшорной зоне (остров Мэн) компании Tradelink Associates Limited. Фирму зарегистрировали двое граждан России, одним из которых оказался сам Конаныхин. Со счета TAL деньги были переведены на личные счета самого Конаныхина в банках Венгрии, Швейцарии и США.

Потом была выявлена еще одна финансовая афера, совершенная с использованием TAL: Конаныхин с приятелем украли $800 тыс. По словам Александра Волеводза, к весне 1994 года у него накопилось 12 томов по проверкам многочисленных заявлений Конаныхина и четыре тома материалов о хищениях $8,1 млн из ВББ. В результате было принято решение об отказе в возбуждении уголовного дела по заявлениям банкира и в возбуждении уголовных дел против самого Конаныхина.

Хотя Волеводз перешел на работу в Главную военную прокуратуру, но начатого дела не оставил. По решению Генпрокуратуры была сформирована оперативно-следственная группа для расследования хищений, возглавить которую поручили все тому же Волеводзу.

БУРНАЯ ДЕЯТЕЛЬНОСТЬ

А Александр Конаныхин с супругой Еленой Грачевой в это время проживал в США, в Вашингтоне, в апартаментах в престижном комплексе Уотергейт по соседству с Белым домом.

АЛЕКСАНДР КОНАНЫХИН:
«ЗА $300 ТЫС. МЫ КУПИЛИ КВАРТИРУ
В КОМПЛЕКСЕ УОТЕРГЕЙТ»

— КОГДА ТЫ НАЧАЛ «БЕГАТЬ»?
— ЭТО БЫЛ ЯНВАРЬ 1991 ГОДА. В РИГУ И ВИЛЬНЮС ВЪЕХАЛИ НАШИ КРАСНОЗНАМЕННЫЕ ВОЙСКА. И Я УЕХАЛ В ВЕНГРИЮ <...>
— СКОЛЬКО ТЫ ПРОБЫЛ В НЬЮ-ЙОРКЕ И НА ЧТО ТАМ ЖИЛ?
— МЕСЯЦА ТРИ. ПОТОМ МЫ С ЖЕНОЙ ПЕРЕБРАЛИСЬ В ВАШИНГТОН. У МЕНЯ НА ЛИЧНЫХ СЧЕТАХ ОСТАВАЛСЯ МИЛЛИОН С КОПЕЙКАМИ. ЗА $300 ТЫС. МЫ КУПИЛИ КВАРТИРУ В КОМПЛЕКСЕ УОТЕРГЕЙТ.
— ЧЕМ ТЫ ЗАРАБАТЫВАЛ НА ЖИЗНЬ?
— НАЧИНАТЬ С НУЛЯ НА АМЕРИКАНСКОМ РЫНКЕ БЫЛО НЕВОЗМОЖНО. ДА И АНГЛИЙСКИЙ Я ТОЛКОМ НЕ ЗНАЛ. ПОЭТОМУ РЕШИЛ ПОПРОБОВАТЬ ПРЕДСТАВЛЯТЬ КРУПНЫЕ РОССИЙСКИЕ КОМПАНИИ В США. ОБРАТИЛСЯ К ХОДОРКОВСКОМУ, И ОН ПРЕДЛОЖИЛ МНЕ ХОРОШИЕ УСЛОВИЯ. Я СТАЛ ВИЦЕ-ПРЕЗИДЕНТОМ «МЕНАТЕПА» ПО МЕЖДУ-

народному развитию с 50%-ной долей во всех зарубежных банках компании, которые планировалось создать.

— Что вы успели сделать?

— Зарегистрировали Карибский банк на Антигуа. Хотели сделать то же самое в Вене, Лондоне и Монтевидео, но не успели <...>

Из интервью журналу «Деньги»
23 октября 2006 года

В Америке Конаныхин развернул весьма бурную деятельность. В частности, он попытался создать сеть банков, специализирующихся на обслуживании выехавших за границу русских предпринимателей и работе с переведенными за рубеж средствами отечественных коммерсантов. Эти средства предполагалось инвестировать в экономику стран Запада. Конаныхин хотел открыть банки в США, Англии и Швейцарии.

В феврале 1994 года в газете «Коммерсантъ» появилась заметка о скором появлении «русских» банков — финансовых учреждений, обслуживающих исключительно российскую клиентуру. В Вашингтоне состоялось заседание комитета по созданию новой международной сети банков, которая должна обеспечить потребности российских предпринимателей в качественном банковском обслуживании за рубежом. Первый «русский» банк планировалось открыть в США. По словам Конаныхина, новая система должна была позволить российским бизнесменам, часто не говорящим на иностранных языках, не чувствовать себя «клиентами второго сорта» в западных банках. Кроме него в проекте собирались участвовать руководители ряда российских банков.

Впрочем, из этой затеи ничего не вышло. Единственным осколком великих планов стал офшорный European Union Bank (EUB), который, как считалось, он сам и возглавил. EUB был зарегистрирован на Антигуа и Барбуда в 1994 году и первым получил от правительства этого островного государства разрешение на проведение фьючерсных сделок через фондовую интернет-биржу. Вскоре EUB стал одним из крупнейших банков Антигуа (всего там было зарегистрировано около 60 банков).

Дела шли неплохо, и вскоре банку удалось собрать $85 млн. Однако интерес к нему начали проявлять и сотрудники ФБР:

по их данным, Конаныхин сумел обмануть Федеральную резервную систему США и способствовал отмыванию денег русской мафии. Подробности, правда, не разглашались. Однако не исключено, что банкир просто воспользовался особенностями компьютерной биржи, через которую в международную банковскую систему можно было перекачивать капитал из анонимных и никому не подотчетных офшорных структур, минуя все аудиторские проверки.

Вскоре вокруг EUB разразился скандал. Сначала Банк Англии распространил предупреждение о том, что необходимо «осмотрительно подходить» к размещению средств в EUB, поскольку его деятельность весьма сомнительна. Потом власти Антигуа объявили о своем решении закрыть EUB вместе с четырьмя другими российскими банками, которые якобы отмывали мафиозные капиталы. Тем не менее он просуществовал до начала августа 1997 года. И тут грянул гром — руководители банка Сергей Ушаков и Виталий Папсуев неожиданно скрылись со всеми деньгами.

Расследованием исчезновения руководителей EUB занялись Скотланд-Ярд и специальное управление Банка Англии по мошенничествам. Сыщики считали, что беглецы могли скрыться в США или Канаде: у Папсуева была недвижимость в городе Бронксвилл (штат Нью-Йорк), а у Ушакова — в Ричмонд-Хилле (Онтарио, Канада). Тем временем британская компания Coopers & Lybrand уже начала аудиторскую проверку EUB, а власти Антигуа заявили о временном прекращении регистрации новых банков и пересмотре сложившейся процедуры регистрации.

Александр Конаныхин заявил о своей непричастности к краху EUB. Он рассказал, что передал банк в управление одному из своих знакомых, а потом продал его своим деловым партнерам Ушакову и Папсуеву. «Я еще полгода числился в EUB вице-президентом, фактически выполняя функции консультанта, — рассказывал банкир, — а затем был вынужден покинуть гостеприимную карибскую налоговую гавань».

В интервью американским СМИ он выразил уверенность, что история с лопнувшим офшорным банком является очередной провокацией, направленной против него и его бывших деловых партнеров. По мнению Конаныхина, крах EUB стал результатом появления в американских СМИ серии публикаций об отмывании на Антигуа денег русской мафии. В основу этих публикаций, как считал банкир, были положены те же сведения, которые использовали и при фабрикации его собственного дела, — ведь истинные растратчики, как правило, исчезают бесследно, а между тем объявленный на Антигуа в розыск Папсуев спокойно жил в собственном особняке в предместье Торонто, не прятался и Ушаков.

АЛЕКСАНДР КОНАНЫХИН: «МНЕ НЕ ТРЕБУЕТСЯ НИ ОТМЫВАТЬ, НИ ВОРОВАТЬ»

— КАК ВАМ АНТИГУА?

— НУ КАК ВАМ СКАЗАТЬ? НЕКОТОРЫЕ СЧИТАЮТ ОСТРОВА ТРОПИЧЕСКИМ РАЕМ: ПАЛЬМЫ, ПЕСОК, КАРИБСКАЯ МУЗЫКА... НО Я ВСЕГО ЭТОГО НЕ ЛЮБЛЮ — ПРЕДПОЧИТАЮ СВИНЦОВОЕ БАЛТИЙСКОЕ НЕБО <...>

— КАК ДОЛГО ВЫ ВОЗГЛАВЛЯЛИ EUB И ЧЕМ ОН ЗАНИМАЛСЯ?

— ВЕСЬМА НЕПРОДОЛЖИТЕЛЬНОЕ ВРЕМЯ. КОГДА ПЛАНЫ РУХНУЛИ, БАНК ДОСТАЛСЯ ОДНОМУ ВОСТОЧНОЕВРОПЕЙСКОМУ БИЗНЕСМЕНУ, И Я ПОТЕРЯЛ К НЕМУ ИНТЕРЕС. <...> EUB СОЗДАВАЛСЯ ИСКЛЮЧИТЕЛЬНО ДЛЯ УДОБСТВА ФИНАНСИСТОВ. В АМЕРИКЕ ЭТО НАЗЫВАЕТСЯ НАЛОГОВЫМ ПЛАНИРОВАНИЕМ. ВСЕ КРУПНЫЕ КОРПОРАЦИИ ИМЕЮТ СПЕЦИАЛИСТОВ ПО ОПТИМИЗАЦИИ ЗАТРАТ, КОТОРЫЕ РЕКОМЕНДУЮТ, СКАЖЕМ, РАЗМЕЩАТЬ ЗАВОДЫ ГДЕ-НИБУДЬ В ГОНКОНГЕ, А ФИНАНСЫ — НА КАЙМАНАХ.

— ПО ИНФОРМАЦИИ СМИ, ПОСЛЕ ВАШЕЙ ОТСТАВКИ ВЕДУЩУЮ РОЛЬ В EUB СТАЛИ ИГРАТЬ СЕРГЕЙ УШАКОВ, КОТОРЫЙ БЫЛ «ЧЕЛОВЕКОМ КОНАНЫХИНА», И ВИТАЛИЙ ПАПСУЕВ...

— <...> УШАКОВ БЫЛ ПРОСТО СОТРУДНИКОМ, РАБОТАВШИМ В БАНКЕ С РОССИЙСКИМИ КЛИЕНТАМИ. ПАПСУЕВА Я НЕ ЗНАЮ... ПОСЛЕ МОЕГО АРЕСТА ПОЯВИЛАСЬ СТАТЬЯ В THE WASHINGTON POST. ТАМ НАМЕКАЛОСЬ, ЧТО Я ОТМЫЛ КАКИЕ-ТО БЕШЕНЫЕ МИЛЛИАРДЫ ДЛЯ РОССИЙСКОЙ МАФИИ. <...> СУТЬ СТАТЬИ В ТОМ, ЧТО РУССКАЯ МАФИЯ СЕЙЧАС СТАНОВИТСЯ МАФИЕЙ НОМЕР ОДИН, ЧТО НА КАРИБАХ ОНА ОТМЫЛА $50 МЛРД, ЧТО СУЩЕСТВУЕТ ТАКОЙ БАНК EUB, КОТОРЫЙ НАХОДИТСЯ НА АНТИГУА И ПРИНАДЛЕЖИТ ПОДОЗРИТЕЛЬНЫМ РУССКИМ. А ПРЕЗИДЕНТА EUB ОБВИНЯЮТ В ХИЩЕНИИ $8 МЛН ИЗ ЕГО ПРЕДЫДУЩЕГО БАНКА. ЕДИНСТВЕННЫЙ БАНК, КОТОРЫЙ НАЗЫВАЛСЯ В СТАТЬЕ, — ЭТО EUB. ЕДИНСТВЕННЫЙ ЧЕЛОВЕК — ЭТО Я. СКЛАДЫВАЛОСЬ ВПЕЧАТЛЕНИЕ, ЧТО ИЗ $50 МЛРД, КОТОРЫЕ БЫЛИ ОТМЫТЫ РУССКОЙ МАФИЕЙ, ПО КРАЙНЕЙ МЕРЕ ДЮЖИНУ ОТМЫЛ Я.

— ГОВОРЯТ, ЧТО ПАПСУЕВ С УШАКОВЫМ ГОТОВИЛИ ВАМ ПОБЕГ.

— Ну что же, если они готовят и припасли $8,5 млн, я, может быть, действительно сбегу куда-нибудь <...>

— Представители ГВП утверждают, что вы сумели обмануть Федеральную резервную систему США!

— Если бы я обманул систему, меня бы привлекли к суду. Безусловно, я не только не обманывал, но и поддерживал с ее представителями тесный контакт. И у меня, и у банка, и у нее была общая задача: не допустить загрязнения серьезной банковской программы какими-нибудь нежелательными деньгами и людьми. Поэтому с самого момента создания банка мы работали в тесном контакте с американскими специалистами. Банк даже пригласил на работу бывшего начальника отдела по борьбе с отмыванием денег министерства юстиции США <...>

— И все же: вы отмывали деньги мафии?

— Мне не требуется ни отмывать, ни воровать. Я могу зарабатывать деньги не хуже вас, просто нормально работая и нормально существуя.

Из интервью газете «Коммерсантъ-Daily» 27 августа 1997 года

Вор и мошенник?

Между тем в Генеральной прокуратуре России дали ход заявлениям совета ВББ, и в апреле 1994 года против Александра Конаныхина были возбуждены два уголовных дела — по статьям 93-1 и 147 части 2 УК России («Хищение в особо крупных размерах» и «Мошенничество»). Прокуратура и ГУВД возбуждали соответствующие уголовные дела и ранее, но обвинений руководству банка никогда не предъявлялось. На этот раз банкиру инкриминировались два эпизода. Во-первых, в январе 1992 года Конаныхин получил кредит в $5 млн под договор с одной из венгерских фирм. Эти средства оказались на личном счету бизнесмена в одном из банков Будапешта. С января 1993 года он должен был начать выплачивать проценты по кредиту, а в 1994 году вернуть деньги. Однако кредит возвращен не был. Во-вторых, в августе 1992 года Конаныхин по фиктивному кредитному договору с несуществующей фирмой International Investment Association for East Europe Ltd. перевел на личный счет в одном из швейцарских банков $3,1 млн (как мы помним, руководству ВББ удалось заморозить эти средства).

Следствие установило, что похищенные Конаныхиным деньги (общая сумма ущерба — $8,1 млн) являются собственностью вкладчиков банка.

Еще летом 1994 года Александр Волеводз по факсу направил Конаныхину несколько вызовов в Москву. Сначала он приглашался в качестве свидетеля по делу о хищениях в ВББ, а потом получил повестку как обвиняемый. Повестки банкир проигнорировал, а с декабря того же года вообще перестал отвечать прокурору, и его объявили в розыск.

Через Интерпол были направлены запросы в 21 страну. Выяснилось, что Конаныхин скрывается в США. По словам сотрудников Генпрокуратуры, в 1995 году они направили несколько обращений в министерство юстиции США. В обращениях просили помочь следственной группе в сборе информации по возбужденным против банкира уголовным делам, а также установить место жительства бизнесмена. Часть просьб была выполнена, и тогда Генпрокуратура попыталась решить вопрос об экстрадиции банкира. Власти США ответили отказом, ссылаясь на отсутствие соответствующего договора между Россией и США. Тогда прокуратура попросила, чтобы американские власти дали адрес объявленного в международный розыск преступника. Настойчивость Волеводза возымела действие, и его пригласили в ФБР. Ставший к тому времени старшим военным прокурором, Александр Волеводз съездил в Америку и поделился с агентами ФБР компроматом на Конаныхина. Материалы ФБР заинтересовали. Но дальше обмена информацией дело не продвинулось: какие-либо действия ФБР могло предпринять, лишь ознакомившись с уголовным делом. А в деле насчитывалось 99 томов, и только на их перевод потребовалось бы около года.

Не решив свои проблемы с ФБР, Волеводз отправился в Федеральную службу иммиграции и натурализации (INS). Он предоставил агентам INS документы о том, что Конаныхин находится на территории США незаконно. Было назначено расследование, а старший прокурор получил от INS сертификат признательности, который долго красовался в деревянной рамочке на стене его служебного кабинета.

«Александр Конаныхин достойный, умный противник, — говорил Александр Волеводз. — Мне интересно с ним работать, и я надеюсь довести это дело до суда <...> На деньги, похищенные из ВББ, претендуют не только коммерсанты, но и кредиторы из госструктур. Поэтому я должен сделать все от меня зависящее, чтобы вернуть деньги государству». На вопрос о том, что заставило преуспевающего Конаныхина совершать хищения из своего же банка, Александр Волеводз ответил так: «Президент ВББ был импульсивным человеком, который всю свою жизнь стремился к получению быстрых и легких денег. Эта страсть к быстрым деньгам его и погубила».

США ПРОТИВ КОНАНЫХИНА

Во многом благодаря усилиям Александра Волеводза 26 июня 1996 года Конаныхин был арестован агентами ФБР. Агенты INS задержали его и Елену Грачеву в душный полдень в Уотергейтском комплексе. По словам агентов, результаты обыска в квартире предпринимателя свидетельствовали о том, что тот готовился к побегу: вещи были упакованы в чемоданы, приобретены авиабилеты и заготовлены паспорта Доминиканской Республики и Уругвая. Соседи предпринимателя — кандидат в президенты США Роберт Доул и посол Саудовской Аравии — к работе агентов отнеслись с пониманием.

Задержанным было предъявлено обвинение в том, что они нарушили иммиграционный закон США. Во-первых, они находились в стране, несмотря на то что срок действия выданных им виз давно истек. Во-вторых, они имели на руках просроченные загранпаспорта СССР. В-третьих, Конаныхин обманул иммиграционные службы: заполняя прошение о выдаче ему бизнес-визы, он указал, что является представителем некой фирмы, в которой на самом деле никогда не работал.

Нарушение иммиграционных законов не считается уголовно наказуемым преступлением, в худшем для нарушителя случае его просто выдворяют из США. Лишь в исключительных ситуациях депортация осуществляется под конвоем, обычно же нарушителю предоставляется время для того, чтобы он мог не торопясь собрать вещи и выехать за границу. Причем не обязательно в ту страну, из которой приехал в США.

В вашингтонский офис INS Конаныхина вместе с другими подсудимыми привезли в тюремном автобусе. Банкир не терял присутствия духа и, в отличие от других подсудимых, в основном беженцев-латиноамериканцев, даже в тюремной робе выглядел импозантно. Судья в черной мантии ударил деревянным молотком по столу и объявил заседание открытым: «Слушается дело «США против Конаныхина». Затем слово было предоставлено адвокату Майклу Маджио. Он произнес довольно пространную речь о том, что это суд не над нарушителем иммиграционного законодательства, а над честным российским бизнесменом, которого преследуют мафия и КГБ.

Судья слушал адвоката недолго, еще раз стукнул молотком и потребовал, чтобы Маджио «говорил по существу». Тогда адвокат предложил освободить подзащитного и его жену под залог. Представитель обвинения прокурор INS Элоиз Роузез заявила, что освобождать Конаныхина ни в коем случае нельзя: он уже давно живет в США с просроченной визой, скрывается от российского правосудия и не платит алиментов (в России у него осталась бывшая жена с тремя несовершеннолетними детьми). Такой человек может скрыться и от американского правосудия, утверждала Роузез. Подумав пару секунд, судья снова стукнул молотком и произнес столь ожидаемую обвинением фразу: «Без залога!» И Конаныхин отправился в камеру.

Судебные заседания по делу Конаныхина и его жены продолжались с 19 июля по 2 августа 1996 года. Еще через пять дней судья взял тайм-аут для вынесения решения по этому делу. Суд освободил под залог в $10 тыс. Елену Грачеву, а сам Конаныхин остался в тюрьме.

В августе 1997 года Конаныхин был отпущен из тюрьмы под домашний арест — по американским законам, обвиняемый может находиться за решеткой не более года. Бывший банкир мог передвигаться по всей территории Уотергейтского комплекса. После того как суд изменил Конаныхину меру пресечения, на его ногу был надет браслет с электронным датчиком, который сработал бы, попытайся он покинуть Вашингтон.

Между тем в суде выступил свидетель защиты, бывший сотрудник КГБ Юрий Шивец, который в свое время получил в США политическое убежище. Он заявил, что бывшие агенты госбезопасности сами вывезли из России миллионы долларов, «а теперь пытаются сделать Конаныхина козлом отпущения».

В сентябре 1997 года с Конаныхина были сняты как датчик, так и все обвинения. Кроме того, INS подписала документ, в соответствии с которым банкир и его жена должны были получить разрешение на работу в США, а также обязалась оплатить расходы адвокатской конторы, защищавшей Конаныхина в суде (почти $100 тыс.). Однако выезжать за пределы Вашингтона Конаныхин мог лишь с разрешения INS, которая, в свою очередь, обещала относиться к таким просьбам благосклонно. Пока же его обязали лично отмечаться в этом ведомстве 1-го числа каждого месяца, а по телефону — 15-го.

Таким образом, проведя 13 месяцев в тюрьме, банкир все-таки сумел добиться освобождения и компенсации от INS за свой арест. Заняв деньги у друзей, он создал интернет-компанию KMGI. А 19 февраля 1999 года бизнесмену и его супруге Елене Грачевой было предоставлено политическое убежище.

АЛЕКСАНДР КОНАНЫХИН: «ИЗ ЛЮДЕЙ СОСТОЯТЕЛЬНЫХ МЫ ПРЕВРАТИЛИСЬ В ГРАЖДАН С ОТРИЦАТЕЛЬНЫМ БАЛАНСОМ»

— Что ты делал в Нью-Йорке? Ведь у тебя не было денег не только на жизнь, но и на аренду квартиры.
— Вначале взял небольшую сумму в долг у приятелей. Потом с одним из партнеров стали заниматься сбором рекламы для русскоязычного рынка в США. Затем нас кинуло в интернетовский «бум». Мы поняли, что потенциал там значительно больше. Стали делать рекламу в Интернете для больших компаний и зарабатывать $3—4 млн в год.

Из интервью журналу «Деньги» 23 октября 2006 года

Однако власти США не считали решение суда справедливым. В ноябре 2003 года министерство юстиции и INS добились отмены решения о предоставлении политического убежища бизнесмену, обжаловав его, и апелляционная коллегия по иммиграционным делам США лишила Конаныхина статуса политического беженца. Теперь бизнесмен в течение месяца должен был либо обжаловать этот вердикт, либо покинуть США.

Это решение воодушевило российские власти. Теперь его делом занималась уже не Главная военная прокуратура (ГВП), а Главное следственное управление (ГСУ) ГУВД Москвы. Александр Волеводз, который вел дело Конаныхина, к этому времени уволился из органов прокуратуры и стал профессором МГИМО. После его увольнения ГВП приостановила производство по делу бывшего банкира. Но, когда осенью INS обратилась с кассацией в американский суд, по решению ГВП и Генпрокуратуры России дело было направлено для дальнейшего расследования в Следственный комитет при МВД России, а оттуда — в ГСУ ГУВД Москвы. Решение американского суда давало шансы на успешное продолжение дела Конаныхина. Если бизнесмен не добился бы его отмены, ему пришлось бы уехать в ту страну, из которой он въехал в США, т. е. в Мексику. Поскольку с международного розыска и розыска Интерпола его никто не снимал, он вполне мог быть арестован, а Россия стала бы настаивать на его экстрадиции.

«Подробности того, чем сейчас занимается следствие, рассказывать не буду, — заявил первый замначальника ГСУ Андрей Степанцев. — Пусть трепещет и ждет, когда за ним придут. А вообще-то все это из-за того, что вовремя не вернул деньги. Так что вовремя надо возвращать...»

Но Конаныхин и его жена обжаловали решение суда. После нескольких встреч со своим адвокатом Майклом Маджио он пришел к выводу, что у его апелляции есть хорошие шансы.

«Основанием для лишения меня политического убежища стало заявление суда о том, что судебная система в России не используется как средство политического давления, — пояснил бывший банкир. — После того как я прочел о резолюции Конгресса, требующей вывести Россию из «большой восьмерки», я понял, что у меня появилась надежда. Известные конгрессмены и сенаторы Джон Маккейн, Джозеф Либерман и Том Лантос вряд ли будут просто так выказывать беспокойство по поводу политической ситуации и зависимости судебной системы в России. Кроме того, мы с адвокатом подобрали материалы, где такую же озабоченность проявляет и правительство США».

Теперь их дело должен был рассматривать апелляционный суд штата Виргиния. Подготовка и рассмотрение жалобы Конаныхина могли занять от одного года до двух лет. Все это время банкир и его жена должны были беспрепятственно находиться в Нью-Йорке. Банкир считал, что если решение виргинского суда окажется для него положительным, то в его деле наконец-то будет поставлена точка. А сотрудники ГСУ ГУВД Москвы, которые вели дело Конаныхина, сказали, что предпримут активные действия скорее всего уже после рассмотрения жалобы обвиняемого в американском суде.

Обманщик

Подав апелляцию, Конаныхин не стал дожидаться решения суда и вместе с женой предпринял попытку перебраться в Канаду. У экс-банкира была соответствующая договоренность с канадской иммиграционной службой. С властями этой страны он давно вел переговоры о предоставлении ему и его жене политического убежища. Однако 18 декабря 2003 года при переходе границы супруги были задержаны сотрудниками американского министерства внутренней безопасности (МВБ). В российском посольстве в Вашингтоне иметь дело с Конаныхиным и Грачевой отказались, и офицеры МВБ попытались отправить их самолетом из Нью-Йорка в Москву. Но за 40 минут до вылета федеральный судья Томас Эллис дал указание снять арестованных с самолета.

Конаныхин был помещен в тюрьму города Александрии (Виргиния), а его жена отпущена под залог в $5000. Пока в федеральном суде шла активная подготовка к слушаниям по делу о депортации Конаныхина из США, сам банкир дал интервью, в котором связал свой арест с делом Ходорковского. Позиция Конаныхина сводилась к тому, что его дело — политическое, заказное, а доказывает это то, что гонителями банкира являлись сотрудники КГБ. Политическая ситуация в России и ее отношения с США играли ему на руку, учитывая, что в начале 1990-х годов Ходорковский целую неделю был членом совета директоров ВББ, а потом и Конаныхин работал у него в банке «МЕНАТЕП». Да и планы создания «русских» банков за рубежом разрабатывались, по словам банкира, вместе с Ходорковским.

Александр Конаныхин: «Я стал разменной фигурой в деле Михаила Ходорковского»

— МВБ арестовало вас с женой за «самодепортацию» в Канаду. Кроме того, они утверждают, что вы не предоставили им правдивую информацию о смене местожительства

В НЬЮ-ЙОРКЕ, ХОТЯ ОБЯЗАНЫ БЫЛИ ДЕЛАТЬ ЭТО КАЖДЫЕ 30 ДНЕЙ ВО ВРЕМЯ ОЖИДАНИЯ РЕШЕНИЯ ПО АПЕЛЛЯЦИИ...

— ПОСЛЕ НАШЕГО ЗАДЕРЖАНИЯ Я НЕСКОЛЬКО РАЗ ЗАЯВЛЯЛ СОТРУДНИКАМ МВБ, ЧТО МЫ СЛЕДУЕМ В КАНАДУ ИСХОДЯ ИЗ РЕШЕНИЯ СОВЕТА ПО АПЕЛЛЯЦИЯМ, КОТОРЫЙ РАЗРЕШАЕТ ГРАЖДАНАМ ДРУГИХ СТРАН, НЕ ДОЖИДАЯСЬ РЕШЕНИЯ ПО АПЕЛЛЯЦИИ, САМОСТОЯТЕЛЬНО ПЕРЕЕХАТЬ В ДРУГУЮ СТРАНУ. ЕСЛИ, КОНЕЧНО, У НИХ ЕСТЬ ВИЗЫ. ВИЗЫ У НАС БЫЛИ. Я НЕ НАРУШАЛ НИКАКОГО ЗАКОНА, И НИКАКОЙ ЗАКОН НЕ ВОСПРЕЩАЛ МНЕ ПЕРЕХОДА В КАНАДУ. ВСЯ ЗАБОТА СЛУЖБЫ ИММИГРАЦИИ И НАТУРАЛИЗАЦИИ США СОСТОИТ В ТОМ, ЧТОБЫ НА ТЕРРИТОРИИ СТРАНЫ НЕ БЫЛО НЕЖЕЛАТЕЛЬНЫХ ИММИГРАНТОВ. ОБ ЭТОМ, КСТАТИ, НА ЭКСТРЕННЫХ СЛУШАНИЯХ 18 ДЕКАБРЯ ЗАЯВИЛ ФЕДЕРАЛЬНЫЙ СУДЬЯ ЭЛЛИС. ОН ВЕДЬ ТАК И НЕ ПОЛУЧИЛ ОТ ОБВИНЕНИЯ ОТВЕТА НА ВОПРОС О ТОМ, ПОЧЕМУ ПРАВИТЕЛЬСТВО США ТАК ХОЧЕТ ВЫДАТЬ МЕНЯ РОССИИ И ЧТО ОНО ПОЛУЧИТ ВЗАМЕН.

— А ВЫ ЗНАЕТЕ ОТВЕТ НА ЭТОТ ВОПРОС?

— Я СТАЛ РАЗМЕННОЙ ФИГУРОЙ В ДЕЛЕ МИХАИЛА ХОДОРКОВСКОГО. МОЯ ЖИЗНЬ РАЗЛЕТЕЛАСЬ НА КУСКИ ПОСЛЕ ЕГО АРЕСТА. ПОЧЕМУ-ТО МИНИСТЕРСТВО ЮСТИЦИИ, КОТОРОЕ ОБЖАЛОВАЛО ПРЕДОСТАВЛЕНИЕ МНЕ СТАТУСА ПОЛИТИЧЕСКОГО БЕЖЕНЦА ЕЩЕ В 2000 ГОДУ, АКТИВИЗИРОВАЛОСЬ ТОЛЬКО В НОЯБРЕ 2003 ГОДА. А ВЕДЬ СЛУШАНИЯ ПО ИХ АПЕЛЛЯЦИИ МОГЛИ ПРОЙТИ И РАНЬШЕ. Я ДУМАЮ, ЧТО В РОССИИ ГОТОВИТСЯ БОЛЬШОЙ ПОЛИТИЧЕСКИЙ ПРОЦЕСС ПО ДЕЛУ ХОДОРКОВСКОГО, КУДА СГРЕБАЮТ ВСЕХ, КТО КОГДА-ЛИБО ИМЕЛ С НИМ ДЕЛО. ПОЭТОМУ ТАМ ХОТЯТ УСТРОИТЬ И МОЙ ПОКАЗНОЙ СУД. ИНАЧЕ ОБО МНЕ БЫ И НЕ ВСПОМНИЛИ. У МЕНЯ НЕТ НИКАКИХ ДОКУМЕНТОВ, СВЯЗАННЫХ С ХОДОРКОВСКИМ, И Я НЕ ХОЧУ БЫТЬ ДЕПОРТИРОВАННЫМ В РОССИЮ.

ИЗ ИНТЕРВЬЮ ГАЗЕТЕ «КОММЕРСАНТЪ» 12 ЯНВАРЯ 2004 ГОДА

Власти США заявили, что финансист нарушил договоренность по трем пунктам: нерегулярно отмечался в иммиграционных органах, следящих за его пребыванием в стране; не уведомил власти о смене места жительства; не имел права на выезд за пределы города проживания — Нью-Йорка — и на свободное перемещение по территории США.

«Быстро ищите Конаныхину другую страну, если не хотите, чтобы его депортировали в Россию», — посоветовал федеральный судья Эллис адвокатам банкира Майклу Маджио и Джону Полу Симковитцу. «Страны, которые вы выберете, — продолжил судья, — должны быть в курсе всей истории с Конаныхиным и должны быть готовы официально объявить о предоставлении ему политического убежища. И забудьте про Канаду». Кроме того, судья Эллис дал понять, что, если МВБ не разрешит Конаныхину переезд в страну, которая его примет, «желание правительства США выдать его исключительно российскому правосудию станет очевидным».

В качестве вариантов защита рассматривала две европейские и одну южноамериканскую страну. Впрочем, Конаныхин был уверен, что нужен прокуратуре не как обвиняемый по своему основному делу, а как свидетель по делу Ходорковского.

Адвокаты пошли уже однажды проверенным путем. Их подзащитный снова попросил политического убежища в США. Майкл Маджио заявил, что для его подзащитного этот вопрос является «делом жизни и смерти». По его словам, появились новые доказательства того, что с его клиентом в России будут обращаться неподобающим образом. Адвокат сослался на Конвенцию против пыток, принятую 22 марта 1999 года, а также на показания неведомого журналиста Дэвида Сэттера, отмеченного только тем, что он долго работал в Москве. Тот под присягой заявил, что «судебная система России пронизана коррупцией» и что супругов там ждут «весьма значительные ущемления». (Правда, ранее в судебном документе о лишении экс-банкира статуса политического беженца говорилось, что «нет доказательств того, что Российское правительство использует уголовное судопроизводство в качестве орудия политических преследований», однако адвокат Маджио выразил уверенность, что это не так.) Кроме показаний журналиста, Маджио процитировал доклад американской правозащитной организации Human Rights Watch «Признание любой ценой: пытки в российской полиции», а также документы Amnesty International (в частности, «Пытки в России: рукотворный ад»). Маджио заявил, что, «как и Ходорковскому, Конаныхину грозит кагэбэшная вендетта за его политические убеждения и деятельность». При этом адвокат, конечно, не пояснил, что именно на политическом поприще сделал Конаныхин и каковы его политические взгляды. Тем не менее он заявил, что аресты бизнесменов в России «подтверждают, что предприниматели вроде Конаныхина становятся жертвами политических репрессий под личиной законного судебного преследования».

27 января 2004 года суд вынес решение, устраивающее и защиту экс-банкира, и обвинение. Судья Эллис не отправил Конаныхина на родину, но оставил его под стражей. При вынесении решения судья констатировал, что Конаныхин не нарушал соглашение с правительством США ни по одному из пунктов. По мнению судьи, именно МВБ «переступило черту», арестовав Конаныхина на границе с Канадой и заключив его под стражу: «В юрисдикцию этого суда не входит обсуждение иммиграционных проблем Конаныхина, однако я настоятельно советую адвокатам попытаться решить иммиграционный вопрос, не доводя дело до суда. Вам есть что предложить МВБ».

Судья, очевидно, имел в виду иск Конаныхина и Грачевой к МВБ на сумму в $100 млн. В обмен на отзыв иска адвокаты обвиняемого могли попросить для него разрешения на свободный выезд в любую страну мира или право постоянного проживания в США. В то же время судья оставил Конаныхина под стражей, дав возможность обвинению обжаловать свое решение.

Решение судьи не отменяло депортацию Конаныхина в Россию, на которой настаивало МВБ. Депортация теперь зависела от слушаний в окружном суде в городе Ричмонде (штат Виргиния). Кроме того, Конаныхин и Грачева подали новое заявление о предоставлении им статуса политбеженцев в США, что автоматически означало еще одно судебное разбирательство.

Судья Эллис объявил, что примет решение об освобождении Конаныхина после рассмотрения апелляции обвинения. По его мнению, в случае освобождения банкир должен находиться под домашним арестом со специальным прибором электронного слежения на лодыжке, за аренду которого он сам и заплатит.

БРЕД СУМАСШЕДШЕГО

Как уже было сказано, в 2007 году правительство США все-таки признало окончательным решение федерального иммиграционного суда о предоставлении Конаныхину политического убежища. Экс-президент ВББ получил этот статус после пятнадцати лет жизни в США, пятнадцати месяцев, проведенных в тюрьмах, и шести слушаний в федеральных и иммиграционных судах. «Самое горькое, что Лена (жена. — *Ред.*) не дожила до этого дня», — сказал Конаныхин.

Конаныхину удалось доказать, что в случае депортации в Россию ему грозит смертельная опасность, поскольку он был «откровенным критиком президентов Ельцина и Путина». При этом суд не согласился с мнением правительства США, что бизнесмен «не смог привести конкретные факты, доказывающие, что он подвергнется преследованию со стороны Российского правительства». Зато принял к сведению информацию защиты о том, что в России совершаются «политически мотивированные убийства», а политические оппоненты власти, например Михаил Ходорковский и Борис Березовский, «подвергаются уголовному преследованию».

ГУВД Москвы еще в марте 2004 года закрыло дело против Конаныхина за «отсутствием заявления потерпевшего».

Александр Конаныхин: «Я опять вошел в полк миллионеров»

— <...> Ты совершенно спокойно занимаешься бизнесом?
— В меру спокойно. Меня беспокоит то, что правительство этой страны трижды незаконно пыталось меня уничтожить <...> Но жить пока можно. Бизнес у меня успешный. За это время я опять вошел в полк миллионеров.
— Знаешь ли ты, что в России уголовное дело против тебя закрыто?
— Да. Мне даже какие-то документы об этом прислали. Думаю, что это ловушка, рассчитанная на то, что я дураком туда приеду и они тут же откроют новое.

Из интервью журналу «Деньги» 23 октября 2006 года

Попытка правительства США убедить суд, что в России бывший банкир совершил уголовное, а не политическое преступление, также не увенчалась успехом. В случае если бы суд принял этот аргумент во внимание, Конаныхину было бы немедленно отказано в предоставлении политического убежища, как этого требует законодательство США.

ВББ без Конаныхина просуществовал недолго. Еще в октябре 1992 года Конаныхин предсказал скорое банкротство банка и связанных с ним коммерческих структур. Тогда он направил в СМИ письмо, в котором предупреждал акционеров и клиентов ВББ, «Всероссийской биржи недвижимости» и Международной универсальной биржи вторичных ресурсов (ныне — Московская торговая палата) о грозящих им убытках и неприятностях. Прогноз Конаныхина оказался верным. ВББ обанкротился. Центробанк России отозвал у него лицензию, а собственники банка приняли решение о его добровольной ликвидации. В крахе ВББ руководители банка, разумеется, винят прежде всего самого Конаныхина.

Комментируя предложение президента провести амнистию капиталов в 1997 году, Конаныхин сказал: «Знаете, солнцевская преступная группировка однажды — в 1993 году, что ли? — представила в российскую прокуратуру справку, что я психически больной. Чтобы все мои обращения туда рассматривались соответственно как бред душевнобольного. Вот сейчас самое время проверить: если я верну что-то в Россию, значит, действительно та справка была настоящая. Если я верну деньги в Россию, значит, я душевнобольной».

Нет, на душевнобольного в обычном понимании господин Конаныхин не похож. Психика у него, видимо, крепкая и голова работает. Насколько на самом деле здорова его душа — судить не нам, хотя многое понятно из его похождений и слов.

Колхозник

Александр Смоленский,
«СБС-Агро»

Бывший олигарх Александр Смоленский, некогда один из самых преуспевающих банкиров России, давно ушел из большого бизнеса. Он чист перед законом, но основную часть времени проводит за границей, возможно, потому что слишком много российских граждан помнят, как потеряли свои сбережения в «СБС-Агро».

Я готов отказаться от своих требований по вкладу, если мне покажут Ельцина и Смоленского в кандалах.

Один из вкладчиков «СБС-Агро»

Гипертензия

6 апреля 1999 года руководство Генеральной прокуратуры санкционировало арест известного банкира Александра Смоленского, одновременно объявив его в розыск. Ему было предъявлено обвинение в соучастии в хищении, связанном с фальшивыми «чеченскими авизо».

Дело в том, что семь лет назад, в 1992 году, партнер Смоленского, председатель правления Джамбульского коммерческого банка Лев Нахманович, приказал своей заместительнице с помощью механической машинки допечатать в подлинное банковское авизо несколько цифр. В результате этой несложной операции сумма платежа увеличилась до 3,8 млрд руб. (по тогдашнему курсу около $32 млн). Авизо оформили в расчетно-кассовом центре Нацбанка Казахстана и отправили в РКЦ ГУ ЦБ по Москве, откуда деньги были зачислены на корсчет Джамбульского банка в банке «Столичный», который возглавлял Александр Смоленский. Корсчет в московском банке Нахманович открыл за две недели до аферы. Затем «Столичный» по поручению Нахмановича купил $32 млн, две трети из которых были тут же переведены в Австрию на счета нескольких фирм.

В конце 1992 года Следственный комитет возбудил уголовное дело. Нахмановича арестовали, но за него вступился Виктор Баранников: по слухам, Нахманович был штатным офицером спецслужб. В итоге дело приостановили, а Лев Нахманович уехал за границу. Но в 1995 году, после смерти Баранникова, о нем снова вспомнили и объявили в международный розыск. В 1998 году он был арестован представителями Интерпола в Швейцарии и экстрадирован в Россию. К апрелю 1999 года дело Нахмановича было завершено и должно было быть направлено в суд. Что же касается Смоленского, то следователи жаловались: банкир не желает приходить на допросы даже в качестве свидетеля. В то время он уже проживал в Австрии и не откликался на повестки.

Николай Гагарин, Борис Абушахмин,
адвокаты Александра Смоленского:
«...Был, есть и желает оставаться гражданином России»

— Почему Александр Смоленский уехал из России?
— <...> Он был вынужден <...> отправиться по делам банка за границу — сперва в Великобританию, потом в Австрию. Там

У НЕГО ОБОСТРИЛАСЬ ГИПЕРТОНИЧЕСКАЯ БОЛЕЗНЬ. <...> ЕМУ БЫЛО ПРЕДПИСАНО ИЗ-ЗА РЕЗКОГО ПОВЫШЕНИЯ ДАВЛЕНИЯ ПРЕКРАТИТЬ РАБОТУ И РЕШИТЕЛЬНО СНИЗИТЬ ДВИГАТЕЛЬНЫЕ НАГРУЗКИ. <...>

— БЫЛА ЛИ УГРОЗА АРЕСТА НА МОМЕНТ ОТЪЕЗДА СМОЛЕНСКОГО ИЗ СТРАНЫ?

— НА НАШ ВЗГЛЯД, НА МОМЕНТ ОТЪЕЗДА НЕПОСРЕДСТВЕННОЙ УГРОЗЫ НЕ БЫЛО, КАК НЕТ ЗАКОННЫХ ОСНОВАНИЙ ДЛЯ АРЕСТА И СЕГОДНЯ. НЕ БЫЛО И НЕТ РЕАЛЬНЫХ ПРОЦЕССУАЛЬНЫХ ОСНОВАНИЙ ДЛЯ ЭТОГО ИЗ-ЗА ЯВНО НАДУМАННОГО ХАРАКТЕРА ОБВИНЕНИЯ. ОНО ОСНОВЫВАЕТСЯ НА ФАКТАХ 1992 ГОДА, НЕОДНОКРАТНО ЯВЛЯВШИХСЯ ПРЕДМЕТОМ ОКОНЧАТЕЛЬНОГО РАССМОТРЕНИЯ ПРАВООХРАНИТЕЛЬНЫМИ ОРГАНАМИ, КАК В ДРУЖЕСТВЕННОЙ НАМ РЕСПУБЛИКЕ КАЗАХСТАН, ТАК И В ДЕМОКРАТИЧЕСКОЙ АВСТРИИ...

— ...ГРАЖДАНИНОМ КОТОРОЙ, ПО СЛУХАМ, ЯВЛЯЕТСЯ АЛЕКСАНДР СМОЛЕНСКИЙ. ОН ЖЕ ТАМ, КАЖЕТСЯ, РОДИЛСЯ?

— НЕ ЯВЛЯЕТСЯ. АЛЕКСАНДР СМОЛЕНСКИЙ БЫЛ, ЕСТЬ И ЖЕЛАЕТ ОСТАВАТЬСЯ ГРАЖДАНИНОМ РОССИИ. АВСТРИЙСКОГО ГРАЖДАНСТВА У НЕГО НЕТ. <...>

ИЗ ИНТЕРВЬЮ ЖУРНАЛУ «ВЛАСТЬ»
13 АПРЕЛЯ 1999 ГОДА

Александр Смоленский родился в семье, эмигрировавшей в 1930-е годы из Австрии в СССР. Учился в Казахстане. Видимо, там, в Джамбуле, он познакомился со своей женой Галиной (Марченко), которая родилась в этом городе. В 1980 году у них родился сын Николай.

АЛЕКСАНДР СМОЛЕНСКИЙ: «НАЦИОНАЛИТЕТ ПОДКАЧАЛ...»

— АЛЕКСАНДР СМОЛЕНСКИЙ — ФИГУРА ЛЕГЕНДАРНАЯ, ПРО ВАС МНОГО ЛЕГЕНД В СВОЕ ВРЕМЯ ХОДИЛО...

— Я ЧИСЛИЛСЯ В ОДНОМ ИНСТИТУТЕ В КАЗАХСТАНЕ. НО ИЗ ЭТОГО НИЧЕГО НЕ ПОЛУЧИЛОСЬ, МНЕ ТОГДА ДИПЛОМ ТАК И НЕ ДАЛИ, ПОТОМ УЖЕ Я ПОСТУПИЛ В АКАДЕМИЮ НАЛОГОВОЙ СЛУЖБЫ И ТАКЖЕ ЗАОЧНО ОТУЧИЛСЯ И ПОЛУЧИЛ ДИПЛОМ. КОНЕЧНО, ХОРОШО БЫ ПОЛУЧИТЬ СИСТЕМНЫЕ ЗНАНИЯ. НО КУДА Я ХОТЕЛ, ТУДА МЕНЯ НЕ ПУСТИЛИ (НАЦИОНАЛИТЕТ ПОДКАЧАЛ) — Я ПОСТУПАЛ В ПОЛИГРАФИЧЕСКИЙ НА ЖУРФАК.

— ВЫ ХОТЕЛИ БЫТЬ ЖУРНАЛИСТОМ?

— ЭТО БЫЛА МОЯ ГОЛУБАЯ МЕЧТА. У МЕНЯ ПО РУССКОМУ ЯЗЫКУ, ЛИТЕРАТУРЕ ВСЕГДА ПЯТЕРКИ БЫЛИ. СОЧИНЕНИЯ ШИКАРНЫЕ ПИ-

САЛ. МНЕ ПРЕДЛОЖИЛИ НА ТЕХНОЛОГИЧЕСКИЙ ФАКУЛЬТЕТ, НО ЭТО НЕ МОЕ, ЦИФРЫ, МЕТАЛЛЫ, Я ПЛЮНУЛ НА ВСЕ И УШЕЛ В АРМИЮ. НА ЭТОМ ЗАКОНЧИЛАСЬ МЕЧТА.

ИЗ ИНТЕРВЬЮ ЖУРНАЛУ «КОММЕРСАНТЪ.
ДЕНЬГИ» 17 ОКТЯБРЯ 2011 ГОДА

В 1999 году Смоленский был, если так можно выразиться, в середине пути. Стал заниматься бизнесом в самом начале перестройки — тогда он создал кооператив и делал, в общем-то, что придется. О том, чтобы уехать из России, он, по его словам, и не помышлял.

АЛЕКСАНДР СМОЛЕНСКИЙ:
«МЕНЯ ЗАТОЛКАЛИ В КООПЕРАЦИЮ...»

— КАК ВЫ СТАЛИ КООПЕРАТОРОМ?

— МЕНЯ ЗАТОЛКАЛИ В КООПЕРАЦИЮ В ОКТЯБРЕ 1987 ГОДА. У МЕНЯ БЫЛА ПРЕКРАСНАЯ ЗАРПЛАТА. ТОГДА ГОРБАЧЕВ РАЗРЕШИЛ ПЛАТИТЬ ИТЭЭРАМ (ИНЖЕНЕРНО-ТЕХНИЧЕСКИМ РАБОТНИКАМ. — *Ред.*) ПО РЕЗУЛЬТАТАМ ДЕЯТЕЛЬНОСТИ. ХОЗРАСЧЕТ И САМООКУПАЕМОСТЬ. У МЕНЯ ЗАРПЛАТА БЫЛА 1200 РУБ. КАКОГО ХРЕНА МНЕ КУДА-ТО УХОДИТЬ, Я ПРЕКРАСНО СЕБЯ ЧУВСТВОВАЛ. НО ПОТОМ СОБРАЛИ ПАРТХОЗАКТИВ. Я РАБОТАЛ В ГЛАВМОСРЕМОНТЕ В ПЕРВОМАЙСКОМ РАЙОНЕ. ЧЕРТ МЕНЯ ДЕРНУЛ ЗА ЯЗЫК. ПРЕДЛОЖИЛ РАСШИРИТЬ УСЛУГИ ТРЕСТА НАСЕЛЕНИЮ, НО УЖЕ ЗА ОТДЕЛЬНУЮ ПЛАТУ. ТИПА СЕРВИСА.

— ПРЕДПРИНИМАТЕЛЬСКАЯ ЖИЛКА ВЗЫГРАЛА?

— МОЖЕТ БЫТЬ, НО СКОРЕЕ ОЩУЩЕНИЕ СВОБОДЫ. К ТОМУ ЖЕ БЫЛО ПОСТАНОВЛЕНИЕ ЦК КПСС И СОВЕТА МИНИСТРОВ «О КООПЕРАЦИИ В СОВЕТСКОМ СОЮЗЕ». ТАКОЕ-ТО КОЛИЧЕСТВО КООПЕРАТИВОВ СОЗДАТЬ ПО НАПРАВЛЕНИЯМ. А НАПРАВЛЕНИЯ ТОГДА БЫЛИ — ТАНЦЕВАЛЬНЫЕ КРУЖКИ И КООПЕРАТИВЫ ПО ПЕРЕРАБОТКЕ ВТОРИЧНОГО СЫРЬЯ. ОБЩЕПИТ ПОЗЖЕ РАЗРЕШИЛИ.

— А КАКОЙ-НИБУДЬ ПОШИВ ЧЕГО-НИБУДЬ?

— НА ЭТО ПАТЕНТЫ БЫЛИ ЕЩЕ ДО ТОГО. НАШ ГЛАВК РЕШИЛ СОЗДАТЬ КООПЕРАТИВ ПО ПЕРЕРАБОТКЕ ВТОРИЧНЫХ РЕСУРСОВ ОТ СТРОИТЕЛЬСТВА. ПО ИХ ЗАМЫСЛУ РАЗБИРАЮТ СТАРЫЕ ДОМА, И МЫ, КАК ИДИОТЫ, ДОЛЖНЫ СОБИРАТЬ СТАРЫЕ УНИТАЗЫ, ИХ ОТМЫВАТЬ И ПУСКАТЬ ВО ВТОРИЧНУЮ ПРОДАЖУ. Я ТАК ПОСЛУШАЛ — ЗАБАВНОЕ МЕРОПРИЯТИЕ. НИЧЕГО МЫ РАЗБИРАТЬ И ОТМЫВАТЬ, КОНЕЧНО, НЕ СОБИРАЛИСЬ. ПРИДУМАЛИ СЕБЕ ЗАДАЧУ. А ТОГДА КАЖДЫЙ МЕСЯЦ НАЧАЛЬНИК ГЛАВКА ДОЛЖЕН БЫЛ ПОЛУЧАТЬ СПРАВКУ, СКОЛЬКО МЫ ОТРЕСТАВРИРОВАЛИ И ВЕРНУЛИ В НАРОДНОЕ ХОЗЯЙСТВО ИМУЩЕСТВА. НУ, ВОТ МЫ И ПИСАЛИ, ЧТО ОНИ ХОТЕЛИ. КООПЕРАЦИЯ В ТО

ВРЕМЯ БЫЛА ЧИСТОЕ ИЗЪЯТИЕ НАЛИЧНЫХ ДЕНЕГ ИЗ ГОСУДАРСТВЕННОГО ОБОРОТА.

— КАКИМ ОБРАЗОМ?

— СХЕМА БЫЛА ОЧЕНЬ ПРОСТАЯ. ВЫ ПРИШЛИ ИЗ ХОЗОРГАНА КАЗЕННОГО ПРЕДПРИЯТИЯ, ВАМ НУЖНО ТО, ЧТО ИДЕТ ПО РАЗНАРЯДКЕ, ПО ФОНДАМ ИЛИ В РОЗНИЦУ. ТО, ЧТО В РОЗНИЦУ, МОЖНО КУПИТЬ ТОЛЬКО ЗА НАЛИЧНЫЕ ДЕНЬГИ. ВЫ МНЕ ПЕРЕВОДИТЕ ДЕНЬГИ ПО ПЕРЕЧИСЛЕНИЮ ПОД ДОГОВОР. Я ИДУ В БАНК, А У КООПЕРАТИВОВ ТОГДА НЕ БЫЛО ОГРАНИЧЕНИЙ НА СНЯТИЕ НАЛИЧНЫХ ДЕНЕГ СО СВОЕГО СЧЕТА, МЫ СНИМАЕМ ЭТИ ДЕНЬГИ И ИДЕМ С НИМИ В МАГАЗИН.

— ТО ЕСТЬ ЭТО ПЕРВЫЕ КОНТОРЫ ПО ОБНАЛИЧКЕ?

— СТО ПРОЦЕНТОВ. ДА ТАК МНОГИЕ РАБОТАЛИ. ПОТОМ МЫ ВАМ, СЧАСТЛИВОМУ, ОТДАВАЛИ ФОНДИРУЕМЫЙ ТОВАР И БРАЛИ СВОЮ НЕБОЛЬШУЮ КОМИССИЮ. ЭТО НЕ НЫНЕШНЯЯ ОБНАЛИЧКА БЫЛА, МЫ НА САМОМ ДЕЛЕ РЕАЛЬНЫЙ ТОВАР ПРЕДОСТАВЛЯЛИ. КООПЕРАТИВ БЫЛ ПОСРЕДНИКОМ, КОТОРЫЙ ЯКОБЫ ВОССТАНОВИЛ ВТОРИЧНЫЙ ТОВАР И ПРОДАЛ ТОМУ, КТО В НЕМ НУЖДАЛСЯ, ПО РОЗНИЧНОЙ ЦЕНЕ. БИЗНЕС ОЧЕНЬ ХОРОШИЙ. ВОТ, НАПРИМЕР, ОБОИ МЫ ЯКОБЫ ВОССТАНАВЛИВАЛИ. ПРИШЕЛ НАРОДНЫЙ КОНТРОЛЕР, КАКОЙ-ТО ДУРАЧОК, ГОВОРИТ: «ВЫ ОБОИ ПРОДАЛИ, ЧТО ВЫ С НИМИ ДЕЛАЛИ?» А НАМ КАКИЕ-ТО БЕШЕНЫЕ ДЕНЬГИ ПРОПЛАТИЛИ, ВИДНО, РЕМОНТИРОВАЛИ БОЛЬШОЙ ОБЪЕКТ. МЫ ОТВЕЧАЕМ: «КАК ЧТО, КРАЯ ПОДРЕЗАЛИ, ПОДРАВНИВАЛИ, РИСУНОК ПОДГОНЯЛИ, ВЫ ЧТО ДУМАЕТЕ, ПРОСТО ИЗ НЕЛИКВИДА СДЕЛАТЬ ХОРОШИЕ ОБОИ?» В 1987 ГОДУ У НАС НЕ БЫЛО ОТЧЕТНОСТИ, МЫ НЕ ПЛАТИЛИ НАЛОГИ. ЭТО ПОТОМ РАЙФИНОТДЕЛЫ ВЗЯЛИСЬ ЗА НАС. А ДО ЭТОГО БЫЛ ЗАПРЕТ ПОДХОДИТЬ К КООПЕРАТИВАМ ВООБЩЕ ВСЕМ: МЕНТАМ, ФИНАНСИСТАМ, ЧЕКИСТАМ, НАРОДНЫМ КОНТРОЛЕРАМ, НИКОМУ НЕЛЬЗЯ БЫЛО ПОДХОДИТЬ. В ЭТОМ ПЛАНЕ ГОРБАЧЕВ С РЫЖКОВЫМ ЗАНЯЛИ ОЧЕНЬ ЖЕСТКУЮ ПОЗИЦИЮ. НАВЕРНОЕ, ПОНИМАЛИ, ЧТО ПО-ДРУГОМУ С МЕРТВОЙ ТОЧКИ ДЕЛО НЕ СДВИНЕШЬ. НАПУГАЕШЬ ЛЮДЕЙ, ОНИ РАЗБЕГУТСЯ, И ПОТОМ УЖЕ НЕ ЗАМАНИШЬ. А ТАМ ЦЕХОВИКИ ВЫЛЕЗЛИ СО СВОИМИ БАБКАМИ, ДЕНЕГ В СТРАНЕ НАВАЛОМ СТАЛО. НОВУЮ МАШИНУ НА БАРАХОЛКЕ АВТОЗАВОДСКОЙ ТОЛЬКО ПО ДВОЙНОМУ СЧЕТЧИКУ КУПИТЬ МОЖНО БЫЛО. И ПОКУПАЛИ, Я САМ ПОКУПАЛ. ЧЕГО ЭКОНОМИТЬ, ЕСЛИ ЗАВТРА ЕЩЕ ПРИНЕСУТ.

ИЗ ИНТЕРВЬЮ ЖУРНАЛУ «КОММЕРСАНТЪ. ДЕНЬГИ» 17 ОКТЯБРЯ 2011 ГОДА

Московский коммерческий банк «Столичный», который купил для Нахмановича пресловутые $32 млн, был зарегистрирован в 1989 году в Госбанке СССР. Учредителями выступали несколько московских кооперативов. Уставный фонд банка в ноябре 1991 года составлял 1,1 млрд руб.

Александр Смоленский:
«Про банковское дело я не знал ничего...»

— Когда вы первый банк создали?

— В 1988 году, он назывался «Кредит-Москва». Но те, кто его регистрировал, у меня устав сперли. Я заплатил деньги, а там были чиновники Госбанка, ребята, которых я нанял этот устав сочинить, они же его и унесли. «Кредит-Москва» получил лицензию № 5 (от 21.09.1988 в Госбанке СССР), а я потом на «Столичный» получил уже лицензию № 61 в феврале 1989 года.

— У вас такое патриотическое отношение к Москве было?

— Это не мое название, мы придумали какое-то «тру-ля-ля чего-то там», а нам в Госбанке говорят: «Вы где собираетесь работать-то, на Луне, что ли?» Такая тетка, типичная чиновница, Госбанк Союза. Мы там ходили, как овцы, — где мы, а где они... Во сне не приснится, что в эти двери вообще пустят. «В Москве будете работать, вот «Столичный» и будет, все», — говорит. Так банк стал называться «Столичный».

— Тогда ведь банки создавали не из-за того, что это прибыльный бизнес, а под конкретные задачи: есть кооператив, ему нужно проводить расчеты.

— Просто достали эти государственные банкиры. Все выли от них. Каждый поход в банк надо было то шоколадку отнести, то коньяк, то денег. А там тебе швыряют в лицо эти платежки. Нас кошмарили по полной программе, задерживали чеки, не выдавали деньги, выбрасывали платежки, теряли. <...> Приходишь за своими деньгами — не дают. Даешь платежку — не проводят. Сидела в нашем москворецком отделении «Промстройбанка» — он обслуживал кооперативы — директор по фамилии Портупеева. Как надену портупею, так тупею и тупею. «А вот не дам и все. — Ну, хоть объясните почему! — А вот не хочу. — А у меня инструкция! — А вот постановление Совнаркома от 1927 года об ограничении наличных денег». И ты стоишь и не знаешь, что делать. Ни людям, ни за материал заплатить не можешь. Все. Встал.

— Вы назло Портупеевой создали свой банк?

— Именно назло. Как только вышел Закон о кооперации с дополнением, что кооперативы имеют право создавать кооперативные банки, так и занялся. Один банк был не очень удачно создан, у нас его утащили. «Кредит-Москва» назывался, 21-я лицензия. Я сам лопухнулся. А потом всерьез занялся. Ребята остались на промышленности — надо же было

ДЛЯ БАНКА ДЕНЬГИ ЗАРАБАТЫВАТЬ. ПЕРВОЕ ОТДЕЛЕНИЕ ХАЙТЕК МЫ ОТСТРОИЛИ С НЕМЦАМИ. Я ПЕРВЫЙ БАНКОМАТ УЛИЧНЫЙ В СССР ЗАПУСТИЛ.

— МОЖНО ПОДУМАТЬ, ЧТО СОВЕТСКИЕ ЛЮДИ ТОЛЬКО И ДЕЛАЛИ, ЧТО ОТКРЫВАЛИ СЧЕТА В БАНКАХ.

— НЕ ИМЕЕТ ЗНАЧЕНИЯ. А НАДО БЫЛО, ЧТОБЫ У КАЖДОГО... Я ПРОСТО ПОГРУЗИЛСЯ В ЭТУ СТИХИЮ. С ЗАПАДА НЕ ВЫЛЕЗАЛ. С НЕМЦАМИ КУЧУ ВОПРОСОВ ПРОРАБОТАЛ, С АМЕРИКАНЦАМИ. МЫ ЖЕ СУПЕРСОВРЕМЕННЫЙ БАНК ПОСТРОИЛИ. ДО СИХ ПОР ПОВТОРИТЬ НЕ МОГУТ, КСТАТИ. СЕГОДНЯ НЕТ НИ ОДНОГО БАНКА, ЧТОБЫ ВЫ ВО ВЛАДИВОСТОКЕ, ИМЕЯ МОСКОВСКИЙ СЧЕТ, СМОГЛИ СОВЕРШИТЬ ОПЕРАЦИЮ ТАКУЮ ЖЕ, КАК ЕСЛИ БЫ У ВАС БЫЛ МЕСТНЫЙ СЧЕТ.

— НО ЧТО ВЫ ТОГДА ЗНАЛИ ПРО БАНКОВСКОЕ ДЕЛО?

— НИЧЕГО. НО ЗЛОЙ БЫЛ ОЧЕНЬ. А ПЕРВЫЙ КРЕДИТ... ПРИ УСТАВНОМ КАПИТАЛЕ 500 ТЫС. РУБ. Я ОТДАЛ МИЛЛИОН РУБЛЕЙ БАХЧЕЗАВОДУ. АРБУЗЫ ОНИ ВЫРАЩИВАЛИ В УЗБЕКИСТАНЕ. БЕШЕНЫЕ ДЕНЬГИ ОТДАЛ КАКОМУ-ТО МУЖИКУ, ПОДПОЯСАННОМУ КУШАКОМ.

— А ЕСЛИ БЫ ОН НЕ ВЕРНУЛ?

— НАМ КАПУТ. НО ОН ВЕРНУЛ. ПРИЧЕМ ОН БЫЛ ИЗ ТОГО РАЙОНА, ГДЕ ТОГДА ШЛА ВОЙНА. Я ТУДА ПОСЛАЛ СВОЕГО СЛУЖАЩЕГО, ОН ГОВОРИТ: ТАМ ЖЕ СТРЕЛЯЮТ! Я ЕМУ: ИДИ, А ТО НАМ КОНЕЦ. И ДЯДЬКА ВСЕ ОТДАЛ. ЗАДЕРЖАЛ НА ПАРУ МЕСЯЦЕВ, НО ВЕРНУЛ...

— С ЧЕГО НАЧАЛОСЬ ВАШЕ БАНКИРСТВО?

— СНАЧАЛА МЫ ЗАРЕГИСТРИРОВАЛИСЬ. СИДЕЛИ В ОДНОЙ КОМНАТЕ И НАЗЫВАЛИСЬ «КООПСТОБАНК» — КООПЕРАТИВНЫЙ СТОЛИЧНЫЙ. ДАЛЬШЕ НАЧАЛОСЬ — А КАК ЭТО РАБОТАЕТ? У КОГО УЧИТЬСЯ? НЕ У СБЕРБАНКА ЖЕ, ГДЕ ТЕТКИ СИДЯТ В НАРУКАВНИКАХ. МЫ СРАЗУ РЕШИЛИ — НИ ОДНОГО СЛУЖАЩЕГО НЕ БЕРЕМ ИЗ ГОСБАНКА. И ТАК, КСТАТИ, ДО САМОГО КОНЦА. БРАЛИ С УЛИЦЫ, ОДНУ МОЛОДЕЖЬ. ПОСЫЛАЛИ В АМЕРИКУ УЧИТЬСЯ. ВСЕ ДЕНЬГИ, КОТОРЫЕ БЫЛИ, ТРАТИЛИСЬ НА ЭТО <...>

Из интервью журналу «Деньги» 9 октября 2006 года и 17 октября 2011 года

В 1992 году банк «засветился» в деле с фальшивыми чеченскими авизо. По информации МВД, через него прошла фальшивая авизовка на сумму более 250 млн руб. Тяжесть и опасность этой ситуации для «Столичного» были связаны, впрочем, не столько с возможными финансовыми потерями, сколько с тем, что Смоленский поставил на карту имидж банка и свою личную репутацию, сделав публичное заявление (в интервью газете «Мегаполис-Экспресс»), что «Столичный» не имел никакого отношения к операциям с фальшивыми авизо.

Однако защитить свою репутацию банкир не сумел. В ответ на обвинения либо в нарушении закона (если действия банка носили преднамеренный характер), либо в некомпетентности (если они носили непреднамеренный характер) он не смог ничего ответить. Молчание «Столичного» отчасти объяснялось тем, что банкир после своего заявления отбыл за границу. Заговорил Смоленский через несколько дней.

Александр Смоленский: «Это было новостью и для нас...»

— <...> Как все обстояло на самом деле? Через «Столичный» проходили фальшивые авизо или вы по-прежнему не согласны с этим?

— Авизо проходили. <...> Дело в том, что мы, собственно, узнали о том, что через наш банк прошло фальшивое авизо на 293 миллиона рублей, только из публикации «Коммерсанта». И, естественно, довольно жестко и эмоционально прореагировали на эту новость. Не потому, что пытались что-то скрыть, а потому, что сами не располагали подобными сведениями. <...> Речь не идет о каких бы то ни было специальных операциях с фальшивыми авизовками. Для нас, да и для других коммерческих банков тот факт, что некоторые из прошедших через них авизо были фальшивыми, стал не меньшей новостью, чем для вас. <...>

Из интервью журналу «Власть» 3 августа 1992 года

Впрочем, ничего страшного в результате этой истории со Смоленским не случилось. Банк не только выжил, но и стал бурно развиваться. К 1994 году он начал работать со вкладами населения и вскоре превратился в один из крупнейших розничных банков с обширной филиальной сетью. Одновременно он занимался финансированием производства банкоматов и созданием платежной системы через пластиковые карты. В том же году банк поменял название и превратился в «Столичный банкъ сбережений» (СБС). Уже тогда Смоленский всячески старался подчеркнуть, что не намерен заниматься политикой.

Александр Смоленский: «Деньги лежат по карманам, а не по счетам»

<...> Сегодня основной упор делается на частных вкладчиков, потому что деньги все лежат по карманам, а не по

СЧЕТАМ. НА НАСТОЯЩИЙ МОМЕНТ МЫ ПРИНЯЛИ ПРОПОРЦИЮ: 70% В ОБЩЕЙ МАССЕ ДОЛЖНЫ БЫТЬ ЧАСТНЫЕ СЧЕТА, 30% — ФИРМЕННЫЕ. ПОКА МЫ ЭТУ ПРОПОРЦИЮ НЕ ВЫДЕРЖИВАЕМ, ФИРМЕННЫХ СЧЕТОВ У НАС БОЛЬШЕ. НО МЫ К ЭТОМУ СТРЕМИМСЯ. <...> МЫ ПОЛИТИКОЙ НЕ ЗАНИМАЕМСЯ, ХОТЯ И НЕ СТОИМ В СТОРОНЕ — НАМ НЕ БЕЗРАЗЛИЧНО, КАКИЕ РЕШЕНИЯ КТО И ГДЕ БУДЕТ ПРИНИМАТЬ, КАКИМ ОБРАЗОМ В ГОСУДАРСТВЕННОЙ ДУМЕ ТОТ ИЛИ ИНОЙ ВОПРОС ПРЕПОДНОСИТСЯ, КТО ГОТОВИТ МАТЕРИАЛЫ, КТО ДЛЯ СОВЕТА МИНИСТРОВ ЧТО-ТО ДЕЛАЕТ, ДЛЯ АДМИНИСТРАЦИИ ПРЕЗИДЕНТА. ПОЭТОМУ Я НИКОГДА НЕ ОТКАЗЫВАЮСЬ ОТ ЛЮБОЙ КОМИССИИ, В КОТОРОЙ МНЕ ПРЕДЛАГАЮТ УЧАСТВОВАТЬ. МЫ ПРИНИМАЕМ КАКОЕ-ТО УЧАСТИЕ В РАЗРАБОТКАХ КАК ЗАКОНОДАТЕЛЬНЫХ, ТАК И ПОЛИТИЧЕСКИХ КОНЦЕПЦИЙ. У НАС ДЛЯ ЭТОГО ЕСТЬ ПОДРАЗДЕЛЕНИЯ, ВОЗМОЖНОСТИ И, САМОЕ ГЛАВНОЕ, ЖЕЛАНИЕ. НО ЧТОБЫ КОНКРЕТНО, МАТЕРИАЛЬНО ПОДДЕРЖИВАТЬ — НЕТ. В НАШЕМ БАЛАНСЕ РАСХОДОВ НА ПОЛИТИКУ НОЛЬ ЦЕЛЫХ И, ИЗВИНИТЕ, НОЛЬ ДЕСЯТЫХ. ЕСЛИ ЭТО КОММЕРЧЕСКИЙ ПРОЕКТ, ТО РАДИ БОГА, МНЕ ВСЕ РАВНО — ДЕМОКРАТ, АНАРХИСТ... ЕСЛИ ЭТА КОММЕРЦИЯ ДАЕТ ЛЮДЯМ ЧТО-ТО ЛУЧШЕЕ, ТО ДАВАЙТЕ, ДЕЛАЙТЕ. ПУСТЬ БУДУТ КОММУНИСТЫ, ЭСЕРЫ, ПРАВЫЕ, ЛЕВЫЕ, СОКОЛЫ, ЯСТРЕБЫ. НИКАКИХ ЦВЕТОВ. <...>

Из интервью журналу «Власть»
20 сентября 1994 года

Но не зависеть от политики банк, тем более такой крупный, естественно, не мог.

Александр Смоленский: «Ты или с Ельциным, или не с ним»

— ФАКТИЧЕСКИ ВЫ С КОЛЛЕГАМИ ДЕРЖАЛИ СТРАНУ В РУКАХ.
— ЭТО МИФ. СТРАНУ В РУКАХ ДЕРЖАЛ БОРИС НИКОЛАЕВИЧ.
— НО ЕМУ ПРИХОДИЛОСЬ С ВАМИ ДОГОВАРИВАТЬСЯ.
— КОМУ, ЕЛЬЦИНУ? КАК МОЖЕТ УДАВ С КРОЛИКОМ ДОГОВАРИВАТЬСЯ. ЧТО ЗНАЧИТ ДОГОВАРИВАТЬСЯ? ТЫ ИЛИ С НИМ, ИЛИ НЕ С НИМ. ОН НИ С КЕМ НИКОГДА НЕ ДОГОВАРИВАЛСЯ. В ЭТОМ ЕГО БОЛЬШАЯ ПРОБЛЕМА И БОЛЬШОЙ ПЛЮС. У НЕГО ЕСТЬ РЕШЕНИЕ, ОН ЕГО РЕАЛИЗУЕТ. ВЫ МОЖЕТЕ ИДТИ С НИМ ВМЕСТЕ ЕГО РЕАЛИЗОВЫВАТЬ ИЛИ НЕ ИДТИ. ЭТО ВАШ ВЫБОР. НО ОН НЕ ОПУСКАЛСЯ ДО ТОГО, ЧТОБЫ САЖАТЬ В ТЮРЬМУ ТЕХ, КТО НЕ С НИМ. ОН ПРОСТО ВЫЧЕРКИВАЛ ЧЕЛОВЕКА ИЗ СВОЕГО КРУГА.
— ОТКУДА ТОГДА ВСЕ ЭТИ РАЗГОВОРЫ ПРО СЕМИБАНКИРЩИНУ?
— САМИ ЖЕ ДАЛИ УТЕЧКУ, ЧТОБЫ ПОКАЗАТЬ СВОЮ ЗНАЧИМОСТЬ. БОРИС АБРАМОВИЧ (БЕРЕЗОВСКИЙ. — *Ред.*), ПОМНИТЕ, ТОГДА ДУ-

харился в газетках: «мы вам кузькину мать покажем». Создали иллюзию, что якобы эти семь или девять человек вдруг стали олигархами, стали управлять страной. Да бред собачий. Когда Потанина попросили назначить первым замом, это была первая просьба и последняя. Все эти приватизационные конкурсы Ельцина вообще не касались. У Чубайса была маниакальная идея убрать всех красных директоров, обесточить, чтоб у них не было денег и они не могли больше финансировать коммунистов.

— Сейчас, если посмотреть на тот список системообразующих банков, ни о ком даже воспоминаний не осталось: кто-то иностранцам продан, кого-то просто нет.

— У «Инкома» первого отозвали лицензию, и это было несправедливо. С Володей (Виноградовым. — *Ред.*), царствие ему небесное, всегда были проблемы, он всегда всех посылал. Через губу. Даже нас. Но при этом он делал большое дело, он один тянул военную промышленность. Ее никто брать не хотел. Госзаказов не было, как уж они там крутились с Вольским, я не знаю. МЕНАТЕП имел свой бизнес — ЮКОС. Им важнее было спасти его. Гусинский спасал НТВ. У «Роскреда» был Лебединский ГОК. Для них тот бизнес был важнее, и они правы оказались. ОНЭКСИМ спасал «Норникель», им банк нужен был постольку-поскольку. А у меня промоактивов не было, кроме банка, и для меня эта потеря была критична. У нас был проект слить Мост-банк, МЕНАТЕП и СБС. Работали международные аудиторы. Мы реально открывали друг другу карты, показывали, сколько фуфла в капитале. Ни Володе (Гусинскому. — *Ред.*), ни Мише (Ходорковскому. — *Ред.*) по большому счету банк был не нужен. Им нужно было банковское обслуживание, а не банковский бизнес. Это было сливание ненужного актива, продать который они не могли: слишком много скелетов в шкафу.

Из интервью журналу «Деньги»
9 октября 2006 года и 17 октября 2011 года

Сделка года

В 1996 году уставный капитал СБС составлял 24,134 млрд руб., активы банка — 11,645 трлн руб. По объему вкладов населения занимал 5-е место, имел 42 отделения в Москве, три — в Московской области и более десяти филиалов в других городах России. Розничный банк требовал все больше ресурсов, ему нужны были новые филиалы. И вот в 1996 году СБС стал участником «сделки года» — он приобрел «Агропромбанк».

«Агропромбанк» (прежнее название — «Россельхозбанк») был создан в октябре 1991 года, уставный капитал на момент сделки составлял 130 млрд руб. Доля государства в лице Госкомимущества в уставном капитале банка составляла 1,5%. Активы банка — более 6 трлн руб., он занимал третье место (после Сбербанка и «Инкомбанка») по объему вкладов населения и имел 1200 филиалов и отделений по всем регионам страны.

Однако только за девять месяцев 1996 года убытки банка составили 140 млрд руб. «Агропромбанк» стало лихорадить еще в 1994 году. Причиной этого явилось особое положение, доставшееся ему в наследство со времен Госбанка, — кредитование сельхозпроизводителей. Дело в том, что 90% кредитного портфеля банка составляли кредиты, выданные агропромышленному комплексу в 1994 году, когда правительством было принято решение об освобождении крестьян от ссудной задолженности. Однако Центробанк, проигнорировав это решение, списал со счетов «Агропромбанка» 2,5 трлн руб. Это поставило крупнейший банк на грань краха. Деньги в конце концов вернули. Но, учитывая, что сумма возвращалась частями в течение полутора лет, ущерб от такого списания, по оценкам специалистов АПБ, составил 5—7 трлн руб. В результате за два последующих года постоянного «латания дыр» АПБ затормозил свое развитие.

Первый вице-премьер Владимир Потанин и возглавляемая им правительственная комиссия по финансовой и денежно-кредитной политике объявили конкурс на проведение санации «Агропромбанка». Главным условием санации было «сохранение профиля банка при минимальной нагрузке на бюджет». Банк-победитель конкурса получал контрольный пакет акций (51%), взамен отдавая 1 трлн руб. Условия вполне приемлемые, если бы не один досадный момент: 25% акций банк должен отдать государству. Другими словами, полностью контролировать АПБ банку-победителю уже не удалось бы.

Критерии допуска к участию в конкурсе разработал Центробанк. Этим требованиям соответствовали только шесть банков: Сбербанк, «Внешторгбанк», «Автобанк», «Инкомбанк»,

банк «Империал» и «Столичный банкъ Сбережений». Победителем вышел СБС. Ведь по условиям конкурса при определении победителя преимущество отдавалось тому банку, который помимо всего прочего имеет «опыт обслуживания большого количества счетов клиентов (не менее 200 тыс.)» и «внутреннюю систему безналичных расчетов». Вывод напрашивался сам собой. После официального объявления итогов тендера Смоленский заявил, что с 1 января СБС все-таки будет переименован в «СБС-Агро».

Александр Смоленский: «Если не получится, застрелюсь...»

<...> Мы не зря решили все-таки переименовать свой банк в «СБС-Агро». Это, мне кажется, подчеркивает серьезность наших намерений, показывает, что теперь мы специализируемся, помимо частных вкладов, еще и на аграрном секторе. <...>

— Что произойдет, если по каким-либо причинам вы будете вынуждены отказаться от аграрного сектора и продать контрольный пакет «Агропромбанка»?

— <...> Ставку на аграрный сектор мы сделали всерьез. И если не получится, я лучше застрелюсь. Морально.

Из интервью журналу «Власть»
3 декабря 1996 года

Таким образом, после «сделки года» возникла новая финансовая группа — «СБС-Агро», в которую «Агропромбанк» вошел в качестве дочерней структуры. «СБС-Агро» занимал седьмое место в стране по размеру активов и четвертое — по размеру привлеченных средств населения. Но самое главное, что за это время банк-одиночка превратился в огромную финансовую группу, управлять которой из кресла главы банка стало очень трудно. Проблема управления встала очень остро в тот момент, когда к группе присоединился «Агропромбанк». Поэтому потребовалось юридическое оформление этой группы и создание специальной компании, которая бы и управляла развитием всего финансового объединения в целом. Такая компания была создана, и возглавил ее Смоленский.

В состав группы «СБС-Агро» входили: банк «СБС-Агро», «Агропромбанк», «Золото-Платина-Банк», Stolichny Bank Internanional Macedonia A. D., Stolichny Bank International N. V., «Инка-хран», «СТБ-кард», «СТБ-тур», негосударственный пенсионный фонд «Доброе дело» и др.

А через полгода в «СБС-Агро» поменялось руководство. В мае 1997 года банк покинул его основатель — Смоленский.

ДЕМОНСТРАЦИЯ БОРЬБЫ

Еще через год грянул августовский кризис 1998 года. У многих отделений банков выстроились очереди. Среди банков, оказавшихся не способными вовремя рассчитаться с населением, оказался и «СБС-Агро».

После кризиса Банк России объявил о гарантиях вкладов граждан в шести коммерческих банках: «МЕНАТЕПе», «Мосбизнесбанке», «Инкомбанке», «Промстройбанке», «СБС-Агро» и «Мост-банке». Воспользоваться ими или нет, каждый вкладчик должен был решать сам. Хотя выбирать, по сути, приходилось между полной или частичной потерей вклада. Вернуть все вложенные в банк деньги было нереально. Ни один из банков шестерки не брал на себя обещание расплатиться по вкладам немедленно. «СБС-Агро» предлагал владельцам рублевых вкладов перезаключить договор на полгода.

В конце августа у «СБС-Агро» начались неприятности с ЦБ. 28 августа около 15 часов в дверь центрального офиса постучали. Это были 26 работников ЦБ, которые представились временной администрацией банка и попросили передать организацию им в управление. Цели работы временной администрации формулировались так: разработать «план мероприятий по снижению расходов банка и обеспечению интересов вкладчиков». Для этого необходимо было передать в руки ЦБ реальную власть в банке (печати и проч.), а также всю необходимую информацию о его состоянии. «Ну, ситуация по корсчету «СБС-Агро» в ЦБ нам известна, — говорил руководитель «группы захвата» начальник управления инспектирования ОПЕРУ-2 Центрального банка Владимир Сухинин. — Но есть еще корсчета в других банках. Кроме того, есть имущество. Вы представляете, у них фактически ничего не принадлежит банку — ни офисы, ни даже автомобили. Большая часть имущества записана на ЗАО «Управляющая компания СБС-Агро».

В этом надо разбираться». Однако вряд ли Сухинин всерьез надеялся в чем-либо разобраться.

По большому счету визит сотрудников ЦБ в СБС был спектаклем, который закончился в понедельник, 31 августа. По иску одной из вкладчиц банка — жительницы Элисты Раисы Рыбасовой — народный суд приостановил действие приказа ЦБ о введении в «СБС-Агро» временной администрации и замораживании всех его операций на две недели (заметим, что один из основных учредителей управляющей компании «СБС-Агро» был зарегистрирован как раз в Элисте). Суд счел, что в этом случае банк не может выполнять свои обязательства перед гражданкой Рыбасовой. В полдень сотрудники банка прекратили всякое общение с временной администрацией и попросили ее удалиться. Владимир Сухинин упирался до вечера, требуя вместо ксерокопии подлинник решения суда. Но все же покинул банк.

Действия временной администрации привели к одному результату: в банке появились объявления о прекращении выдачи денег с вкладов. За подписью «временной администрации». В принципе этот результат лишь немного опередил решение самого ЦБ в отношении шести крупнейших банков России (в том числе и «СБС-Агро»), которым 2 сентября он в обязательном порядке предписал перевести все счета частных вкладчиков в Сбербанк России. Приключения временной администрации в банке «СБС-Агро» — лишь внешняя сторона событий. Вкладчиков куда больше интересовало истинное положение дел в «СБС-Агро» и реальное содержание его взаимоотношений с Центральным банком.

А ситуация в «СБС-Агро» была тяжелой. Банк привлекал много средств населения, но мало с их помощью зарабатывал. К середине августа объем вкладов составлял около $500 млн и 2,6 млрд руб. Кроме того, банк набрал на Западе кредитов на сумму более $1 млрд. Привлеченные деньги надо было куда-то эффективно вложить, чтобы оправдать проценты по пассивам и еще заработать себе на жизнь. Как и многие другие российские банки, СБС активно инвестировал в государственные бумаги, вложив в них около 5 млрд руб. ($800 млн по «доавгустовскому» курсу). Часть этих денег пошла в ГКО (а что стало с этими бумагами, всем хорошо известно), другая — в облигации внутреннего валютного займа и прочие валютные бумаги государства. С ними произошла не менее печальная история. Многие банки, в том числе и «СБС-Агро», под залог этих бумаг активно брали кредиты на Западе. По условиям таких сделок стоимость залога постоянно переоценивалась по рыночным котировкам, и, если их цена существенно снижалась, кредиторы требовали доплаты. А цена за год упала в несколько раз. От этого и образовалась наибольшая «дыра» в делах банка. Причем эта дыра никак не была связана с замораживанием ГКО и падением курса доллара в середине августа. На самом деле банк стал задерживать платежи ряда компаний-клиентов еще в начале месяца. По словам менеджеров банка, сотрудники этих компаний и начали первыми забирать свои вклады из СБС.

Руководители СБС мягко обходили вопрос о том, какова их программа вывода банка из кризиса. Неофициально они признавали, что четкой программы у них нет. Они пытались бороться за выживание, о чем свидетельствовали гневные заявления Смоленского в адрес ЦБ, сделанные им в то время. Но реальное антикризисное управление в «СБС-Агро» запоздало. Там так и не объявили о масштабном сокращении персонала, фонда зарплаты и других расходов. Но и ЦБ явно медлил. Еще в середине августа, когда СБС стал задерживать платежи клиентов, Смоленский периодически собирал своих менеджеров и рассказывал, что он вместе с другими руководителями крупнейших банков пытается добиться от ЦБ проведения взаимозачетов по платежам. Это, мол, может расшить 3/4 всего объема «зависших» платежей. «Но в ЦБ отсутствует даже малейшая воля, — говорил Смоленский своим менеджерам. — И я чувствую, что в ближайшее время воля не появится».

Правда, 25 августа ЦБ дал «СБС-Агро» кредит в размере 650 млн руб. Однако сам же и установил список платежей, которые должен провести банк, и напрямую направил средства этого кредита получателям. Уже через два дня ЦБ поставил «СБС-Агро» на картотеку и начал возвращать кредит. А в банк в конце концов пришла временная администрация.

В феврале 1999 года банковская группа «СБС-Агро» стала называться «Союз» (Union). Такое решение принял ее совет директоров, поскольку «структуры группы шагнули за пределы страны». К тому же старый бренд приобрел негативную известность. Смена бренда, по-видимому, объяснялась также и тем, что из всех членов банковской группы именно банк «СБС-Агро» находился в наиболее тяжелом положении. В группе же должны были создаваться новые работающие банки (такие, например, как «Первый О.В.К.», Расчетный банк), и именно они в ближайшее время должны были начать обслуживание большинства клиентов группы.

В том же 1999 году Смоленскому припомнили чеченские авизовки, и он оказался в Австрии. Смоленский — далеко не первый российский банкир, который был вынужден уехать за границу. Как правило, в таких случаях оставленный на родине бизнес функционировать нормально не может. Практика показывает, что в подобных ситуациях бизнес либо оказывается раздавленным конкурентами, либо частично к ним и переходит. Ясно было, что «Союз» ждали не самые простые времена.

В 1999 году от некогда могучей финансовой империи остались региональные банки, «Золото-Платина-Банк», дочерние банки в Нидерландах и Македонии, туристическая компания «СТБ-тур», НПФ «Доброе дело», страховая компания СТС. В отношении «Агропромбанка» была начата процедура банкротства, а в «СБС-Агро» воцарилась временная администрация. Конечно, в банковской группе «Союз» появился новый банк — «Первый О.В.К.», который старался закрепиться на московском рынке и занять нишу «СБС-Агро». Но от былой финансовой мощи империи Смоленского не осталось и следа.

В августе 1999 года Александр Смоленский дал пресс-конференцию, на которой в резкой форме обвинил государство в бедах своего банка, а власти — в намерении украсть его бизнес.

АЛЕКСАНДР СМОЛЕНСКИЙ: «НЕ НАДО В МЕДВЕДЯ ВСЕ ВРЕМЯ ТЫКАТЬ ПАЛКОЙ»

— КАКОЕ-ТО ВРЕМЯ КАЗАЛОСЬ, ЧТО ВЫ СПОКОЙНЫ, ДАЖЕ АПАТИЧНЫ. И ВДРУГ ДОВОЛЬНО ЖЕСТКАЯ ПРЕСС-КОНФЕРЕНЦИЯ. ВАС РАЗОЗЛИЛИ?

— А Я ПРЕДУПРЕЖДАЛ, ЧТО НЕ НАДО В МЕДВЕДЯ ВСЕ ВРЕМЯ ТЫКАТЬ ПАЛКОЙ. Я ВООБЩЕ-ТО СПОКОЙНЫЙ ЧЕЛОВЕК, НО НЕ ХОЧУ, ЧТОБЫ РАЗРУШИЛИ ТО, НА ЧТО Я И МОИ КОЛЛЕГИ ГРОХНУЛИ ДЕСЯТЬ ЛЕТ ЖИЗНИ. И ДЕЛО ВОВСЕ НЕ ВО ВЛАДЕНИИ <...>

— КАКОВЫ СЕЙЧАС АКТИВЫ «СБС-АГРО»?

— Портфель активов не претерпел изменений. Триста тысяч кредитных дел, они как были, так и остались. И никоим образом не были заменены ни на что-либо. Что-то обслуживается, что-то не обслуживается. Не обслуживается, потому что нет общего плана реструктуризации. Мы не понимаем, как с нами правительство будет рассчитываться, поэтому не можем с кредиторами разговаривать <...>

— Как объяснить простому обывателю, что такой мощный банк рухнул, а многие другие вполне прилично пережили кризис? Может быть, дело все-таки в ошибках ваших менеджеров?

— Я считаю, что нет. Надо все же сопоставлять размеры банков. Одни базируются на собственной клиентуре, и в структуре их пассивов — их аффилированные компании и служащие, с ними всегда проще разобраться. Или разобраться со всей страной? Давайте так. Мы же не одни грохнулись, мы грохнулись вместе со Сберегательным банком, чего там скрывать. Но только у Сбербанка выкупили его обязательства один к одному. А иначе — гражданская война. Ну, я утрирую, конечно. ЦБ выкупает обязательства Сбербанка рубль за рубль, т. е. дает ему ликвидность. Нам эту ликвидность никто не дал, хотя то же самое государство было виновато и перед нами с его решениями и экономической политикой.

— А вы в каком банке держите свои деньги?

— Я? В своем банке. Какие у меня деньги? Я, к сожалению, такой идиот, который десять лет не распределял дивиденды. Я получал зарплату, которую тратил на себя.

— Как-то все изменилось за этот год. Смоленский сегодня — это тот же Смоленский, что и год назад?

— Были одно время апатия и настроение бросить все к чертовой матери. А что вы имеете в виду?

— Статус. Он назывался олигарх. А сейчас?

— Никогда не думал о статусе. Если вы имеете в виду влияние на принятие решений, то оно сохраняется. Некоторые делают вид, что нет, но сохраняется. Независимо от того, что меня пытались держать в подвешенном состоянии и подальше от Москвы.

— А что, кстати, с вашим уголовным делом?

— Закрыли и даже извинились. Да, собственно, и дела-то никакого не было.

— Вы как-то написали, что бывает время, когда необходимо влезть в собственную душу и разобраться. Что у вас там, в душе?

— Сколько можно шельмовать? «Украл», «унес». ЦБ дал кредит в 100 млн долларов, а он уже — оп! — и в самолете с мешком этих денег. У народа богатая фантазия — 100 млн в мешке.

— Ну, необязательно вывозить деньги мешками. Видите ли, Александр Павлович, о вас, как и о большинстве состоятельных и даже более того людей, в стране сложилось окончательное и бесповоротное представление: у них все о'кей, они себе подстелили на все случаи жизни, у них давно уже деньги перекачаны на Запад.

— Так и надо было сделать. Серьезно. Но мы только друг перед другом хвостиками машем — какие мы крутые. Я вам скажу. Я начинал банк с трех тысяч рублей. Да, за это время появились квартира, дача, машина, возможность обучать сына за границей и избавиться от головной боли о безопасности семьи. Но это расходная часть, правда? Она осталась. А доходная, увы, уже совершенно другая.

— Хотите сказать, что сегодня вы можете себе позволить меньше, чем вчера?

— Я сегодня, честно говоря, многое не могу себе позволить. А что я себе позволяю? Я вообще веду довольно аскетичный образ жизни.

— Это видно хотя бы по тому весьма «скромному» особняку, в котором мы сейчас с вами сидим.

— Это здание не наше, и мы будем вынуждены отсюда уехать. Аренда была проплачена в прошлом году до конца этого года. И все. Дальше у нас нет таких денег.

— Знаете, глядя на здание, вспоминаешь слова, кажется, Кириенко о том, что существуют два способа выхода из кризиса. Первый — за все платит собственник, т. е. в том числе вы, Александр Павлович, второй — расплачивается государство. А Россия пытается родить третий — когда платят вкладчики. Действительно, это уникально, когда банкиры более или менее в порядке, а их вкладчики не в порядке совсем.

— Этот год для меня был годом потерь. Думаю, что и следующий будет таким <...>

— Мы и не волнуемся, тем более что поверить в это невозможно. Впрочем, у всех свое понимание, что такое нищета. Яхты, наверное, никто из вас не продал.

— Много чего продали. Вот я начинаю с нуля. С нуля. Пережив определенную личную катастрофу. Я вроде никогда не забывал, что «от сумы и от тюрьмы...», но очень неприятно. Ощущение, что на самом деле ты вляпался. И дело даже не в материальном банкротстве. Другое. Что, фамилия ушла? Ничего подобного, фамилия не ушла <...>

— Имя не ушло, ушло что-то иное. Доверие к этой фамилии у того самого среднего класса, который доверился лично

ВАМ, СМОЛЕНСКОМУ, ПРИНЕС В ВАШ БАНК СВОИ, В ОБЩЕМ, НЕВЕ-
ЛИКИЕ СБЕРЕЖЕНИЯ. ВЫ СЧИТАЕТЕ, ЧТО ГОСУДАРСТВО УБИЛО СРЕД-
НИЙ КЛАСС. А ВЫ НЕ ЗАДУМЫВАЛИСЬ, ЧТО И ВЫ ПОДОРВАЛИ ВЕРУ
В СРЕДНЕМ КЛАССЕ, КОТОРЫЙ НЕ БРОСИЛСЯ ОТКРЫВАТЬ СЧЕТА ЗА
ГРАНИЦЕЙ, ХОТЯ ЭТО ВОЗМОЖНО, А ЗАКОНОПОСЛУШНО ПРИШЕЛ В
КРУПНЫЙ И НАДЕЖНЫЙ, КАК СЧИТАЛОСЬ, ВАШ БАНК?

— ДА, ТАК ГОВОРЯТ. ЭТО НА САМОМ ДЕЛЕ САМАЯ БОЛЬШАЯ БОЛЬ.

— И ЧТО?

— НАЧНЕМ ВСЕ ПО НОВОЙ.

— ТАК ОНИ ВАМ И ПРИНЕСУТ ТЕПЕРЬ СВОИ ДЕНЬГИ, ЖДИТЕ. ВЫ
ГДЕ-ТО ТАМ ВИТАЕТЕ В СВОИХ ВЫСОТАХ И НЕ ПОНИМАЕТЕ, ЧТО ПРО-
ИСХОДИТ С ЛЮДЬМИ, КОТОРЫЕ УЖЕ ОДИН РАЗ ОБМАНУЛИСЬ.

— У МЕНЯ НЕТ ИЛЛЮЗИИ НАСЧЕТ МАССОВОГО ДОВЕРИЯ ВКЛАДЧИ-
КОВ, НО НАДО ПОДПРАВИТЬ И ЗАКОНОДАТЕЛЬНУЮ БАЗУ. ВЫ ПРАВЫ.
Я ГДЕ-ТО ТАМ ДАЛЕКО ВИТАЮ В СВОИХ МЫСЛЯХ. А ИНОГДА ТАК
МОРДОЙ ОБ СТОЛ, КОГДА СТАЛКИВАЕШЬСЯ С ВКЛАДЧИКАМИ, ОСО-
БЕННО САНОВНЫМИ. РАЗВЕ ЧТО НЕ РЫЧАТ. А НЕ НАДО БЫЛО ВСЕ
ЯЙЦА СКЛАДЫВАТЬ В ОДНУ КОРЗИНУ. ТЕБЕ НАДО ВЗЯТКИ ПОЛУЧАТЬ
И СКЛАДЫВАТЬ ИХ В БАНКЕ? КЛАДИ В ШВЕЙЦАРСКИЙ. ВОН СЕМЬ
ТЫСЯЧ СЧЕТОВ ПРИСЛАЛИ ИЗ ШВЕЙЦАРИИ. КТО ТАМ РАЗВЛЕКАЛСЯ.

— А ВАШИХ СЧЕТОВ ТАМ НЕ НАШЛИ?

— А У МЕНЯ ИХ ТАМ ПОПРОСТУ НЕТ. ИСКАЛИ ПО ВСЕМУ МИРУ.
БЫЛИ БЫ, ТАК НАШЛИ БЫ. Я КАК РАЗ ТОТ НЕНОРМАЛЬНЫЙ, КОТО-
РЫЙ ИХ ТАМ НЕ ИМЕЛ.

— А СЕЙЧАС У ВАС КАКАЯ КАРТОЧКА В КАРМАНЕ?

— «СБС-АГРО», И ВЫКЛЮЧЕНА, КАК И У ВАС.

— КАК ЖЕ ВЫ В РЕСТОРАНЕ ПЛАТИТЕ?

— НИКАК, НЕ ХОЖУ.

— ДА ЛАДНО ВАМ!

— А НАЛИЧНЫХ ДЕНЕГ У МЕНЯ УЖЕ СТО ЛЕТ НЕ БЫЛО В РУКАХ.
ЗНАЕТЕ, Я В БЫТУ ВООБЩЕ КАКОЙ-ТО В ЭТОМ СМЫСЛЕ НЕНОРМАЛЬ-
НЫЙ ЧЕЛОВЕК. Я МОГУ ДАТЬ ОФИЦИАНТУ НА ЧАЙ 10 ДОЛЛАРОВ, А
МОГУ 100. Я ИХ НЕ ЧУВСТВУЮ.

— НО СКОЛЬКО ВЫ ДОЛЖНЫ МОСКОВСКИМ ВКЛАДЧИКАМ, ЧЬИ СЧЕ-
ТА ЗАБЛОКИРОВАНЫ, ВЫ ЗНАЕТЕ?

— НЕ УТРИРУЙТЕ. ПОВТОРЯЮ, ЭТО ДЛЯ МЕНЯ САМЫЙ БОЛЬНОЙ
ВОПРОС. ВСЯ МОСКОВСКАЯ СИТУАЦИЯ СТОИТ 2,5 МЛРД РУБ. МЫ В
КОЛХОЗЫ СПАЛИЛИ 6,5 МЛРД. ВСЕ ПОПЫТКИ УБЕДИТЬ КРЕДИТОРОВ:
ДАЙТЕ, ЗАКРОЕМ ЭТУ СИТУАЦИЮ. КСТАТИ, В ЭТОМ СМЫСЛЕ У МЕНЯ
ЕСТЬ ВНУТРЕННИЕ ПРЕТЕНЗИИ К МОСКОВСКОМУ ПРАВИТЕЛЬСТВУ.
ОНО МНЕ ДАВАЛО В СВОЕ ВРЕМЯ ЛИЦЕНЗИЮ НА ЗАНЯТИЕ БИЗНЕСОМ.
И Я К НЕМУ ОБРАТИЛСЯ С ПРОСЬБОЙ СТАТЬ ГАРАНТОМ — ЦБ ГОТОВ
БЫЛ ПРЕДОСТАВИТЬ КРЕДИТ ПОД ГАРАНТИИ МОСКВЫ, И МЫ БЫ «ЗА-
КРЫВАЛИ» МОСКОВСКИХ ВКЛАДЧИКОВ. НЕ ПОЛУЧИЛОСЬ. КОНЕЧНО,

БОЛЕЕ ЧЕМ О ЖЕСТЕ ДОБРОЙ ВОЛИ Я НЕ ГОВОРЮ. ХОТЯ ЛУЖКОВ КАК РАЗ ДАВАЛ МНЕ КОГДА-ТО ЛИЦЕНЗИЮ НА ЗАНЯТИЕ БИЗНЕСОМ.

— А ПОЧЕМУ, СОБСТВЕННО, НЕ ПОЛУЧИЛОСЬ?

— ЕГО ЛЮДИ ВЫСТАВИЛИ РЯД УСЛОВИЙ, НА КОТОРЫЕ Я НЕ ПОШЕЛ.

— ПРАКТИЧЕСКОГО СВОЙСТВА?

— И ПОЛИТИЧЕСКОГО ТОЖЕ. Я ИМ СКАЗАЛ, ЧТО БАНК НЕ БУДЕТ АГИТПУНКТОМ НИ ДЛЯ КОГО. НЕ БЫЛ И НЕ БУДЕТ.

— ВЫ ГОТОВЫ НАЧИНАТЬ С НУЛЯ. ВАМ 45?

— ДА. НУ ЛЕТ ДЕСЯТЬ-ТО У МЕНЯ ЕЩЕ ЕСТЬ. РОВНО СТОЛЬКО БЫЛО ПОТРАЧЕНО НА СОЗДАНИЕ «СБС-АГРО».

— ВЫ ВСЕ ЖЕ НАДЕЕТЕСЬ НА УСПЕХ В «СБС-АГРО»?

— НА 101 ПРОЦЕНТ. ВСЕ БУДЕТ КАК ЗАДУМАНО. БУДЕТ РЕОРГАНИЗОВАНО, БУДЕТ РАБОТАТЬ, И ВКЛАДЧИКИ ПОЛУЧАТ СТОЛЬ ЗАПОЗДАЛОЕ УДОВЛЕТВОРЕНИЕ.

ИЗ ИНТЕРВЬЮ ГАЗЕТЕ «КОММЕРСАНТЪ» 18 АВГУСТА 1999 ГОДА

Однако своим привычкам Смоленский не изменил. Несмотря на кризис, он по-прежнему старался каждые выходные летать в Вену, где жила его семья. Говорили, что ему принадлежит один из особняков в центре Вены и вообще он очень любит этот город и эту страну. Недоброжелатели шутили, что именно за свою привязанность к Австрии Смоленский стал первым российским банкиром, получившим орден Дружбы народов. Не изменил Смоленский и своему увлечению слонами. Утверждают, что развилось оно в юношестве, когда друзья якобы дали Смоленскому кличку Слон. Со временем увлечение переросло в коллекционирование слонов — бронзовых, фарфоровых и так далее. А «СБС-Агро» опекало одного из слонов в Московском зоопарке.

ПОСЛЕДНИЙ БОЙ

В августе 1999 года председатель Смоленский обещал положить лицензию банка на стол ЦБ 1 сентября. Но, встретившись с руководством Агентства по реструктуризации кредитных организаций (АРКО), передумал. Вернуть банковскую лицензию по собственной инициативе Смоленский собирался в том случае, если правительство «не будет расположено к конструктивному разговору». Видимо, такой разговор состоялся. Сам он по крайней мере утверждал, что теперь схема работы с АРКО его устраивает.

Из сотрудников АРКО и «СБС-Агро» была создана рабочая группа. К 10 сентября она должна была подготовить план реструктуризации банка и представить его на рассмотрение на совете директоров агентства. По словам руководителя временной администрации «СБС-Агро», зампреда ЦБ Георгия Лунтовского, разница предложений АРКО и СБС заключалась в том, что СБС предлагал вариант с использованием бриджбанков, а АРКО — прямую санацию банка.

В феврале 2001 года кредиторы «СБС-Агро» собрались в Лужниках на подписание мирового соглашения, которое должно было закрепить окончательный раздел того, что осталось от банка. Пришедшие во дворец спорта вкладчики вели себя агрессивно и требовали денег. Они не подозревали, что от их мнения ничего не зависит — главная битва за наследство «СБС-Агро» развернулась совсем в другой весовой категории. Впервые в борьбе за наследство мертвого банка государство сцепилось со Сбербанком.

Кредиторы начали подтягиваться к месту проведения собрания — Большому спортивном дворцу в Лужниках — заранее. Правда, в этот раз их было значительно меньше, чем в ноябре, когда проводилось первое собрание кредиторов, — тогда очереди на регистрацию выстраивались на 1,5 км. Состав кредиторов, однако, нисколько не изменился: большинство из них было представлено обманутыми вкладчиками. Вариант мирового соглашения их не устраивал. Их вообще ничего не устраивало: и то, что АРКО собирался вернуть им не все, а только часть, и закон о реструктуризации кредитных организаций, и закон о банкротстве, и то, что Смоленский до сих пор на свободе, и антинародный режим Ельцина. Один из вкладчиков даже заявил, что готов отказаться от своих требований по вкладу, если ему покажут Ельцина и Смоленского в кандалах. Другой зачитал письмо к Президенту Путину, в котором требовал положить конец волоките и очковтирательству и вернуть вкладчикам все потерянные деньги. Письмо, по его словам, он отослал также в Конгресс США, Европарламент и лично канцлеру Австрии. Через одного вкладчики требовали не подписывать мировое соглашение, а немедленно приступать к банкротству «СБС-Агро».

Представители АРКО и кредиторов — юридических лиц в это время спокойно попивали чаек и беседовали в буфетах под трибунами, тихо посмеиваясь после очередного призыва распять Ельцина и повесить Смоленского. Они прекрасно понимали, что, несмотря на весь пафос, голоса вкладчиков ничего не решают. Их требования составляют лишь около 9% всех требований к банку. Поэтому при всем желании сорвать подписание мирового соглашения им не удалось бы. После чего солидные господа приходили к выводу, что вкладчики, как всегда, ничего не поняли. Однако если бы они подозревали, что на самом деле творится вокруг подписания мирового соглашения кредиторов «СБС-Агро», то не стали бы относиться к частным вкладчикам свысока. Поскольку на самом деле понимали в происходящем не больше их.

А борьба вокруг подписания мирового соглашения разразилась нешуточная. В начале февраля с призывом отказаться от подписания мирового соглашения к частным вкладчикам обратился Смоленский. В своем письме он доказывал вкладчикам, что отказ от подписания мирового соглашения позволит им получить больше, чем обещает АРКО. Согласно проекту мирового соглашения, предложенному АРКО, наличными деньгами вкладчики единовременно могли получить 10% от суммы вклада, не превышающей 20 тыс. руб. На остальную сумму, кратную $1000, они могли получить ОВВЗ со сроком погашения в 2007 и в 2008 годах, а на оставшуюся сумму — беспроцентные векселя АРКО. Выплаты процентов по кредитам, процентов за пользование чужим имуществом, сумм в возмещение убытков, а также пеней и штрафов не предусматривалось. Юридическим лицам условия были предложены куда хуже. Их долги АРКО предложило погасить простыми рублевыми векселями «СБС-Агро» со сроком погашения в 25 лет. При этом Смоленский предлагал вкладчикам передать требования «СБС-Агро» в некий фонд, который в дальнейшем и должен был заняться выбиванием денег в процессе банкротства банка. Логика в этом, безусловно, была: при банкротстве вкладчики получали деньги в первую очередь, т. е. делиться с юрлицами им бы не пришлось. Однако на собрании об этом предложении даже не вспоминали.

СЫН ЗА ОТЦА?

В 2003 году Смоленский вновь объявил о том, что собирается оставить свое дело сыну Николаю. Впервые он заявил об этом еще в 1991 году. Двенадцать лет спустя банкир фактически передал ему бразды правления. «Вместо меня акционеров группы банков «ОВК» теперь представляет мой сын, — сообщил он. — Надо иметь мужество отойти от дел. У нас молодой президент, у нас молодой бизнес — им и карты в руки».

Николай Смоленский видел будущее группы банков «ОВК» в дальнейшем развитии сети отделений — на это, по его словам, и пойдет в основном прибыль группы. При этом планы Николая были более амбициозны, чем достижения его отца, в свое время возглавлявшего банк «СБС-Агро» с 1,4 тыс. отделений. «Я хотел бы видеть в России 1,5 тыс. отделений банков «ОВК», — заявил он.

АЛЕКСАНДР СМОЛЕНСКИЙ:
«ХОТЕЛ И ХОЧУ»

— ХОТЕЛИ СЫНУ ПО НАСЛЕДСТВУ ПЕРЕДАТЬ ДЕЛО?
— ХОТЕЛ И ХОЧУ. И ЭТО ДЛЯ МЕНЯ ВАЖНО.
— А КОГДА ВСЯКИЕ БЕДЫ СЛУЧИЛИСЬ, ОН НЕ СКАЗАЛ ВАМ: «ДА ПОШЛО ОНО ВСЕ, ОТЕЦ»?
— НЕТ, НЕ СКАЗАЛ. ОН ТАК НЕ ДУМАЕТ. МЫ ТЕПЕРЬ ДАЖЕ СТАЛИ ЧАЩЕ ОБЩАТЬСЯ. СЕМЬЯ, КОНЕЧНО, БЕСПОКОИТСЯ.

ИЗ ИНТЕРВЬЮ ГАЗЕТЕ «КОММЕРСАНТЪ»
18 АВГУСТА 1999 ГОДА

В июле 2003 года холдинговая компания «Интеррос» официально сообщила о покупке всего финансового бизнеса основателя «СБС-Агро» Смоленского — группы «ОВК», в которую входили сотни филиалов, процессинговая компания «СТБ-Кард», инкассаторская компания «Инкахран» и множество сопутствующих компаний и подразделений. Сделок подобного масштаба — когда одна крупная финансовая группа покупала бы другую — в России до тех пор не было.

Контрольный пакет всех компаний, входивших в группу «ОВК», принадлежал союзу «Финансово-промышленная федерация», возглавляемому Смоленским. В группу входили шесть банков — «Центральное ОВК», «Дальневосточное ОВК», «Сибирское ОВК», «Приволжское ОВК», «Поволжское ОВК» и банк «Первое ОВК», — небанковская кредитная организация «Объединенная расчетная система», процессинговый центр «СТБ-Кард», инкассаторская компания «Инкахран», негосударственный пенсионный фонд «Доброе дело», страховая компания «Сберегательное товарищество страхования», «Объединенная депозитарная компания», профессиональная бухгалтерская компания «Главный бухгалтер», независимая консалтинговая группа «2К-Аудит-Деловые консультации» и ЗАО «Объединенная регистрационная компания».

Одной из причин желания владельцев «ОВК» продать этот бизнес называли то, что группе так и не удалось избавиться от ассоциаций с банком «СБС-Агро». Ведь филиальная сеть банков «ОВК» была создана на базе филиалов и отделений этого банка. При этом принадлежала она через союз «Финансово-промышленная федерация» тому же владельцу — Смоленскому. Такая репутация не давала группе работать на полную мощность, и вот слухи наконец материализовались в уникальную сделку.

«Интеррос» объявил о подписании с союзом «Финансово-промышленная федерация» соглашения о покупке за $200 млн всей группы «ОВК». Речь шла практически обо всем финансовом бизнесе основателя банка «СБС-Агро». «Интеррос» получил шесть банков с хорошо развитой розничной сетью. Согласно его официальному сообщению, это 350 филиалов и отделений. Однако, по другим данным, у группы было еще более 200 филиалов, находившихся в законсервированном состоянии. Ему достались крупная инкассаторская компания «Инкахран», НКО «Объединенная расчетная система», процессинговый центр «СТБ-Кард» и ряд компаний, оказывающих финансовые услуги.

Этой сделкой один из первых советских банкиров Александр Смоленский закончил свою карьеру в банках. Он больше не намерен был заниматься банковским бизнесом, но сохранил за собой другие проекты, прежде всего в области недвижимости: компании «Недвижимость, капитал, интеграция», «Александр-хаус», долю в ГУМе и другие. Для обслуживания своего бизнеса он оставил себе один маленький банк — «Северо-Западное ОВК». Этот банк входил на 1 апреля 2003 года в десятку самых убыточных банков России. Его убыток — около

18,7 млн руб., что составляло 10,64% от активов и 11,67% от капитала банка.

Таким образом, российский финансовый рынок покинул один из его ветеранов. Все имущество финансовой группы «ОВК» на корню скупил Владимир Потанин, тоже олигарх первого призыва.

АЛЕКСАНДР СМОЛЕНСКИЙ: «ВСЕГДА БЫЛО ЧУВСТВО ОПАСНОСТИ»

— У вас вид благополучного рантье. Даже как-то бессмысленно спрашивать, променяете ли вы свою нынешнюю жизнь на бурные 90-е...

— Нет, я уже боюсь, честно говоря. Меня спрашивают: почему ты ничего не делаешь? А это неправда, что ничего, просто эра публичного капитализма закончилась.

— Публичного?

— Для меня — да. Мы же выступали как агитаторы за светлое будущее капитализма.

— И как оно, состоялось?

— Светлое капиталистическое будущее? Для идиотов — нет, для умных — да. Или для ушлых, если хотите.

— Сейчас вы боитесь обратно в 90-е... А как же рискнули в свое время из «совка» прыгнуть в капитализм: сначала кооперация, потом банк? Очень хотелось?

— <...> Да нет. <...> Всегда было чувство опасности. Я от него избавился, только когда банк продал. Говорят: почему ничем не занимаюсь? Пусть сначала власть определится, сколько я могу зарабатывать, а сколько могу тратить. А то ей что-то все не нравится. Много зарабатываешь — плохо. Мало зарабатываешь — опять нехорошо, скрываешься от налогов. Пусть скажут, сколько можно в год зарабатывать, я себе такой бизнес и подберу.

— А пока?

— А пока я, как вы правильно заметили, рантье, живу в основном в Москве на то, что заработал раньше.

— Когда вы заработали первый миллион долларов?

— В 1989-м году. Я сделал хорошую сделку с поляками. Это не было связано с банком. Это были мои личные деньги. Никак особенно я себя при этом не почувствовал. Я вообще не очень понимал, что это такое.

— А нельзя было на пятом миллионе, скажем...

— Успокоиться? А уже деньги не имели значения.

— А жизнь? Убивать ведь начали. Дела возбуждать.

— Да я сам через это все прошел с 1993 по 2003 год <...>

— То есть в какой-то момент веселая компания бывших кооператоров превратилась в конкурентов?

— Ну, мы все были разные. Были чистые кооператоры, а были комсомольские кооператоры. Молодые коммунисты рванули в бизнес. Я думаю, что с их приходом и начались «покупки» чиновников, отправка чиновников на работу в министерства.

— А вы этим не занимались?

— Никогда. Зачем мне, я же не занимался производством.

— Сотни людей занимались бизнесом, а олигархами стала дюжина. Почему именно они?

— Не знаю. Никогда об этом не думал. Я думаю, что так называемая семибанкирщина брала на себя какую-то социальную ответственность. Задачи там были серьезные. Может быть, это перехлест — подменять собой государство... Но такие мысли в голове тоже были. Ведь мы в 1996-м уговорили Потанина пойти в правительство первым вице-премьером. И не для того, чтобы лоббировать наши интересы — нам и так все дали, — а чтобы взять на себя социальную ответственность. С Борисом Николаевичем договорились, что бизнес готов это сделать. Тогда же ни пенсии, ни зарплаты бюджетникам не платили. Надо было переорганизовать финансы и прочее. Но тут же началось сопротивление. И первый — Лившиц. Он теперь крутой бизнесмен стал и забыл, как блеял, когда его вызвали на «семибанкирщину» и сказали: «Хватит развлекаться». Он же не выполнял ни одного указания первого вице-премьера <...>

— Распространенное мнение, что разграбили страну как раз олигархи. Кто украл нефть, кто — банковские вклады.

— Это неправда. Говорят такое в первую очередь про сырьевиков. Но не надо забывать, что они получили это тогда, когда нефть стоила $5—7 за баррель. Мы, как банк, вели сделку по покупке «Сибнефти» и какое-то время ее сопровождали. Так вот, в то время туда больше вкладывали, чем получали. Это потом удалось привести компанию в порядок, цены на рынке подняли, и продажи пошли нормальные. Сотни миллионов долларов, которые тогда платились за эти компании, — это были бешеные деньги. Учтите, что весь бюджет страны тогда был около миллиарда долларов.

— А сколько реально стоили тогда эти активы?

— Ничего они не стоили. Это и активами-то невозможно было назвать. Нефть воровали все, кто ни попадя. Вы что думаете, Абрамович с Березовским купили, там бьет скважи-

НА, И ОНИ В ШОКОЛАДЕ? ДИРЕКТОРА ВОРУЮТ, КОНТРАКТЫ ЛЕВЫЕ, КРУГОМ НА НЕФТЕПРОМЫСЛАХ БАНДИТЫ СИДЯТ... КАК ТОЛЬКО ВЫЖИЛИ, ПОРАЖАЮСЬ.

— И КАК ВЫЖИЛИ?

— КОГДА БИЗНЕС НАЧАЛИ КОНТРОЛИРОВАТЬ СО СТОРОНЫ — Я СЧИТАЮ, КОМИТЕТЧИКИ, ВСЕ ЭТИ СОЗДАННЫЕ БАНДФОРМИРОВАНИЯ В МОСКВЕ, ОТТУДА ПОПАХИВАЕТ, — МЫ ПРИНЯЛИ РЕШЕНИЕ КАК ВЛАДЕЛЬЦЫ: НЕ БУДЕМ ПЛАТИТЬ. ПРОСТО ЗАКРОЕМ ПРЕДПРИЯТИЯ. И МЫ СКАЗАЛИ: МОЖЕТЕ ЗАХОДИТЬ, ПОДХОДИТЬ, ПЛАТИТЬ НЕ БУДЕМ, ВСЕ, ЗАКРЫВАЕМ. И КОГДА МЫ ПОНЯЛИ ЭТО ПРО СЕБЯ, СТАЛО НАМНОГО ЛЕГЧЕ. МНОГИЕ ПЛАТИЛИ. НЕКОТОРЫЕ, ГОВОРЯТ, ПЛАТЯТ ДО СИХ ПОР.

— НО В 1994 ГОДУ «ПОЛОЖИЛИ» ЧУТЬ ЛИ НЕ ПОЛОВИНУ «КРУГЛОГО СТОЛА БИЗНЕСА РОССИИ».

— Я НЕ ХОЧУ НИКОГО ОБИЖАТЬ, ОСОБЕННО ПОКОЙНИКОВ. НО ЭТО ЖЕ ПРОИЗОШЛО ИЗ-ЗА ТОГО, ЧТО СНАЧАЛА ОНИ ПЛАТИЛИ, А КОГДА СТАЛИ «БОЛЬШИМИ», ОТКАЗАЛИСЬ <...>

— А КОГДА ОЛИГАРХИ СТАЛИ НАЕЗЖАТЬ ДРУГ НА ДРУГА?

— ЭТО ПРИВАТИЗАЦИЯ. БАНКИ ДЕЛИЛИ МЕЖДУ СОБОЙ БЮДЖЕТНЫЕ СЧЕТА — ХАЛЯВНЫЕ ДЕНЬГИ. ПЛАТИТЬ НЕ НАДО, А ПОЛЬЗОВАТЬСЯ МОЖНО. БАНКИ ДРАЛИСЬ ЗА БЮДЖЕТ И ВБРАСЫВАЛИ КОМПРОМАТ ДРУГ НА ДРУГА. А «СЕМИБАНКИРЩИНА» РОДИЛАСЬ ТОГДА, КОГДА ПОЯВИЛСЯ НЕГЛАСНЫЙ ДОГОВОР: БОЛЬШЕ НЕ ИСПОЛЬЗУЕМ ДРУГ ПРОТИВ ДРУГА НИ МИЛИЦИЮ, НИ СИЛОВИКОВ. СЕМЬ ЧЕЛОВЕК СЕЛИ И ДОГОВОРИЛИСЬ <...> ПОЯВИЛАСЬ ГРУППА, КОТОРАЯ МОГЛА НАПРЯМУЮ ГОВОРИТЬ С ВЛАСТЬЮ — И С РУКОВОДСТВОМ МВД, И ФСБ, ИЛИ КАК ЭТО ТОГДА НАЗЫВАЛОСЬ. С МИДОМ ОБЩАЛИСЬ ТОЖЕ. ЭТО БЫЛА ПЕРВАЯ ТАКАЯ ПОПЫТКА. МЫ ГОВОРИЛИ О СВОИХ ПРЕТЕНЗИЯХ, ОНИ — О СВОИХ <...>

— СЕЙЧАС МОДНО ОТРИЦАТЬ 90-Е. ПРОКЛЯТЫЕ ГОДЫ. БОГАТЫМ НАДО БЫЛО ДЕЛИТЬСЯ. ПРОПАСТЬ МЕЖДУ БОГАТЫМИ И БЕДНЫМИ... ВЫ НЕ ДУМАЛИ, ЧТО КОГДА-НИБУДЬ ЭТО ВСЕ ОБЕРНЕТСЯ ПРОТИВ ВАС?

— Я ИЗ РОССИИ НЕ ВЫЛЕЗАЛ. У БАНКА СЕТЬ БЫЛА ПО ВСЕЙ СТРАНЕ. НО Я НЕ БОЯЛСЯ, ТЕМ БОЛЕЕ НАРОДА. ЕГО ПРОСТО БРОСИЛИ ПОСЛЕ 90-ГО. А ОН ПРИВЫК, ЧТО ЕГО ВСЮ ЖИЗНЬ ПОУЧАЛИ. Я КАК РАЗ СЧИТАЛ, ЧТО ЧЕРЕЗ БАНК МОЖНО ПОПЫТАТЬСЯ ДАТЬ ЛЮДЯМ КАКИЕТО ВОЗМОЖНОСТИ ПОПРАВИТЬ ЖИЗНЬ. ЧЕГО МНЕ БЫЛО БОЯТЬСЯ? ДА, У МЕНЯ БЫЛО БОЛЬШЕ ДЕНЕГ, НО ОТ ЭТОГО Я НЕ ЕЛ В ТРИ РАЗА БОЛЬШЕ И НЕ НАДЕВАЛ НА СЕБЯ ШЕСТЬ КОСТЮМОВ. ДА, У МЕНЯ БЫЛ СВОЙ САМОЛЕТ. И СЕЙЧАС ЕСТЬ. И ЧТО ДАЛЬШЕ? МНЕ ТАК УДОБНЕЕ.

— НО УЧИТЕЛЯ ЭТИ, НЕСОСТОЯВШИЙСЯ СРЕДНИЙ КЛАСС, ДЛЯ КОТОРОГО ВЫ СОЗДАВАЛИСЬ, КЛИЕНТЫ ВАШЕГО БАНКА, КОТОРЫЕ ВАМ ДОВЕРИЛИ СВОИ ПЕРВЫЕ СБЕРЕЖЕНИЯ, НЕ СМОГЛИ БЫ КУПИТЬ И

БОЛТ К ВАШЕМУ САМОЛЕТУ ПОСЛЕ АВГУСТА 1998-ГО. ДУША-ТО НЕ БОЛИТ?

— БОЛИТ. В КОШМАРНОМ СНЕ МНЕ ТАКОЕ НЕ МОГЛО ПРИСНИТЬСЯ <...> МЫ ЖЕ СТРОИЛИ НЕ ТОЛЬКО СВОЙ БИЗНЕС, НО И ГОСУДАРСТВО НЕКОТОРЫМ ОБРАЗОМ. ОСОБЕННО ПРИЯТНО СЛЫШАТЬ, ЧТО МЫ СПЕЦИАЛЬНО СОЗДАЛИ ЭТОТ КРИЗИС, ЧТОБЫ НЕ РАСПЛАТИТЬСЯ. НА ЧЕРТА МНЕ ВАШ ТРЕШНИК, ЧТОБЫ УСТРАИВАТЬ ТАКОЙ ТАРАРАМ НА ВСЮ СТРАНУ? И ПОТОМ, ЭТО НЕЧЕСТНОСТЬ САМИХ ЖЕ РАБОТНИКОВ ЦЕНТРАЛЬНОГО БАНКА. ГЕРАЩЕНКО КОГДА ПРИШЕЛ, МЫ ВСЕ ПОНЯЛИ. И БАНК ПОШЕЛ НА ПОПРАВКУ. НО ГЕРАКЛ НЕ СМОГ ЕГО СПАСТИ. БЫЛИ КАКИЕ-ТО ДОГОВОРЕННОСТИ. КОМУ-ТО ИЗ ВСЕМИРНОГО БАНКА ЗАХОТЕЛОСЬ ПОЛУЧИТЬ НАШУ БАНКОВСКУЮ СЕТЬ. ПРОСТО РАСЧИЩАЛИ ПОЛЯНУ СВОИМ. У ГОСУДАРСТВА ЕСТЬ ОБЯЗАТЕЛЬСТВА, КОТОРЫЕ ОНО ДОЛЖНО ОБЕСПЕЧИТЬ. У МЕНЯ ЕСТЬ РЕШЕНИЕ СУДА, ЧТО ОНО ВИНОВАТО. ЕГО НИКТО НЕ ОСПОРИЛ ДО СИХ ПОР, КСТАТИ. БАНК МЫ БЫ ВЫТЯНУЛИ. НО БЫЛА ДРУГАЯ ДОГОВОРЕННОСТЬ, В ТОМ ЧИСЛЕ И С СЕГОДНЯШНИМ ПРЕЗИДЕНТОМ.

— А ВАМ ЖЕ ВЫДЕЛИЛИ КАКИЕ-ТО БОЛЬШИЕ ДЕНЬГИ?

— ИХ ДАЛИ КОЛХОЗНИКАМ. Я ЭТИ ДЕНЬГИ В ГЛАЗА НЕ ВИДЕЛ. МЕНЯ В ЭТО ВРЕМЯ ОТПРАВИЛИ ЗА ГРАНИЦУ С ОРДЕРОМ НА АРЕСТ, Я СИДЕЛ В ВЕНЕ ШЕСТЬ МЕСЯЦЕВ. ВООБЩЕ, ГЛАВНЫМ ОБРАЗОМ В РЕЗУЛЬТАТЕ ДЕФОЛТА ПОСТРАДАЛИ ИНОСТРАННЫЕ КРЕДИТОРЫ.

— КОТОРЫМ ВЫ ОБЕЩАЛИ «ОТ МЕРТВОГО ОСЛА УШИ» В КАКОМ-ТО ИНТЕРВЬЮ. КАК ЖЕ ВЫ ТОГДА ТАК СПОКОЙНО ЕЗДИТЕ ЗА ГРАНИЦУ?

— Я ИМ ПОКАЗАЛ ВЫПИСКИ ИЗ ИХ ЖЕ БУХГАЛТЕРСКИХ КНИГ. ОНИ ЖЕ ЗДЕСЬ ПУБЛИЧНЫЕ, В ОТЛИЧИЕ ОТ НАС. Я ИМ ПОКАЗАЛ, КАКОЙ ДОХОД ОНИ ПОЛУЧИЛИ ОТ ВЛОЖЕНИЙ В МОЙ БАНК. ОНИ С ЛИХВОЙ ПЕРЕКРЫЛИ ВСЕ, ЧТО МОГЛИ. ПОЛУЧАЛИ 20% ГОДОВЫХ.

— ТО ЕСТЬ ВАС НА ЗАПАДЕ НЕ ПРЕСЛЕДОВАЛИ?

— ЕВРОПЕЙСКИЙ БАНК НАНЯЛ АГЕНТСТВО ДЛЯ ПОИСКА МОЕЙ НЕДВИЖИМОСТИ, СКЛАДОВ, ДЕНЕГ ЗА РУБЕЖОМ. ГОД ЭТИМ ЗАНИМАЛИСЬ, СОБРАЛИ СТРАНИЦ 600, ГДЕ ДОКАЗАНО, ЧТО НИЧЕГО НЕТ.

— НА ВАС НИЧЕГО НЕТ? ДОМ НА ЖЕНЕ, БИЗНЕС НА СЫНЕ...

— А У НАС СОВМЕСТНАЯ ФИРМА. ДОМ? ПОЖАЛУЙСТА, $10 МЛН. НО ЭТО ЖЕ НЕ 300, НЕ 500. ОНИ ДУМАЛИ, ЧТО Я ГДЕ-ТО СЕЙЧАС СИЖУ НА ЭТИХ ДЕНЬГАХ... ХОТЯ Я МОГ ЕЩЕ В АВГУСТЕ 1998-ГО ЗАБРАТЬ ДЕНЬГИ ИЗ БАНКА. МИЛЛИОНОВ 200—300 МОГ ЗАБРАТЬ.

— ВЫ ПОТОМ РАСПЛАТИЛИСЬ С ЧАСТЬЮ ВКЛАДЧИКОВ?

— РЕГИОНЫ Я «ЗАКРЫЛ» ВСЕ, САМАЯ БОЛЬШАЯ МОЯ ПРОБЛЕМА БЫЛА РАСПЛАТИТЬСЯ С РЕГИОНАМИ. МНЕ ВАЖНО БЫЛО СЕТЬ СОХРАНИТЬ. ТАМ НИ ОДИН ВКЛАДЧИК НИ КОПЕЙКИ НЕ ПОТЕРЯЛ. ПОСТРАДАЛА МОСКВА. ИМ ПРОСТО ВРАСТЯЖКУ ПЛАТИЛИ. НО ОНИ ВСЕ РАВНО ПОЛУЧИЛИ СВОИ ДЕНЬГИ. ПОСЛЕДНИЕ, ПО-МОЕМУ, В ПРОШЛОМ ГОДУ.

— Когда олигархи потеряли страну, которую, как вы говорите, строили?

— Я считаю, что корректировка, скажем так, началась со «Связьинвеста» в 97-м. Я думаю, что Чубайс с Немцовым очень много сделали, чтобы развалить ситуацию, и были не правы. Я присутствовал на этой сходке, когда хотели договориться Потанин с Гусинским. Сидели до пяти утра, так ни к чему и не пришли: Володя Потанин свою правоту отстаивал, Гусинский — свою. А остальные были такими третейскими судьями. Помните, Чубайс говорил: «Надо же было с чего-то начинать». Это был не тот случай, с которого надо было начинать. Гусинский не участвовал в залоговых аукционах. Он выбрал себе объект — «Связьинвест». Причесал его, структурировал, создал АО. За государство сделал его работу. Достался «Связьинвест» Потанину, который его просто продал. Если бы не эта история, многие процессы пошли бы быстрее.

— Вы считаете, что изменили страну?

— В банковской сфере — да. Лично я — да. Конечно, была команда, но идеология — моя. И банк получился. И кстати, русской зимой банкоматы научили работать мы: они же замерзали, мы фены специальные придумали. И на рубли научили банкоматы работать тоже мы.

— Олигарха по фамилии Смоленский уже нет. Кто-то из «семибанкирщины» не у дел, кто-то за границей, кто-то делит социальную ответственность с новой властью. Что осталось за спиной — больше хорошего или больше плохого?

— Я считаю, что все было, как положено. Я же не знал, что и как надо делать. И другие не знали. В книгах об этом не написано ничего. Про строительство социализма — было, а про демонтаж его никто не написал. Забыли.

Из интервью журналу «Деньги» 9 октября 2006 года

Когда назревал финансовый кризис 2008 года, Смоленский с удовольствием раздавал советы соотечественникам. Так, вспоминая опыт кризиса десятилетней давности, он сказал: «С одной стороны, противно, а с другой стороны, и хорошо, что «тарарам» произошел. По крайней мере хоть очистилось что-то...»

Желтый инсургент

Евгений Чичваркин,
«Евросеть»

Евгений Чичваркин еще в детстве спекулировал в школе дефицитными сигаретами, потом торговал на рынке в Лужниках, сумел раньше других увидеть огромные перспективы российского сотового рынка и создать самую крупную розничную сеть по продаже мобильных телефонов — «Евросеть». В 2008 году Чичваркин перестал быть владельцем «Евросети», а вскоре оказался за пределами России. И хотя сегодня в России формально ему ничего не грозит, возвращаться он не собирается. Но и забыть о себе не позволяет.

Меня всегда принимали за идиота. Раньше было обидно, но отчасти это удобно.

Евгений Чичваркин

Улет

14 января 2009 года Евгения Чичваркина обвинили сразу по двум статьям Уголовного кодекса РФ — части 3 статьи 126 УК РФ («Похищение человека») и пунктам «а» и «б» части 3 статьи 163 УК РФ («Вымогательство»). Однако обвиняемый к этому времени успел покинуть Россию и отреагировать на повестки уже не мог. В 22 часа 22 декабря 2008 года Чичваркин вылетел из Москвы в Лондон. Вскоре туда же отправилась и супруга бизнесмена Антонина.

Все началось в сентябре 2008 года, когда в компании «Евросеть» пошли обыски, а может быть, еще в 1995—1996 годах, когда ее обвиняли в незаконном ввозе телефонов. Компания «Евросеть» (ООО «Торговый дом Евросеть») была создана в апреле 1997 года как салон сотовой связи в Москве. «Евросеть» на 100% принадлежала голландской Euroset Holding, которой в равных долях владели друзья детства — Евгений Чичваркин и Тимур Артемьев. Через десять лет это уже была крупнейшая сеть салонов по продаже сотовых телефонов в России — более 5100 магазинов, в том числе 3670 магазинов в 1200 городах России, а также точки в Белоруссии, Молдавии, Казахстане, Киргизии, Узбекистане, на Украине, в Азербайджане, Армении, Латвии, Эстонии и Литве. В 2007 году ее доля на рынке телефонов составляла около 40%, а на рынке контрактов сотовых операторов — около 25%. Ежемесячно салоны компании посещали 45 млн человек. Оборот составил $5,6 млрд, выручка — $3,6 млрд. В рейтинге газеты «Коммерсантъ» «Топ-50 российских ритейлеров» «Евросеть» занимала второе место.

Хозяин «желтой» (по цвету символики) компании родился в 1974 году в Москве. В 1996 году окончил Государственную академию управления, учился в аспирантуре, но диссертацию не написал. В 1991—1996 годах занимался торговлей на московских вещевых рынках, в том числе в Лужниках, через несколько лет стал владельцем нескольких точек. По его словам, он был первым, кто привез в Москву шоколадные яйца «с сюрпризом».

Евгений Чичваркин:
«Ни разу не попадался — быстро бегал»

В ноябре 2011 года на вопрос журнала «Коммерсантъ Власть» «Вы где доллары взяли?» Евгений Чичваркин ответил: «На черном рынке, конечно. В 1988 году я торговал в Лужниках. Всю выручку менял на доллары, чтобы потом за границей покупать на них товары и привозить в Москву. Статью советского УК я нарушал иногда больше ста раз в день. И ни разу не попадался — быстро бегал».

Из интервью журналу «Коммерсантъ. Власть» 28 ноября 2011 года

В 1996 году Чичваркин начал работать завхозом в магазине по продаже сотовых телефонов. Через год вместе с Тимуром Артемьевым основал компанию «Евросеть», позиционируемую как дискаунтер. С 2001 года занимал пост управляющего компанией, в 2002 году — директора одноименной сети. Его, мягко говоря, нестандартной манере управления (вспомним знаменитые «цветные письма» с указаниями и «концептуальными» заходами, рассылаемые сотрудникам компании) «Евросеть» во многом обязана своим успехом. В 2001 году Чичваркин стал автором скандального рекламного ролика со слоганом «Евросеть», «Евросеть» — цены просто о...ть», благодаря которому компания получила широкую известность. В 2004 году Чичваркин передал бразды правления Элдару Разроеву, которого в 2007 году сменил Алексей Чуйкин.

Состояние Евгения Чичваркина оценивалось в $330 млн.

Евгений Чичваркин:
«Я, конечно, не верил»

— Что касается «Евросети»... Приехал, помню, мой товарищ Тимур Артемьев, гуляли по Воронцовскому парку, и он мне два часа активно говорил, что сотовые телефоны — это будущее, что пейджер и сотовый будут у каждого. Что через какое-то время двести, а то и триста тысяч человек будут пользоваться сотовыми телефонами, а не десять тысяч, как сейчас. То есть будешь идти по Тверской и прямо видеть даже людей с этими телефонами! Я, конечно, не верил.

— Что для вас важнее денег?

— Да очень много чего важнее денег... Все основные аспекты жизни — любовь, дружба, дети, жена, дом — все важнее денег. Деньги — это средство. Это как лопата или дрель. Спроси: что важнее дрели?

— Что вы считаете своей главной победой?

— (Озадаченно.) Победой? Помните, как это: какое самое главное событие в вашей жизни?! (Шепотом.) Впереди, впереди...

10 ОТВЕТОВ ЕВГЕНИЯ ЧИЧВАРКИНА.
ОТВЕТЫ НА ВОПРОСЫ В ЭФИРЕ РАДИОСТАНЦИИ «СЕРЕБРЯНЫЙ ДОЖДЬ»
(ЖУРНАЛ «ДЕНЬГИ», 24 НОЯБРЯ 2008 ГОДА)

Выбранный Чичваркиным имидж — инсургента и бунтаря (манера одеваться, желтый в розовый цветочек «Ламборджини», меткая, хотя и немного корявая речь) — выгодно отличал его от сероватой массы типичных представителей российского бизнес-истеблишмента и делал желанным гостем на самых разных светских тусовках. Но серьезных связей в верхах у него, видимо, не было.

Отсутствие связей в всрхах — вещь обоюдоострая. С одной стороны, вызывает симпатию к бизнесмену-самородку, а с другой... Как только компания достигла определенного уровня развития, она стала объектом пристального внимания со стороны правоохранительных и налоговых органов, а также конкурентов, и прикрыть ее было некому. Ее не раз обвиняли в контрабанде и торговле «серыми» телефонами.

ЕВГЕНИЙ ЧИЧВАРКИН:
«ЕВРОСЕТЬ» ЯВЛЯЕТСЯ
ДОБРОСОВЕСТНЫМ ПРИОБРЕТАТЕЛЕМ»

— Недавно правоохранительные органы завели уголовное дело против поставщиков телефонов, уклонявшихся от уплаты налогов. По информации МВД, соучредителем одной из компаний были вы. Как вы прокомментируете эту ситуацию?

— До августа 2005 года, когда «Евросеть» стала сама ввозить телефоны, у нас было огромное количество поставщиков, среди которых, вероятно, могли быть нечистоплотные компании. «Евросеть» является добросовестным приобретателем, не несет ответственности за другие компании и не может отслеживать пути ввоза техники в страну другими компаниями.

Из интервью газете «Коммерсантъ» 9 марта 2007 года

Давление со стороны правоохранительных органов дорого обходилось «Евросети». До поры до времени Чичваркину удавалось «разруливать» проблемы, но в конце концов для компании настали трудные времена. 2007—2008 годы были особенно тяжелыми. Розничные продажи перестали расти, старые методы работы уже не всегда годились, приближался кризис. К тому же в компании постоянно менялись управляющие. Уже в середине 2008 года компания имела долг порядка $850 млн. Весной 2008 года стало известно, что «Евросеть» ищет покупателя на 20—25% для уменьшения долговой нагрузки.

По некоторым оценкам, долг компании в семь раз превышал ее годовую прибыль. Развитие на заемные деньги оправдывало себя, пока банки имели свободные средства и охотно их выдавали. Когда грянул финансовый кризис, избыток ликвидности быстро сменился ее недостаточностью, и банки подняли ставки. К тому же ситуация на рынке принципиально изменилась. Проникновение сотовой связи уже превышало 100%, реальных абонентов, по оценкам экспертов, насчитывалось около 90 млн человек. Операторам сотовой связи приходилось искать помощи у ритейлеров. На «Евросеть», в частности, положила глаз МТС. Сколько эта компания заработала на агрессивных продажах своих контрактов через «Евросеть», Чичваркин не признавался. Просто много. Впрочем, «Евросеть» тоже была не в обиде, так как МТС доплачивала ей за контракты. «Никогда в истории нельзя было заработать на МТС столько, сколько во втором полугодии 2007 года, — писал Чичваркин в одном из своих знаменитых писем к сотрудникам. — Руби бабло, пока не утекло».

В этих условиях операторы рано или поздно должны были захотеть купить ритейлера. Действительно, на рынке ходили упорные слухи о продаже «Евросети». Чичваркин то признавал, что к нему обращались с предложениями о продаже сети, то все отрицал.

ЕВГЕНИЙ ЧИЧВАРКИН:
«МЫ НИКОМУ НЕ СОБИРАЕМСЯ
ПРОДАВАТЬ...»

— Участники рынка постоянно говорят о ваших планах продать крупную долю в уставном капитале «Евросети». Со-

ОТВЕТСТВУЮТ ПРЕДПОЛОЖЕНИЯ УЧАСТНИКОВ РЫНКА ВАШИМ РЕАЛЬНЫМ ПЛАНАМ?

— ЗНАЕТЕ, А МЫ НИКОМУ НЕ СОБИРАЕМСЯ ПРОДАВАТЬ КАКИЕ-ТО ДОЛИ В УСТАВНОМ КАПИТАЛЕ. ДА, МНОГО ТАКИХ ПРЕДЛОЖЕНИЙ БЫЛО В 2004−2005 ГОДАХ, КОГДА У НАС БЫЛ ПЕРИОД БУРНОГО РОСТА. НО ТЕПЕРЬ МЫ ВЫРОСЛИ И СТАЛИ ОЧЕНЬ БОЛЬШОЙ И ДОРОГОЙ КОМПАНИЕЙ. ПРЕДЛОЖЕНИЙ НАС КУПИТЬ ПОУБАВИЛОСЬ.

ИЗ ИНТЕРВЬЮ ГАЗЕТЕ «КОММЕРСАНТЪ» 9 МАРТА 2007 ГОДА

ОБЫСК С ПРИСТРАСТИЕМ

2 сентября 2008 года в 11 часов утра в центральном офисе компании «Евросеть» в Бумажном проезде сотрудниками Генеральной прокуратуры РФ и спецотдела УВД САО Москвы был произведен обыск. Здание было заблокировано для входа и выхода людьми в масках — они пропускали сотрудников компании по спискам. Силовики искали налоговую документацию и интересовались местонахождением руководства компании, в том числе ее совладельца Евгения Чичваркина. Сотрудники «Евросети» предполагали, что обыск связан с уголовными делами, ранее возбужденными по факту контрабанды мобильных телефонов.

Дело в том, что 29 марта 2006 года сотрудники МВД и ФСБ изъяли у «Евросети» 167,5 тыс. телефонов Motorola, которые, по версии следствия, не были сертифицированы, на $19 млн. Позже «Евросети» вернули 117,5 тыс. телефонов, остальные якобы были уничтожены или проданы как конфискат. Служба безопасности «Евросети» инициировала расследование этого дела, в результате под следствием оказались двое участвовавших в той операции сотрудников центрального аппарата МВД. Сам Чичваркин, который в момент обыска находился в Новосибирске, где открывал новый бутик Vertu, заявил, что у него «есть подозрение, что за этим могут стоять люди из правоохранительных органов, которые имели отношение к аресту телефонов Motorola в 2006 году».

На следующий день после обыска выяснилось, что он был связан с расследованием совсем другого дела — о похищении в 2003 году бывшего сотрудника «Евросети», уличенного службой безопасности компании в крупных кражах сотовых телефонов. За организацию похищения человека были задержаны вице-президент «Евросети» Борис Левин и заместитель начальника службы безопасности этой структуры Андрей Ермилов. Левину и Ермилову были предъявлены обвинения в похищении человека, вымогательстве и самоуправстве (126-я, 163-я и 330-я статьи УК). По версии следствия, в начале 2003 года они похитили экспедитора «Евросети» Андрея Власкина и потребовали у него крупную сумму денег.

В «Евросети» считали, что никакого похищения и вымогательства не было. По версии компании, в 2003 году сотрудник отдела учета закупок «Евросети» Дмитрий Канунников обнаружил кражу сотовых телефонов на сумму более 20 млн руб. Подозрение пало на группу экспедиторов, среди которых был и Власкин. В результате внутреннего расследования, которое курировал Левин, удалось установить, что товар украден Власкиным и двумя его сообщниками. Против них по заявлению «Евросети» возбудили уголовное дело, после чего Власкин скрылся и был объявлен в федеральный розыск. Сотрудники МВД обнаружили его в Тамбовской области и доставили в Москву. На время следствия Власкину была определена мера пресечения в виде подписки о невыезде, а на все время проведения следственных мероприятий «Евросеть» предоставила ему квартиру для проживания. В начале 2004 года в результате переговоров с участием адвоката Власкина, как признал потом Чичваркин, часть денег была возвращена компании, а Борис Левин забрал заявление. «Мы не имеем финансовых претензий к Андрею Власкину, он переписал на «Евросеть» часть доходов от реализованного товара», — говорил Чичваркин. По мнению сотрудников «Евросети», дело о похищении было реанимировано по инициативе отца Власкина, который якобы является высокопоставленным сотрудником МВД.

ЕВГЕНИЙ ЧИЧВАРКИН:
«СОТРУДНИКОВ «ЕВРОСЕТИ» ВЗЯЛИ В ЗАЛОЖНИКИ»

— Вы высказывали версию, что ваше уголовное преследование может быть связано с местью со стороны МВД в свя-

ЗИ СО СКАНДАЛЬНОЙ ИСТОРИЕЙ С ИЗЪЯТИЕМ ПАРТИИ ТЕЛЕФОНОВ «МОТОРОЛА» В 2006 ГОДУ. ОДНАКО УГОЛОВНОЕ ДЕЛО, В РАМКАХ КОТОРОГО ВАМ ПРЕДЪЯВЛЕНО ОБВИНЕНИЕ, ВОЗБУДИЛ И ВЕДЕТ СЛЕДСТВЕННЫЙ КОМИТЕТ ПРИ ПРОКУРАТУРЕ РФ, КОТОРЫЙ ОТ МВД НЕ ЗАВИСИТ.

— ВСЕМ, ПО МОИМ СВЕДЕНИЯМ, МОГУТ РУЛИТЬ ВЫСОКОПОСТАВ-ЛЕННЫЕ СОТРУДНИКИ КОМИТЕТА «К». ЕСЛИ КОНКРЕТНО, В ЧИНЕ ГЕНЕРАЛ-МАЙОРА. В 2005 ГОДУ БЫЛО ИЗЪЯТО У СЕМИ КОМПАНИЙ В АДРЕС ГОСУДАРСТВА ТОВАРОВ НА $50 МЛН, А ПОТОМ ПРОДАНО ЗА ПОЛЦЕНЫ, ПОЛУЧЕНИЕМ ЖИВОГО КЭША $25−30 МЛН. ОНИ ВСЕХ ПРОСЛУШИВАЮТ, А НАХОДЯ ЧТО-ТО ИНТЕРЕСНОЕ, ПИШУТ РАПОРТ В ПРОКУРАТУРУ, ЧТОБЫ СТАТЬ ПРИДАННОЙ ЧАСТЬЮ К ЭТОМУ ДЕЛУ. ЧТОБЫ ЗАМОЧИТЬ НАС, ОНИ НАРЫЛИ ИСТОРИЮ ПРО ЭКСПЕДИТОРА АНДРЕЯ ВЛАСКИНА.

— НАСКОЛЬКО УБЕДИТЕЛЬНЫ, ПО-ВАШЕМУ, ОБВИНЕНИЯ, ПРЕДЪ-ЯВЛЕННЫЕ ВИЦЕ-ПРЕЗИДЕНТУ «ЕВРОСЕТИ» БОРИСУ ЛЕВИНУ И ЕГО ПОДЧИНЕННЫМ?

— МНЕ КАЖЕТСЯ, ЧТО СОТРУДНИКОВ «ЕВРОСЕТИ» ВЗЯЛИ В ЗАЛОЖ-НИКИ С ТЕМ, ЧТОБЫ СКЛОНИТЬ НАС К ТОМУ, ЧТОБЫ МЫ ЛИБО ПО-ДАРИЛИ КОМПАНИЮ, ЛИБО ПРОДАЛИ ЗА НОЛЬ РУБЛЕЙ И НОЛЬ КО-ПЕЕК. А ПОСЛЕ СДЕЛКИ — С ТОЙ ЦЕЛЬЮ, ЧТОБЫ ИЗЪЯТЬ ДЕНЕЖНЫЕ СРЕДСТВА.

Из интервью газете «Коммерсантъ»
3 сентября 2009 года

4 сентября Басманный суд Москвы санкционировал арест Левина и Ермилова. 1 октября 2008 года в отношении Бори-са Левина было возбуждено еще одно уголовное дело. Теперь топ-менеджеру инкриминировали вымогательство в отноше-нии другого экспедитора «Евросети», работавшего вместе с Власкиным. В рамках этого дела обвинение было предъявлено и заместителю Левина — Сергею Каторгину. Он был задержан в аэропорту Домодедово 27 сентября, по утверждению след-ствия, при попытке скрыться из страны. 29 сентября Басман-ный суд санкционировал его арест по тем же статьям.

ПРОДАНО!

8 сентября Чичваркин был допрошен в качестве свидетеля. В Технический переулок, где располагается комитет, Чичвар-кин прибыл в сопровождении адвоката Юрия Гервиса. С до-

проса они вернулись примерно через четыре часа. Покидая Следственный комитет, заметно растерянный бизнесмен сказал поджидавшим его журналистам, что «Евросеть» и он лично будут активно сотрудничать со следствием. При этом он отсек все дальнейшие вопросы, заявив, что не намерен раскрывать подробности допроса. Не смог назвать Чичваркин даже свой процессуальный статус. «Я не хочу испортить судьбу нашим сотрудникам», — обронил на ходу совладелец «Евросети», отметив, что «сотрудники, которые юридически обеспечивают большую созидательную компанию, находятся в заключении», а следствие базируется на показаниях «мошенника, который находится на свободе». После этого бизнесмен сел в автомобиль «ГАЗ-21» с профилем Иосифа Сталина на двери и гербом СССР на капоте и на большой скорости отъехал от здания Следственного комитета.

24 сентября Генпрокуратура РФ вновь допросила бывшего владельца «Евросети» в рамках дела о контрабанде мобильных телефонов. Об этом сообщил адвокат бизнесмена Владимир Жеребенков. Он подчеркнул, что Чичваркин «готов оказать помощь следствию, однако физически сделать этого не может». «Мой подзащитный занимался в компании стратегией и развитием, а к поставкам телефонов отношения не имел», — сказал он. Но еще после первого допроса защитник заявил, что Евгений Чичваркин поставил следственные органы в известность «о том, что продал компанию».

21 сентября Чичваркину позвонил Александр Мамут. Предприниматели встретились в ночь на 22 сентября, и уже на следующий день стало известно, что Мамут приобретает компанию. Таким образом, в период между первым и вторым допросами Чичваркина «Евросеть» перешла из рук своего создателя и совладельца в руки предпринимателя Александра Мамута: 100% сотового ритейлера купила принадлежащая ему инвестиционная компания ANN. Огромная розничная сеть была продана всего лишь за $400 млн (без учета долга, который составлял примерно $850 млн) — по выражению Чичваркина, «за копейки». Практически сразу Мамут перепродал 49,9% ритейлера «Вымпелкому» с опционом еще на 25% компании. Чичваркин и Артемьев вышли из дела. В российском бизнесе закончилась целая эпоха.

«Картошку стану выращивать: я буду малым бизнесом, а государство будет мне помогать», — рассказал о своих планах Чичваркин журналу «Секрет фирмы». Впрочем, про картошку он, разумеется, говорил не всерьез. «На днях акционеры должны решить, какую именно должность я буду занимать в компании. Скорее всего, это будет должность в наблюдательном совете «Евросети», — говорил он. По некоторым данным, он все-таки надеялся остаться на посту председателя совета директоров «Евросети». Однако через несколько дней Чичваркин покинул этот пост.

Политический брендинг

Продавая компанию, Чичваркин, видимо, надеялся, что уголовное дело будет если не прекращено, то хотя бы не получит дальнейшего продолжения, но вышло по-другому. Тогда он попытался найти политическую защиту. Чичваркин заявил, что планирует заняться партийной деятельностью, так как «пока рынок падает, начинать что-либо в бизнесе непродуктивно». Кстати, он и ранее участвовал в мероприятиях партии «Единая Россия», в частности на форуме «Стратегия-2020» вел секцию о бизнесе.

Когда 16 ноября 2008 года по инициативе Администрации Президента была учреждена новая партия «Правое дело», в которую вошли Демократическая партия России (ДПР), «Гражданская сила» и Союз правых сил (СПС), Чичваркин оказался среди участников проекта. Долго говорить о партийной работе он был не готов, сказал лишь, что он «за капитализм». Многие считали, что если Чичваркин и станет политиком, то не вполне традиционным. «Это человек, который сам себя сделал, типичный представитель неолигархического крупного российского бизнеса, — заметил генеральный директор Агентства политических и экономических коммуникаций Дмитрий Орлов. — У него особые имидж, манера общения, поэтому традиционными аудиториями он вряд ли будет воспринят. Скорее он может рассчитывать на работу с молодежными и специфическими аудиториями, например с программистами».

Евгений Чичваркин:
«На баррикады лезть не буду»

— На какой вид деятельности вы могли бы поменять свою работу?

— Есть люди, которым говорят, намекают: не занимайся политикой, не лезь на баррикады. А они говорят: нет, я буду отстаивать. Вот я не такой. Я ничего не буду отстаивать. Если мои идеи комфортны, приятны, я буду работать. Если нет, на баррикады лезть не буду. Это точно не мой профиль.

10 ответов Евгения Чичваркина.
Ответы на вопросы в эфире радиостанции «Серебряный дождь»
(журнал «Деньги», 24 ноября 2008 года)

Чичваркин должен был возглавить московское отделение партии и заняться брендингом новой организации. Как рассказал член политсовета «Правого дела» Борис Надеждин, Чичваркин сам вызвался заниматься этим, сказав, что «умеет». Надеждин не смог объяснить, в чем заключается брендинг партии, заметив только, что Чичваркин этим будет заниматься «в качестве подрядчика, а не идеолога».

Сам Чичваркин заявил, что продвижение политического продукта, по сути, то же самое, что и продвижение бизнес-продукта. При этом он пояснил, что брендинг партии направлен на то, чтобы «в восприятии партии были задействованы все семь чувств человека»: «Восприятие должно быть визуальным, звуковым, осязательным...» В качестве примеров удачного брендинга партий экс-совладелец «Евросети» назвал «симпатичный логотип у «Яблока» — свежий, зелененький такой, хороший» и «классный и изумительный» брендинг Компартии Советского Союза. Однако сказать про то, какими должны быть, например, эмблема и гимн «Правого дела», Чичваркин не смог, сообщив, что это будет «задание профессиональному брендинговому агентству». Какой из семи составляющих будет заниматься он сам, бизнесмен не ответил.

Кстати, на вопрос, не планирует ли партия вслед за лидером ЛДПР Владимиром Жириновским выпускать духи, Чичваркин ответил: «Духи «Правое дело»?! Это интересно и правильно. А что, запах либерализма. Вполне возможно!» По его мнению, для популяризации партии «нормально» использование любых товаров, кроме алкоголя и табака.

Чичваркин был назначен уполномоченным по проведению учредительной конференции московского отделения партии. Однако к началу 2009 года стало ясно, что создать отделение партии «Правое дело» в Москве «новым правым» никак не удается. 21 января 2009 года документы для официальной регистрации «Правого дела» были сданы в Минюст без московского отделения. Чичваркин в это время находился в Великобритании и на телефонные звонки не отвечал. Не сразу смогли прояснить ситуацию и в аппарате партии: «Чичваркина нам спустил Кремль, туда и адресуйте вопросы», заявили в аппарате партии. Что касается брендинга, из всех предложений бизнесмена не было принято ни одно, и он обещал представить новые варианты эмблемы и лозунгов партии.

На вопрос, почему «Правое дело» не в состоянии создать отделение в ключевом регионе, ее пресс-секретарь Наталья Шавшукова ответила: «Это Чичваркин не в состоянии, а не партия». Она пояснила, что Чичваркин «хочет создать отделение так, как делается бизнес: тщательно все продумав, пригласив в политсовет «випов», с которыми нужно долго договариваться». Одним из таких «випов» должна была стать телеведущая Тина Канделаки, другим, по слухам, Ксения Собчак.

В марте 2010 года Чичваркин вышел из партии «Правое дело». Об этом он сообщил в своем блоге. «Я бы с удовольствием работал в «Правом деле» и дальше в России, если бы «оборотни в погонах» не захотели посадить меня в тюрьму и отнять мои деньги, — подчеркнул Евгений Чичваркин. — А работать из Лондона у меня не получилось». Господин Чичваркин попросил «больше не ассоциировать» его с «Правым делом». В партии сообщили, что заявление о выходе из партии от бизнесмена не поступало, однако месяц назад он прислал письмо. В нем господин Чичваркин признал, что идея участия в «Правом деле» при вынужденной эмиграции в Лондоне «оказалась утопичной». «Я вряд ли смогу быть полноценным членом партии», — подытожил бизнесмен, попросив не поминать его лихом. Бизнесмен отметил, что пока не собирается вступать ни в одну партию, но добавил: «Если появится партия, которая будет отвечать моим взглядам, я вступлю». «На сегодняшний день я беспартийный и безработный, без долгов и обязательств», — подчеркнул Евгений Чичваркин.

Дело № 201/374114-08

Но 14 января 2009 года Евгений Чичваркин из свидетеля превратился в обвиняемого. Ему инкриминировалась организация похищения Андрея Власкина и вымогательство у него 10 млн руб. По данным следствия, это именно Чичваркин дал указание вице-президенту «Евросети» по вопросам безопасности Борису Левину о захвате потерпевшего и вымогательстве денег. При этом в документах следствия указывалось, что вымогательство осуществлялось с целью компенсации нанесенного «Евросети» вреда. Как подозревали правоохранительные органы, похищение экспедитора и вымогательство у него совершались с ведома и согласия Чичваркина. В частности, во время обыска в помещении службы безопасности компании в сейфе были найдены документы на аренду жилья, где удерживался Власкин. Средства на аренду, по мнению обвинения, также расходовались с санкции Чичваркина.

20 января 2009 года руководитель Главного следственного управления Следственного комитета при прокуратуре РФ Сергей Маркелов направил в Басманный суд ходатайство о заочном аресте Чичваркина (решение об аресте было необходимо для объявления бизнесмена в международный розыск). В нем указывалось, что эта мера пресечения вынужденная, поскольку бывший совладелец «Евросети» скрывается и может, учитывая его служебное положение, оказать давление на свидетелей. Кроме того, как считало следствие, оставаясь на свободе, Чичваркин мог продолжить «свою преступную деятельность».

По словам руководителя пресс-службы Мосгорсуда Анны Усачевой, дело должно было быть рассмотрено в Басманном суде Москвы 28 января. В конце января — начале февраля тот же Басманный суд должен был рассмотреть вопрос и о продлении ареста четырем другим фигурантам уголовного дела — Левину и его подчиненным Ермилову, Каторгину и Цверкунову. Как бывшие сотрудники силовых структур, они содержались в спецблоке СИЗО № 6 в Капотне.

Для защиты Чичваркина информация о его привлечении к уголовной ответственности и розыске стала неожиданностью. «В последний раз мы с господином Чичваркиным были на допросе у следователя в ноябре, — рассказал адвокат Владимир Жеребенков. — В качестве свидетеля моему подзащитному задавали самые общие вопросы. В декабре в личной беседе я спросил у следователя, нужны ли мы будем в ближайшее время. Он ответил — нет. В любом случае, если в отношении Евгения Чичваркина проводятся какие-либо следственные действия, адвокатов и его самого обязаны уведомить об этом».

По словам защитника, он «всегда был доступен», но никто его ни о чем не уведомлял. Защитник не верил в то, что следователи не могли найти и самого Чичваркина: «Когда он возглавил отделение новой партии, то постоянно был героем телесюжетов, т. е. был доступен. Поэтому, если следствие действительно проводит какие-то действия, значит, они проводятся с грубыми нарушениями».

Сопредседатели партии «Правое дело» Леонид Гозман, Борис Титов и Георгий Бовт распространили заявление, в котором говорилось, что «случай с Евгением Чичваркиным подтверждает, что административное давление на бизнес продолжается»: «Вместо того чтобы разобраться в ситуации согласно гражданскому законодательству, правоохранительные органы дают санкции на уголовное преследование». Подчеркнув, что они не ставят «свое отношение к товарищу в зависимость от позиции и заявлений Следственного комитета», лидеры партии пообещали добиваться восстановления в отношении Чичваркина «законности и справедливости». При этом Гозман подчеркнул, что история с Чичваркиным не имеет никакого отношения к политике, «это наезд чисто по бизнесу». При этом ни Гозман, ни Титов не могли сказать, вернется ли бизнесмен в страну.

На связь с сопредседателями партии «Правое дело» Евгений Чичваркин вышел лишь в конце января 2009 года. Гозман и Бовт сообщили, что он поблагодарил их за поддержку и извинился, что подвел в ситуации с московским отделением. «Его звонок можно понять так, что он в ближайшее время не собирается возвращаться», — сказал Бовт. Гозман, в свою очередь, отметил, что, пока есть хоть какой-то шанс, что Басманный суд примет «хорошее решение», вопрос о замене ответственного за московское отделение ставить рано. «То, что его нет, — это плохо, — заметил Гозман. — А вот обсуждать, собирается или не собирается Евгений возвращаться в страну, я бы не хотел». В свою очередь, Борис Титов рассказал, что в разговоре с ним бизнесмен «четко сказал: "Я не виноват"». «Поэтому возвращаться в этой ситуации, сами понимаете... надо минимизировать риски», — добавил он.

Чичваркин просил Титова, чтобы российское бизнес-сообщество провело общественное расследование сложившейся ситуации. Титов, по его словам, начал этим заниматься: «Деловая Россия» совместно с «Единой Россией» ранее создала центр защиты собственности. По словам Титова, его задача — «сформировать группу юристов и бизнесменов, которые должны будут добраться до истины, кто прав, кто виноват» и «наладить взаимодействие со следствием». Правда, о сроках независимого расследования сопредседатель «Правого дела» ничего сказать не смог.

Эти попытки ничем не увенчались. 28 января Басманный суд Москвы вынес постановление о заочном аресте бывшего совладельца «Евросети» Чичваркина. Суд счел, что тот, находясь в Лондоне, намерен скрываться от следствия. Основанием для такого мнения стала оперативная справка следствия о вывозе мебели из дома Чичваркина якобы из-за того, что ее хозяин возвращаться не намерен. Про «не намерен» оперативникам уверенно рассказал оказавшийся у дома охранник, с чужих слов.

Заседание проходило в переполненном зале. Когда приставы разрешили нескольким десяткам журналистов войти в зал заседаний, выяснилось, что на всех мест не хватит. Приставы тут же принесли стулья. «У нас никто стоять не будет, — профессионально пошутил один из приставов. — У нас все сядут».

Судья Ольга Дубровина начала с того, что отклонила все ходатайства, заявленные адвокатами Чичваркина. Те, в частности, просили представить в суд протоколы его допросов, вызвать следователя Александра Романова, ведущего дело, а также перенести заседание в связи с отсутствием обвиняемого.

После этого слово было предоставлено гособвинителю Зелимхану Костоеву. Тот зачитал рапорт оперативного сотрудника МВД, датированный 24 января. Согласно документу, приехав к дому в элитном поселке Жуковка, где проживал экс-совладелец «Евросети», оперативник обнаружил у ворот особняка две «Газели» и джип Mitsubishi Pajero, в которые грузилась выносимая из дома мебель и оргтехника. Стоявший рядом охранник, сообщается в рапорте, представился сотрудником ЧОП «АБ Евросеть» Морозовым, но тут же поправился, сказав, что уволен 31 декабря в связи с ликвидацией ЧОПа. Затем, сказано в рапорте, охранник уточнил, что мебель выносится из дома потому, что Чичваркин возвращаться не намерен, о чем охраннику рассказали руководители ликвидированного ЧОПа.

Гособвинитель сообщил суду хронологию расследования уголовного дела № 201/374114-08. По словам прокурора, оно было возбуждено Главным следственным управлением Следственного комитета при прокуратуре РФ 2 сентября 2007 года и расследуется 3-м отделом по особо важным делам. Первоначально обвиняемым был лишь вице-президент по безопасности «Евросети» Борис Левин, затем обвинения были предъявлены его подчиненным Ермилову, Каторгину и Цверкунову. Согласно данным следствия, в 2003 году учредитель ООО «Выставка электронной связи» и ООО «Илед-М» Чичваркин, узнав о похищении материальных ценностей подконтрольных ему компаний, вступил в преступный сговор с обвиняемыми. Ермилов осуществлял негласное наблюдение за подозреваемым в воровстве мобильных телефонов экспедитором «Евросети» Андреем Власкиным. После задержания Власкина милиционерами в Тамбове Левин вывез экспедитора в наручниках из здания УВД Южного округа Москвы в Люберцы, где молодого человека поместили на съемную квартиру на улице Мира, 19, кв. 2. «Здесь члены ОПГ, — зачитывал текст гособвинитель, — молодого человека, скованного наручниками, несколько дней удерживали, душили и избивали, требуя передачи прав на имущество, принадлежащее Андрею Власкину и его родственникам». В ночь на 25 января 2004 года похищенный сбежал. Как считало следствие, Чичваркин, будучи учредителем этих компаний, является «выгодоприобретателем от действий преступной группы», а будучи одним из руководителей «Евросети», может оказать давление на свидетелей, спрятать или уничтожить документы, связанные с делом, а затем, скрывшись за границей, продолжить свою преступную деятельность. Прокурор тут же зачитал еще один рапорт оперативных сотрудников МВД, датированный 22 декабря 2008 года. Согласно документу, автомобиль Porsche Cayenne turbo, принадлежащий Чичваркину, с 22.00 был припаркован у офиса компании «Альтимо», а «охранник бизнесмена Катаев бесцельно перемещался по помещению», изредка выходя на улицу. Дождавшись приезда в офис супруги Чичваркина Антонины, охранник последовал на автомобиле за ее Range Rover в особняк в Жуковке. Опрошенная в Жуковке супруга, говорилось в рапорте, сказала милиционерам, что сейчас ее муж находится на деловой встрече и поэтому его мобильный телефон отключен, а 26 декабря она вместе с супругом вылетает в Англию. Согласно же данным пограничного контроля, завершил свою речь гособвинитель, «22 декабря рейсом 875 Евгений Чичваркин вылетел в Лондон без покупки обратного билета».

После этого адвокаты бизнесмена больше часа доказывали суду, что их клиент не скрылся от правосудия. В частности, напомнили защитники, 17 декабря он был на допросе, во время которого сдал волосы для экспертизы. Кроме того, адвокаты отметили, что оперативные сотрудники знали о вылете Чичваркина за границу, указали на отсутствие уголовного дела, возбужденного персонально против бизнесмена, и так далее. Юрий Гервис эмоционально заявил, что «ноги уголовного преследования» его подзащитного растут из желания наказать Чичваркина со стороны сотрудников МВД, которые, по мнению адвоката, были причастны к пропажам трубок, изъятых у «Евросети» в 2006 году. В итоге суд доводы защиты не принял и санкционировал заочный арест бизнесмена.

Адвокат Владимир Жеребенков заметил: «Решение Басманного суда было для меня неожиданным. Но я намерен опротестовать его во всех возможных инстанциях, считая его незаконным и поспешным». Следствие, по мнению защитника, использовало в деле против бизнесмена порочную практику «толковать закон непредсказуемо и с пользой только для себя». Сам Чичваркин передал через адвоката: «Виновным себя не считаю, но доказать невиновность легче в Лондоне, чем в российской тюрьме, где человек теряет свое время и пространство».

Евгений Чичваркин:
«Жалею только о том,
что мне не хватило силы воли
уехать раньше»

— Почему вы уехали из России?
— Меня вынудили, отъезд был спешным. В противном случае сначала была бы подписка о невыезде, а потом и вызов на допрос, например, 31 декабря... Но я жалею только о том, что мне не хватило силы воли уехать раньше. Здесь (в Лондоне. — Ред.) ни одна скотина не залезет мне в карман или не обшмонает машину, якобы проверяя документы, не подкинет хреноты в квартиру или офис. Никто не будет четыре часа курить в лицо что-то жесткое без фильтра, убеждая меня, что я — м...ак. Желания возвращаться нет, понимание этого пришло сразу. Свое будущее я связал с этой страной и уже стал ее налоговым резидентом.
— Сам факт предъявления вам заочного обвинения в причастности к похищению человека стал для вас неожиданным?
— Я не хочу оправдываться. Ни перед кем. Когда меня спросит независимый суд о том, виноват я или нет, отвечу. Но, по сути, мне не предъявляли обвинение заочно, меня арестовали за глаза, даже не известив моего адвоката <...>

Из интервью газете «Коммерсантъ»
3 сентября 2009 года

Неуловимый

В марте 2009 года Евгений Чичваркин был объявлен в международный розыск — соответствующее поручение было направлено в национальное центральное бюро (НЦБ) Интерпола. Адвокат Чичваркина Юрий Гервис заявил, что не понимает, зачем была поднята шумиха вокруг объявления бизнесмена в международный розыск, и назвал сообщение об этом Генпрокуратуры «не более чем пиаровским ходом». По мнению защитника, само по себе объявление в международный розыск — «это ожидаемая, техническая процедура, которая не влияет на ход расследования». «Доказательств вины моего подзащитного я в деле не обнаружил, по-прежнему считаю его невиновным, — отметил адвокат, — и объявление Евгения Чичваркина в международный розыск помочь следствию в сборе доказательств никак не может». Хотя Чичваркин был не намерен просить где-либо за границей политического убежища, Юрий Гервис скептически расценивал возможность выдачи его подзащитного. «Я разговаривал недавно с Евгением, он находится в Великобритании, — отметил адвокат, — а там очень скрупулезно рассматривают документы об экстрадиции, которые приходят из нашей Генпрокуратуры». По мнению адвоката, «при отсутствии железных доказательств вины господина Чичваркина у российских властей практически нет шансов на удовлетворение своего запроса».

В июле 2009 года в уголовном деле появились новые фигуранты — двое бывших сотрудников УВД Южного округа Москвы, которые, по версии следствия, способствовали похищению Власкина. Следственный комитет при прокуратуре РФ возбудил уголовное дело по статье 126 УК РФ («Похищение человека») и статье 286 УК РФ («Превышение должностных полномочий») в отношении бывшего оперуполномоченного 4-й оперативно-розыскной части (ОРЧ) уголовного розыска УВД Южного округа Москвы Александра Курты и бывшего замначальника этой же ОРЧ Елены Волчковой (в то время Болкуновой). По версии следствия, Курта с ведома и одобрения своего начальника Болкуновой непосредственно участвовал в необоснованном задержании в 2003 году Власкина и его передаче сотрудникам службы безопасности компании. Кроме того, Левину и его экс-подчиненным была добавлена часть 2 статьи 306 УК РФ («Заведомо ложный донос о преступлении, сопряженный с другим преступлением»). В августе 2009 года Следственный комитет при прокуратуре РФ завершил основные следственные действия по делу. Левин и его предполагаемые сообщники начали знакомиться с материалами дела.

В начале сентября 2009 года, в годовщину первого обыска в «Евросети», Чичваркин дал несколько интервью российским журналистам. Отвечая на вопросы радиостанции «Бизнес FM», он сказал: «Российский менталитет вообще любит годовщины. Любят же год отмечать — ребенку год, со дня смерти год, с момента конфликта в Южной Осетии год. Мне тоже захотелось как-то отметить год. Смотрите, у нас как принято: все коммерсанты, все бизнесмены априори уголовники, виноватые люди, об которых надо вытирать ноги и мазать г... А они должны тихо сидеть под лавкой и обсыхать, будучи благодарными, что они живы. Потому что коммерсант и любой предприниматель-бизнесмен — это вор, бандит и скорее всего вообще страшный бандит. Если он маленький, то он еще маленький злодей, а когда вырастет, то страшный злодей. Многим показалось, что у меня какое-то огромное чувство страха. Нет у меня больше чувства страха». Чувство страха, по словам Чичваркина, исчезло, когда он встретил в аэропорту Лондона свою семью.

Евгений Чичваркин: «Это официальные большие люди»

— <...> Те же люди, которые ограбили весь рынок в 2005 году под видом борьбы с контрабандой — т. е. изъяли у семи компаний товаров на $50 млн в пользу государства, потом по подложным документам похитили у государства эти телефоны, продали их на рынке за наличку и выручили $25 млн или $30 млн, — попытались, уже когда мы были в белом поле, опять весь рынок засунуть под плинтус, чтобы все были в черном поле, чтобы можно было дальше всех грабить. В первый раз у них это не получилось. Первый раз, наверное, в истории нам вернули телефоны, которые были изъяты по поддельным документам (по-моему, этот следователь до сих пор находится в розыске). А люди, которых тогда посадили, вышли. Милиционерам хотелось отомстить. Кому-то хотелось видеть другой стоимость компании либо забрать ее бесплатно. И когда эти интересы совпали в прошлом году, компания попала под давление. В общем, одни и те же люди в течение четырех лет преследовали компанию и весь рынок.

— ВЫ МОЖЕТЕ НАЗВАТЬ КАКИЕ-ТО ФАМИЛИИ?

— ЭТО НЕ СЕКРЕТ, ЭТО ОФИЦИАЛЬНЫЕ БОЛЬШИЕ ЛЮДИ. ЭТО 38-Е УПРАВЛЕНИЕ «К» — БЮРО СПЕЦИАЛЬНЫХ ТЕХНИЧЕСКИХ МЕРОПРИ-ЯТИЙ. ОНИ ПОЧЕМУ-ТО СЧИТАЛИ, ЧТО ВЕСЬ ЭТОТ РЫНОК ИХ, И, В ОБЩЕМ, ВЕСЬ ЭТОТ РЫНОК СТРИГЛИ И, НАВЕРНОЕ, И СЕЙЧАС СТРИ-ГУТ, Я УЖЕ НЕ ЗНАЮ.

— ИНЫМИ СЛОВАМИ, ВЫ НАСТАИВАЕТЕ, ЧТО ИСТОРИЯ ВСЕ-ТАКИ БЕРЕТ НАЧАЛО С ТОГО КОНФЛИКТА С «МОТОРОЛАМИ»...

— ЕСТЬ ЛЮДИ, КОТОРЫЕ ЗАНИМАЛИСЬ ИЗЪЯТИЕМ ТЕЛЕФОНОВ В ПОЛЬЗУ ГОСУДАРСТВА, А ПОТОМ И ХИЩЕНИЕМ У ГОСУДАРСТВА ПО ПОДЛОЖНЫМ ДОКУМЕНТАМ... НАПРИМЕР, ТОТ ЧЕЛОВЕК, КОТОРЫЙ ИЗЫМАЛ ТЕЛЕФОНЫ, ОН ЖЕ ДОПРАШИВАЛ, НАПРИМЕР, ЕРМИЛОВА ПО ДЕЛУ О ПОХИЩЕНИИ КУРЬЕРА ВЛАСКИНА. ТАМ, ВИДИМО, ЕСТЬ ЛИЧНЫЙ МОТИВ.

— В ПРЕССЕ ВЫСКАЗЫВАЛОСЬ МНЕНИЕ, ЧТО ВЛАСКИН НЕ ТАКОЙ УЖ ПРОСТОЙ ЭКСПЕДИТОР, ЧТО ОН БЫЛ ВАШИМ ПАРТНЕРОМ ПО ВВОЗУ НЕЛЕГАЛЬНЫХ ТЕЛЕФОНОВ, ВЫ С НИМ ЧТО-ТО НЕ ПОДЕЛИЛИ И ОН ЗАБРАЛ ЭТУ ПАРТИЮ ТЕЛЕФОНОВ ЯКОБЫ В СЧЕТ СВОЕГО ДОЛГА. ЧТО ВЫ МОГЛИ БЫ ОТВЕТИТЬ НА ЭТИ ПРЕДПОЛОЖЕНИЯ?

— ЕЩЕ ПИСАЛИ, ЧТО Я ПРИЕХАЛ НА ДАВОССКИЙ ФОРУМ И ПРИ-СТАВАЛ К ЧИНОВНИКАМ С ПРОСЬБАМИ МЕНЯ СПАСТИ, А ТАКЖЕ ВО ВРЕМЯ САММИТА «ДВАДЦАТКИ» ОБРАЩАЛСЯ К ЧИНОВНИКАМ С ПРОСЬБОЙ МЕНЯ СПАСТИ. А ЕЩЕ БЫЛО, ЧТО У МЕНЯ ЖЕНА БЕРЕ-МЕННАЯ, И Я БУДУ ВЕДУЩИМ ПРОГРАММЫ... В ОБЩЕМ, В ПРЕССЕ БЫЛО СТОЛЬКО ВСЯКОЙ Х.., ЧТО КОММЕНТИРОВАТЬ ДОМЫСЛЫ И ВЫМЫСЛЫ НЕ ВИЖУ НИКАКОГО СМЫСЛА. А ПО СУЩЕСТВУ ВОПРО-СА МОГУ СКАЗАТЬ, ЧТО У МЕНЯ НЕТ ПАРТНЕРОВ ИЗ ЧИСЛА ВОДИ-ТЕЛЕЙ «ГАЗЕЛЕЙ».

ИЗ ИНТЕРВЬЮ РАДИОСТАНЦИИ «БИЗНЕС FM»
2 СЕНТЯБРЯ 2009 ГОДА

Между тем, по итоговой версии следствия, в 2003 году Левин и его подчиненные — сотрудники службы безопасно-сти компании Андрей Ермилов, Сергей Каторгин и Виталий Цверкунов, а также сотрудники ЧОП «АБ «Евросеть» Юрий Рогов, Алексей Олесик, Владимир Ильин и Роман Чичков, — заподозрив экспедитора «Евросети» Андрея Власкина в краже крупной партии мобильных телефонов, действуя с ведома и в интересах Чичваркина, организовали розыск подозревае-мого с помощью сотрудников УВД Южного округа Москвы. По данным следствия, Левин и его подчиненные, избивая другого экспедитора компании — Дмитрия Смургина, заставили его написать заявление в милицию на Власкина. В окружном УВД возбудили уголовное дело и объявили экспедитора Власкина в розыск (кстати, один из розыскных документов подписал будущий начальник ОВД «Царицыно» Денис Евсюков, но он по этому делу к уголовной ответственности не привлекался). Власкина милиционеры нашли в Тамбове, и тогдашний оперуполномоченный уголовного розыска УВД Александр Курта передал его сотрудникам службы безопасности «Евросети». Последние, говорится в деле, удерживая потерпевшего на нескольких съемных квартирах, избивали пленника, вымогая у него 20 млн руб. У обоих экспедиторов, по данным следствия, были отобраны деньги и другое личное имущество, что и было квалифицировано как грабеж. Прокуратура Южного округа Москвы отменила постановление о возбуждении в отношении Власкина дела о хищении «за отсутствием события преступления», после чего Левину и Ермилову было добавлено обвинение в ложном доносе.

«Евросеть» без Чичваркина

После продажи Евгением Чичваркиным «Евросети» эпоха революционеров в компании закончилась, началась эпоха администраторов. Менеджерами «Евросети» были уже не расшалившиеся школьники, а тихо сопящие греко-римские борцы.

Сначала обязанности президента компании исполнял ставленник Чичваркина Дмитрий Денисов, когда-то начинавший с продавца-консультанта. В ноябре 2008 года президентом стал Сергей Ющенко, бывший глава сети «Лента». «Ему все было по фигу: «Вымпелком», не «Вымпелком»... — вспоминает один из сотрудников «Евросети». — В переговорах с партнерами он говорил, что ему дана полная свобода и его цель — сделать компанию эффективной». Заслугой Ющенко стал мир с Nokia, с которой в свое время вдрызг рассорился Чичваркин. В марте 2009 года Ющенко неожиданно сменил выходец из «Вымпелкома» Владимир Шишко. Он стал исполняющим обязанности президента, но продержался на этом посту недолго. На смену ему в апреле 2009 года пришел Александр Малис, директор по развитию широкополосного доступа в Интернет «Вымпел-кома».

Компания жестко экономила. Было закрыто около пятисот явно убыточных точек, и количество магазинов сети сократилось до 3,7 тыс. Под новый, 2009 год впервые за всю свою историю «Евросеть» устроила распродажу телефонов.

ЕВГЕНИЙ ЧИЧВАРКИН: «СОБАЧКА МНЕ ОЧЕНЬ НРАВИТСЯ, НО...»

— АЛЕКСАНДР МАЛИС, НЫНЕШНИЙ ГЕНЕРАЛЬНЫЙ ДИРЕКТОР «ЕВРОСЕТИ», ЧЕМ ВАМ НЕ МИЛ?

— ЕСТЬ ТРЕБОВАНИЯ АКЦИОНЕРОВ К ПРИБЫЛЬНОСТИ, С ЭТИМ У НЕГО ВСЕ В ПОРЯДКЕ. МНЕ НЕ НРАВИТСЯ ТО, ЧТО ФОРМИРУЕТ БРЕНД, ОТНОШЕНИЕ К НЕМУ. ПРИ ВСЕЙ МОЕЙ ЛЮБВИ К ИВАНУ ОХЛОБЫСТИНУ... Я ЦЕНЮ ЕГО ТАЛАНТ. МНЕ НРАВИТСЯ ЕГО «ДАУН ХАУС». НО ТО, КАК ВЫГЛЯДЯТ СЕЙЧАС МАГАЗИНЫ, И ТО, ЧТО ОН ГОВОРИТ ПО ТЕЛИКУ, НЕ ВСЕГДА КОРРЕЛИРУЕТ. Я-ТО, КОНЕЧНО, В «ЕВРОСЕТИ» ДАВНО НЕ БЫЛ, НО Я ЧИТАЮ ОТКЛИКИ: НЕТ РОК-Н-РОЛЛА, НЕТ ДРАЙВА, НЕТ ЗАДОРА. МНЕ КАЖЕТСЯ, ЧТО-ТО ЛЮДИ ПОТЕРЯЛИ. ИЛИ РЕБРЕНДИНГ. СОБАЧКА — ОТЛИЧНАЯ. А ВОТ ШРИФТ... ЭТА БРИТАНСКАЯ КОМПАНИЯ, КОТОРАЯ ОТВЕЧАЛА ЗА РЕБРЕНДИНГ, УЖЕ ДЕСЯТЬ ЛЕТ ПРОДАЕТ ОДИНАКОВЫЕ ПУХЛЫЕ БУКВЫ ВСЕМ КЛИЕНТАМ БЕЗ РАЗБОРА. СОБАЧКА МНЕ ОЧЕНЬ НРАВИТСЯ. НО ЕСЛИ БЫ Я НЕ ПРОДАЛ КОМПАНИЮ, У МЕНЯ БЫЛА БЫ СИМВОЛОМ ЖЕЛТАЯ УТОЧКА.

Из интервью журналу «Коммерсантъ. Деньги» 19 декабря 2011 года

С ДНЕМ РОЖДЕНИЯ!

10 сентября 2009 года, в день рождения Евгения Чичваркина (ему исполнилось 35 лет), МИД России преподнес бизнесмену своеобразный подарок. Официальный представитель дипломатического ведомства Андрей Нестеренко выступил с заявлением о том, что Чичваркин 7 сентября был арестован в Лондоне, а затем отпущен под залог. «В соответствии с запросом российской Генпрокуратуры бывший владелец «Евросети» Чичваркин арестован в Лондоне. В тот же день он предстал перед магистратским судом Вестминстера и был выпущен

под залог на период до начала слушаний по делу о его экстрадиции», — сказал Нестеренко, отказавшись уточнить размер залога. Дипломат также выразил надежду, что «на этот раз не повторится ставшая уже традиционной ситуация, когда подозреваемого в совершении чистого уголовного преступления, чьей выдачи добивается российская сторона, пытаются представить в качестве очередной жертвы политического преследования».

Однако на самом деле полицейские осуществили не арест, а лишь принудительную доставку бизнесмена в суд. При этом в Вестминстерском суде сообщили, что залог, полученный за освобождение Чичваркина, составил £100 тыс. Сообщение представителя МИД России об аресте бизнесмена и о залоге адвокат Юрий Гервис прокомментировал так: «Мы вчера разговаривали с Евгением по телефону, но эту тему не затрагивали. Наибольшее же удивление у меня вызывает этот неожиданный интерес к делу МИДа. Мне непонятно, чем руководствовался МИД, когда делал это заявление. Создается впечатление, что дипломатическое ведомство просто решило поучаствовать в пиар-акции, начатой Генпрокуратурой».

Другой адвокат, Владимир Жеребенков, сказал, что уверен в том, что британский суд очень внимательно отнесется к доводам защиты бизнесмена. «Магистратскому суду будет интересно узнать, что дело в отношении лично Евгения Чичваркина не заводилось, — отметил адвокат. — Он был ограничен в правах на защиту, в частности, обвинение ему предъявлялось с участием защитника по назначению. Кроме того, гонения на Евгения Чичваркина начались после того, как «Евросеть» инициировала уголовное преследование сотрудников МВД после известного скандала с телефонами Motorola, а это, я считаю, свидетельствует о необъективности расследования и прямой заинтересованности правоохранительных органов, действия которых можно назвать местью».

22 сентября 2009 года Евгений Чичваркин предстал перед Вестминстерским магистратским судом Лондона, приступившим к рассмотрению запроса Генпрокуратуры РФ об экстрадиции бизнесмена в Россию. Российские и британские журналисты, проявившие огромный интерес к делу об экстрадиции, ожидали появления Чичваркина в специально

отведенном рядом со входом в суд своеобразном загончике из металлических ограждений. За ними бдительно присматривали специально выставленные у главного входа в суд полицейские в белоснежных рубашках. Судебное заседание было назначено на 14.00, Чичваркин приехал к зданию магистратского суда района Вестминстер без четверти два на традиционном лондонском такси-кэбе. Поскольку в Лондоне стояла теплая погода, экс-совладелец «Евросети» был одет в бело-голубую полосатую рубашку без галстука, а темно-синий пиджак держал в руках.

Он успел побеседовать с представителями СМИ. «Я не знаю, что будет происходить в суде, но знаю, что, так как он независимый, он будет честным, и я на это полагаюсь», — заявил Чичваркин. После чего добавил, что процесс, по его данным, займет несколько месяцев. «У меня и у защиты будет достаточно времени, чтобы отмыть свое имя от грязи в России и доказать, что всего, что говорят и приписывают мне, не было как такового», — добавил бизнесмен.

Слушания об экстрадиции продолжались около десяти минут. Вел дело судья Тимоти Уоркман, который ранее рассматривал и отклонил запросы об экстрадиции в Россию политэмигранта Бориса Березовского, бывшего генерального директора «ЛогоВАЗа» Юлия Дубова, Ахмеда Закаева и ряда бывших сотрудников «ЮКОСа». С тех пор судья Уоркман успел получить орден Британской империи. В суде выяснилось, что интересы Чичваркина будет представлять 50-летняя Клер Монтгомери — одна из ведущих адвокатов британской юридической фирмы Matrix Chambers. Ее клиентами в британских судах были Аугусто Пиночет, бывший нигерийский диктатор Мохаммед Сани Абача, итальянский премьер Сильвио Берлускони. В 2003 году она добилась статуса политического беженца и отказа в экстрадиции для российских предпринимателей Бориса Березовского и Юлия Дубова. В 2006 году представляла интересы НК «ЮКОС» в отклоненном ходатайстве против размещения акций «Роснефти» на LSE. Она заявила в суде, что намерена строить защиту Чичваркина, основываясь на том, что в отношении его вынесены «политически мотивированные обвинения» и что в России «возможен несправедливый суд над ним». Была установлена дата рассмотрения дела об экстрадиции по существу — 1 декабря 2009 года, до этого времени Чичваркин, как и ранее, был отпущен под залог в £100 тыс.

Генпрокуратура РФ получила из Лондона материалы с изложением позиции британских адвокатов Евгения Чичваркина по делу об экстрадиции бизнесмена в Россию. В соответствии с установленными процедурами российская сторона, изучив материалы, должна направить свои соображения в Королевскую прокурорскую службу Великобритании, которая на процессе будет представлять интересы Генпрокуратуры РФ. При этом британская сторона попросила аналитиков Академии Генпрокуратуры РФ оценить и так называемое защитное заявление Чичваркина, где он изложил факты и события, которые, по мнению бизнесмена, могут иметь отношение к его уголовному преследованию в России и, соответственно, к запросу о его экстрадиции. По некоторым данным, он, в частности, отметил, что «Евросеть», начав свою деятельность с двух магазинов, «к 2008 году стала крупнейшим розничным работодателем с 30 тыс. сотрудников и оборотом $5,7 млрд». Рост компании, отметил автор заявления, привел к нападкам на нее со стороны уголовных элементов и правоохранительных органов Российской Федерации. Например, указал бизнесмен, с 2005 года и позже большие грузы телефонов, импортируемых «Евросетью», «периодически задерживались и изымались под разными предлогами сотрудниками Министерства внутренних дел (МВД)». «Затем сотрудники МВД предпринимали попытки извлечь прибыль из этих изъятий, несмотря на то что они были необоснованными и становились предметом протестов со стороны, в том числе и пользующихся хорошей репутацией производителей телефонов, таких как Motorola», — отметил автор заявления. С этим Чичваркин связывает и появление уголовного дела о похищении Власкина и вымогательстве у него крупной суммы (в причастности к этому преступлению бизнесмен обвиняется в России). По данным экс-совладельца «Евросети», Власкин был уличен в кражах телефонов компании, о чем «в российскую полицию было подано заявление от имени «Евросети». В заявлении также указывается, что после этого «на жизнь сотрудника «Евросети» Канунникова, который указал на Вла-

скина как на вора, было совершено два покушения». «Меня
информировали, — отметил Чичваркин, — что, когда Власкин был арестован полицией, он признал себя виновным
в краже и двух покушениях на жизнь Канунникова». Свиде-
тельства о том, что он отдал приказ об организации покушения или сам организовал незаконное задержание и шантаж
Смургина или Власкина, Чичваркин назвал фальшивкой. По
его словам, его лишь уведомили, что Власкин по собственной инициативе частично компенсировал причиненный им
ущерб.

С целью облегчить давление на него и сотрудников компании, отметил бизнесмен, они с партнером согласились
продать «Евросеть» в 2008 году. «Евросеть» была «выбрана для
поглощения «Мобильными телесистемами» (МТС), дочерней
компанией АФК «Система», тесно связанной с влиятельными
сторонниками Владимира Путина». В заявлении говорится,
что сумма, предлагавшаяся МТС, прогрессивно сокращалась
по мере усиления следственных действий. В конце концов
владельцами «Евросети» было принято решение продать компанию «Вымпелкому». Однако, отметил бизнесмен, давление
на него, его друзей и коллег после этого усилилось. Когда ему
стало ясно, что «нападки» санкционированы «в самых высоких кругах российского истеблишмента», бизнесмен, по его
словам, решил не возвращаться из Великобритании, где проводил отпуск. По мнению бывшего владельца «Евросети»,
ярости нападкам на него придала и его политическая деятельность в партии «Правое дело». В заключение Чичваркин
категорически отверг все обвинения в свой адрес и подчеркнул, что в России он подвергнется «несправедливому суду».

Евгений Чичваркин: «Можно начать дежурить в Шереметьево с цветами»

— Как вы оцениваете вероятность того, что вас выдадут?
— Теоретически можно начать дежурить в Шереметьево с
цветами. Если серьезно, то это будет решать британский суд,
но свою невиновность я доказывать не перестану.

Из интервью газете «Коммерсантъ»
3 сентября 2009 года

Российские адвокаты Чичваркина не стали комментировать эту информацию. Они лишь отметили, что со своей стороны направили в Лондон материалы о ходе расследования в России уголовного дела, указав на допущенные, по их мнению, следствием многочисленные нарушения российского законодательства, в том числе и нарушение права Чичваркина на защиту.

Между тем был задержан находившийся в розыске бывший сотрудник службы безопасности «Евросети» Владимир Ильин. Дело в отношении его планировалось выделить в отдельное производство.

В конце ноября 2009 года Генпрокуратура РФ завершила подачу документов в Вестминстерский суд Лондона, где 1 декабря должен был рассматриваться вопрос об экстрадиции в Россию бывшего совладельца «Евросети». Материалы содержали доводы о необходимости выдачи бизнесмена, а также возражения на защитное заявление предпринимателя. «Собранные доказательства указывают на то, что Чичваркин знал о преступлениях, которые совершали его подчиненные, но не воспрепятствовал им, — отметил сотрудник Следственного комитета при прокуратуре РФ. — Фактически они действовали с его согласия и в его интересах. Потом бывший владелец «Евросети» еще и принял на баланс компании средства, полученные путем вымогательства у потерпевших». Генпрокуратура утверждала, что вина Чичваркина подтверждается многочисленными доказательствами, собранными по делу. Как выяснило следствие, один из домов, отданных Власкиным, был переписан на подругу жены Чичваркина, а наличные деньги оприходованы через кассу компании.

30 ноября 2009 года Королевская прокурорская служба Великобритании сформулировала свою позицию по делу об экстрадиции в Россию экс-совладельца «Евросети» — в виде возражений на доводы британских адвокатов бизнесмена, а также на его собственное защитное заявление. В прокурорских материалах отмечалось, что уголовное дело по факту хищения человека и вымогательства с самого начала расследовалось Следственным комитетом при прокуратуре РФ и поэтому не могло быть связано с конфликтами, которые, по словам Чичваркина, происходили у него с МВД России. Дело

было возбуждено на основании заявления потерпевшего — бывшего сотрудника компании Андрея Власкина, а также его показаний на допросах. При этом, отмечалось в материалах прокуратуры, это дело никак не пересекалось с другим — о контрабандных поставках мобильных телефонов в адрес «Евросети» и аффилированных с ней структур, которое было возбуждено в 2005 году.

Что касается истории с уголовными делами в отношении Власкина, на которые в своем защитном заявлении ссылался бывший владелец «Евросети», то одно из них — о якобы имевшем место хищении средств в компании — было прекращено в связи с отсутствием события преступления. Об истории с Канунниковым в материалах прокуратуры говорилось, что была проверена информация в делах, по которым он проходил потерпевшим. В результате следственные органы пришли к выводу, что Власкин к покушению на Канунникова не причастен. Не нашли проверяющие и подтверждений того, что Власкин когда-либо признавался в этих преступлениях. Кроме того, само наличие дела о покушении на Дмитрия Канунникова не может быть основанием для невыдачи России Евгения Чичваркина.

По поводу доказательств причастности Чичваркина к похищению Власкина в материалах прокуратуры говорилось, что она подтверждается показаниями свидетелей, в том числе работников «Евросети», заключениями криминалистических и других технических экспертиз. Кроме того, некоторые из обвиняемых по делу подтвердили на следствии, что вменяемые им преступления совершались в интересах Чичваркина и что он давал распоряжения на выделение средств на поиск потерпевших, их похищение и содержание в неволе (соответствующие финансовые документы имеются в деле). По данным прокуратуры, в материалах дела имеются записи телефонных переговоров Чичваркина (его голос идентифицирован экспертами), в которых он сам якобы рассказывает собеседникам о своей причастности к истории с Власкиным и просит помочь с прекращением уголовного дела.

Тезис о политических мотивах в уголовном преследовании Чичваркина, на наличии которых он сам настаивал, прокуратура собиралась оспаривать, исходя из двух соображений. По мнению ведомства, деятельность Чичваркина в «Правом деле» не могла служить основанием для преследования, поскольку он возглавлял московское отделение партии всего два месяца, а лидеры партии Леонид Гозман, Георгий Бовт и Борис Титов гонениям в России не подвергаются. Кроме того, отмечала прокуратура, даже привлеченные британской защитой Чичваркина местные эксперты, ссылаясь на СМИ, назвали партию созданной «по проекту Кремля».

Наконец, во всех своих прежних интервью Чичваркин не говорил о политической подоплеке его дела. Таким образом, политическая составляющая в позиции бизнесмена появилась лишь для того, чтобы произвести впечатление на Вестминстерский суд.

Обстоятельства продажи компании «Евросеть» не принимались следствием во внимание, поскольку к факту похищения человека и вымогательства они отношения не имели. Тем более что после заключения сделки по продаже компании ни Чичваркин, ни его партнер не заявляли о том, что она была совершена под нажимом, и не пытались оспорить ее в судах.

«V» ЗНАЧИТ «ПОБЕДА»

1 декабря Евгений Чичваркин явился в магистратский суд лондонского района Вестминстер аккурат к 14.00 — именно на это время были назначены слушания по делу о его выдаче в Россию. Приехавший в суд в темно-синем деловом костюме и рубашке без галстука, а также в ярких переливающихся ботинках бизнесмен пребывал в хорошем расположении духа. Перед началом слушаний он не стал общаться с журналистами. «Я все скажу после», — пообещал он, посоветовав, впрочем, посмотреть на интернет-сайте YouTube видеоролик о неких «оборотнях». «Там понятно, откуда ноги растут», — пояснил он.

Заседание длилось около десяти минут. Все это время стороны обвинения и защиты посвятили формальной стороне проведения слушаний и подготовке к ним. Вместо привычного для завсегдатаев лондонских процессов об экстрадиции судьи

Тимоти Уормана в этот раз на слушаниях председательствовал другой судья — Квентин Перди.

Адвокаты Чичваркина сразу же ходатайствовали перед судьей об отсрочке слушаний. Свою просьбу они мотивировали необходимостью перевести с русского на английский язык материалов по делу (их набралось почти 29 томов). Защита также напомнила, что приближаются рождественские праздники и новогодние каникулы. «А дальше будет Пасха», — иронично заметил господин Перди. Впрочем, вступать в дискуссию с адвокатами председательствующий не стал. Адвокат же Клер Монтгомери продолжила, что защита не исключает возможности привлечения к участию в слушаниях свидетелей и экспертов. Судья напомнил адвокатам и прокурору, что соответствующие списки стороны должны подготовить к 2 августа 2010 года.

По окончании заседания Евгений Чичваркин с широкой улыбкой предстал на ступенях здания суда перед журналистами. «Я надеюсь, что докажу всем, что я прав, — заявил он. — И я надеюсь, что британское правосудие, которое независимо, будет честным ко мне». Затем бизнесмен внимательно выслушал вопросы журналистов, но отвечать на них, вопреки данному ранее обещанию, не стал. Еще раз повторив «Я прав», бизнесмен сел в лондонский кэб нетрадиционной для этого вида транспорта голубой окраски и, уже отъезжая, показал журналистам через окно сложенные в виде буквы V пальцы.

В августе 2010 года перед входом Магистратского суда лондонского района Вестминстер, где должно было состояться заседание по делу об экстрадиции Евгения Чичваркина, собралось большое количество журналистов. Однако их ждало разочарование. Сотрудница пресс-службы суда сообщила, что суд перенес заседание на 13 сентября 2010 года. В сентябре заседание вновь было перенесено — на весну 2011 года.

Между тем история с контрабандой получила довольно неожиданное продолжение: 29 января 2010 года Следственный комитет при прокуратуре РФ сообщил о предъявлении обвинения в превышении должностных полномочий (ч. 3 ст. 286 УК РФ) бывшему следователю Московской межрегиональной прокуратуры на транспорте Дмитрию Латышу. Следователю инкриминировали вынесение ряда незаконных постановлений в связи с изъятием в 2006 году партии мобильных телефонов, принадлежавших ООО «Евросеть-Опт». Именно он тогда подписал следственное поручение на уничтожение 50 тыс. телефонов. А через некоторое время представители «Евросети» заявили, что выявили факт продажи в розничной сети 2 тыс. телефонов Motorola из партии, подлежавшей уничтожению. Через некоторое время в отношении Дмитрия Латыша было возбуждено уголовное дело. В 2008 году (к этому времени он уже уволился из органов прокуратуры) он был объявлен в федеральный розыск. Впрочем, бывший сотрудник прокуратуры в октябре прошлого года пришел к следователю сам. В ноябре 2010 года Латыш получил год и три месяца колонии-поселения.

Дело о похищении человека и вымогательстве также закончилось несколько неожиданным образом. В декабре 2010 года суд присяжных оправдал всех подчиненных Евгения Чичваркина. На чтение 97 вопросов следствия, на которые должны были ответить присяжные, ушло три часа. А дальше случился конфуз: за вдвое меньшее время заседатели разобрались со всеми вопросами и... единогласно оправдали всех обвиняемых по всем пунктам за отсутствием события преступления. Левина и его товарищей освободили прямо в зале суда. С таким разгромным счетом Следственный комитет еще никогда не проигрывал...

Но Евгений Чичваркин заявил, что, несмотря на оправдание его бывших подчиненных, сам он не намерен возвращаться в Россию. «На меня выписан ордер на арест, в Англию подан запрос на мою выдачу, как я могу возвращаться, пока не аннулированы эти документы? — пояснил он. — Пусть сначала Россия сделает это». По мнению бизнесмена, оправдательный вердикт был вызван тем, что «присяжные устали от вранья и путаницы следствия и так называемых потерпевших». Бизнесмен был уверен, что за уголовным делом стоят «силовики, у которых из-за сильно развитых мышц явно атрофировался мозг». Кстати, теперь у Лондона были все основания не выдавать России Чичваркина.

ЕВГЕНИЙ ЧИЧВАРКИН:
«...НА МЕНЯ ЕЩЕ КАКОЕ-НИБУДЬ
ДЕЛО ЗАВЕДУТ»

— НАСКОЛЬКО ОЖИДАЕМ ВАМИ БЫЛ ОПРАВДАТЕЛЬНЫЙ ВЕРДИКТ ПРИСЯЖНЫХ? К КАКОМУ РЕШЕНИЮ СУДА ВЫ САМИ БОЛЬШЕ СКЛОНЯЛИСЬ?

— Я СЛЕДИЛ ЗА ПРОЦЕССОМ С САМОГО ЕГО НАЧАЛА. ВЕРОЯТНОСТЬ ОПРАВДАТЕЛЬНОГО ВЕРДИКТА, С МОЕЙ ТОЧКИ ЗРЕНИЯ, БЫЛА СЛИШКОМ МАЛА. Я СОМНЕВАЛСЯ В ЭТОМ С НАЧАЛА АРЕСТОВ В СЕНТЯБРЕ 2008 ГОДА. ЕСЛИ ПОДХОДИТЬ К ЭТОМУ ВОПРОСУ ЧИСТО ФОРМАЛЬНО И УЧИТЫВАЯ, ЧТО ПРИСЯЖНЫХ НАВЕРНЯКА ПРОСЛУШИВАЛИ, ТО НАДЕЯТЬСЯ НА ИХ ОПРАВДАТЕЛЬНОЕ РЕШЕНИЕ ВООБЩЕ НЕ СТОИЛО. ТЕМ БОЛЕЕ ЧТО СОТРУДНИКИ МВД ЗА РУЧКУ ПРИВОДИЛИ НЕКОТОРЫХ СВИДЕТЕЛЕЙ В СУД ДЛЯ ДАЧИ ПОКАЗАНИЙ. Я ДУМАЛ, БУДЕТ СКОРЕЕ ОБВИНИТЕЛЬНЫЙ, ЧЕМ ОПРАВДАТЕЛЬНЫЙ ВЕРДИКТ.

— ВАШИ ДАЛЬНЕЙШИЕ ДЕЙСТВИЯ В СЛУЧАЕ ВСТУПЛЕНИЯ ОПРАВДАТЕЛЬНОГО ПРИГОВОРА В СИЛУ?

— НУ КАКИЕ МОИ ДЕЙСТВИЯ? ЭТО УГОЛОВНОЕ ДЕЛО НИКАКОГО ОТНОШЕНИЯ КО МНЕ НЕ ИМЕЕТ. Я НЕ ПОНИМАЮ, КАКИЕ Я ДОЛЖЕН ДЕЛАТЬ ШАГИ.

— НАПРИМЕР, ВЫ БУДЕТЕ ДОБИВАТЬСЯ ПРЕКРАЩЕНИЯ СВОЕГО УГОЛОВНОГО ДЕЛА, ВЫДЕЛЕННОГО ИЗ ТОГО, ПО КОТОРОМУ БЫЛ ОПРАВДАТЕЛЬНЫЙ ВЕРДИКТ?

— ДА СРАТЬ Я ХОТЕЛ НА ЭТО С ВЫСОКОЙ БАШНИ. МЕНЯ ПРОСТО ВЗЯЛИ И ПРИСТЕГНУЛИ К ЭТОМУ ДЕЛУ. КАК Я МОГУ БЫТЬ УЧАСТНИКОМ КАКОГО-ТО ДЕЛА, НЕ ИМЕЯ К ЭТОМУ НИКАКОГО ОТНОШЕНИЯ?

— ТЕМ НЕ МЕНЕЕ ОЧЕВИДНО, ЧТО ОПРАВДАТЕЛЬНЫЙ ВЕРДИКТ, ВЫНЕСЕННЫЙ В МОСКВЕ, ВЫ СМОЖЕТЕ ИСПОЛЬЗОВАТЬ ПРИ РАССМОТРЕНИИ ДЕЛА О ВАШЕЙ ЭКСТРАДИЦИИ В ЛОНДОНЕ.

— ТО, ЧТО 12 ПРИСЯЖНЫХ УСТАНОВИЛИ, ЧТО НЕ БЫЛО НИКАКОГО ПРЕСТУПЛЕНИЯ, БЕЗУСЛОВНО, БУДЕТ И АРГУМЕНТОМ ДЛЯ МОЕЙ ЗАЩИТЫ В ЛОНДОНСКОМ СУДЕ.

— В СЛУЧАЕ ПРЕКРАЩЕНИЯ УГОЛОВНОГО ДЕЛА В ВАШЕМ ОТНОШЕНИИ ГОТОВЫ ВЕРНУТЬСЯ В РОССИЮ? ЕСЛИ ДА, ТО ЧЕМ СОБИРАЕТЕСЬ ЗДЕСЬ ЗАНЯТЬСЯ?

— ДА О ЧЕМ ВЫ ГОВОРИТЕ? ВЕТЕР ДУНЕТ В МОСКВЕ В ДРУГУЮ СТОРОНУ, И НА МЕНЯ ЕЩЕ КАКОЕ-НИБУДЬ ДЕЛО ЗАВЕДУТ. ЧТО ТУТ ЕЩЕ ГОВОРИТЬ?

ИЗ ИНТЕРВЬЮ ГАЗЕТЕ «КОММЕРСАНТЪ»
18 НОЯБРЯ 2010 ГОДА

В январе 2011 года Верховный Суд утвердил вердикт по делу бывших сотрудников «Евросети». «К факту окончательного оправдания отношусь хорошо, хотя считаю, что оно сильно запоздало, — заявил по этому поводу Чичваркин. — Ведь пока шло следствие, а затем суд, люди провели в тюрьме два года, да еще были ограблены: у них изъяли имущество, машины отобрали у покупателя и отдали Власкину. Да еще деньги людьми были потрачены на доказывание, что ты не верблюд». Господин Чичваркин также заявил, что во время следствия у него самого сотрудниками правоохранительных органов якобы было похищено свыше $70 млн. Бизнесмен также сказал, что «пока не имеет возможности уехать из Лондона, не нарушив при этом решения лондонского суда». «Сначала должен быть отозван запрос Генпрокуратуры РФ, и лишь тогда с меня снимут запрет на свободное перемещение, — пояснил он. — А как только лондонский суд примет такое решение, мне для возврата в Россию потребуется лишь время, необходимое на покупку авиабилета до Москвы».

Кстати, спустя несколько месяцев Мосгорсуд удовлетворил иск бывшего вице-президента «Евросети» Бориса Левина в сумме 20 млн руб. Столь значительная сумма иска была мотивирована оплатой расходов, понесенным моральным ущербом, а также недополученной за два года пребывания под стражей зарплатой.

Вскоре стало известно, что Евгений Чичваркин больше не разыскивается Россией по каналам Интерпола. Как сообщила представитель российского национального центрального бюро (НЦБ) Интерпола Ольга Шклярова, «в НЦБ Интерпола поступили документы из ГУВД Москвы об отмене международного розыска Евгения Чичваркина на основании п. 5 ст. 24 УПК РФ — в связи с отсутствием события преступления». Об отмене запроса о международном розыске господина Чичваркина были уведомлены зарубежные коллеги, в том числе бюро Интерпола в Великобритании. В феврале 2011 года Вестминстерский магистратский суд закрыл дело об экстрадиции.

Но Евгений Чичваркин, несмотря на радостные, по его словам, новости, возвращаться в Москву не собирался, опасаясь, что в отношении его «могут возбудить новое уголовное дело или пришить к уже существующим». Он пояснял: «Даже внутри закрытого дела, как известно мне и адвокатам, есть несколько закладок, которые позволяют при желании начать новые расследования — это же обычная практика». Поэтому экс-владелец «Евросети» считал: «До тех пор, пока главари и участники милицейской бандгруппы, которая ограбила нас, не предстанут перед судом, маловероятно, что я вернусь».

В 2011 году из МВД были уволены люди, которых Чичваркин считал инициаторами своего преследования — глава бюро специальных технических мероприятий (БСТМ)[1] МВД Борис Мирошников и генерал-майор милиции Константин Мачабели. По поводу увольнения второго Чичваркин заявил: «Хотел бы <...> сказать Дмитрию Анатольевичу (Медведеву. — *Ред.*) большое спасибо. Власти постепенно очищают МВД».

Кстати, в январе 2012 года следственные органы вообще прекратили дело о контрабанде. Причиной стали изменения, внесенные в конце 2011 года в Уголовный кодекс (УК) РФ (товарная контрабанда перестала быть уголовным преступлением).

Письма издалека

Живя в Лондоне, Чичваркин не отрывался от российской действительности, постоянно комментируя происходящее на родине. Так, в начале 2010 года он раскритиковал Федеральный закон «Об основах государственного регулирования торговой деятельности в Российской Федерации», который должен был вступить в силу 1 февраля. По его мнению, закон создавал по-

---

[1] БСТМ — секретное управление МВД России, занимающееся борьбой с незаконным распространением радиоэлектронных и специальных технических средств; изготовлением, распространением и использованием вредоносных программ для компьютеров, противоправным использованием сотовой и проводной связи, телефонным и интернет-мошенничеством, распространением детской порнографии в Интернете, а также контрафактной аудиовизуальной продукции. Известность БСТМ получило не только разоблачениями хакеров, но и скандальным делом в отношении экс-совладельца «Евросети».

чву для масштабной коррупции в розничной сфере и способен привести к значительному росту цен на продукты. «Он (закон) даже не советский, который полностью запрещал частную торговую деятельность. Он позволяет вести торговлю, но также позволяет чиновникам уничтожать или грабить любое торговое предприятие, которое приглянулось», — написал в своем блоге предприниматель, живущий в настоящее время в Великобритании. По его мнению, цель закона — создать «коррупционное поле размером полтриллиона долларов США».

«Любая сеть, ограбленная не до смерти, поднимет цены, чтобы восстановить потери. Сеть, ограбленная до смерти, выгонит на улицу людей, не заплатит поставщикам и банкам, а остальные торговцы в этом регионе смогут поднимать цены», — пишет бизнесмен. Себестоимость производства части продуктов питания в России выше, чем за рубежом, напоминает он: «Если в дурном сне представить, что Россия будет потреблять только российскую еду, то в половине российских семей расходы на нее превысят две трети семейного бюджета, что, по моему мнению, нельзя назвать иначе как агроГУЛАГ».

В мае 2010 года бывший совладелец «Евросети» обнародовал видеообращение к Дмитрию Медведеву. Видеообращение было опубликовано в личном блоге бизнесмена на сайте Snob. ru. В своем видеообращении господин Чичваркин вновь сообщил о том, что уголовное преследование в России против него якобы было инициировано сотрудниками управления «К» МВД России, которые, по утверждению бизнесмена, совершили рейдерский захват его бизнеса. Основное же внимание Евгений Чичваркин уделил состоянию здоровья своего бывшего подчиненного — вице-президента «Евросети» по безопасности Бориса Левина. В своем обращении господин Чичваркин сообщил президенту Дмитрию Медведеву, что господин Левин «болеет гепатитом и может быть убит в тюрьме, как юрист Магнитский и многие другие». «Бандой был инициирован обыск в камере, где была обнаружена не принадлежащая ему (господину Левину. — *Ред.*) SIM-карта, — сообщил бизнесмен. — Он был помещен в карцер, где резко обострилось заболевание позвоночника, после чего он месяц пробыл в тюремной больнице». «Я прошу Вас предотвратить это преступление. Сколько жертв должно быть еще принесено?» — резюмировал Евгений Чичваркин, добавив, что, по его данным, давление правоохранительных органов привело к преждевременной смерти ряда лиц, проходивших по делу в качестве свидетелей, а также их родственников.

В декабре 2011 года, когда в разных городах России полиция разгоняла самые массовые за последние годы демонстрации граждан, возмущенных официальными итогами выборов в Госдуму и в Москве, Санкт-Петербурге, Екатеринбурге, Новосибирске, Ростове-на-Дону были задержаны сотни человек, вышедших на улицы под лозунгами «Долой нечестные выборы!» и «Россия без Путина!», бизнес-сообщество предпочитало отмалчиваться и не выражать своего отношения ни к требованиям демонстрантов, ни к возросшей политической нестабильности в стране и ее последствиям для себя. А Чичваркин на вопрос о том, готов ли он помочь оппозиции материально, сказал: «А я уже помогаю, я поддержал проект Алексея Навального «Роспил». Я сделал это, потому что Youtube — наиболее эффективное и современное оружие героев. И даже хакеры его не забанили во время выборов. Это то, что реально работает. Проект смотрят тысячи людей. И людям нравится то, что сделано остро и с юмором, потому что они так же чувствуют всю абсурдность и лживость происходящего».

В феврале 2012 года он заявил, что готов поддерживать «только ту власть, которая сменяема и избирается честным демократическим путем. Бизнесмены, как и все, должны иметь возможность влиять на государство своими голосами. На эту власть бизнесу влиять невозможно, можно только срастись с ней, поэтому Костин и делает такие заявления, стремясь сохранить доступ к привилегиям как близкий к Путину человек. Хочу напомнить, как глава ВТБ распорядился в 2008 году госпомощью — на эти деньги он по дешевке скупал «Евросеть».

Разумеется, Чичваркин делает не только политические заявления. О своих традиционных «выступлениях» он тоже не забывает. Так, когда в марте 2012 года в Лондоне на Трафальгарской площади отпраздновали русскую Масленицу, он принял участие в шоу со слоганом «Я ел, ем и буду есть черную икру». Но в целом его высказывания становятся все более глубокими и зрелыми. Возможно, он просто взрослеет...

Евгений Чичваркин: «Политика отобрала у меня мою экономику»

— В конце 2008 года вы покинули Россию. Закономерный итог для ударника капиталистического труда?

— <...> Сейчас строится что-то непонятное: социал-популистская клептократия с большим участием государства, т. е. чиновников, в экономической жизни общества. Для краткости можно, наверное, назвать эту конструкцию путинизмом.

<...>

— Что для вас стало точкой невозвращения — события 2005—2006 годов, когда вы сражались с таможней за партию телефонов Motorola на полмиллиарда рублей?

— Нет, точкой невозвращения стал отъезд в Лондон. В декабре 2008 года я еще вел переговоры о моем участии в проекте большой туристической деревни. Я правда никуда не собирался.

— А что касается компании — сейчас, когда вы оглядываетесь назад, понимаете, как можно было сохранить «Евросеть»?

— Все просто. Нужно было не вы***бываться в 2005 году. И в 2006 году не нужно было. Вступить в «Единую Россию», прислониться к вертикали. Вот что нужно было сделать.

— До конфликта с силовиками у вас было ощущение, что в России не защищен лишь бизнес, связанный с недрами? Вы думали, что компании, подобные «Евросети», — совсем другая история?

— Именно. Так мне и казалось. Это было заблуждением.

— Когда-то в ваших колонках, которые публиковал журнал «Секрет фирмы», в интервью для книги «Чичваркин Е... гений» звучала такая мысль: в бизнесе возможно все, и, если что-то не получается, спрашивать предприниматель должен с себя. Однажды вы обмолвились: «Если продажи идут ***уево, значит, в ***уевом месте в ***уевом салоне ***уевые подавцы ***уево работают». Вы лукавили тогда?

— НИ В КОЕМ СЛУЧАЕ. ПОД КАЖДОЙ СВОЕЙ КОЛОНКОЙ Я И СЕЙЧАС ГОТОВ ПОДПИСАТЬСЯ. БОЛЕЕ ТОГО, БЫЛИ ТАКИЕ СИТУАЦИИ. Я ПРЕДЛАГАЛ ОСТРУЮ ТЕМУ, А МНЕ ГОВОРИЛИ: У НАС ЖУРНАЛ ЭКОНОМИЧЕСКИЙ, А НЕ ПОЛИТИЧЕСКИЙ, ДАВАЙТЕ-КА НЕ БУДЕМ ЭТО ТРОГАТЬ. Я СОГЛАШАЛСЯ. ДО 2008 ГОДА ВСЕ, О ЧЕМ Я ГОВОРИЛ, БЫЛО ПРАВДОЙ. ОТЧАСТИ ЭТО И СЕЙЧАС ТАК — НАПРИМЕР, ДЛЯ МАЛОГО БИЗНЕСА. ПРОСТО ЭТА ФОРМУЛА РАСПРОСТРАНЯЛАСЬ НА БОЛЬШЕЕ ЧИСЛО СУБЪЕКТОВ. С КАЖДЫМ ГОДОМ ОНО СОКРАЩАЕТСЯ. ПОВОРОТ НЕ БЫЛ РЕЗКИМ. ЭТО БЫЛА ПОСТЕПЕННАЯ ДЕГРАДАЦИЯ ТОЙ ПОЧВЫ, НА КОТОРОЙ МОЖЕТ РАСТИ БИЗНЕС.

— В ОБЩЕМ, СНАЧАЛА ВСЕ БЫЛО ХОРОШО, НО С ОШИБКАМИ РОСТА, А ПОТОМ...

— В 2005 ГОДУ ПРОИЗОШЕЛ КАРДИНАЛЬНЫЙ СДВИГ. В РЕЗУЛЬТАТЕ ЧРЕЗМЕРНОГО ЖЕЛАНИЯ ОГРАБИТЬ РЫНОК СО СТОРОНЫ ГОСУДАРСТВА РЫНОК ВЫБЕЛИЛСЯ. ВЕСЬ РЫНОК. ПОЯВИЛОСЬ ОКНО ВОЗМОЖНОСТЕЙ: ЗАКЛЮЧАТЬ ПРЯМЫЕ ДОГОВОРЫ, ВОСПОЛЬЗОВАВШИСЬ ПОЗИЦИЕЙ НЕКОТОРЫХ ЛЮДЕЙ НА ТАМОЖНЕ И МИНИСТРА ЭКОНОМИЧЕСКОГО РАЗВИТИЯ И ТОРГОВЛИ ГЕРМАНА ГРЕФА. И В ЭТО ОКНО ВОЗМОЖНОСТЕЙ МЫ БЫСТРО И ГРОМКО ВОШЛИ, ТЕМ САМЫМ ПРЕРВАВ ПРЕСТУПНУЮ ЖИЗНЬ, КОТОРАЯ ЦАРИЛА НА ТАМОЖНЕ ДО ЭТОГО. С ЭТОГО МОМЕНТА НАЧАЛИСЬ ИНЫЕ ПРОБЛЕМЫ. КРОМЕ ТОГО, ЧТО НАС ПО-ПРЕЖНЕМУ ХОТЕЛИ ОГРАБИТЬ, МЫ НАЧАЛИ МЕШАТЬ. ХОЧЕШЬ ТЫ ПРИВЕЗТИ ЧТО-НИБУДЬ ИЗ-ЗА ГРАНИЦЫ — РАБОТАЙ СО СПЕЦИАЛЬНЫМИ КОМПАНИЯМИ ПРИ ТАМОЖНЕ, КАРМАННЫМИ БРОКЕРАМИ. НЕ ХОЧЕШЬ С НИМИ РАБОТАТЬ — НАЧИНАЕТСЯ... МОГЛИ ГРУЗ ТРИ НЕДЕЛИ ДЕРЖАТЬ НА ТАМОЖНЕ, ДО***БЫВАТЬ ВСЯКИМИ БУМАЖКАМИ. И НИКАКИХ ШАНСОВ. ТЕБЯ СИСТЕМА БУДЕТ ДО ТЕХ ПОР ПИНАТЬ, ПОКА ТЫ НЕ ПОЙДЕШЬ К БРОКЕРАМ И НЕ ОТДАШЬ ИМ ЭТОТ КУСОК. ЧЕРЕЗ КАКОЕ-ТО ВРЕМЯ ТЫ ДОЛЖЕН ИЛИ ПРЕКРАТИТЬ ТОРГОВАТЬ ТЕЛЕФОНАМИ, ИЛИ СОГЛАСИТЬСЯ ПОКУПАТЬ ВНУТРИ РОССИИ. ПОКУПАЕШЬ В РОССИИ — У ТЕБЯ ВСЕ ЗАБИРАЮТ МЕНТЫ. КАК УЛИКИ. А ТАК КАК ХРАНИТЬ ДОРОГО, ОНИ ИХ ПРОДАЮТ.

— С ЗАДЕРЖАННОЙ У ВАС ПАРТИЕЙ ТЕЛЕФОНОВ MOTOROLA БЫЛО ПРИМЕРНО ТАК. В МВД СКАЗАЛИ, ЧТО КОНФИСКАТ УНИЧТОЖЕН, А ПОТОМ IMEI ЯКОБЫ УНИЧТОЖЕННЫХ ТЕЛЕФОНОВ НАЧАЛИ ВСПЛЫВАТЬ В СОТОВЫХ СЕТЯХ...

— ДА, НО В ИТОГЕ У НИХ НИЧЕГО НЕ ВЫШЛО. У НАС БЫЛ ИСЧЕРПЫВАЮЩИЙ ПАКЕТ ДОКУМЕНТОВ. МЫ ОБРАТИЛИСЬ К ПУТИНУ, ФРАДКОВУ, НУРГАЛИЕВУ, ВСЕМ СИЛОВИКАМ. БОЛЕЕ ТОГО, MOTOROLA ОБРАТИЛАСЬ В ГОСДЕП США. НАСКОЛЬКО Я ЗНАЮ, ТО ЛИ КОНДОЛИЗА

Райс, то ли сам Джордж Буш пожаловался Президенту России. Его это, разумеется, привело в страшный гнев. Понятно, что это не вызвало большой любви ни ко мне лично, ни к моей компании.

<...>

— Ваша непродолжительная политическая карьера была обусловлена стремлением защитить компанию и себя?

— Политика отобрала у меня мою экономику, мне пришлось этим заниматься. Но это не то, к чему у меня лежит душа. Жизнь заставила.

— Сначала вы открыто поддержали Дмитрия Медведева, позже вступили в «Правое дело»...

— Две разные вещи. У меня была такая мечта, я думал: вдруг Медведев станет нашим российским Дэн Сяопином... Начнется постепенная либерализация, медленная и аккуратная. Ведь тот же Дэн Сяопин тоже начинал с разгона демонстраций, но потом все свободнее и все легче становилось дышать. Конечно, мы это уже проходили: Михаила Горбачева тоже прочили в «сяопины». Но я все же решил: бляха-муха, вдруг все сложится. Мне хотелось верить. Экономическая программа Медведева, кстати, мне очень нравилась. Я думал, что сделают НДС 12%, потом вообще введут налог с продаж. Это же черным по белому было написано в его программе. Я хотел за это проголосовать. Но в итоге оказалось, что Медведев для сферы торговли сделал больше до того, как он стал президентом. Уже в годы его президентства появился новый отвратительный закон о торговле, который разрешил государству влезать в любой момент в любую торговую сеть. Весь рынок, по сути, вывели за грань закона. Готов покаяться. Моему разочарованию нет предела.

<...>

Вы не думаете вернуться в Москву, чтобы сделать что-то подобное? Уголовное же дело против вас закрыто.

— При этой власти — не хочу. Она мне не нравится. И есть чего опасаться. Вдруг заведут дело об изнасиловании несовершеннолетней гражданки Украины.

<...>

— А в Великобритании у вас есть планы что-то предпринять? Слухи об этом ходят со дня вашего отъезда...

— Всему свое время. Обещанного три года ждут. <...> Ой, да тут на заборе сидит лис (Евгений Чичваркин давал интер-

вью по телефону на ходу, гуляя по Лондону. — *Ред.*)! Представляете? Такой жирный лис! Офигенски! Он на два метра
забрался...

Из интервью журналу «Коммерсантъ. Деньги»
19 декабря 2011 года

А возвращаться в Россию Чичваркин не собирается. Еще в
начале 2011 года он сказал: «Я могу вернуться, если путем пря-
мых выборов придет новая элита, которая сделает красивую,
свободную и сильную страну. То есть никогда».

Столичная штучка

Елена Батурина,
«Интеко»

Владелица компании «Интеко» Елена Батурина, чье состояние в сентябре 2010 г. оценивалось в $2,9 млрд (по версии журнала Forbes, она входила в тройку самых богатых бизнес-леди мира), а до кризиса 2008 г. так и более $4 млрд, всегда утверждала, что создала бизнес-империю благодаря своим личным качествам, а не удачному замужеству с Юрием Лужковым.

Если бы я работала в Москве,
а мой муж не был бы мэром,
я бы работала более жестко,
без оглядки.

Елена Батурина

Честь и достоинство

Обиженных Батуриной много, по крайней мере по их словам. Первый гендиректор IKEA в России Леннарт Дальгрен в своей книге «Вопреки абсурду. Как я покорял Россию, а она — меня» написал, что из-за разногласий с Еленой Батуриной не смог построить свой торгцентр на Кутузовском проспекте. Адвокаты владельца Russian Land Шалвы Чигиринского в Высоком суде Великобритании заявляли, что у владелицы «Интеко» были намерения отобрать у бизнесмена 23,35% акции Sibir Energy. Депутат Госдумы Ашот Егиазарян настаивал, что у него отобрали 51% гостиницы «Москва» и этому способствовали владелица «Интеко» и ее супруг. Однако даже самые яростные оппоненты Елены Батуриной — бывший депутат Госдумы и бизнесмен Александр Лебедев — не могли привести ни одного конкретного доказательства.

Проигрывали Батуриной и СМИ. В 2000 году Елена Батурина выиграла иск к телеканалу ОРТ и Сергею Доренко, сделавшему в эфире своей передачи г-жу Батурину владелицей квартиры в США. В 2004 году суд удовлетворил иск о защите чести и достоинства Батуриной к редакции газеты «Ведомости» и журналисту Эльмару Муртазаеву — в статье «Комплекс Елены Батуриной» журналист говорил об особом отношении московской бюрократии к супруге московского мэра в связи с деятельностью компании «Интеко». В марте 2005 г. Тверской суд Москвы удовлетворил два иска Батуриной к газете «Коммерсантъ». Один — по статье «Нефтяники всплыли в аквапарке», где утверждалось, что Батурина скрывала свое участие в проекте «Трансвааль-парка». Второй — по статье «Мэр с комплексами» (в статье сообщалось, что «судьбу Валерия Шанцева решила Елена Батурина»).

Елена Батурина: «Бизнес и власть должны как можно меньше контактировать».

В Европе бизнес гораздо больше удален от власти. Это... залог стабильности общества, стабильного развития экономики. Бизнес и власть должны как можно меньше контактировать.

Из интервью журналу «Коммерсантъ. Деньги», №5 (862), 06.02.2012

Пожалуй, самым громким судебным разбирательством стал конфликт бизнес-леди с журналом Forbes и его издателем Axel Springer Russia. В декабре 2006 года журнал собирался опубликовать большую статью о Елене Батуриной и ее бизнесе, основанную на многочасовом интервью с ней. На обложку журнала должна была попасть броская фраза: «Мне гарантирована защита» (в интервью г-жа Батурина дословно сказала так: «Мне, как и любому инвестору, гарантирована защита моих прав»). Получив интервью для сверки, бизнес-леди потребовала отменить выход статьи.

Гендиректор Axel Springer Russia Регина фон Флемминг издала приказ заменить главный материал номера и приостановила выпуск журнала. Главный редактор журнала Максим Кашулинский тогда написал заявление об увольнении. Уничтожение тиража было остановлено после того, как американская Forbes Inc. потребовала, чтобы Axel Springer выпустил номер в прежнем виде.

Но еще больше, чем вынос на обложку, супруге московского мэра не понравилась такая фраза: «Елена Батурина не получает от Москвы открытых «подарков»... она действует аккуратнее». В феврале компания Батуриной подала иск в Московский арбитражный суд на издательский дом, потребовав от журнала напечатать опровержение, и другой иск, в Чертановский суд, на главного редактора журнала.

Суд удовлетворил иск к Axel Springer Russia и обязал издательский дом опровергнуть сведения, опубликованные в Forbes, а также выплатить ее компании 106,5 тыс. рублей. Однако в конце ноября 2007 года Девятый апелляционный арбитражный суд отменил постановление суда первой инстанции. Решение апелляционного суда произвело фурор — до тех пор Елена Батурина выигрывала абсолютно все суды в Москве. Впрочем, победа журналистов оказалась временной — в 2008 году тот же самый суд удовлетворил иски к ним полностью.

Подобный «иммунитет» хозяйки «Интеко» воспринимался уже как нечто само собой разумеющееся. Так что, когда лидер оппозиционного движения «Солидарность» Борис Немцов 8 сентября 2009 года обнародовал доклад «Лужков. Итоги», в котором прямо называл некоторые сделки компании коррупционными, многие восприняли это как очередной раунд войны правдолюбцев с ветряными мельницами.

Конфликт интересов

В 1998 г. компания «Интеко» выиграла конкурс на поставку для реконструируемого стадиона «Лужники» 85 000 пластиковых кресел на общую сумму $700 000. «Более выгодных условий не предложил никто», — объяснял тогда Юрий Лужков. Интересно, что название другого участника конкурса никто и никогда не мог вспомнить. Это называется конфликт интересов, когда муж-градоначальник за счет бюджетных средств покупает что-то у жены-предпринимателя.

В 1999 г. Елена Батурина в интервью «Московскому комсомольцу» заметила, что все было законно: «Все почему-то забывают, что «Лужники» — это не бюджетное предприятие, а акционерное общество. Стадион реконструировался за счет тех средств, которые АО получало от сдачи в аренду площадей, и за счет кредитов. Поэтому я не вижу ничего предосудительного в том, что дирекция «Лужников» решила закупить пластмассовые кресла у меня, а не платить в полтора раза дороже немцам (в интервью журналу «Огонек» в 2012 году немцы превратились в итальянцев)». Правда, Елена Батурина не акцентировала внимание на том, что правительство Москвы также являлось акционером АО «Лужники» и только на первом этапе реконструкции стадиона выделило 400 млн руб.

Конфликт интересов (т. е. «ситуация, при которой личная заинтересованность гражданского служащего... может повлиять на объективное исполнение им служебных обязанностей» — цит. по тексту ст. 19 Федерального закона «О государственной гражданской службе Российской Федерации». — *Ред.*), казалось, был налицо. Скандал затих, не успев набрать серьезные обороты. Разве что в августе 1999 г. в популярной газете «Московские ведомости» появилась реклама на всю полосу: «СТУЛЬЯ для ЛУЖниКОВ. Звоните. Спросите Лену».

Считается, что после этой рекламы газету пришлось спешно переименовывать в «Жизнь».

Но на фоне происходящего это были мелочи. Дело в том, что в июне 1999-го Елена Батурина оказалась в центре скандала, связанного с незаконным вывозом капиталов за границу.

ЕЛЕНА БАТУРИНА:
«НЕ НУЖНО КАКИХ-ТО РАССЛЕДОВАНИЙ
ПРОВОДИТЬ. ИДИ В МЭРИЮ И ПОСМОТРИ,
А БЫЛИ ЭТИ ПРЕФЕРЕНЦИИ ИЛИ НЕ БЫЛИ».

МНОГОЧИСЛЕННЫЕ ОБВИНЕНИЯ В МОЙ АДРЕС — ГОЛОСЛОВНЫ. НИКТО ЖЕ НЕ УДОСУЖИЛСЯ ВЗЯТЬ И ПРОВЕРИТЬ, ТАК ИЛИ НЕ ТАК НА САМОМ ДЕЛЕ. ХОТЯ ЭТО СДЕЛАТЬ ОЧЕНЬ ЛЕГКО. НЕ НУЖНО КАКИХ-ТО РАССЛЕДОВАНИЙ ПРОВОДИТЬ. ИДИ В МЭРИЮ И ПОСМОТРИ, А БЫЛИ ЭТИ ПРЕФЕРЕНЦИИ ИЛИ НЕ БЫЛИ. ЭТО ЖЕ ВСЕ ОФОРМЛЯЕТСЯ РАСПОРЯЖЕНИЯМИ, ПОСТАНОВЛЕНИЯМИ. ЭТО ЖЕ НЕ ИЗ ВОЗДУХА БЕРЕТСЯ.

Из интервью журналу «Огонек»,
№4 (5213), 30.01.2012

Весной 1999 г. сотрудники УФСБ по Владимирской области обратили внимание на деятельность зарегистрированного в Александрове Алексбанка. За короткий срок оборот по счетам пары никому не известных фирм, обслуживаемых банком, вырос с нуля до нескольких миллиардов рублей. Для банка, который не имел даже валютной лицензии, это было слишком много. Впоследствии выяснилось, что средства в Александрове не задерживались: переводились на конвертацию в московские банки, а затем под внешнеэкономические контракты — за рубеж.

«В ходе расследования мы, естественно, проверили источник происхождения этих денег, – рассказывал начальник следственного отделения УФСБ по Владимирской области Владимир Коматовский. – Средства в одну из компаний, а это $230 млн, поступали от более чем тысячи различных фирм. Среди них оказались и «Интеко» и «Бистропласт» (последнюю возглавлял брат Елены Батуриной; компания снабжала одноразовой посудой все предприятия системы «Русское бистро»), которые перечисляли средства со своего счета в Русском земельном банке. Официальным обоснованием была покупка сырья. Далее, чтобы запутать схему, деньги переводились в Александров, где давались поручения их вернуть на конвертацию. После этого через корсчета офшорных банков Alliance bank, Swiss trading bank и нескольких других, открытых в Республике Науру, деньги под фиктивные внешнеэкономические контракты перекачивались за рубеж. По этому делу нами предъявлены обвинения в контрабанде и отмывании незаконно нажитых капиталов нескольким сотрудникам Алексбанка...»

«Выемки документов в Русском земельном банке связаны только с этой операцией, – объяснял Коматовский. — Мы хотим выяснить, почему «Бистропласт» и «Интеко» имели дело с подставными структурами. В конце концов, возможно, что они выполняли ...нормальные внешнеэкономические контракты...»

А для Юрия Лужкова все было уже ясно. Он заявил, что за этим уголовным делом стоит Борис Березовский, а также «Администрация Президента РФ и общая система, которая объединена политической целью как можно дольше сохранить власть. ФСБ, к сожалению, сегодня работает на Кремль, а не на страну». По мнению Лужкова, владимирскому УФСБ из центрального аппарата было дано указание найти в бизнесе его жены «что-то криминальное». Мэр также отметил, что фирму Батуриной во Владимире никто не знает, она не имеет там никаких дел.

В разрастающийся скандал пришлось вмешаться пресс-секретарю Президента Ельцина и премьер-министру Сергею Степашину. По совету последнего Елена Батурина направила официальный протест в ФСБ и Генпрокуратуру. Генпрокуратура России оперативно (почти за неделю) завершила проверку уголовного дела о незаконном вывозе из России $230 млн. 28 июля замгенпрокурора Михаил Катышев заявил, что все следственные действия, включая выемки в «Интеко», были обоснованными, но каких-либо претензий к Батуриной на данном этапе у следствия нет.

На пресс-конференции 7 октября Елена Батурина объявила, что никакого уголовного дела в отношении ее или ее компании не существует. Более того, по словам жены мэра, даже личный разговор с директором ФСБ Патрушевым (!) не дал ответа на вопрос, за что «Интеко» все эти напасти. Из чего Елена Батурина сделала вывод, что «заказавшие скандал люди сильнее, чем ФСБ». Но назвать этих людей поименно не пожелала. В завершение Батурина сообщила, что намерена защищаться в суде – заявление уже подано.

Вскоре Генпрокуратура России отменила постановление своих владимирских коллег о производстве выемки документов — изъятое было возвращено «Интеко». Более того, уже в начале октября исполняющий обязанности генпрокурора России Владимир Устинов письменно извинился перед Батуриной за причиненные неудобства. Однако жена Юрия Лужкова посчитала это недостаточным и решила добиться от прокуратуры и УФСБ письменного ответа, «содержащего правовую оценку допущенных нарушений» и наказания виновных. Мосгорсуд, куда она обратилась, удовлетворил жалобу Батуриной (24 ноября) частично – «сами себя высечь» принуждены были лишь работники Владимирской прокуратуры, расследовавшие это дело. Прокуроров обязали в 10–дневный срок найти в своих рядах виновного, санкционировавшего незаконные выемки документов в «Интеко», и примерно его наказать. Чекисты же, как отметил суд, действовали не самостоятельно, а по указанию следователей. Стало быть, наказывать их было не за что.

Не лишне заметить, что эта громкая история разворачивалась на фоне гораздо более громкой — предвыборного конфликта «губернаторской фронды», одним из руководителей которой был московский градоначальник, с федеральной властью.

НА ПУТИ К МИЛЛИАРДАМ

В каком-то смысле эта история послужила рекламной кампанией «Интеко» (хотя не факт, что та в ней нуждалась). Как бы то ни было к концу 90-х годов общественность узнала, что у Лужкова жена не просто добропорядочная домохозяйка, а до-

вольно оборотистый бизнесмен, уставивший своими пласти-
ковыми креслами стадион «Лужники» и спокойно отдавший
$1 млн за приватизацию своей фирмы.

До того Елена Батурина не стремилась себя афишировать,
и о ней и ее компании было известно немного. Годом создания
компании называли 1991-й. Известно, что ТОО «Интеко» было
зарегистрировано решением исполкома Краснопресненского
районного Совета народных депутатов 5 июня 1991 г. Сама
Елена Батурина называет годом создания «Интеко» 1989-й. На
сайте компании ее история начинается именно с 1989-го, и
последующие 11 лет названы (несколько туманно) «периодом
активного становления и развития компании». Основным направлением ее деятельности была переработка пластмасс и
производство полимерных изделий.

Возможно, такое расхождение в датах вызвано желанием
избежать (или, наоборот, подчеркнуть) примечательное совпа-
дение — именно в 1991 г. состоялось бракосочетание председателя Мосгорисполкома и вице-мэра Москвы Юрия Михайловича Лужкова и ответственного секретаря Российского союза
кооперативов Елены Николаевны Батуриной. Познакомились
они раньше – когда Елена Батурина работала под руководством Юрия Лужкова в комиссии по кооперативам Мосгорисполкома.

Как бы то ни было, ТОО «Интеко» с 1991 г. возглавляли
Елена Батурина и ее брат Виктор. В прессе они упоминались
как президент и генеральный директор (варианты – вице-президент, первый вице-президент) соответственно. В октябре
того же года банкир Александр Смоленский, президент «Столичного банка сбережений», предоставил ей кредит на сумму
в 6 млн руб. для создания кооператива.

Кстати, в том же году главным доверенным лицом Юрия
Лужкова по финансам стал Владимир Евтушенков. Он начал собирать прибыльные (и неприбыльные) предприятия Москвы
в группу коммерческих структур при корпорации «Система».
С тех пор по московской мэрии гулял миф, что Евтушенков —
родственник Елены Батуриной.

До 1999 г. «Интеко» представляло собой небольшую по масштабам фирму с оборотом около $20 млн, созданную с мало-

понятными целями – «осуществление различного рода работ в области промышленного сервиса», «разработка и внедрение идей в области совершенствования техники и технологии» – и сумевшую утвердиться лишь на рынке бытовых пластиковых изделий (говорят, что именно в «Интеко» изобрели одноразовую рюмку). В 1995 г. компания «Интеко» создала «дочку» – «Интекострой», начав с отделки и реконструкции фасадов зданий. Ее продукция и услуги попали в городской заказ.

Большим достижением Батуриной считается Московский завод пластмассовых изделий около Павелецкого вокзала. В мэрии с уважением говорили, что она «подняла завод из руин». Ей удалось это сделать тем же способом, каким ее муж «спасал промышленность города», т. е. госзаказами. Причем заказы давали политики, близкие Юрию Лужкову. Завод Батуриной делал пластмассовые сиденья для стадионов в Элисте (Калмыкия) и Минске (Белоруссия).

А в 1999-м в бизнесе «Интеко» случается первый «коренной перелом»: согласно скупой на подробности корпоративной хронике, компания «начинает собственное нефтехимическое производство на базе Московского нефтеперерабатывающего завода в Капотне» (контрольный пакет акций которого принадлежал городу). Известно, что в 1995 г. на МНПЗ было начато строительство комплекса по производству полипропилена мощностью 78 000 т. Примерно такой же объем выпуска полипропилена декларировало «Интеко». За три года после этого доходы компании от продажи пластиковых изделий – от упаковочных пакетов до стадионных кресел – выросли пятикратно. Спрос на изделия из полипропилена всегда был высок, и при отсутствии конкуренции со стороны прочих производителей «Интеко», по данным, опубликованным журналом «Компания», удалось занять почти треть российского рынка изделий из пластмассы.

В конце 1990-х годов президент Калмыкии Кирсан Илюмжинов выдвинул идею строительства Города Шахмат (City-Chess) для проведения международных шахматных турниров. Одним из основных генподрядчиков возведения города стало «Интеко». В конце 1998 г. совладелец «Интеко» Виктор Батурин по предложению Илюмжинова возглавил правительство Калмыкии. Через несколько месяцев по договору между Мингосимуществом Калмыкии и ЗАО «Интеко-Чесс» (еще одна «дочка» «Интеко») московская компания стала владельцем принадлежащих республике 38% акций «Калмнефти» (по некоторым данным, это произошло без ведома остальных акционеров нефтяной компании). По одной из версий, таким образом Батурин обеспечил гарантии возврата средств, вложенных в строительство City-Chess. Вскоре недовольные миноритарии «Калмнефти» обратились в арбитражный суд с иском к ЗАО «Интеко-Чесс» и Мингосимуществу Калмыкии о признании сделки недействительной. Передача акций была аннулирована, и уже в феврале 1999-го Виктор Батурин покинул пост премьера Республики Калмыкия. «Интеко» оказалось одним из фигурантов расследования, касавшегося нецелевого использования бюджетных средств при строительстве Города Шахмат. Республика, по данным СМИ, осталась должна московским предпринимателям значительную сумму денег.

Елена Батурина: «Взятки давала, откаты не платила».

Взятки давала, откаты не платила... Еще забавней, что ее (взятку. — *Ред.*) брали. Не то, что я ее платила, а то, что ее брали...

Из интервью журналу «Огонек», № 4 (5213), 30.01.2012

Прорыв к миллиардному бизнесу Батуриной начался в 2000 году со скупки акций ДСК-3. «Интеко» купила часть акций ДСК-3 у вдовы убитого ранее акционера Юрия Свищева. Для того чтобы установить полный контроль над ДСК-3, Батурина в 2001 году участвует в приватизации компании, выкупая у московского правительства контрольный пакет акций ОАО. После этого заместитель мэра Москвы Владимир Ресин заявляет о решении столичного правительства выделить из бюджета деньги на развитие ДСК-3 с формулировкой: поддержать тех, кто строит жилье для москвичей. За год новичок в строительном бизнесе — компания «Интеко» занимает 20 процентов столичного рынка панельного домостроения. Как, по каким условиям и по какой цене Батурина получила контрольный пакет ОАО «ДСК-3», до сих пор неизвестно.

Доля пластика в бизнесе компании начала снижаться – в 2007 г. она составляла лишь немногим более 10% оборота компании. К этому бизнесу владелица «Интеко» относилась всегда трепетно, «при устройстве на работу соискателю обязательно нужно знать, что компания начинала с выпуска тазиков», вспоминал один из бывших сотрудников.

В 2002 г. на базе ДСК-3 «Интеко» создало ООО «СК ДСК-3», выделив в отдельное направление монолитное строительство элитного жилья и офисных зданий. Компания сосредоточилась на монолитном и индивидуальном домостроении. Вместе с производственными мощностями ДСК-3 строительная компания «ПИК» получила и инвестиционные проекты «Интеко», связанные с панельным строительством, – около 1 млн кв. м в Москве и Подмосковье.

Став серьезным игроком на строительном рынке, Елена Батурина сделала следующий закономерный шаг. 1 октября 2002 г. инвестиционная группа «Атон» объявила о продаже за $90 млн ОАО «Осколцемент» компании «Интеко». Сделка была совершена в рекордно короткие сроки на рекордную для российского рынка сумму. «Атон» давно искал покупателя на свои цементные заводы (помимо «Осколцемента» компании принадлежал Подгоренский цементный завод). В августе 2002-го переговоры о покупке «Осколцемента» велись с владельцем «Штерн-цемента» Филаретом Гальчевым, однако стороны не сошлись в цене. Тогда же президент «Атона» Евгений Юрьев объявил, что будет искать покупателя на «Осколцемент» среди зарубежных компаний.

Переговоры длились не более двух недель. Это означает, что «Интеко» не имело возможности для детального аудита «Осколцемента». Тем не менее компания приобрела завод по цене, почти вдвое превышающей сумму, уплаченную двумя месяцами ранее Филаретом Гальчевым за «Штерн-цемент», производящий в три раза больше продукции (правда, имевший крупные долги). Впрочем, для «Интеко» эта сделка в любом случае была выгодна. Компании принадлежал ряд строительных предприятий Москвы (ДСК-3, «Аркада» и др.), в совокупности возводящих более 500 тыс. кв. м жилья в год. Хотя, по оценкам аналитиков, для своих собственных нужд «Интеко» хватало 200 тыс. т цемента в год, покупка же «Осколцемента» позволяла компании продавать его внешним компаниям. Примечательно, что покупке «Осколцемента» предшествовало подорожание цемента на строительном рынке. Елена Батурина тогда жаловалась, что даже малейшее колебание цен сильно осложнит строительство муниципального жилья, которое попросту станет убыточным. И в отношении «Штерн-цемента», который увеличил было отпускные цены на цемент, были применены строгие антимонопольные санкции. Любопытно, что после приобретения «Интеко» «Осколцемента» цена на цемент возросла на 50%. Но уже никаких санкций не последовало.

За «Осколцементом» последовало еще шесть заводов, и компания «Интеко» стала вторым по объему производителем цемента в России (11%).

Ничто человеческое

В 2005 г. пришла пора фиксировать прибыль. «Интеко» начало избавляться от своих активов: сначала пять цементных заводов были проданы «Евроцемент групп» Филарета Гальчева, а затем ведущий в столице строительный комбинат ДСК-3 приобрела у «Интеко» Первая ипотечная компания (сумму сделок на рынке оценивали соответственно в $800 млн и $300 млн). Компания объявила, что намерена переключиться на гостиничный бизнес, который требует долгосрочных инвестиций. Считалось, правда, что это решение было политическим – частью сделки о постепенной мирной передаче власти в Москве, заключенной между Юрием Лужковым и Кремлем.

Как это часто бывает, по-настоящему большие деньги принесли и проблемы личного плана. Отношения между Еленой Батуриной и ее братом Виктором испортились. Публичным конфликт стал в начале 2006 года. Тогда «Интеко» распространила пресс-релиз, в котором сообщалось, что Виктор Батурин «оставил пост вице-президента компании». Официальные причины этого шага так и не были названы. В марте того же года появилась информация о том, что брат и сестра заняты разделом совместного бизнеса. В очередном сообщении «Интеко» говорилось, что акционеры ЗАО на внеочередном собрании 17 марта 2006 года приняли решение о выкупе акций у Виктора Батурина. «Господин Батурин продаст «Интеко» 600 акций (1% уставного капитала) номинальной стоимостью 18 тыс. руб. за 552,336 млн руб. ($20 млн. — *Прим. сост.*)», — сообщала компания. На рынке же говорили о том, что Виктор Батурин претендует на четверть «Интеко», созданной, напомним, им и сестрой на паритетных началах. С 10 мая 2001 года, согласно официальной отчетности компании, Виктору принадлежало уже 25% акций, а Елене — 75%. Однако уже с мая 2003 г. это соотношение изменилось на 1 к 99. Виктор Батурин не отрицал своего интереса: «Меня незаконно лишили этих акций. Пусть покажут официальный документ, на основании которого я передал, продал или совершил какие-то иные действия с этими акциями», — заявил он газете «Коммерсантъ».

Последовал обмен исками, в результате которого брат с сестрой подписали мировое соглашение. Позднее Елена Батурина в интервью газете «Ведомости» иронизировала по этому поводу: «Как от сестры, он от меня получил в подарок часть бизнеса, который я ему добровольно передала. На этом все. Часть не успела передать, потому что он начал скандалить. Поэтому эта часть осталась у меня».

В тот раз история «браторазводного процесса» не закончилась. В конце 2010 г. Виктор Батурин снова напомнит о своих претензиях к «Интеко», потребовав от Следственного комитета РФ «провести тщательную проверку преступной деятельности» своей сестры и сообщил, что недополучил как минимум 3,462 млрд руб., причитающихся ему за работу в компании.

Елена отреагирует немедленно и привычно жестко, сообщив «Интерфаксу», что истинной причиной увольнения Виктора Батурина из «Интеко» стали растраты, которые правильнее было бы назвать воровством». Уточнила, что брат главы компании без согласования с ней заключал сделки «по выдаче займов от «Интеко». Таким образом, он выводил средства компании на свои личные счета, а кроме того, расходовал их в личных целях. «Когда данные факты вскрылись и был потребован от него отчет, Виктор, не сумев предоставить ни одного вразумительного объяснения, положил на стол заявление об уходе», — пояснила Елена Батурина.

Последние же действия своего брата глава «Интеко» назвала «откровенным вымогательством морально опустошившегося человека, решившегося подобным неприличным образом поправить свои финансовые дела».

Для Виктора Батурина эта история закончилась печально. В ноябре 2011 г. он был арестован по подозрению в мошенничестве с векселями «Интеко-Агро» и «Интеко» (в марте 2012 г. экспертиза признала вексель «Интеко» подлинным, но поводом для освобождения это не стало). С учетом того, что летом того же года он получил 3 года условно — также по обвинению в мошенничестве (на сей раз связанном с продажей недвижимости), — суд отказался отпустить бизнесмена под залог. В декабре 2011 г. последовали новые обвинения — в неуплате налогов (снято за истечением срока давности в январе 2012 г.) и получении денег от московского предпринимателя под залог недвижимости «Интеко», на которую он не имел права. Сам Виктор Батурин заявил, что все обвинения против него сфабрикованы компанией «Интеко», не желающей отдавать ему долги.

Семейные свары внешне никак не сказывались на бизнесе «Интеко». В 2005 году журнал Forbes поместил Елену Батурину на 507-е место в рейтинге самых богатых людей мира, оценив ее состояние в $1,3 млрд.

УВЛЕЧЕНИЯ ЖЕНЫ

Вообще, во второй половине «нулевых» Елена Батурина становилась все более публичной, чаще общалась с прессой, допуская разговор и на личные темы, о детях, например: «Дети должны быть для тебя. С ними нужно иметь общие темы для обсуждений и споров. Для того чтобы спорить и дискутировать, нужно знать, чем они живут. Поэтому я всем интересуюсь. И современные группы, и направления в музыке. Не могу сказать, что меня все радует, но я должна знать». Могла позволить себе даже немного кокетства: «... всю свою жизнь мечтала быть аналитиком. У кого-нибудь сидеть серым кардиналом и писать аналитические материалы, а начальник бы их озвучивал».

Еще общественность могла узнать о том, что Елена Батурина шесть лет возглавляла национальную Федерацию конного спорта, но в последнее время предпочитала гольф. Президент «Интеко» регулярно выходила на поле и тренировалась, загоняя мяч в лунку. Уровень мастерства Батуриной позволял ей соревноваться на равных с «продвинутыми любителями» — участниками гольф-турниров в Москве. Например, выступая в мае 2008 года на турнире «Московского городского гольф-клуба», посвященном открытию сезона, супруга столичного мэра заняла четвертое место среди сорока пяти участников.

Юрий Лужков поддерживал жену в ее увлечении. Московское правительство приняло амбициозную программу строительства полей для гольфа. В пределах города будет построен десяток полей. А в октябре 2006-го мэрия организовала семинар «Новые горизонты российского гольфа». Расходы на его проведение взял на себя городской бюджет...

ЕЛЕНА БАТУРИНА:
«МОЕЙ ЗАВЕТНОЙ МЕЧТОЙ,
ЕСЛИ ЧЕСТНО, ЯВЛЯЕТСЯ, ЧТОБЫ
ПОЛОЖЕНИЕ МОЕЙ СЕМЬИ ЯВНО
НЕ ЗАВИСЕЛО ОТ ТОГО, КАКАЯ
ПОЛИТИЧЕСКАЯ СИТУАЦИЯ СКЛАДЫВАЕТСЯ
В РОССИИ».

ЗНАЕТЕ, МОЕЙ ЗАВЕТНОЙ МЕЧТОЙ, ЕСЛИ ЧЕСТНО, ЯВЛЯЕТСЯ, ЧТОБЫ ПОЛОЖЕНИЕ МОЕЙ СЕМЬИ ЯВНО НЕ ЗАВИСЕЛО ОТ ТОГО, КАКАЯ ПОЛИТИЧЕСКАЯ СИТУАЦИЯ СКЛАДЫВАЕТСЯ В РОССИИ. ЭТО ТОТ ИДЕАЛ, К КОТОРОМУ Я БЫ СТРЕМИЛАСЬ. НО, К СОЖАЛЕНИЮ, ЭТО ЗАВИСИТ НЕ ТОЛЬКО ОТ МОЕЙ СЕМЬИ, НО И ОТ ТОЙ ПОЛИТИЧЕСКОЙ СИСТЕМЫ, КОТОРАЯ СКЛАДЫВАЕТСЯ В ГОСУДАРСТВЕ.

ИЗ ПРОГРАММЫ «ЧЕЛОВЕК ПОД ДОЖДЕМ».
ТЕЛЕКАНАЛ «ДОЖДЬ» 15.12.2011

НОВЫЙ РОССИЙСКИЙ МОНУМЕНТАЛИЗМ

31 декабря 2008 г. был объявлен конкурс на завершение ремонтно-восстановительных и научно-реставрационных работ монумента «Рабочий и колхозница». Итоги тендера подвели 6 февраля 2009 г., причем единственным участником торгов

оказалось ООО «Строительная компания «Стратегия», принадлежащее ЗАО «Интеко» Батуриной. Из-за отсутствия других участников тендера он был признан несостоявшимся, в связи с чем проект контракта на реставрацию памятника был передан единственному участнику тендера – упомянутой «дочке» «Интеко». Первоначальная максимальная сумма контракта составляла 2,395 млрд руб., однако при подписании контракта сумма увеличилась более чем на полмиллиарда, достигнув в итоге 2,905 млрд руб.

В самый разгар кризиса в марте 2009-го компания «Интеко» Елены Батуриной обратилась в Минэкономразвития России за помощью — просила государственных гарантий по кредитам на 49 млрд. руб. В заявке, которую компания направила в Минэкономразвития, говорилось, что ее активов недостаточно для рефинансирования долга, достигшего 34 млрд руб., еще 15 млрд руб. требуется на пополнение оборотного капитала.

Юрий Лужков поддержал жену, не называя компании. В интервью «Коммерсанту» он заявил: «Нужно срочно решать, как быть со строительными фирмами, или нужно субсидировать через кредитную систему их задолженности и дать компаниям возможность продолжить работу, или же брать их в госсобственность, после чего опять же впоследствии выставлять на продажу».

На призыв Лужкова федеральные власти не отреагировали, и он решил действовать сам. В середине июня было официально объявлено, что компания «Интеко» полностью погасила кредитные обязательства перед Газпромбанком в размере 18 млрд руб., а также кредитные обязательства перед другими российскими банками на общую сумму в 9 млрд руб. По словам источника «Интерфакса», для погашения кредитов была использована часть средств от продажи пакетов акций «Газпрома», «Сбербанка», «Роснефти», принадлежащих группе «Интеко», а также от продажи на рынке одного из земельных участков в Москве (58 га в Западном административном округе Москвы, между ул. Лобачевского и платформой «Матвеевское»). Этот участок компания ООО «ТД «Раменская», принадлежащая Елене Батуриной, приобрела еще в 2002 г. у совхоза «Матвеевское». Компания Батуриной планировала построить там 350—400 тыс. кв. м жилья биз-нес-класса. 17 июня 2009 г. мэр Москвы подписал поправки в московский бюджет 2009 года, предусматривающие выделение почти 15 млрд руб. на внесение вклада правительства Москвы в уставный капитал Банка Москвы. Предполагалось, что правительство Москвы, выкупая допэмиссию акций Банка Москвы, восстановит у себя контрольный пакет акций Банка. Затем Банк Москвы предоставил кредит в размере около 13 млрд руб. некоему ЗАО «Премьер Эстейт» – практически никому не известной фирме на строительно-девелоперском рынке Москвы. И «Премьер Эстейт» выкупила у Батуриной участок в 58 га за 13 млрд руб. – по цене много выше рыночной (1 га «ушел» за $7,2 млн).

А вскоре московское правительство объявило о передаче ООО «ТД «Раменская» ОАО «Мосземсинтез», принадлежащему правительству Москвы, полномочий по осуществлению комплексного развития данного участка (постановление Правительства Москвы от 25 августа 2009 г. № 828–ПП).

Лужков. Итоги

Именно на эту сделку обращал особое внимание Борис Немцов в своем докладе. Ее вкупе с приватизацией ДСК-3 и двумя с лишним десятками постановлений московского мэра, дающих право на коммерческую застройку на территории 1200 га, он назвал «неопровержимыми доказательствами коррупционной деятельности парочки Лужков–Батурина». Документ состоял из разделов, посвященных московским проблемам – «Дороги», «Преступность», «Экология», «ЖКХ», а также отдельного раздела о коррупции: «Становление бизнеса Батуриной», «Империя «Интеко», «Чигиринский и Батурина».

Мэрия отреагировала быстро. Пресс-секретарь московского мэра Сергей Цой назвал практически все, что написано в докладе, «ложью». Вскоре столичная милиция начала задерживать членов «Солидарности», которые бесплатно раздавали доклад «Лужков. Итоги» у станций метро. Тем не менее «Солидарность» за неделю раздала 100 000 экземпляров брошюры (половину тиража), причем в акции участвовал и сам автор. К господину Немцову, который приходил к метро со столом и стулом, выстраивались огромные очереди за автографом, при этом москвичи удивлялись, что его «как Ходорковского, до сих пор не посадили».

В октябре 2009 года Юрий Лужков вместе с правительством Москвы и Елена Батурина обратились в суды с исками, требуя опровергнуть изложенные в докладе факты и компенсировать моральный вред, причиненный распространением доклада. Лужков и московское правительство требовали взыскать с авторов 5 млн рублей, в то время как г-жа Батурина решила удовольствоваться меньшей суммой — 200 тысяч рублей. Истцы требовали, чтобы были опровергнуты шесть фрагментов доклада:

1. «Для того, чтобы установить полный контроль над ДСК-3, Батурина в 2001 году участвует в приватизации компании, выкупая у (внимание!) московского правительства контрольный пакет акций ОАО...»

2. «В этих постановлениях речь шла о предоставлении компании «Интеко» прав на застройку и коммерческую продажу построенных объектов<...> Эти права предоставлялись мэром Москвы Лужковым».

3. «<...> в большинстве постановлений и распоряжений правительства Москвы, дающих Батуриной право на застройку того или иного участка, компания «Интеко» получает льготы, освобождающие ее от обязательных для других платежей в московский бюджет. <...> Получается, что это сэкономленные за счет решений правительства Лужкова миллионы долларов для бизнеса Батуриной (жены мэра)».

4. «Сделка Батуриной по продаже 58 га земли крайне интересна и требует подробного разбирательства <...>Таким образом, земля, проданная Батуриной, оказалась в собственности правительства Москвы».

5. «...факты — упрямая вещь. Нигде, кроме Москвы, бизнес Батуриной не развивается успешно...»

6. Также Елена Батурина требовала опровергнуть «содержащиеся в Докладе утверждения о наличии коррупционных связей между мэром г. Москвы, ЗАО «ИНТЕКО» и Батуриной Е.Н.».

Процесс по иску г-жи Батуриной к Борису Немцову длился почти три месяца. Результатом семи заседаний Арбитражного суда стало озвученное 15 февраля 2010 г. решение о том, что опровержению подлежит одна фраза доклада: «...*факты – упрямая вещь. Нигде, кроме Москвы, бизнес Батуриной не развивается успешно...*»

Ранее (30 ноября 2009 г.) Замоскворецкий районный суд нашел, что опровержения требует лишь фраза: «Для многих москвичей давно не секрет, что коррупцией пронизаны все уровни московской власти. Нам очевидно, что тлетворный для московских чиновников пример — Ю. Лужков и его жена». Мосгорсуд подтвердил решение Замоскворецкого районного суда, отказавшего Лужкову и московскому правительству в удовлетворении подавляющего большинства их требований.

Ободренный решениями суда Борис Немцов 29 марта 2010 г. представил обновленную версию доклада — «Лужков. Итоги-2». Во введении Борис Немцов напомнил о судебных исках супругов и добавил две новые главы: «Разрушение архитектурного облика Москвы» и «После выборов в Мосгордуму». Обложка доклада украсилась символическими печатями с надписью «проверено Лужковым и Батуриной».

Лидеры «Солидарности» намеревались отправить доклад Дмитрию Медведеву с автографами и подписью «Принципиальному борцу с коррупцией», Владимиру Путину — «Сколько уже можно?», Елене Батуриной – «С нетерпением ждем в суде», Юрию Лужкову – «С надеждой на это».

Ситуация действительно была беспрецедентной — ранее и Юрий Лужков, и Елена Батурина поражений такой силы не терпели. Однако считать, что именно доклады Бориса Немцова привели к падению московского мэра и последовавшему далее фактическому отстранению Елены Батуриной от бизнеса, было бы наивно. Во всяком случае никаких принципиальных изменений во взаимоотношениях мэрии и «Интеко» после этих докладов не последовало. 24 августа 2010 г. Юрий Лужков подписал новое постановление о создании государственно-частного партнерства с компанией жены. Город вкладывает в строительство жилья 2,5 млрд долл., а Батурина – всего 1,5 млрд долл.

Батурина строит панельные дома, а город проводит к этим микрорайонам электричество, водопровод, канализацию, газ и прочую инфраструктуру.

УТРАТА ДОВЕРИЯ

В сентябре 2010 г. на Юрия Лужкова началась массированная информационная атака, которой предшествовала жесткая риторика в адрес мэра из Кремля. На телеканале НТВ за три дня вышло аж пять критически-разоблачительных сюжетов с самым разнообразным содержанием (от реставрации скульптуры «Рабочий и колхозница» до борьбы с бродячими собаками). Апофеозом стал сюжет «Московские фокусы» в «Итоговой программе». В нем все известные критики г-на Лужкова (за исключением г-на Немцова) – Александр Лебедев, Владимир Жириновский, Леонид Гозман, Сергей Доренко — наперебой рассказывали, как Елена Батурина благодаря супругу-мэру сколотила свое многомиллиардное состояние. На третий день антилужковской кампании, 12 сентября, к теме подключились «Первый канал» и «Россия». Никаких сенсаций на федеральных каналах не прозвучало — про снос гостиницы «Москва», пробки, отказ мэра вернуться в окутанную смогом Москву из отпуска и прочее было известно и ранее. Большинство фактов упоминалось и в немцовском докладе.

Ответ сторонников мэра был дан 19 сентября в программе «Постскриптум» на столичном канале ТВЦ. Мэра от «нападок, к которым ему не привыкать» и «наветов» недоброжелателей защищали его заместитель Владимир Ресин, спикер Мосгордумы Владимир Платонов, префект Северного округа Москвы Олег Митволь, которые говорили о высоком профессионализме г-на Лужкова.

Не осталась в стороне и Елена Батурина, выступившая в защиту чести и деловой репутации своего мужа со страниц еженедельника The New Times («Новое время»). Она высказалась обо всем, начиная с чистоты своего бизнеса и заканчивая безупречностью мэра, который, по ее мнению, стал заложником аппаратной борьбы различных группировок за право выставить своего кандидата на президентских выборах 2012 г.

В интервью она доказывала, что ее бизнес в столице ничем не связан с правительством Москвы и не патронируется мэром, так как все строительные проекты реализуются на «федеральных землях» и на основании решений, принимаемых федеральными властями. В связи с этим госпожа Батурина намеревалась обжаловать в суде все факты, которые публично сообщались о ней и ее бизнесе в компрометировавших Юрия Лужкова телесюжетах, несмотря на то что московского градоначальника, по ее словам, «предупредили, что если он позволит себе ответить судом на всю эту грязь, они эту грязь продолжат». Кто такие «они», Елена Батурина поименно не уточнила, называя «их» «источниками в Кремле».

> ЕЛЕНА БАТУРИНА:
> «МЕДВЕДЕВУ НУЖЕН БЫЛ МЭР В МОСКВЕ,
> КОТОРЫЙ БЫ БЫЛ ПОЛНОСТЬЮ
> ЛОЯЛЕН ЕМУ. В ЛУЖКОВЕ ОН
> БЫЛ НЕ УВЕРЕН».

РЯД БИЗНЕСМЕНОВ... ПРИХОДИЛИ К ЛУЖКОВУ С ПРЕДЛОЖЕНИЕМ ПРИСОЕДИНИТЬСЯ К КРУГУ СТОРОННИКОВ МЕДВЕДЕВА. ЭТО ПРАВДА. И РОВНО ПОСЛЕ ТОГО, КАК НА ТРЕТИЙ РАЗ ЛУЖКОВ ОТКАЗАЛСЯ, НАЧАЛАСЬ ВСЯ ЭТА ИСТОРИЯ... МЕДВЕДЕВУ НУЖЕН БЫЛ МЭР В МОСКВЕ, КОТОРЫЙ БЫ БЫЛ ПОЛНОСТЬЮ ЛОЯЛЕН ЕМУ. В ЛУЖКОВЕ ОН БЫЛ НЕ УВЕРЕН.

Из программы «Человек под дождем».
Телеканал «Дождь» 15.12.2011

Именно эти «неназванные источники в Кремле», по ее мнению, и были «заказчиками» антилужковской информационной атаки. В связи с этим для нее стало «загадкой, почему оба высших руководителя страны делают вид, что в стране ничего не происходит». Ни Кремль, ни Белый дом никак не отреагировали на заявления Елены Батуриной о том, что информационная война идет хоть и не с «президентом, а с Кремлем», но началась она из-за очередных президентских выборов. Телеканалы дружно заявили, что угрозы судебного преследования их не пугают. Дни Лужкова были уже сочтены. 28 сентября 2010 г. он был отправлен в отставку с поста мэра Москвы с «расстрельной» формулировкой: «за утрату доверия Президента».

Тут же появилась информация о том, что органы СКП и МВД России проводят сразу несколько доследственных проверок по фактам якобы незаконных действий экс-мэра Юрия Лужкова и его супруги Елены Батуриной, которые при определенных раскладах могут привести к возбуждению уголовных дел. Наибольший интерес у проверяющих как в СКП, так и в МВД вызвала история о тех самых 58 га земли на пересечении Мичуринского проспекта и улицы Лобачевского. «На наш взгляд, в этом эпизоде могут содержаться признаки злоупотребления должностным положением», – заметил один из участников проверки. Однако, по его словам, для того чтобы результаты проверок оформились в уголовное дело, необходима жесткая позиция следственных органов и, возможно, политическая воля. За ней дело не стало. Президент Дмитрий Медведев поручил разобраться, как «Интеко» достались гектары земли в самом центре столицы, которые должны были уйти под строительство иностранных посольств.

Дальнейшие события нагляднее всего представить в виде хроники.

29 сентября 2010 г. глава ВЭБа Владимир Дмитриев сообщил об отмене совместного с «Интеко» проекта по строительству доступного жилья в регионах.

1 ноября. СМИ сообщили, что бизнес Елены Батуриной негласно выставлен на продажу и на него претендуют ВТБ и структуры Юрия Ковальчука. Позднее Елена Батурина подтвердит, что она получила от ВТБ предложение купить ее бизнес, но цена ее не устроила.

16 ноября. СКП начал расследование против «Интеко», заподозрив компанию в незаконном получении 16 га в Западном округе Москвы для строительства комплекса «Сетунь-Хиллс». В тот же день Сергей Собянин отменил застройку на этом участке.

9 декабря. Русский земельный банк сообщил о выходе госпожи Батуриной из состава акционеров банка. В «Интеко» сообщили, что цель сделки — избавление от непрофильных активов.

21 декабря. Главное следственное управление при ГУВД Москвы возбудило уголовное дело против Банка Москвы по факту выдачи необеспеченного кредита ЗАО «Премьер Эстейт» на сумму 12,76 млрд руб., которые в конечном итоге оказались на личных счетах Елены Батуриной.

17 февраля 2011 г. по делу о кредите Банка Москвы в офисе «Интеко» и на квартире Елены Батуриной прошли обыски и выемки документов. Глава «Интеко» объявила, что ее бизнес «хотят забрать госбанки», в частности Сбербанк и ВТБ. 6 июля 2011 года ФАС сообщила о продаже «Интеко» своего цементного бизнеса владельцу «Новоросцемента» Льву Кветному за $200 млн.

21 июля. ВТБ потребовал через суд от «Интеко» возвращения 870,6 млн руб. Через несколько дней кредит был погашен.

6 сентября СМИ сообщили, что Елена Батурина продает свой девелоперский бизнес в России за $1,2 млрд совладельцу Бинбанка Михаилу Шишханову и Сбербанку.

15 ноября. Юрий Лужков был допрошен следственным департаментом МВД в рамках расследования уголовного дела о мошеннической выдаче Банком Москвы кредита Елене Батуриной. Покинул департамент бывший мэр с повесткой для своей жены — следователи не могли ее найти, чтобы вручить повестку, поэтому им пришлось прибегнуть к помощи г-на Лужкова. К тому времени Елена Батурина вполне надежно обосновалась в Лондоне.

7 декабря. Елена Батурина официально перестала быть владелицей «Интеко».

В феврале 2012 г. в СК пообещали Елене Батуриной 15-дневный иммунитет, если она явится на допрос. Адвокат Батуриной, сообщив, что еще год назад г-жа Батурина направляла в СК письмо, в котором сообщила свой адрес, подтвердил, что бизнес-леди «давно добивались того, чтобы следствие вызвало ее на допрос именно тем путем, который предусматривает Уголовно-процессуальный кодекс и который гарантирует иммунитет».

Чем владела Елена Батурина в России

Созданная в 1989 году Виктором и Еленой Батуриными, за 20 лет существования компания «Интеко» стала серьезнейшим игроком на рынке строительства, недвижимости и цемента. Девелоперский портфель «Интеко» в 2010 г. составил более 6 млн кв. м, в его собственности также находилось 400 га земли. По итогам 2010 г., выручка «Интеко» прогнозировалась на уровне 25—30 млрд руб.

До 500 тыс. кв. м жилья в год позволяли строить три домостроительных комбината — московский ДСК-7, петербургский ДСК-3 и «Комбинат крупнопанельного домостроения» в Ростове-на-Дону.

0,6 млн тонн в год составляли цементные мощности «Интеко», включавшие ООО «Атакайцемент» и ОАО «Верхнебаканский цемзавод».

300 тыс. кв. м недвижимости компания построила в 2010 году, 370 тыс. кв. м было запланировано на 2011 год.

32 девелоперских проекта общей площадью в 6,5 млн кв. м было у компании в сентябре 2010 года. Из них 16 жилых в Москве, Ростове-на-Дону и Краснодаре, 12 проектов коммерческой недвижимости (1,8 млн кв. м) в столице, Санкт-Петербурге, Чехии и Астане, а также 4 социальных проекта в Москве.

99% акций компании принадлежало Елене Батуриной, 1% находился на балансе самого ЗАО «Интеко».

В 45 млрд руб. оценили аудиторы стоимость компании в декабре 2010 года.

29,98 млрд руб. составила выручка компании в 2010 году, 100 млн руб. — чистая прибыль.

Среди основных кредиторов значились Банк Москвы (долг составляет 14,9 млрд руб.), Сбербанк (14,5 млрд руб.) и ВТБ (1,5 млрд руб.).

Сейчас Елена Батурина живет «между Англией и Австрией», где вполне процветает ее девелоперский бизнес (значительную часть вырученных от продажи «Интеко» денег она вложила в свои европейские активы в Австрии и Чехии). Кроме этого, у нее есть бизнес в Казахстане и Марокко. По сообщениям

СМИ, под управлением созданного ею фонда для инвестирования в недвижимость находятся активы стоимостью порядка 500 млн.

Она теперь гораздо чаще дает интервью (отмечая, правда, что делает это в основном по настоянию мужа), настаивая на том, что «административный ресурс московской мэрии» не только не помогал ей в бизнесе, но скорее служил в каком-то смысле помехой.

Кредитный карман

Андрей Бородин,
Банк Москвы

Весной 2011 года Андрей Бородин, долгие годы возглавлявший Банк Москвы, оказался в Лондоне, а вокруг одного из крупнейших российских банков — Банка Москвы — разгорелся скандал. Когда банк перешел в собственность ВТБ, оказалось, что он нуждается в беспрецедентной санации, потому что бесконтрольно раздавал кредиты. Значительная часть денег, в частности, оказалась на счетах компании «Интеко», принадлежащих супруге экс-мэра Москвы Елене Батуриной.

Учитывая, как закон в России защищает кредиторов, ты будешь годами глотать пыль в судах и просить полицию сделать что-то, а в ответ будет тишина.

Андрей Бородин,
бывший руководитель Банка Москвы,
21 ноября 2011 года

Карман Москвы

Банк Москвы был создан в 1995 году. Учредителем выступило правительство Москвы и ряд частных лиц (в том числе Андрей Бородин), занявшие в банке руководящие посты. Банк позиционировал себя как организация, финансирующая в основном московские проекты: принимал участие в финансировании реконструкции Манежной площади, а затем МКАД. В начале 1998 года в Банк Москвы переведены все счета московского правительства и муниципалитетов.

Аудиторы, которые занимались деятельностью Банка Москвы, сейчас называют его феноменом лужковской экономики и протекционизма. Они утверждают, что даже надзорные органы Банка России побаивались вмешиваться в работу банка, опасаясь резкой реакции московского правительства. «Это была псевдорыночная структура, куда закачивались деньги московского правительства, и до ухода Лужкова, по сути, не было ни одной масштабной аудиторской проверки», — настаивают эксперты. Другие утверждают, что история этого банка особо не отличается от таких же карманных губернаторских банков в регионах. «Все хотят сами крутить свои деньги и зарабатывать на этом, — пояснял главный редактор портала bankir.ru Ян Арт. — Практически во всех регионах были созданы властями подконтрольные банки, из них прорвались на федеральный уровень только два — Банк Москвы и «Ак-барс банк» в Татарстане. По сути, этот банк был создан для обслуживания операций собственных владельцев, в данном случае — мэрии Москвы и близких к ней структур. Работа этой корпорации напрямую зависела от одной политической фигуры — Лужкова».

В марте 2010 года Банк Москвы раскрыл на своем сайте структуру владения, выполнив требования ЦБ к банкам — участникам системы страхования вкладов. Более 23% Банка Москвы принадлежало президенту банка Андрею Бородину и зампреду совета директоров Льву Алалуеву. Согласно опубликованным данным, владение осуществлялось через шесть компаний: НПО «Фармацевтика», ООО «Пластоинструмент», ООО «Газдорстрой», ООО «Центротранспорт», ООО «Строй-электромонтаж» и ООО «Химпромэкспорт». Какие доли принадлежали в этих компаниях Бородину и Алалуеву, банк не раскрыл. Наибольшей долей в банке владело правительство Москвы — 48,11%. Пакет в 18,29% принадлежал правительству Москвы и Банку Москвы через Столичную страховую группу (ССГ), 7,28% — GCM Russia Opportunities Fund через ООО «Джи Си Эм». Еще 3,25% акций, согласно сайту банка, принадлежали «акционерам-миноритариям». По неофициальной информации, косвенно Бородин контролировал более 40% акций Банка Москвы.

По данным рэнкинга журнала «Деньги», Банк Москвы занимал пятое место по размеру капитала (142,9 млрд руб.) и активов (939 млрд руб.). Из отчетности Банка Москвы за девять месяцев 2010 года следовало, что в преддверии отставки Юрия Лужкова опорные вкладчики банка существенно увеличили объемы средств на своих счетах в нем. По итогам девяти месяцев Банк Москвы получил чистую прибыль в размере 8,84 млрд руб. по МСФО. Его кредитный портфель увеличился за этот период на 15,8%, до 669,1 млрд руб. Доля необслуживаемых кредитов составила 4,1% от портфеля. Объем средств на счетах и депозитах клиентов на 30 сентября достиг 544,5 млрд руб., увеличившись с начала года на 27,2%. Остатки на счетах юридических лиц выросли на 42,3% — до 356,5 млрд руб.

К 1 марта 2011 года в регионах России работало 244 подразделения банка, у него было более 100 тыс. корпоративных и более 9 млн частных клиентов. В Москве и Московской области действовало 140 офисов банка. В сеть Банка Москвы также входили пять дочерних банков за пределами России: БМ Банк (Украина), Банк «Москва-Минск» (Белоруссия), «Латвийский бизнес-банк» (Латвия), Эстонский кредитный банк (Эстония) и «Банк Москвы» (Белград, Сербия). Представительство Банка Москвы действовало также во Франкфурте-на-Майне (Германия).

Сын или племянник?

История восхождения Андрея Бородина очень проста и одновременно покрыта мраком. Подробности его жизни и карьеры практически неизвестны. Родился он 24 мая 1967 года в Москве. В 1991 году окончил Московский финансовый институт (ныне — Финансовая академия при Правительстве РФ) по специальности «международная экономика и финансы». В 1991—1993-х стажировался в Германии в Dresdner Bank. В 1994 году стал советником мэра и правительства Москвы по финансовым и экономическим вопросам. В 1995 году руководил рабочей группой по созданию Банка Москвы. Через год из советника 27-летний парень превратился в президента и крупного акционера Банка Москвы. В банковских кругах о нем говорили как о «сыне покойного друга» Юрия Лужкова. Сам Бородин это отрицал.

Андрей Бородин: «Банк находится вне политики»

— <...> Для меня Банк Москвы — это своего рода детище, где я работаю с момента создания. Мы начинали выстраивать банк коллективом в шесть человек. Поэтому моя инвестиция в Банк Москвы является даже более чем стратегической: это дело, которому я посвятил, можно сказать, почти всю свою сознательную жизнь. <...> Мы с первого дня создания банка исповедовали одним из наших важнейших принципов то, что банк находится вне политики. Именно так мы выстраивали свою работу и позиционируем Банк Москвы как консервативный банк, управляемый коллективом профессиональных топ-менеджеров. Поэтому тема о том, что в наших финансовых показателях за последнее время произошли некие изменения, на сегодняшний день отсутствует. То есть банк работает в том режиме, в котором он работает все последние годы, за исключением кризисных периодов, когда действительно режим работы был другим.

<...> С моей точки зрения, банк — полезный инструмент для города. Через целый ряд проектов, систему кредитования строительного комплекса, малого и среднего бизнеса, проект «Социальная карта москвича» банк настолько интегрирован в систему городской экономики, что только безумец решится все это разрушить.

— Вы помните, когда вы получили предложение возглавить Банк Москвы, при каких обстоятельствах это произошло? Насколько тяжело вам было принять решение? И был ли соблазн потом уйти, неуверенность в том, что все получится? Или вы всегда абсолютно четко знали, что будет и каким образом это реализовывать?

— До конца 93-го года я работал в Дрезднер-банке. И очень
неплохо себя там чувствовал как с точки зрения зарплаты, так и с точки зрения перспектив. Но в конце 1993 года
я написал заявление об уходе — это был осознанный шаг.
У меня тогда не было никакого предложения из Москвы: я
просто незадолго до Нового года вернулся в Россию, отметил праздник, а потом стал думать, чем мне заниматься. В
прессе обычно пишут, что мой покойный папа был близким
другом мэра. Это выдумано. На самом деле все немного
иначе. Есть человек, который долгие годы работал в Министерстве химической промышленности и, с одной стороны,
неплохо знал Юрия Михайловича, а с другой — моего покойного дядю. При том что мой дядя с Юрием Михайловичем никогда не пересекались. Собственно, тот человек передал мою анкету в кадры мэрии, где решили, что специалист
со знанием языков и с опытом работы в банковском секторе
может пригодиться. В какой-то момент моя анкета очути-
лась у Юрия Михайловича.

— Сколько вам тогда было лет?

— Это был 1994 год, значит, 27. И когда моя анкета попала
к Юрию Михайловичу, он заинтересовался и даже пригласил меня в один из дней на встречу, предложив занять пост
советника по экономике. В мои функции входило изучение
договоров и сделок, в которых должно было участвовать
правительство Москвы. Один из примеров: у Москвы был
контрольный пакет в СП сети «Макдоналдс», потому что
иностранцам до определенного момента было запрещено
иметь свыше 50% в СП с российскими партнерами. Впоследствии, когда «Макдоналдс» хотел выкупить свой пакет,
они предложили за него $3 млн. Но мы немного поработа-
ли, и в конечном итоге стоимость сделки составила почти
$30 млн. Я думаю, что в компании были слегка разочарова-
ны тем, что у них не получилось совершить такую хорошую
сделку. В результате руководство мэрии оценило мое умение
давать экспертные оценки по поводу того, что сколько стоит. А потом случились известные события: Мост-банк впал
в немилость Кремля, а я в тот момент анализировал экономику работы города с уполномоченными банками и понял,
что на самом деле часть операций могла бы проводиться
банком, где город имеет контроль. Ведь, грубо говоря, упол-
номоченные банки платили городу 80%, при том что на меж-
банке ставки превышали 200%, а ставка рефинансирования
ЦБ — 150% годовых. То есть банки начисляли на остатки по
счетам города половину ставки рефинансирования, а креди-

ты выдавались под 200—250%. Это было чистым безумием, и я подумал: если в одном месте объединить эти ресурсы, то можно значительно сократить стоимость заимствований да еще зарабатывать на этих свободных деньгах. Так начался процесс создания банка. И шел он, мягко говоря, непросто.

— Да, вы фактически создали конфликтную ситуацию...

— Да, мы вынимали «хлеб с маслом» изо рта уполномоченных банков.

— Не страшно было?

— Страха не было: в 27 лет не особо понимаешь, что тебе грозит. Но пару раз психологические атаки я испытывал. Один раз ко мне в квартиру звонили какие-то лица. Я не открыл. Другой раз в открытую была слежка. В третий раз определенные люди подготовили некую провокацию, которую пытались довести до мэра.

— Вы за защитой наверх ходили?

— Я не люблю оправдываться. Об этих случаях я рассказывал своим близким, коллегам по работе, но наверх не ходил с этим никогда.

— Вы несколько раз произнесли «я подумал», «я решил», «инициировал»: чья воля в ваших отношениях с акционерами играет определяющую роль? Вы всегда проявляете инициативу или, скажем, доля решений «сверху» все-таки присутствует?

— Тут не очень корректно сравнивать. Тогда был 1995 год — другое законодательство, другие принципы работы. Сейчас ситуация иная: прошло время проявлять инициативы, подобные «давайте создавать банки». Сегодня инициатива может быть проявлена в контексте того или иного проекта, участия в финансировании. Если такие вопросы возникают, мы ставим их на уровне городского руководства. А когда город реализует какие-то проекты, он ищет финансовых партнеров.

— Были случаи, когда вы и акционеры не достигали компромисса?

— Конечно, были. Если нам кажется, что то или иное предприятие не является интересным или несет в себе повышенные риски, мы вправе от него отказаться. Никто ногами не топает и санкциями не угрожает.

<...> Мы перенесли фокус своей деятельности на федеральный уровень: сегодня почти половина нашего бизнеса приходится на регионы. Зависимость от средств Москвы значительно сокращена. Все последние годы мы активно развиваем розничный бизнес. Так получилось, что в результате трансформации банк, завязанный исключительно на

БЮДЖЕТ ГОРОДА, СО ВРЕМЕНЕМ ПРЕВРАТИЛСЯ В БАНК ФЕДЕРАЛЬНОГО УРОВНЯ.

<...>

— ПОСЛЕДНИЙ ВОПРОС: ШВЕЙЦАР НА ВХОДЕ В БАНК — ВАША ИДЕЯ?

— ДА. ВЕДЬ ЭТО ГЛАВНЫЙ ОФИС. ПОСТАВИТЬ НА ЭТОТ ПОСТ МИЛИЦИОНЕРА? ДУМАЮ, ШВЕЙЦАР — ЭТО БОЛЕЕ СОЛИДНО И ДРУЖЕЛЮБНО. ОН ВАМ ДВЕРЬ ОТКРОЕТ: ОНА ОЧЕНЬ ТЯЖЕЛАЯ.

Из интервью газете «Коммерсантъ» 8 октября 2010 года

Люди, которые близко общаются с Бородиным, говорили о нем как о человеке легком в общении. Все отмечали его прекрасное чувство юмора. Впрочем, на жесткие поступки он тоже способен. Особенно ярко это качество проявлялось раньше, когда он чувствовал за своей спиной силу московского правительства. Так, Министерство по антимонопольной политике (МАП) в начале 2000-х много раз предъявляло банку претензии в связи с его правами на обслуживание бюджетных счетов Москвы. Однажды дело закончилось скандалом. В декабре 2001 года МАП распространило заявление, что Андрей Бородин и вице-президент банка Александр Судаков чуть ли не шантажируют руководство министерства. Сотрудники МАПа заявили, что из Банка Москвы им звонят с предложениями «подумать о родных и близких, о последствиях излишней ретивости антимонопольщиков».

Бородин возглавлял координационный совет руководителей объединений промышленников и предпринимателей Центрального федерального округа, входил в совет Ассоциации российских банков. Был награжден орденом Дружбы, медалью ордена «За заслуги перед Отечеством» II степени. В 2010 году вошел в пятерку высших руководителей в категории «Коммерческие банки» рейтинга «Топ-1000 российских менеджеров» «Коммерсанта» и Ассоциации менеджеров России. В 2010 году журнал Forbes оценил его состояние в $900 млн.

В быту Андрей Бородин следовал моде, принятой в верхах. Например, его любимым хобби были горные лыжи. Здоровый образ жизни банкир дополнял диетами и четко спланированным графиком работы. Гражданская жена Бородина, Татьяна Корсакова, — модель. В начале 2000-х она появлялась в СМИ с откровенными фотосессиями (например, для мужского журнала Maxim) и рассказывала о своей бурной личной жизни.

Кстати, ее «открыло» модельное агентство с символическим названием «Президент».

У пары есть четырехлетняя дочь Варя. Семья жила привычным для «околорублевских» кругов укладом: у отца — бизнес, у девочки — элитные гувернантки, у мамы — мода и благотворительность.

Образ идеального отца и мужа, однако, за Бородиным не закрепился: банкир ссорился со своей первой и официальной женой — Татьяной Репиной. Однажды он даже подал на нее в суд, требуя передать ему на воспитание двоих общих детей — 8-летнего Андрея и 11-летнего Николая. Бородин и Репина поженились еще в конце 1990-х, каждый из супругов активно развивал свой бизнес. Отношения между тем не сложились: в 2003 году пара развелась, и суд доверил детей Татьяне, разрешив отцу каждую неделю видеться с мальчиками. Характерно, что дело о передаче детей Бородин проиграл потому, что ни разу не пришел на заседания Гагаринского суда и даже не прислал своих представителей. А может быть, еще и потому, что, по некоторым свидетельствам, отец с детьми почти не общался, так как потерял к ним всякий интерес.

У Татьяны Репиной свой бизнес — меховая компания Selvaggio, и материально от бывшего мужа она не зависит. Во всяком случае те 25 тыс. рублей в месяц, которые Бородин выплачивал на двоих детей, далеко не последняя надежда бывшей супруги банкира.

Впрочем, вполне вероятно, что конфликт на том не закончился. В руки журналистов «Огонька» попал документ Следственного комитета, где рассказывается об обстоятельствах другого дела. Помещение бутика Selvaggio на Малой Бронной было выкуплено ЗАО «ФинРезерв», имеющим отношение к Банку Москвы. Представители меховой компании больше года судились за право оставить свой бизнес на прежнем месте, но им все же пришлось съехать.

СДЕЛКА ГОДА

После того как мэр Москвы Юрий Лужков был отправлен в отставку в сентябре 2010 года по причине «отсутствия доверия» со стороны Президента, перспективы подконтрольного столичному правительству Банка Москвы были оценены аналитиками как неопределенные, несмотря на его устойчивое финансовое положение. Рейтинговое агентство Fitch поставило прогноз инвестиционного рейтинга одного из крупнейших банков на пересмотр. Многие опасались, что Банк Москвы окажется в финансовом кризисе, если новый мэр Собянин решит забрать оттуда счета московского бюджета. Но этого не произошло, никто не мог подвергать риску огромное количество вкладчиков банка. Однако довольно быстро после отставки Лужкова возник и вопрос о продаже Банка Москвы. Правительство включило банк в список объектов приватизации на 2011—2012 годы. Об интересе к этому активу и о намерении приобрести 100% банка заявил ВТБ.

Еще в ноябре 2010 года стали говорить о том, что ВТБ может войти в совет директоров Банка Москвы, но Бородин упорно это отрицал. На совместной пресс-конференции вице-мэра Москвы Юрия Росляка и Андрея Бородина было официально объявлено, что ни правительство Москвы, ни структуры Бородина не продают акции банка. «Нет оснований комментировать эту информацию. В отношении политики к нашим активам такие вопросы пока не прорабатывались», — заявил Юрий Росляк. А Бородин вообще ушел от ответа на вопрос, поступали ли ему предложения о покупке его доли, в том числе от ВТБ, считающегося основным претендентом на акции Банка Москвы. «Предложения есть всякие: жениться предлагают, корову купить», — пошутил он, добавив, что «пока ничего не планируется».

В ВТБ также от комментариев отказывались. Однако в декабре 2010 года ВТБ официально подтвердил, что претендует на Банк Москвы. Президент-председатель правления ВТБ Андрей Костин сообщил, что заинтересован в приобретении мажоритарного пакета в Банке Москвы. «Мы достаточно ясно показали, что мы заинтересованы. Мы думаем, что мы единственный российский банк, который располагает капиталом для этого приобретения», — сказал он.

Но покупая Банк Москвы, ВТБ скорее всего не предполагал, с какими проблемами ему придется столкнуться. Он покупал кота в мешке. И это несмотря на то, что в декабре 2010 года

Банком Москвы занялась Счетная палата. Впрочем, в январе, «чтобы не мешать процессу интеграции банков», Счетная палата объявила о временном прекращении проверки, сославшись на просьбу мэра Москвы Сергея Собянина и ВТБ.

В январе 2011 года Банк Москвы получил первый за последние месяцы убыток в 277 млн руб. Кроме того, в его январской отчетности был виден резкий рост норматива кредитного риска на связанных заемщиков: этот показатель у банка был близок к критическому уровню. А уже в феврале, когда противостояние старого и нового крупнейших акционеров Банка Москвы обострилось, проверка была возобновлена.

Сделка по продаже доли столичного правительства в Банке Москвы ВТБ была закрыта 22 февраля: госбанк приобрел пакет в 46,48% акций в самом банке и еще блокпакет в Столичной страховой группе, владеющей 17,32% Банка Москвы, за 103 млрд руб. (весь банк был оценен в 203 млрд руб.). Теперь речь шла лишь о выкупе акций самого Бородина. Свою долю Бородин был согласен продать «как минимум по цене, которую ВТБ заплатил за пакет города». Если же ВТБ недоволен приобретенным активом, то, по словам Андрея Бородина, он по-прежнему готов выкупить пакет правительства у ВТБ по той цене, в которую он им обошелся. Как президент московского банка, Бородин вообще был против сделки: «Я не считал правильным объединение с другим банком. Объединение не несло никакого экономического преимущества. Я был против превращения в московскую контору другого банка».

Пакет акций, который принадлежал Бородину и его партнеру, ВТБ не собирался покупать за запрошенные деньги. Торг быстро перерос в открытую и жесткую войну. Представители ВТБ объявили, что бывший топ-менеджмент банка кредитовал деньгами банка собственный бизнес, и сейчас этот бизнес на грани разорения, что принесет Банку Москвы огромные убытки.

Андрей Костин сделал заявление, фактически поставившее Банк Москвы в один ряд с банками-банкротами. Это спровоцировало незамедлительную реакцию президента Банка Москвы Андрея Бородина. В комментариях агентству «РИА Новости» он посоветовал господину Костину «обратить внимание на возглавляемый им банк». Так же, как и глава ВТБ, он продемонстрировал глубокие знания относительно качества активов второго по величине госбанка. «По моей информации, ситуация в ВТБ на порядок более сложная. И его руководителю стоит обратить внимание на возглавляемый им банк. У него серьезные проблемы в кредитном портфеле», — передало его слова «РИА Новости». Кроме того, Бородин упрекнул ВТБ в отсутствии профессионализма. «Каким профи нужно быть, чтобы купить за 100 млрд руб. кота в мешке», — добавил он.

В марте 2011 года Счетная палата обнародовала результаты проверки Банка Москвы. Аудиторы пришли к выводам, что Банк Москвы нарушал кредитные процедуры, выдавая ссуды под неликвидные залоги, а иногда и вовсе без залогов, отвлекал денежные средства, пользуясь при этом масштабной финансовой поддержкой столичных властей. Аудитор Счетной палаты Михаил Бесхмельницын сказал тогда: «Менеджмент нарушал документы регулятора — Центрального банка — в предоставлении кредитов, а также нарушал внутренние документы и процедуру выдачи кредитов». При этом Счетная палата обнаружила, что по ряду кредитов нет залогов или они неликвидны. Невысокое качество кредитного портфеля Банка Москвы, по мнению Счетной палаты, в частности, было связано с тем, что ряду заемщиков банк выдавал кредиты на нерыночных условиях. В числе таких заемщиков господин Бесхмельницын назвал около 40 непрофильных организаций, аффилированных с банком.

Выводы Счетной палаты вызвали у ряда экспертов вопросы не только об эффективности управления Банком Москвы, но и об эффективности работы самого надзорного ведомства: если сейчас идет речь о многочисленных нарушениях, которые происходили в банке на протяжении многих лет, то почему они не были обнаружены раньше? Почему Счетная палата раньше не проверяла Банк Москвы, несмотря на то что он получал бюджетные средства, а эффективность их расходования как раз входит в круг ее интересов?

После оглашения итогов проверки Счетной палаты стало очевидно, что тон переговоров между акционерами банка остается напряженным. Ранее эксперты говорили о том, что проверка госаудиторов — инструмент давления на миноритариев, особенно с учетом того, что ранее Счетная палата никогда банк не проверяла.

К истории подключились Следственный комитет при МВД, Центральный банк и прочие государственные структуры. Андрею Бородину и его первому заму Дмитрию Акулинину были предъявлены обвинения в злоупотреблении полномочиями. Бородин под предлогом лечения от нервного срыва успел уехать в Лондон.

Развязка наступила в апреле. Крупнейший миноритарий банка Андрей Бородин сообщил о продаже 20,3% акций банка. Пакет Андрея Бородина выкупили структуры Виталия Юсуфова, сына спецпредставителя президента по международному энергетическому сотрудничеству Игоря Юсуфова.

ДЫРА

В мае 2011 года ВТБ наконец получил контроль над Банком Москвы. А в конце июня ВТБ, Банк России и Агентство по страхованию вкладов (АСВ) начали обсуждать санацию покупки. Дело в том, что объем кредитов на балансе Банка Москвы, перешедших в категорию проблемных в результате корпоративного конфликта между старыми и новыми собственниками, составил 217 млрд руб., т. е. в полтора раза больше капитала банка. Точная оценка бедствия впервые была приведена в письме, направленном в ВТБ Андреем Бородиным, в то время уже экс-главой Банка Москвы.

После получения операционного контроля в Банке Москвы ВТБ обнаружил, что часть так называемых инвестиционных кредитов, выданных Банком Москвы, перестала обслуживаться. Точный масштаб проблемы при этом не раскрывался, руководство ВТБ в комментариях относительно количества таких кредитов ограничивалось характеристиками «значительное» и «несколько миллиардов долларов».

Сумма объявленных убытков Банка Москвы постоянно росла. Сначала говорили о нескольких сомнительных сделках по 10—12 млрд руб., затем сумма предполагаемых убытков выросла до 150 млрд. Вскоре говорилось уже о том, что общий объем кредитов аффилированным с бывшим топ-менеджментом компаниям оценивается в 366 млрд руб. Большая часть этой суммы, похоже, ушла безвозвратно. Создавалось впечатление, что дыра в балансе Банка Москвы, которую государство латало всевозможными способами, появилась сама по себе, а деньги, потребные на ее затыкание, не были кем-то разворованы, а просто или никогда не существовали, или, напротив, буквально испарились.

Крах пятого по величине банка России никто допустить не мог: у Банка Москвы было 4,5 млн вкладчиков, 9 млн клиентов, 65 тысяч московских предприятий держали в банке свои счета. ВТБ запросил помощи для Банка Москвы у государства. В итоге сделка оказалась беспрецедентным по масштабам спасательным мероприятием. По результатам проверки ЦБ, завершившейся июне 2011 года, было принято решение о санации банка и выделении на это 295 млрд руб. от государства (сумма, эквивалентная 1% ВВП России и примерно равная объему господдержки 18 банков в кризис 2008 года) и 100 млрд руб. от самого ВТБ на покупку будущей допэмиссии Банка Москвы. Вице-премьер Алексей Кудрин пояснял в конце июня, что крушение Банка Москвы могло бы оказать сильнейшее негативное влияние на всю банковскую систему России и именно поэтому вмешательство государства в лице ЦБ и АСВ оправданно.

В конце сентября 2011 года группа ВТБ консолидировала у себя полный контроль в бывшем опорном банке столичного правительства. Это стало основанием для перечисления Банку Москвы обещанных на оздоровление 295 млрд руб. Но фишка была в том, что сразу после перечисления денег выяснилось, что часть капитала Банка Москвы могла быть сформирована фиктивно его прежним руководством.

Предварительные результаты проверки Банка Москвы Агентством по страхованию вкладов появились на лентах новостей. «В двух из трех последних эмиссий акций Банка Москвы реальными были только средства правительства Москвы, а миноритарии оплачивали акции средствами, полученными в банке», — передало слова источника агентство «Прайм». Руководство ВТБ настаивало на том, что сомнительные кредиты выдавались офшорным фирмам, без залога и малыми суммами, чтобы скрыть эти кредиты от проверяющих аудиторов Центробанка: «Тот кредитный портфель, о котором мы говорим, решения по нему принимались единолично непосредственно первым вице-президентом Акулининым, который возглавлял департамент инвестиционных активов, и соответственно Андреем Бородиным. В банке мы столкнулись с тем, что даже есть такое собственное понятие — спецы. То есть специализированные компании, в основном в форме ООО, и компании-нерезиденты, в основном зарегистрированные в офшорных зонах. Вот из этого кредитного портфеля на долю последних двух, так называемых ООО-шек, не знаю, в народе их называют «помойками», не хочется никого обижать, и офшоров приходится кредитный портфель где-то в размере 150 млрд рублей. Этот портфель представлен достаточно небольшими кредитами, до 30 млн рублей...» Еще миллиардов 150 приходилось на кредиты работающим предприятиям, только выданы они были без залогов и необходимого обеспечения. В качестве примера в прессе часто называют ЗАО «Инвестлеспром».

Журнал «Огонек» обратился за разъяснениями непосредственно к Андрею Бородину, однако он отказался отвечать на вопросы. «Вы можете узнать мою позицию относительно ситуации вокруг ВТБ и Банка Москвы на сайте andrey-borodin. com. Все принципиальные моменты освещены там вполне четко», — пояснял Бородин. На сайте он размещал короткие реплики по ходу развития конфликта. «Мы вели консервативную кредитную политику. Я всегда говорил коллегам, что лучше не выдать десять хороших кредитов, чем выдать один плохой. Ни один кредит не выдавался без решения кредитного комитета. Эта консервативная кредитная политика всегда помогала нам выживать», — в таких, довольно обтекаемых выражениях отвечал Бородин на упреки оппонентов. «Являясь бывшим президентом Банка Москвы в течение 15 лет, я со всей ответственностью заявляю, что на момент моего ухода из этого кредитного учреждения в нем не существовало проблемных кредитов, тем более такого объема. Банк Москвы являлся стабильно прибыльным банком, на протяжении длительного периода генерировавшим прибыль в размере более 1 млрд долларов в год. Все компании — заемщики Банка Москвы способны самостоятельно обслуживать свою задолженность в условиях нормальной деятельности», — настаивал Бородин.

История обрастала разными криминальными подробностями. У нее появился даже легкий мистический оттенок: в конце июня в авиакатастрофе под Петрозаводском погиб Дмитрий Маслов, генеральный директор крупнейшего заемщика Банка Москвы — ЗАО «Инвестлеспром». Он был на борту Ту-134 авиакомпании «Русэйр», который 20 июня в 23:40 рухнул недалеко от взлетно-посадочной полосы. «Я опечален новостью о том, что Дмитрий Владимирович Маслов трагически погиб в авиакатастрофе. Потерю Дмитрия Владимировича чувствуют все, кто знал и любил его», — написал на своем официальном сайте Андрей Бородин.

Андрей Костин:
«Другого захода быть не могло»

— В группе ВТБ появилась новая дочерняя структура в лице Банка Москвы. У кого вы купили 30% акций, недостающих для консолидации 75-процентного пакета Банка Москвы, который необходим для получения 295 млрд рублей от государства на санацию этого актива? Почему сделка так затянулась?

— Как мы и обещали, ВТБ консолидировал ...свыше 80% акций Банка Москвы, выкупив пакеты у миноритариев банка. Сделка затянулась, потому что в ней участвовало много сторон, и она должна была быть полностью синхронизирована, чтобы не было разрыва между консолидацией и выделением средств от АСВ Банку Москвы. Мы изначально вели переговоры со всеми миноритариями, за исключением Бородина, точнее, тех офшоров, за которыми он, как нам кажется, стоит. Мы не можем раскрывать цену покупки и чьи конкретно пакеты акций ВТБ выкупил, это коммерческая тайна. Могу лишь сказать, что никто из них на этих сделках денег не заработал. В целом ВТБ планирует потратить на выкуп почти 100% акций Банка Москвы, включая проведение допэмиссии, не более 258 млрд рублей. ...Банк Москвы получил кредит от Агентства по страхованию вкладов на сумму 295 млрд рублей, который в прошлую пятницу был полностью инвестирован нами в государственные ценные бумаги, выпускаемые Минфином.

<...>

— Как так вышло, что сначала проводится рыночная сделка, говорится, что мы покупаем рыночного игрока, а потом у государства на это дело просятся деньги?

— Проблема Банка Москвы создана не нами, а его предыдущим менеджментом. Просто господин Бородин пытается по-другому сформировать общественное мнение.

<...>

— Надо было сначала показывать сделку как рыночную, а потом просить денег у государства? Не покупали бы Банк Москвы, если не могли провести в нем нормальный due diligence...

— Мы покупали на базе той информации, которая у нас имелась. Мы неоднократно делали заявления, что менеджмент, воспользовавшись тем, что размыл долю города и создал некую систему управления акциями, которые ему не принадлежали, не допускал ни правительство Москвы, ни нас к этому процессу в той степени, в которой должен был сделать. Это во-первых. Во-вторых, менеджмент подделывал документы, вел двойную бухгалтерию, предоставлял недостоверную информацию и аудиторам, и проверкам, и все это происходило под политическим прикрытием руководства Москвы. Мои контакты с Юрием Михайловичем показали, что он действительно свято верит в то, что руководство Банка Москвы было прилежное и осуществляло нормальную деятельность. К сожалению, Юрий Михайлович, как нам сейчас стало известно, не учел мнения своих подчиненных о том, что правительству Москвы нельзя было размывать контрольный пакет в Банке Москвы. И он, как мэр, сознательно пошел на это, доверяя Бородину. Так что другого захода быть не могло, потому что в этих условиях новое руководство Москвы не могло реализовать право на свободную продажу своего пакета.

— То есть по сравнению с июнем, когда стал известен официальный размер дыры в Банке Москвы — около 300 млрд рублей плохих активов, ситуация не улучшилась?

— Дело в том, что осенью, когда власть в Москве поменялась, Бородин просто продлил все эти кредиты. И вот теперь они выходят на просрочку, но все это было уже заложено в озвученном масштабе бедствия.

— Следующий шаг — докапитализация Банка Москвы на 100 млрд рублей. В какие сроки вы намерены ее провести?

— Мы должны ее провести до конца 2012 года, а внутри этого срока — раньше или позже — будет зависеть от того, когда Банк Москвы перейдет из состояния банка, находящегося в процессе оздоровления, к состоянию абсолютно нормального игрока. Пока у нас намерение провести допэмиссию до конца этого года.

— К состоянию нормального игрока Банк Москвы перейдет, когда он вернет государству все деньги, выделенные на санацию, а это вряд ли удастся сделать даже до конца 2012 года.

— Это ошибка. Ошибка потому, что деньги, полученные для оздоровления, — это кредит. И как только Банк Москвы начнет соблюдать все нормативы ЦБ, установленные для любого другого банка, период финансового оздоровления будет считаться законченным. А полученный кредит будет обслуживаться, и в этом плане он ничем не отличается от любого другого кредита.

— Кроме ставки, которая приравнивает этот кредит к бюджетной дотации...

— Это самое распространенное заблуждение в публикациях о финансовом оздоровлении Банка Москвы в СМИ. Первое — никаких бюджетных денег в процессе его спасения не задействовано. Кредит по льготной ставке — да, но это не бюджетные средства. Это деньги, которые предоставляет ЦБ. Именно это Центробанк активно делал в 2008—2009 годах практически для всех банков страны. Не исключено, что в случае новых проблем с ликвидностью он возобновит такую практику. Второе — если бы этих денег не было, мы получили бы потерю уже действительно из бюджета, потому что в Банке Москвы находилось 200 млрд рублей бюджетных денег, как города Москвы, так и федерального бюджета, и 150 млрд рублей денег вкладчиков, из которых примерно половина попадала под систему страхования вкладов. Таким образом, купив Банк Москвы, а потом санировав его, мы решили сразу три важные задачи: спасли один из системообразующих российских банков, крах которого имел бы очень негативное влияние на все финансовые институты и фондовый рынок страны; решили задачу реализации непрофильного для города имущества и получили возможность расширить бизнес группы ВТБ.

— Если бы у вас была возможность заново пройти этот путь, вы бы купили Банк Москвы?

— У меня есть черта, которая мне помогает: я никогда не жалею о том, что сделано. Потому что пока ты жив и пока дееспособен, даже если что-то не так или как-то не так ты сделал, ты всегда можешь превратить это в плюс. Я думаю, что, если бы мне сейчас пришлось пройти этот путь второй раз, я бы прошел его. И потом, если бы мы Банк Москвы не купили, он просто-напросто обанкротился бы в течение нескольких месяцев. Да и в целом, я думаю, такие серьезные испытания мобилизуют команду, мобилизуют банк. Если мы упремся, мы сумеем эту историю сделать успешной.

Из интервью газете «Коммерсантъ» 4 октября 2011 года

Отпускник, отставник

Впервые вопрос об отставке Бородина встал в январе 2011 года. Тогда этот вопрос должен был рассмотреть совет директоров Банка Москвы. Источник, близкий к одному из акционеров Банка Москвы, сообщил, что инициатива по созыву второго внеочередного собрания исходила от департамента имущества правительства Москвы. По словам представителя другого акционера банка, во вторник банк получил соответствующее письмо от департамента за подписью его главы Натальи Сергуниной. «Смена руководства банка — одно из условий будущей сделки, принципиальное решение о которой ВТБ хочет принять в феврале, — указывал источник. — Для этого нужно проводить due diligence в банке, что в присутствии нынешнего руководства сильно осложнено».

«Я не думаю, что господин Бородин будет пытаться заблокировать решение о своей отставке: скорее всего, он уйдет. Впрочем, при любом раскладе, кто бы ни стал новым владельцем контрольного пакета банка, Андрею Бородину с большой долей вероятности пришлось бы оставить свой пост», — считал глава ЦЭА МФПА Сергей Моисеев. «Сопротивление в этой ситуации может противоречить интересам Андрея Бородина, — рассуждал экономист крупного банка. — Ведь могут последовать вопросы, каким образом и на какие средства он консолидировал такой объем акций». Сам Андрей Бородин отказывался от комментариев.

В конце февраля 2011 года корреспонденту газеты «Коммерсантъ» позвонил сотрудник «Интеко», сообщивший о том, что в офисе компании (Никитский переулок, 5) проводится обыск. По его словам, следователи и оперативники прибыли в офис в сопровождении бойцов ОМОНа в масках. После того как омоновцы взяли входы в офис под охрану, следователи и оперативники, предъявив юристам компании постановления на обыск и выемку документов, разошлись по этажам офиса.

Обыски и выемки документации, по данным СК при МВД, одновременно проводились не только в «Интеко», но и в Банке Москвы, АКБ «Русский земельный банк», ЗАО «Кузнецкий мост девелопмент» и ЗАО «Премьер Эстейт». Кроме того, следователи посетили квартиры и дома «ряда топ-менеджеров» Банка Москвы. Как сообщил источник в СК при МВД, часть следователей отправилась и в загородный дом, принадлежащий Елене Батуриной и Юрию Лужкову, чтобы и там провести обыск, однако сделать этого не удалось — владельцев просто не оказалось дома.

Елена Батурина назвала происходящее «заказом». «Я абсолютно точно знаю, что эти обыски не имеют никакого отношения ни к нам, ни к Банку Москвы. Это просто заказ и давление на нас», — сообщила хозяйка «Интеко» «Интерфаксу». При этом источник в правоохранительных органах заявил тому же «Интерфаксу», что в ближайшее время может быть решен вопрос о предъявлении госпоже Батуриной обвинения в мошенничестве. «Вероятнее всего, обвинение будет предъявлено в заочной форме, так как госпожа Батурина не является по повесткам для проведения следственных действий», — сказал источник «Интерфакса».

Как сообщила официальный представитель СК при МВД Ирина Дудукина, следственные действия проводились в рамках расследования уголовного дела по ч. 4 ст. 159 УК РФ («Мошенничество в особо крупном размере»). Возбуждено оно было Главным следственным управлением ГУВД Москвы в декабре

2010 года, а затем «в связи с резонансностью и сложностью» для дальнейшего расследования в начале февраля текущего года было передано в СК при МВД. Как пояснили в СК при МВД России, уголовное дело пока расследовалось в отношении «неустановленных лиц» (подозреваемых и обвиняемых в нем не было), но они могли появиться — в том числе после изучения бумаг, изъятых в ходе обысков, и по результатам допросов.

Сделка, которой интересовалось следствие, была совершена 25 июня 2009 года. Тогда ООО «ТД «Раменская» — «дочка» «Интеко» — продало ЗАО «Премьер Эстейт» за 12,7 млрд руб. 58 га земли на западе Москвы (между Мичуринским проспектом, улицей Лобачевского и Киевской железной дорогой). Деньги на покупку компания «Премьер Эстейт», учрежденная незадолго до сделки вице-президентом ЗАО «Кузнецкий мост девелопмент» Светланой Тимининой с уставным капиталом 10 тыс. руб., взяла в виде кредита у Банка Москвы. За три недели до выдачи кредита Мосгордума одобрила решение городского правительства о взносе в уставный капитал Банка Москвы 14,99 млрд руб. Мэрия как основной акционер банка перечислила эти деньги в счет оплаты допэмиссии акций. В Банке Москвы неоднократно заявляли, что «Премьер Эстейт» получила кредит на рыночных условиях и даже заложила выкупленную у «Интеко» землю, кроме того, уверяли в банке, заемщик исправно обслуживает кредит и досрочно погасил его часть. Ранее британские СМИ сообщали, что «Премьер Эстейт» купила землю в интересах фонда Argo Capital Partners Fund Ltd, зарегистрированного в 2006 году на Каймановых островах. Эту информацию «подтвердили два бывших сотрудника «Интеко». Продав землю на западе Москвы, а также часть своих акций Сбербанка, «Роснефти» и «Газпрома», госпожа Батурина выручила 27 млрд руб., из которых 18 млрд пошло на погашение долга перед Газпромбанком, еще 9 млрд руб. — перед другими кредиторами, в том числе и Банком Москвы. Продажа активов позволила владелице «Интеко» сократить свои долги на 90%, которые еще весной 2009 года оценивались на уровне 30 млрд руб.

«Денежные средства, полученные в виде кредита в Банке Москвы на сумму около 13 млрд руб., были переведены на личный счет Елены Батуриной», — заявили в пресс-службе СК при МВД. Каким образом это произошло, и собиралось выяснить следствие, разбирая изъятые в ходе обысков бумаги.

По сведениям источников в СК при МВД, на допросах в ведомстве уже побывали учредитель компании «Премьер Эстейт» Светлана Тиминина и президент Банка Москвы Андрей Бородин. Госпожа Тиминина, по сведениям источников «Ъ», сообщила, что «Премьер Эстейт» и «Кузнецкий мост девелопмент» якобы создавались в интересах «Интеко» для «реализации крупного инвестиционного проекта» — «Сетунь-Сити». Таким образом, по версии следствия, кредитуя «Премьер Эстейт», Банк Москвы фактически выделил деньги «Интеко».

Банк отверг обвинения в хищении, заявив, что сделка носила рыночный характер, соответствовала внутрибанковским процедурам и была осуществлена под рыночный залог. Андрей Бородин не сдавался, активно опровергал все обвинения в свой адрес и энергично защищал свое детище, на которое потратил 15 лет жизни.

Затянувшийся weekend

Но с весны 2011 года Андрей Бородин в банке не появлялся. Хотя в интервью газете «Ъ» Андрей Бородин сообщил, что находится за пределами России, отказавшись уточнить, где именно: «Я уехал в выходные на день рождения младшей дочери и в ближайшее время планирую вернуться в Москву».

28 марта Следственный комитет при МВД России планировал провести с Андреем Бородиным и Дмитрием Акулининым следственные действия, связанные с официальным предъявлением постановления о привлечении высокопоставленных менеджеров Банка Москвы в качестве обвиняемых в злоупотреблении должностными полномочиями (ст. 201 УК РФ). Само же постановление было заготовлено следователем еще 25 марта. Однако в назначенный день оба подозреваемых к следователю Дмитрию Писаревскому не явились. Кроме того, как заявили источники в МВД, адвокаты Бородина и Акулинина не представили в Следственный комитет каких-либо документов,

свидетельствующих о наличии уважительных причин для неявки подзащитных, как и сведений о том, что те в настоящее
время находятся в Лондоне. В частности, благодаря оператив-
но-розыскным мероприятиям следствию удалось установить,
что Дмитрий Акулинин, зная о том, что станет обвиняемым,
выехал в Великобританию через Белоруссию. По официальной
версии, в командировку.

У следствия вполне могли появиться новые претензии
к руководству Банка Москвы. В ходе проходивших в Банке
Москвы проверок в связи со сменой собственника был вы-
явлен ряд случаев вывода активов, утверждал источник в
одной из компаний, привлеченных к аудиту. Так, с января
по март с баланса ЗАО «Инвестлеспром» (Банк Москвы напрямую владел 20%, а через ряд аффилированных компаний
фактически контролировал ЗАО) исчезли акции Вятского и
Томского фанерных комбинатов, «Карелия ДСП», Сокольско-
го ДОК и ДКП «Новая Вятка». «Их больше нет в группе Банка
Москвы», — утверждал источник. Кроме того, по его словам,
у аудиторов возникли вопросы по одному из проектов Банка
Москвы: банк вложил 9 млрд руб. в нефтяные поля в Сара-
товской области, запасы которых он назвал «крайне незначительными».

Так или иначе, источники в МВД России заявили, что следствие надеется получить от Акулинина и Бородина письменные
объяснения причин выезда в Великобританию с указанием
сроков пребывания за рубежом. В противном случае, сообщил
источник, будет включен весь механизм следствия — заочное
обвинение, заочное избрание меры пресечения, объявление в
международный розыск. Вплоть до заочного осуждения.

30 марта всплыло уголовное дело, которое было возбуждено еще в декабре прошлого года Главным следственным
управлением ГУВД Москвы по ч. 4 ст. 159 УК РФ («Мошенничество в особо крупном размере»). Речь шла о пресловутых
13 миллиардах, точнее, о пресловутом кредите на 12,76 млрд
руб., выданном Банком Москвы пресловутому ЗАО «Премьер
Эстейт».

Новый президент банка (им стал Михаил Кузовлев, бывший зампред правления ВТБ) был избран лишь в апреле, ког-

да Андрей Бородин и его заместитель Дмитрий Акулинин уже были отстранены от своих должностей в рамках уголовного преследования и находились в Лондоне.

«...мною получено постановление следователя об избрании господину Бородину меры пресечения в виде подписки о невыезде. Также у меня на руках документ, подтверждающий, что данное постановление до настоящего времени господину Бородину не объявлялось. С какими-либо документами об объявлении в розыск защита не ознакомлена», — подчеркнул адвокат Михаил Доломанов, представляющий интересы главы Банка Москвы.

А экс-глава Банка Москвы Андрей Бородин официально попрощался с менеджерами банка из Лондона. Он поблагодарил бывших коллег за работу, кратко объяснил, почему решил «отступить» («чтобы не потерять банк, клиентов, репутацию, коллектив»). Кроме того, Андрей Бородин предупредил, что теперь у банка начинается новый период, когда он «потеряет свою самостоятельность, независимость и возможность развиваться так, как считает правильным».

Выступая в Госдуме, глава ЦБ в ответ на реплики депутатах об исходе в Лондон целого ряда российских банкиров, среди которых парламентарии упомянули и Андрея Бородина, назвал это явление «нашей самой главной проблемой». «Сегодня, к сожалению, менеджеры банков и собственники банков иногда поступают недобросовестно, иногда разоряют собственные банки, потому что это выгодно. А самое главное — потому, что в большинстве случаев не несут никакого наказания», — заявил Игнатьев.

Между тем летом 2011 года Бородин через суд потребовал от своего бывшего работодателя компенсации в $5 млн за досрочное расторжение трудового договора (срок его полномочий истекал через несколько месяцев после отставки). Бородин требовал перечислить причитающуюся ему сумму на счет благотворительного фонда «Добросердие». В Банке Москвы отказались от комментариев, сообщив, что «трудовой договор и дополнительное соглашение к нему, на которые ссылается господин Бородин, имеют ряд особенностей, которые не соответствуют принятой в публичных компаниях практике заключения подобных договоров». В банке проводилось служебное расследование для выяснения обстоятельств и мотивов подписания трудового договора на действующих условиях, а также его экспертиза на предмет соответствия трудовому и акционерному законодательству.

По словам источника, близкого к Банку Москвы, результатом внутренней проверки стало обращение в Следственный департамент МВД с просьбой провести экспертизу на предмет фальсификации трудового договора Андрея Бородина, датированное 18 июля. По словам источника, в рамках проверки было выявлено, что дополнительное соглашение к контракту было заключено 30 апреля 2010 года без соблюдения необходимых корпоративных процедур. «Бывший на тот момент председателем совета директоров Банка Москвы Олег Толкачев это соглашение не подписывал, и соответствующего решения совета директоров банка по этому поводу найдено не было, — отмечает источник. — Кроме того, у банка есть ряд подозрений в качестве и оригинальности печати на данном документе». Согласно уставу Банка Москвы, договор с президентом банка подписывается председателем совета директоров банка или иным уполномоченным членом совета директоров. По словам источника, данное дополнительное соглашение к трудовому договору с Андреем Бородиным подписано заместителем председателя совета директоров Банка Москвы Львом Алалуевым. «Уверенности в том, что он был уполномочен на подписание данного документа, у нынешнего руководства Банка Москвы нет», — добавил источник.

В мае 2011 года Тверской райсуд Москвы заочно арестовал бывших президента и первого вице-президента Банка Москвы Андрея Бородина и Дмитрия Акулинина. Избранную ранее банкирам меру пресечения в виде подписок о невыезде и надлежащем поведении суд ужесточил из-за того, что они не являются на следственные действия в Россию из-за границы. Злые языки говорили, что теперь банкиры точно не явятся к следователю, поскольку при возвращении на родину их сразу отправят в СИЗО.

Вначале суд решил рассмотреть ходатайство старшего следователя Следственного комитета при МВД России Дмитрия

Писаревского об аресте бывшего первого вице-президента Банка Москвы Дмитрия Акулинина. Исходя из материалов, следователь Писаревский установил: что Акулинин, как и его бывший руководитель Бородин, «исполняли свои полномочия вопреки законным интересам банка и в целях извлечения выгод и преимуществ для других лиц». Это «повлекло причинение существенного вреда правам и законным интересам Банка Москвы и охраняемым законом интересам общества и государства в лице правительства Москвы, выразившихся в выдаче кредита под залог имущества, ликвидность и оценка которых необоснованно завышена и вне рыночных условий кредитований».

Утром 6 апреля, когда господа Бородин и Акулинин не явились к следователю на допрос, тот избрал для них меру пресечения в виде подписки о невыезде из Москвы и надлежащем поведении. А к вечеру того же дня вынес постановление об объявлении обоих в федеральный розыск. Через 20 дней, когда следствие получило данные о том, что заочно обвиняемые покинули страну, обоих объявили в международный розыск.

В дальнейшем следователь Писаревский сообщил суду, что обвиняемый банкир Акулинин по отправленным ему повесткам не является, а от его адвокатов следствию известно, что он находится в длительной командировке за границей. Согласно документам самого банка, командировка предусматривала посещение Минска, Женевы и Лондона. Эту командировку следователь счел попыткой уклониться от следственных действий. В итоге он потребовал заменить господину Акулинину подписку о невыезде и надлежащем поведении арестом, так как обвиняемый в арестном же преступлении (201-я статья УК предполагает заключение на срок до четырех лет), оставаясь на свободе, «продолжит скрываться от предварительного следствия или иным путем воспрепятствует производству по уголовному делу».

Банкир был заочно арестован судом. Причем мера пресечения ему была избрана с открытой датой — как только господин Акулинин окажется в досягаемости правоохранительных органов РФ, те должны определить его под стражу. После этого Тверской райсуд, удовлетворив еще одно ходатайство следователя Писаревского, избрал аналогичную меру пресечения и для господина Бородина. При этом в ходе разбирательства выяснилось, что подписку о невыезде Андрей Бородин, так же как и его коллега, не давал, а в Британию отправился на лечение. Правда, в документе, представленном его защитой, диагноз указан не был. Покинул же Россию господин Бородин, согласно справке погранслужбы 25 марта, вылетев в Лондон из аэропорта Домодедово, т. е. за два дня до привлечения его в качестве обвиняемого. Следствие утверждало, что он скрылся, узнав о вызове на допрос.

Между тем дело набирало обороты. В августе 2011 года выяснилось, что, по данным Следственного департамента МВД России, который вел это расследование, практически все кредиты выдавались кипрским офшорным компаниям, имеющим расчетные счета в одном местном банке — Marfin Popular Bank Public Co Ltd. При этом процентная ставка была беспрецедентно низкой — не более 9% годовых. На всех имеющихся у следствия документах о выдаче кредитов стоит подпись Дмитрия Акулинина. Впрочем, в правоохранительных органах уверены, что без ведома Андрея Бородина выдача кредитов состояться не могла. Правда, свое согласие на сделку он давал весьма своеобразно — вместо подписи президент банка, до недавнего времени занимавшего пятое место в России по активам и капиталу, рисовал кружок, внутри которого ставил крестик.

По версии следствия, бюджетные деньги выводились в офшоры, которые, вероятнее всего, так или иначе были связаны с самим Андреем Бородиным. Затем эти деньги вновь переводились в Россию под проекты либо того же Банка Москвы, либо лично господина Бородина. Например, следствие полагало, что именно по такой схеме структурой господина Бородина финансировалось строительство крупного торгово-развлекательного комплекса «Ривер Молл», расположенного рядом со станциями метро «Автозаводская» и «Тульская». Впрочем, если к изучению этого эпизода следствие только приступало, то процессуальное решение по другой сделке бывших топ-менеджеров Банка Москвы может быть принято уже в самое ближайшее время.

В ноябре 2011 года Российское бюро Интерпола объявило Бородина и Акулинина в международный розыск. С соответствующим поручением в российское бюро Интерпола обратилась Генпрокуратура. Таким образом, при установлении Бородина и Акулинина на территории стран — участниц Интерпола они должны быть немедленно задержаны правоохранительными органами, а соответствующее уведомление направлено российской стороне.

Как говорилось в официальном заявлении Бородина, поступившем в агентство «Прайм», он не был информирован о действиях российских властей. «Ни мои адвокаты, ни я не были осведомлены о том, что в России был выдан международный ордер на мой арест. То, что международный ордер на мой арест выдан сейчас, спустя восемь месяцев после того, как я был отстранен от своей должности в Банке Москвы, произошло не из-за срочности расследования, в отношении которого мне нечего скрывать или стыдиться, — приводились в заявлении слова бывшего главы Банка Москвы. — Вряд ли можно назвать случайностью то, что этот шаг, как сообщается, был предпринят сразу после моего публичного заявления о том, что захват Банка Москвы был политически мотивированным, и о тех, кто принимал участие в достижении этого».

А в январе 2012 года Следственный департамент МВД возбудил еще одно уголовное дело, по которому проходят Бородин и Акулинин. На этот раз их подозревали в незаконном присвоении $199 млн в ходе сделки купли-продажи акций бывшей «дочки» банка ЗАО «Инвестлеспром». Тверской суд Москвы уже арестовал 80% акций ЗАО. Защита банкиров узнала о новом уголовном деле от журналистов. Новые претензии к бывшим президенту Банка Москвы Андрею Бородину и его первому заму Дмитрию Акулинину, пояснили в Следственном департаменте МВД, появились в ходе проверки заявления нового руководства банка, обратившего внимание на сомнительные сделки купли-продажи акций ЗАО «Инвестлеспром».

Как выяснило следствие, до 2006 года банк полностью контролировал акции этого крупнейшего лесопромышленного холдинга, в состав которого входило более 60 предприятий лесной, деревообрабатывающей, целлюлозно-бумажной промышленности, а также предприятий по производству бумажной упаковки, расположенных в шести регионах России и еще в 11 странах мира. Но затем банк неожиданно продал весь свой пакет малоизвестному ЗАО «Лесонавигатор» и одному физлицу в общей сложности за 10 тыс. рублей, после чего акции были перепроданы уже нескольким кипрским компаниям за 15 тыс. руб. Как считает следствие, эти сделки были оформлены, прежде всего, для того, чтобы вывести акции из-под российской юрисдикции. После этого Банк Москвы выдал лесопромышленному холдингу 15 млрд руб. кредитов, а 29 декабря 2008 года вновь приобрел 19,9% акций «Инвестлеспрома», но уже за $199 млн. Как уверено следствие, фирмы-покупатели акций «Инвестлеспрома», включая кипрские компании, принадлежат самому экс-президенту Банка Москвы и его первому заместителю и были «приобретены ими незаконным путем». Именно по факту этих сделок и было заведено уголовное дело по ст. 201 УК РФ («Злоупотребление полномочиями»), а оба бывших топ-менеджера проходили по нему как подозреваемые.

В марте 2012 года Следственный департамент МВД России возбудил еще два уголовных дела в отношении Бородина и Акулинина. Им вменены мошеннические действия при конвертации средств, находившихся на банковских счетах, а также незаконный вывод крупных сумм на счета компаний, зарегистрированных на Кипре. Общий размер махинаций по двум делам следствие оценивало более чем в 8 млрд руб. Сами фигуранты расследования и их адвокаты не раз заявляли, что их уголовное преследование политически мотивировано и не имеет под собой доказательной базы.

Основанием для возбуждения новых уголовных дел стали оперативные материалы, представленные следственному департаменту сотрудниками Главного управления экономической безопасности и противодействия коррупции МВД. Оба дела возбуждены по ч. 4 ст. 159 УК РФ (мошенничество в особо крупном размере).

Как говорится в материалах одного из этих двух дел, инкриминируемые банкирам деяния относятся к 2009—2010 годам. Тогда, по данным следствия, в казначействе Банка Москвы по поручению фирм-клиентов, подконтрольных Бородину и Акулинину, якобы осуществлялись сделки по конвертации денежных средств с нарушением установленного порядка. В течение нескольких секунд фигуранты меняли курс продажи-покупки валют с тем расчетом, чтобы подконтрольные им фирмы успевали через интернет-трейдинг продать банку валюту по сверхвыгодному для них курсу, а затем тут же выкупить обратно уже по заниженной ставке. Таким образом, только на марже, по подсчетам сыщиков, подозреваемые получили 547 млн руб., причем, как уверены в ГУЭБиПК МВД России, в афере с разницей валют участвовали и другие менеджеры команды Андрея Бородина.

Что касается другого уголовного дела, то описываемые в нем события относятся к 2008—2010 годам. «Андрей Бородин и Дмитрий Акулинин, злоупотребляя своим служебным положением и доверием членов правления и акционеров банка, под предлогом исполнения условий соглашения о кредитовании организовали перечисление с корреспондентского счета ОАО «Банк Москвы» более 7,8 млрд руб. на счета 20 подконтрольных им коммерческих компаний, зарегистрированных на территории Кипра. При этом ни одна из этих организаций не вела какой-либо финансово-хозяйственной деятельности, а расчетные счета офшорных фирм обслуживались кипрским банком», — говорится в сообщении ГУЭБиПК. Как говорят сыщики, для создания видимости соблюдения условий соглашений о кредитовании, ранее заключенных с иностранными коммерческими фирмами, фигуранты изготовили фиктивные договоры кредитования, а также от лица зарубежных компаний организовали частичное погашение задолженности. Фактически из похищенных 7,8 млрд руб. злоумышленники вернули в банк 1,1 млрд руб. в качестве погашения части займа.

В марте же СКР заочно предъявил новое обвинение Бородину и Акулинину. Как сообщил официальный представитель Следственного комитета России Владимир Маркин, им заочно предъявлено обвинение по ст. 165 УК РФ (причинение имущественного вреда путем обмана или злоупотребления доверием). По версии СКР, не желая перехода контрольного пакета страховой компании во владение ВТБ, Андрей Бородин и Дмитрий Акулинин разработали преступную схему, к реализации которой привлекли подконтрольных им лиц из числа руководства дочерних компаний. В результате реализации этой преступной схемы с октября 2010-го по март 2011 года банк и правительство Москвы потеряли контроль над одной их крупнейших российских страховых компаний (Столичной страховой группой), а ее владельцем стала офшорная фирма, подконтрольная, по версии следствия, эксвладельцу Банка Москвы. Это «повлекло причинение Банку Москвы и связанным с ним лицам имущественного ущерба на сумму не менее 1,708 млрд руб.», подчеркивают в комитете.

На следующий день после предъявления этих обвинений Генпрокуратура России отправила в Великобританию официальный запрос об экстрадиции Бородина. «В связи с установлением в Лондоне местонахождения Андрея Бородина, обвиняемого в многочисленных преступлениях экономического характера, мы отправили соответствующим органам этой страны необходимые документы для начала процедуры его экстрадиции», — подчеркнули в Генпрокуратуре, посчитав эту меру «логичной» после объявления в ноябре 2011 года бывшего банкира в международный розыск.

Адвокат Бородина Владимир Краснов посетовал, что не был уведомлен о направлении запроса следственными или надзорными органами. «Для меня это неудивительно, — отметил адвокат, — это давно распространенная практика наших органов, которые наплевательски относятся к защите». Адвокат связал ужесточение позиции следствия в отношении господина Бородина с заявлением, направленным его клиентом Генпрокурору Юрию Чайке. В нем Андрей Бородин попросил провести проверку законности сделки по продаже московским правительством принадлежащих ему акций Банка Москвы. «Я усматриваю, что все новые эпизоды, которые вменяются

Бородину, являются ответом следователя на позицию моего подзащитного», — посчитал адвокат. По мнению господина Краснова, запрос российской стороны будет отклонен.

Однако в надзорном ведомстве сочли, что «защита явно лукавит, старательно не замечая очевидных фактов, которые доказывают преступный умысел их клиента, прибегая к адвокатским уловкам». Вскоре, сообщили в Генпрокуратуре, в Лондон будут направлены документы об экстрадиции и бывшего вице-президента Банка Москвы Дмитрия Акулинина, который также проходит по многочисленным уголовным делам.

Мистификатор или просто вор

Сергей Пугачев
и крах его империи

История успеха бородатого банкира, промышленника, плейбоя и афериста Сергея Пугачева оказалась отвратительной, хотя и очень крупной, мистификацией. Создав себе образ «кремлевского банкира», Пугачев получил доступ к огромным деньгам, которые еще долго будут искать за границей, потому что его империя лопнула как мыльный пузырь.

Что это такое, даже понять не можем. Актив просто исчез! Только что видели на балансе банка акции ЕПК как залог. И вот уже видим акции некой офшорной компании.

Валерий Мирошников,
первый заместитель генерального директора АСВ

Хлестаков
европейского масштаба

История Сергея Пугачева — практически гоголевская, разве что главный герой — человек гораздо менее легкий, чем Хлестаков. И масштаб мистификаций у этого героя шире: Пугачеву удалось проникнуть не только в элиты российские, но и в европейские.

Пугачев появился на бизнес-горизонте в начале 1990-х годов, когда был членом правления петербургского Северного торгового банка, на основе которого он и создал Межпромбанк. (Тогда же, по данным СМИ, он познакомился с Владимиром Путиным.) От других начинавших тогда бизнесменов Пугачева отличала тяга к таинственности. Он никогда не давал интервью, а в прессе муссировались разные слухи о его прошлом: то ли он работал экспедитором в ленинградской гостинице «Прибалтийская», то ли курьером в Стройбанке. Считалось, что он — «президентский банкир», что свои личные счета у него держит семья Ельцина и что он очень близок с Управделами Президента Павлом Бородиным. Упоминалось также о тесных коммерческих отношениях Межпромбанка с комитетом по внешним связям (КВС) мэрии Санкт-Петербурга и православной церковью, но о конкретных сделках ничего не было известно. Если сотрудничество и было, то речь скорее шла не о финансовых барышах, а о знакомствах банкиров: по одной из версий, якобы именно в КВС Пугачев познакомился с Владимиром Путиным и его сотрудником Игорем Сечиным. В 2002 году банкир в ходе одного из публичных выступлений назвал себя помощником Президента РФ. Чуть позже сама администрация опровергла эти данные.

О личной жизни и увлечениях Пугачева тоже известно немного. Пугачев — сова, признается один из его бывших помощников, и любит работать по ночам. Любит порыбачить. Один из излюбленных бизнес-приемов банкира — эффектные жесты. Например, в конце 1990-х капитал его банка внезапно резко вырос и приблизился к капиталу Сбербанка: позже выяснилось — львиная доля этих денег создана путем разных бухгалтерских ухищрений, а на самом деле Межпромбанк не так уж и богат.

Более или менее достоверно известно, что Сергей Викторович Пугачев родился 4 февраля 1963 года в Костроме в семье военнослужащих. Как он сам указал в своей автобиографии (о ней чуть позже), это была «обычная русская семья». Этот написанный от руки документ, поданный Пугачевым в 2001 году в Совет Федерации, — единственный источник информации о первых 20 годах жизни бизнесмена. Нынешним знакомым о своей молодости Пугачев не рассказывает, тех, кто был с ним знаком тогда, сегодня рядом с ним нет.

Что же делал Пугачев в 1980-е? Известно лишь, что в начале 1980-х Пугачев женился, в 1983 году у Галины и Сергея Пугачевых родился первенец Виктор, а в 1985 году — второй сын, Александр. Что касается карьеры Пугачева, то тут существует сразу несколько версий. Первую сам Сергей Пугачев представил в 2001 году, в ходе назначения в Совет Федерации. Она гласит: с 1980 по 1985 год Пугачев учился в Ленинградском государственном университете, а с 1983 по 1990 год работал в Промстройбанке СССР, вначале курьером, потом экономистом и заместителем начальника отдела.

По-настоящему фигура Сергея Пугачева появилась на бизнес-горизонте лишь в декабре 2001 года, когда владелец Межпромбанка, только что назначенный сенатором от Тувы, в сопровождении главы республики Шерига-оол Ооржака был представлен Совету Федерации. До этого о том, как выглядит петербуржец Сергей Пугачев, знали немногие — портреты колоритного сенатора, считающегося человеком Владимира Путина и столпом российской тайной власти, православным банкиром Кремля, появились в газетах в тот же день. Но о том, каким именно бизнесом занимается Сергей Пугачев, тогда знали лишь профессионалы. В 2000—2003 годах он входил в бюро правления РСПП. Государство как раз в начале 2000-х создавало Объединенную судостроительную компанию, западный кластер которой по идее должен был включать два судостроительных предприятия Пугачева — «Балтийский завод» и Северную верфь. К последнему и в этой истории было проявлено особое отношение: если у других частных собственников верфей активы отнимали чуть ли не силой, то с Пугачевым фактически пошли на сделку. Он обещал за несколько лет перенести производство «Балтзавода» на территорию «Северной верфи», освободив земли Васильевского острова для коммерческой застройки.

Для реализации всех этих планов Пугачев заложил другой самый дорогой на тот момент актив — подмосковные земли. Лакомый участок в собственности ОПК представлял собой 1160 гектаров на Рублево-Успенском шоссе. На этих землях корпорация строила элитные поселки «Плещеево» и «Грибаново». Часть земель — бывшие пашни совхоза «Ленинский путь», расположившиеся рядом с резиденцией Президента России. В 2001 году совхоз атаковали рейдеры, в конфликт вмешался Межпромбанк. В итоге ему удалось получить несколько сотен гектаров за весьма умеренные деньги, как говорят — всего за 16 млн долларов. Под эти земли и был взят кредит в $2,4 млрд в ВЭБ. Впоследствии, в кризис, этот актив обесценился, ВЭБ забрал земли, и вся конструкция бизнеса рухнула.

Хотя поначалу весьма прибыльным направлением работы Объединенной промышленной корпорации (ОПК) казалась недвижимость. Так, сразу же после покупки «Балтийского завода» ОПК объявила, что территорию завода в 70 гектаров на Васильевском острове застроят жильем. Не исключено, что Пугачев намеревался реализовать все именно так, как планировалось, и его просто подкосил кризис. Эта версия подтверждается тем, что существует разработанная в ЦНИИ технологии судостроения концепция сноса цехов одновременно с модернизацией Северной верфи.

Но есть и другие данные. Так, Пугачев почему-то сразу после покупки «Балтийского завода» начал сдавать в аренду несколько его же цехов, земельных участков, плавкран, а также ключевой объект — глубоководный причал. Глава ОСК Роман Троценко, ознакомившись с положением дел на Балтийском заводе, утверждал, что с первых же месяцев Пугачев начал выводить оборотные активы с завода на офшорные фирмы, в результате чего кредиторская задолженность Балтзавода составила 13—15 млрд руб., «что не дает никакой возможности размещать здесь заказы». Владимир Путин, в 2011 году посетивший завод, тоже знает виновных. «Конечно, здесь, на Балтийском заводе, концентрировали убытки, — сказал Путин рабочим. — А прибыли фиксировали на другом предприятии. Центр прибыли переписали на другое предприятие! Что тут еще могло произойти?!»

В 2004 году Управделами Президента отдало структурам Пугачева проект реконструкции Средних торговых рядов на Красной площади. Проект предусматривал строительство фешенебельного гостиничного комплекса «Кремлевский» площадью более 70 тыс. кв. м. Были у ОПК и проекты в Сочи: центральный универмаг и гостиница «Приморская».

Параллельно Пугачев пытался выстроить и медийную составляющую. В начале 2000-х под его контроль перешел небольшой телеканал «Московия», в 2002-м Пугачев пытался получить в управление «шестую кнопку» — канал ТВС. По словам Бориса Березовского, банкир лично прилетал к нему в Лондон, чтобы договориться о сделке, но получил отказ. Вновь интерес к СМИ банкир проявил в конце 2008 года: он приобрел 19,5% некогда знаменитой французской газеты «Франс суар». Затем к сделке подключился его младший сын Александр — он довел долю в издании до контрольной. Правда, никакого значимого эффекта обе покупки для бизнеса Пугачева не имели: «Франс суар» давно растеряла былое влияние, а «Московия» так и не вышла за рамки небольшой региональной телестанции.

В 2006 году Пугачев приобрел телеканал Luxe, вещающий в Британии, Западной Европе, Азии и России. Интересовали Пугачева и другие заграничные активы. Еще в 1998—2000 годах он приобрел замок Шато де Геро в Ницце и два дома в Сен-Жан Кап Ферра (€8,2 млн), а в 2001 году — небольшую компанию по прокату лимузинов с офисами в Ницце, Канне и Вильфранс-сюр-Мере. (Кстати, в июне 2002 года газета Le Mond сообщила, что во Франции Сергея Пугачева проверяют на причастность к отмыванию денег.) Пугачев также купил ряд компаний, производящих товары роскоши, в том числе (в 2007 году) французский бакалейный дом Hediard. Подконтрольная ему компания LuxAdvor заплатила за него €1 млрд за 100% монакскому предпринимателю Мишелю Пастору. А компании LuxAdvor также принадлежала британская мебельная компания Linley Company и дизайнерское агентство Designcapital.

А в 2009 году подконтрольная Пугачеву ОПК Biotech LLC приобрела американскую фармкомпанию Biopure Corporation. Актив, находящийся в процедуре банкротства, обошелся российскому бизнесмену всего в $4,05 млн. Еще $0,85 млн структура ОПК должна была заплатить за 50% долей Biopure компании, которой принадлежали штаб-квартира фармхолдинга и научные лаборатории. Кстати, по словам инвестбанкира, знакомого со стратегией подбора активов для ОПК или лично для господина Пугачева, «он часто приобретает активы на перспективу, без очевидного экономического обоснования». Похоже, империя была изначально мыльная, рассчитанная на получение денег в виде кредитов, или просто бюджетных вливаний, но не на зарабатывание, не на преумножение. Хотя ясно это станет лишь спустя годы.

Межпромбанк с 2000 по 2007 год устойчиво занимал место в десятке крупнейших банков, а 8 июня 2000 года стал банком номер два в банковской системе РФ (после увеличения капитала с 10 млрд до 25 млрд руб. его по этому показателю опережал лишь Сбербанк РФ). Единственным небанковским активом группы Межпромбанка считался проект разработки Элегестского угольного месторождения. Об остальном ходили лишь слухи: лимузины в Монако, виллы в Ницце, интересы в «Славнефти», борьба за влияние в Русской православной церкви, война с премьер-министром Михаилом Касьяновым. В общем, при виде портрета Сергея Пугачева иностранные консультанты изумленно цедили: «Это же новый Распутин!» — имея в виду роль банкира при дворе Президента Владимира Путина.

ЧЕЛОВЕК СО СВЯЗЯМИ

По некоторым данным, первыми клиентами Межпромбанка стали башкирские предприятия — банк обслуживал взаиморасчеты между ними, в том числе бартерные. Наладить отношения помогло знакомство Сергея Веремеенко с Уралом Рахимовым, сыном главы Башкирии (они вместе учились в вузе).

Муртаза Рахимов якобы однажды даже сказал о банкире: «Сережа мне сын».

Вопреки репутации человека приближенного, обзавестись серьезными промышленными и сырьевыми активами Пугачев не смог. В 2001 году Межпромбанк получил в управление крупный пакет акций предприятий Башкирского ТЭК, но два года спустя Веремеенко и Рахимов крепко поссорились, и банк потерял контроль над бумагами. Партнеры попытались пойти политическим путем: Веремеенко выставился на выборах главы Башкортостана и даже вышел во второй тур, но затем вынужден был снять свою кандидатуру. Похожая история сложилась и с компанией АЛРОСА: пытаясь получить на обслуживание все финансы компании, команда Межпромбанка решила поддержать на выборах президента Якутии 2001 года Василия Колмогорова, а действующего президента республики Николаева, наоборот, от выборов отстранить. В итоге Николаев не выставил свою кандидатуру, но протеже Межпромбанка тоже сошел с дистанции, говорят — по просьбе из центра. В 2002 году Межпромбанк попытался было взять в свои руки «Славнефть», его люди даже успели поруководить компанией, но актив в итоге ушел «Сибнефти».

Но другие связи, наработанные Пугачевым в Москве, удалось обратить в деньги довольно быстро. В 1993 году предприниматель знакомится с только что назначенным Управляющим делами Президента Павлом Бородиным. Знакомство быстро перерастает в тесное партнерство: Межпромбанк начинает обслуживать часть счетов Управделами Президента, переводит часть счетов в банк и якутская компания АЛРОСА (до перехода в Москву Бородин был мэром Якутска). С подачи Бородина Межпромбанк становится уполномоченным банком по северному завозу и авансированию золотодобывающей промышленности. В 1997 году от имени западных банков Межпромбанк открывает Управделами кредит на миллиард долларов для обновления авиапарка президента, чуть позже, в кризисном 1998-м, выдает другой кредит — на завершение реконструкции Большого Кремлевского дворца. В сентябре 2002 года председатель правления «Газпрома» Алексей Миллер на встрече с Пугачевым заявил, что прямо сейчас готов сделать банк главным кредитором газовой монополии. А через месяц Межпромбанк уже вроде бы покупал у «Газпрома» 49% Газпромбанка.

Как бы то ни было, первоначальный капитал Пугачев сколотил именно на связях: обслуживании госструктур, приближенных к ним компаний и сделках с государственным ценными бумагами. Последние, похоже, и принесли Пугачеву самую большую прибыль. Межпромбанк оказался одним из немногих, кто успел сбросить злополучные ГКО до августа 1998 года, и кризис встретил с прибылью. Кстати, в октябре 1998 года Пугачев вместе с министром финансов Михаилом Задорновым и несколькими другими бизнесменами отправился в Вашингтон, чтобы после августовского дефолта России заручиться поддержкой Международного валютного фонда и Всемирного банка. Присутствие Пугачева в делегации объяснялось тем, что он был главой «одного из самых успешных банков».

«При управлении портфелем государственных ценных бумаг трудно переоценить роль интуиции менеджера», — скромно отмечал банкир в своей диссертации. В ней же он описывал схемы работы Межпромбанка с государственными ценными бумагами и признает — в развитии банка они сыграли ключевую роль. Вот лишь один из примеров таких сделок: в 1997 году Межпромбанк получил от «Башнефти» в управление облигации внутреннего валютного займа на 34,5 млн долларов.

С одной стороны, молва приписывала Пугачеву назначение Генпрокурором Владимира Устинова, особое влияние на двух российских президентов — Бориса Ельцина и Владимира Путина, а также дружбу с Игорем Сечиным. С другой стороны, достоверных данных, подтверждающих близкое знакомство банкира с Путиным, нет, а все политические проекты Пугачева — от избрания Павла Бородина мэром Москвы до участия в парламентских кампаниях — заканчивались неудачей. Многие даже считают, что сенатор специально раздувает свой политический капитал, как когда-то раздувал капитал Межпромбанка. Именно он помог профинансировать операцию по подъему подлодки «Курск» и перечислил средства семьям погибших.

Часто говорили и о связях Сергея Пугачева с Русской православной церковью. Доподлинно известно, что он сопровождал в поездках патриарха Алексия II, который в 1996 году наградил бизнесмена орденом Святого благоверного князя Даниила Московского. Знакомство патриарха и бизнесмена, как говорят, состоялось в Ленинграде в конце 1980-х через одного из помощников иерарха. Духовником банкира называли архимандрита Тихона (Шевкунова), настоятеля Сретенского монастыря на Лубянке, которого считают и духовником Владимира Путина. Отношения их якобы были столь тесны, что Пугачев вроде бы даже подарил отцу Тихону бронированный «Ауди».

Помимо слухов об «общем с Путиным духовнике», упорно циркулировали также слухи о неких «православных силовиках», которые аккумулируют финансовые потоки именно в Межпромбанке. Распространению слухов способствовала и покупка телеканала «Московия», в эфирной сетке которого постоянно присутствовала как обычная церковная хроника, так и программы с агрессивной православно-патриотической пропагандой.

В 2003 году политтехнолог Глеб Павловский опубликовал пространную докладную записку, в которой обвинил Пугачева и ряд «православных силовиков» в создании параллельного центра власти (впрочем, банкир через суд вынудил Павловского опровергнуть эти слова). Однако источники, знакомые с реальной ситуацией, утверждают, что никакого влиятельного «общего духовника» и никакой группы «православных силовиков» никогда не существовало в принципе, а слухи распространяло окружение Пугачева. Пиар оказался действенным, например, в Туве: именно он помог ему приобрести Енисейскую промышленную компанию (ЕПК).

Кстати, со сменой президента в 2008 году звание «президентского банкира» осталось почему-то по-прежнему за Пугачевым. Сохранялась преемственность и в отношениях с Управделами Президента. Отношения не менее продуктивные, чем с Павлом Бородиным, сложились у Пугачева со следующим

Управделами — Владимиром Кожиным. Во многом ему он должен быть благодарен за недолгий, примерно с 2002 до 2008-го, расцвет своей бизнес-карьеры.

В 2008 году Сергей Пугачев вошел в список богатейших людей России. Его состояние оценивалось почти в $2 млрд. В 2010 году, когда члены Совета Федерации опубликовали декларации о доходах и имуществе за 2009 год, самым богатым сенатором по итогам года оказался опять же представитель Тувы Сергей Пугачев, заработавший 3 млрд руб. При этом транспортных средств у сенатора не было, а из недвижимости господин Пугачев владел только квартирой (111 кв. м) и нежилым помещением (178 кв. м).

На самом деле бизнесмен и сенатор Пугачев, естественно, владел не только скромных размеров недвижимостью, но и целой империей: Объединенной промышленной корпорацией (ОПК) с активами общей стоимостью $13,5 млрд. В ОПК входили — Международный промышленный банк (МПБ), розничный «Межпромбанк плюс», Национальный банк Республики Тыва, сеть бутиков Hediard, ряд строительных компаний, телеканал «Московия». В 2003—2005 годах Межпромбанк через Объединенную промышленную корпорацию (ОПК) стал владельцем крупнейших российских судостроительных заводов. ОПК также принадлежало 14% акций ОАО «ОКБ Сухого» и Енисейская промышленная компания (ЕПК), владеющая лицензией на Элегестское угольное месторождение в Туве.

ИГРА В БОЛЬШУЮ ПОЛИТИКУ

Играть в большую политику Пугачев начал еще в 1995 году, когда баллотировался в Госдуму по списку Партии российского единства и согласия (ПРЕС), которой, однако, не удалось преодолеть пятипроцентный избирательный барьер. Но сыграть в эту игру с финансовой выгодой у Пугачева получилось лишь позднее.

В декабре 2001 года банкир стал сенатором от Тувы, весной 2002 года поддержал на выборах действующего главу республики Шериг-оолы Ооржака. Кандидатура Пугачева на пост сенатора утверждалась еще дважды — в 2002 и 2007 годах. Благодаря этому он получил лицензию на Элегестское месторождение коксующегося угля. Месторождение — одно из крупнейших в мире, уголь на нем — наивысшего качества, но обратить в деньги этот актив Межпромбанк так и не смог. Политика не принесла Пугачеву сверхприбылей, но послужила причиной разрыва с Веремеенко: именно после выборов президента Башкирии банкиры решили разделить бизнес. (Кстати, после назначения в Совет Федерации банкир в соответствии с законодательством заявил об уходе из бизнеса, а Межпромбанк сообщил, что господин Пугачев больше не владеет его акциями.)

Последний срок полномочий сенатора должен был закончиться в апреле 2012 года. Но в Совете Федерации Пугачев был редким гостем. Настолько редким, что в июне 2010 года тувинские профсоюзы даже пожаловались на сенатора спикеру Сергею Миронову. Авторы письма сетовали, что «среди сенаторов наш Сергей Викторович числится «прогульщиком». По их мнению, все это не прибавляет авторитета Туве, «подрывает доверие людей к власти и лишает республику возможности отстаивать свои интересы через делегированного ею члена СФ». В связи с этим профсоюзы просят Сергея Миронова «отреагировать на обеспокоенность республиканской общественности».

Людмила Бурбучап: «Среди сенаторов наш Сергей Викторович числится «прогульщиком»

Письмо с претензиями к деятельности Сергея Пугачева Федерация профсоюзов республики за подписью ее председателя Людмилы Бурбучап было направлено спикеру СФ в начале июня 2010 года. Авторы обращения заявляют, что господин Пугачев, который занимает пост сенатора с 2001 года, плохо отстаивает интересы республики на федеральном уровне, в связи с чем к нему «накопилось немало претензий». В частности, они указывают на то, что сенатор практически не бывает в Туве и в последний раз он посетил ее 2 ноября 2008 года, во время открытия выставки скифского золота в национальном музее. В обращении

ГОВОРИТСЯ, ЧТО В РЕСПУБЛИКЕ НЕТ ДАЖЕ ПОМОЩНИКА СЕНАТО-
РА, К КОТОРОМУ МОЖНО БЫЛО БЫ ОБРАТИТЬСЯ, А ДОЗВОНИТЬСЯ
ДО ГОСПОДИНА ПУГАЧЕВА В СФ НЕВОЗМОЖНО, ТАК КАК ТЕЛЕФОН
НЕ ОТВЕЧАЕТ. АВТОРЫ ПИСЬМА СЕТУЮТ, ЧТО «СРЕДИ СЕНАТОРОВ
НАШ СЕРГЕЙ ВИКТОРОВИЧ ЧИСЛИТСЯ «ПРОГУЛЬЩИКОМ». ПО ИХ
МНЕНИЮ, ВСЕ ЭТО НЕ ПРИБАВЛЯЕТ АВТОРИТЕТА ТУВЕ И «ПОДРЫ-
ВАЕТ ДОВЕРИЕ ЛЮДЕЙ К ВЛАСТИ И ЛИШАЕТ РЕСПУБЛИКУ ВОЗМОЖ-
НОСТИ ОТСТАИВАТЬ СВОИ ИНТЕРЕСЫ ЧЕРЕЗ ДЕЛЕГИРОВАННОГО ЕЮ
ЧЛЕНА СФ».

В ТУВИНСКОМ ПРАВИТЕЛЬСТВЕ С ПРЕТЕНЗИЯМИ ФЕДЕРАЦИИ
ПРОФСОЮЗОВ СОГЛАСИЛИСЬ. «СЕРГЕЙ ПУГАЧЕВ ПЕРЕД УТВЕРЖ-
ДЕНИЕМ СЕНАТОРОМ В 2007 ГОДУ ОБЕЩАЛ ЕЖЕГОДНО ОТЧИТЫ-
ВАТЬСЯ О СВОЕЙ ДЕЯТЕЛЬНОСТИ ПЕРЕД ПАРЛАМЕНТОМ ТУВЫ, НО
НИ РАЗУ ЭТОГО ТАК И НЕ СДЕЛАЛ», — СООБЩИЛИ В ПРЕСС-СЛУЖБЕ
ПРАВИТЕЛЬСТВА. ДЕПУТАТ ТУВИНСКОГО ПАРЛАМЕНТА ВИТАЛИЙ
БАРТЫНА-САДЫ ТАКЖЕ ПОДДЕРЖАЛ ОБРАЩЕНИЕ ТУВИНСКИХ
ПРОФСОЮЗОВ. «ЧТО ЛЮДМИЛА НАРУСОВА, ЧТО СЕРГЕЙ ПУГАЧЕВ
ПОЯВЛЯЮТСЯ В РЕСПУБЛИКЕ ТОЛЬКО ДЛЯ УТВЕРЖДЕНИЯ В ВЕЛИ-
КОМ ХУРАЛЕ, ИМЕТЬ ТАКИХ СЕНАТОРОВ НЕЦЕЛЕСООБРАЗНО ДЛЯ
ТУВЫ», — ОТМЕТИЛ ОН.

«КОММЕРСАНТЪ-ONLINE», 11 ИЮНЯ 2010 ГОДА

В январе 2011 года глава Республики Тува Шолбан Кара-оол
отправил сенатора Пугачева в отставку. Как сообщалось в заявлении пресс-службы правительства, решение было принято «в
связи с многочисленными жалобами общественности, которая
считает, что Пугачев откровенно пренебрегает обязанностями
представителя Тувы и не оказывает республике никакой поддержки».

В аппарате сенатора заявили, что информация из Тувы,
«мягко говоря, не соответствует действительности». «Сергей
Пугачев — один из самых влиятельных российских лоббистов:
чтобы отстаивать интересы Тувы, ему не требуется приезжать
в республику и присутствовать в СФ», — отмечал политолог
Александр Чернявский. А в Туве по-разному оценивали решение об отзыве Сергея Пугачева. Так, депутат-единоросс Виталий Бартына-Сады подчеркнул, что давно выступал за снятие
неэффективных для республики сенаторов, таких как Сергей
Пугачев. Депутат считал, что он появлялся в Туве только для утверждения в СФ. Экс-спикер тувинского парламента Василий

Оюн, напротив, уверен, что Пугачев «хорошо работал и многое сделал для Тувы»: «Во многом благодаря ему удалось пробить в Москве проект строительства железной дороги Курагино — Кызыл, началось освоение крупных угольных месторождений республики». Однако теперь, как отметил депутат-справоросс Виктор Вусатый, «Пугачев вынужден из-за экономических проблем избавляться от своего бизнеса в республике и, по сути, перестал заниматься делами Тувы, что, естественно, не нравится национальному правительству».

«Сначала у Пугачева возникли серьезные проблемы с личным бизнесом, теперь он потерял сенаторское кресло», — указывал Александр Чернявский. Эксперт был уверен, что отставка Сергея Пугачева — показатель падения его политического влияния и ослабления связей с высокопоставленными представителями федеральной власти.

Скромное обаяние буржуазии

Бизнес бизнесом, но и о радостях жизни Пугачев никогда не забывал. Большую часть времени он проводил во Франции (бизнес отдал на откуп наемным менеджерам). Там же, на Лазурном Берегу, в Международном университете Монако получил образование и младший сын Пугачева Александр. Пугачев активно участвовал в светской жизни. Время от времени он проводил торжественные вечера. На один из них — в Елисейский дворец в Париже — он пригласил своего нового знакомого, племянника британской королевы Дэвида Линли, который был его соседом по одному из французских особняков. С ним Сергей Пугачев подружился на медвежьей охоте в Сибири. Укрепив дружеские отношения, Пугачев через Межпромбанк выписал Линли кредит в размере £400 тыс., благодаря этому вошел в совет директоров компании господина Линли, занимающейся изготовлением эксклюзивной мебели и интерьеров. «Пугачев — не только мой друг, но и человек, которым я восхищаюсь», — говорил Линли в интервью британской прессе. Неизвестно, по дружбе или наоборот, но кредит Межпромбанку эксклюзивные мебельщики не вернули. Еще один друг Пугачева, репутация которого от этой дружбы пострадала, — князь Монако Альбер II. В 2011 году бывший руководитель спецслужб Монако Роберт Эринджер написал письмо руководителю Международного олимпийского комитета Жаку Рогге о том, что влиятельный член МОК князь Альбер принимал ценные подарки от влиятельного русского олигарха Пугачева, а потому не имел права голосовать в 2007 году за Сочи-2014, но — голосовал. Альбер действительно в том самом 2007-м ездил в родную Пугачеву Туву на рыбалку и охоту, обедал в Кремле, но главное, по словам Роберта Эринджера, Пугачев строил для князя трехспальную «dacha» на территории Монако.

С 2009 года Пугачев окончательно перебрался за границу. Этому способствовали перемены и в личной жизни банкира: его новой избранницей стала графиня Александра Толстая, дочь известного британского историка Никиты Толстого. Некоторое время пара была очень популярна в глянцевых журналах — главным образом благодаря знаменитой фамилии и примечательной биографии Александры: училась в частной английской школе, в Эдинбургском университете, потом как-то вдруг вышла замуж за татарина из Ташкента, профессионального конюха, потом немножко преподавала английский русскому олигарху, и вот теперь стала его женой. В статьях почему-то упорно поминалась Анна Каренина, «тоже променявшая Каренина на Вронского»: похоже, все дело в лошадях, которые фигурировали в биографии обеих героинь. В интервью Александра Толстая с удовольствием рассказывала о том, как непохож ее новый спутник на всех остальных российских олигархов, потому что в отличие «от Абрамовича и Дерипаски выстроил свой бизнес сам», а также нахваливала его страсть к дизайну, «к стилю арт-деко» и многочисленные хобби — ловля лещей, охота и игра на гитаре.

Забегая вперед, скажем, что после того как на часть активов Пугачева было наложено взыскание, европейская пресса перестала пестреть умильными статьями о чудесной паре.

БЛЕФ

О том, что случилось потом, можно лишь строить догадки. Говорят, что после некоего конфликта в Кремле Сергею Пугачеву было рекомендовано... Нет, не прекратить бизнес в России. Просто реже появляться в ней. Нам неизвестно, почему, кем и в какой форме была произнесена эта рекомендация (по слухам, речь шла о вердикте светской власти по какому-то околоцерковному спору), но факт остается фактом: Сергей Пугачев стал крайне редким гостем в Москве, сохранив, впрочем, еще на годы весь свой бизнес с активами в сотни миллионов долларов и весь обычный, прилагающийся к деньгам административный ресурс.

Когда появились первые признаки надвигающегося краха? Может быть, весной 2003 года, когда партнер Пугачева Сергей Веремеенко неожиданно покинул пост главы Межпромбанка, ввязавшись в странную и едва ли не братоубийственную кампанию по борьбе с Муртазой Рахимовым за пост главы республики. Тогда почти все в Москве были уверены, что Пугачев и Веремеенко выиграют эту битву, но вышло совершенно по-другому: Рахимов торжествовал до 2010 года. А может быть, в апреле 2003 года, когда Межпромбанк уже не принимал участия в спонсировании празднования РПЦ столетия канонизации Сергия Радонежского (говорят, что за это право, ранее считавшееся за банком Сергея Пугачева закрепленным на века, готовы были устраивать денежные аукционы). Сам Межпромбанк, впрочем, оставался крепким, как скала, а с 2004 года, с выходом группы экс-помощника Бориса Ельцина Бориса Кузыка «Новые программы и концепции» из совместного судостроительного бизнеса с Межпромбанком Сергей Пугачев стал одним из грандов отечественного военно-промышленного комплекса. А к 2005 году в судостроительный холдинг вошли «Балтийский завод» и «Северная верфь» — ключевые структуры в военном судостроении.

В общем, все шло своим чередом: где-то выиграл, где-то проиграл. Так, в 2005 году Межпромбанк расстался с долей в телеканале «Московия». В 2006 году Банк России отказался включать банк в систему страхования вкладов, и решать проблему пришлось путем создания дочернего банка. Летом 2006 года у вице-премьера и министра обороны Сергея Иванова появились претензии к собственникам верфей в Санкт-Петербурге по поводу выполнения госзаказа, а чуть ранее Пугачев проиграл конкурс на строительство трех фрегатов для Индии по заказу «Рособоронэкспорта». Но были и успехи: так, структуры Межпромбанка в 2006 году триумфально порушили Средние торговые ряды напротив Кремля, начав строительство офисно-торгового центра «Кремлевский» стоимостью $360 млн. Правда, в 2008 году на него стала претендовать Федеральная служба охраны, и небезуспешно, но ведь грянул кризис.

Похоже, пузырь лопнул от ничтожного казалось бы укола. В 2009 году, когда депутат Госдумы от КПРФ Константин Ширшов направил в Генпрокуратуру запрос с просьбой проверить документы сенатора об образовании. В запросе Ширшов указывал: Пугачев в Ленинградском госуниверситете никогда не учился, а в банковскую сферу пришел только в самом конце 80-х. С сентября 1983 по июль 1984 года Пугачев работал экспедитором в ленинградской гостинице «Прибалтийская». Там будущий бизнесмен сдружился со своим коллегой Егоровым и пообещал ему достать через отца новый автомобиль. Егоров выдал Пугачеву для покупки авто 5500 рублей, после чего экспедитор пропал. В 1985 году Пугачева задержали и поместили в легендарные «Кресты», а годом позже признали виновным в мошенничестве — дали три года условно плюс исправительные работы в Ярославской области. В подтверждение своей версии Ширшов опубликовал ряд документов: копию решения Василеостровского суда от 1986 года, а также переписку с Петербургским университетом, в которой руководство вуза указывало — человеку с фамилией Пугачев диплом в 1985 году не выдавался. Интересная деталь: в решении суда указывалось, что Сергей Пугачев имеет только среднее образование. В 2000 году по представлению городского прокурора президиум городского суда Северной столицы отменил тот приговор за отсутствием состава преступления.

После скандала официальная биография Пугачева начала стремительно меняться: вначале с сайта Совета Федерации исчезло упоминание о Ленинградском госуниверситете, вместо него появился загадочный Университет методологии знания и новая дата выпуска — 1994-й. Именно это учебное заведение фигурирует в канонической биографии предпринимателя и сегодня. Как выяснилось, университет с таким названием и правда существовал, но так и не получил государственной лицензии, а в 1992 году и вовсе был закрыт.

Это, правда, не помешало Сергею Пугачеву написать там же кандидатскую диссертацию на тему «Методы и модели управления инвестиционной политикой банка». Научным руководителем Пугачева был... его деловой партнер Сергей Веремеенко, а защита проходила в Московском государственном строительном университете. В 2000 году Пугачев стал уже доктором технических наук, тема диссертации — «Разработка информационной технологии управления финансовыми ресурсами кредитных организаций». Степень бизнесмену присудил некий Международный институт инвестиционных проектов, расположенный в Москве.

Но очевидные проблемы в империи Сергея Пугачева начались в июне 2010 года, когда агентство Fitch Ratings изменило с «позитивного» на «негативный» статус Rating Watch по рейтингам подконтрольного сенатору от Тувы Межпромбанка, усомнившись в способности банка осуществить выплаты по еврооблигациям на сумму €200 млн. Впоследствии рейтинги МПБ снижались еще несколько раз — в результате до преддефолтного уровня. «Уровень рейтингов отражает наше мнение о том, что позиция ликвидности МПБ подвергается непосредственной и весьма серьезной угрозе», — сообщило агентство Standard & Poor`s 18 июня.

Объединенная промышленная корпорация Пугачева оказалась в непростом положении. Узловая структура ОПК — Межпромбанк — должна была погасить 10 млрд руб. долга перед Центробанком (всего долг Межпромбанка ЦБ составлял более 30 млрд руб.), еще €200 млн срочно надо было выплатить иностранным кредиторам. Первые платежи в адрес ЦБ банк просрочил, иностранные инвесторы по бросовым ценам продавали его облигации, а международные агентства стремительно снижали рейтинги Межпромбанка. Не лучше дело обстояло и на промышленных объектах сенатора — «Балтийском заводе» и «Северной верфи»: на них висело, по оценкам экспертов, в общей сложности 45 млрд руб. долга.

Дело шло к громкому разорению, но в ситуацию вмешалось государство. Вначале несколько изданий со ссылкой на источники в Минобороны сообщили: Россия, наконец, покупает у Франции четыре вертолетоносца «Мистраль». Из них в самой Франции было решено построить лишь один корабль, остальные частично либо полностью должны были сделать в России, причем именно на верфях Пугачева. Чуть позже пришло дополнительное сообщение: государственная Объединенная судостроительная корпорация собиралась выкупить у ОПК все судостроительные активы. Государство предлагало банкиру 23 млрд руб. плюс погашение всех долгов заводов, сама ОПК просила за активы 84 млрд руб. Кстати, в свое время структуры сенатора купили верфи примерно за 4,5—5 млрд руб. (около $150 млн). Государство было весьма щедро к Пугачеву.

5 июля 2010 года совет директоров ЦБ одобрил МПБ реструктуризацию долга по беззалоговым кредитам на 32 млрд руб. сроком на полгода под залог судостроительных активов ОПК. А 6 июля МПБ объявил о дефолте по еврооблигациям на €200 млн с погашением в эту дату. Одновременно у банка наступил кросс-дефолт по еврооблигациям на $200 млн с погашением в 2013 году. Чтобы расплатиться с инвесторами, МПБ должен был распродать все свои активы. «Ситуация очень сложная, и пока до конца неясно, каким образом и в какой форме будет происходить реализация активов. Понятно одно: все они будут распроданы», — резюмировал источник, близкий к ОПК. О судьбе Межпромбанка заговорили и высокопоставленные чиновники. «Я надеюсь, что ситуация будет урегулирована без отзыва лицензии. Эта моя надежда связана с тем, что, как я знаю, акционеры предложили продать для погашения свои активы», — цитировало министра финансов Алексея Кудрина агентство «Интерфакс».

КРАХ

Но надежды Кудрина не оправдались: 5 октября 2010 года Банк России сообщил об отзыве лицензии у Межпромбанка. Причины — неисполнение банковского законодательства и нормативных актов ЦБ, установление фактов существенной недостоверности отчетных данных, неспособность банка отвечать по своим денежным обязательствам, а также неоднократное применение мер воздействия. Кроме того, МПБ проводил высокорискованную кредитную политику и не создавал адекватных резервов на возможные потери по ссудам, при этом не исполнял предписания надзорного органа, говорилось в официальном сообщении Центробанка.

А в конце октября 2010 года лишился лицензии и «Межпромбанк плюс», розничная «дочка» Межпромбанка. Бизнес «Межпромбанка плюс» был слишком тесно связан с головным банком, и после того как у последнего была отозвана лицензия, судьба «дочки» была предрешена. В отличие от материнского Межпромбанка, у которого лицензия сохранялась с июня по октябрь, несмотря на неисполнение обязательств перед кредиторами и представление в Банк России недостоверной отчетности, затягивать с отзывом лицензии у дочернего банка ЦБ не стал. На «дочку» ни ресурсов, ни сил не хватило. «Доверие к бренду уже подорвано, и клиенты в массовом порядке снимают средства. При этом качественных активов, за которые стоит бороться, у банка нет, т. е. и спасать акционеру особенно нечего, — отмечал аналитик Промсвязьбанка Дмитрий Монастыршин. — Кроме того, для спасения банка в условиях, когда все клиенты готовы забрать средства, необходим капитал, который Сергей Пугачев привлечь не может. «Дочка» не может вернуть средства вкладчикам и не может привлекать новые. В таких обстоятельствах отзыв лицензии был предопределен».

Теперь единственным банком у Сергея Пугачева оставался маленький Народный банк Республики Тыва. Его собственный капитал был близок к минимально разрешенным ЦБ 90 млн руб. Уже в июле 2010 года же начались попытки изыскать средства для решения проблем МПБ с помощью угольного актива

ОПК, в которую входил банк. ОПК начала переговоры с ВТБ о получении кредита на $600 млн под залог ЕПК. Через год, в июне 2011 года, Сергей Пугачев избавился от своего крупнейшего актива — Элегестского угольного месторождения. Его приобрели Игорь Алтушкин и Руслан Байсаров. Кстати, денег АСВ от этой продажи не увидело. «Что это такое, даже понять не можем, — недоумевает первый заместитель генерального директора АСВ Валерий Мирошников. — Актив просто исчез! Только что видели на балансе банка акции ЕПК как залог. И вот уже видим акции некой офшорной компании».

Крах Международного промышленного банка вызвал цепную реакцию неплатежей у предприятий корпорации. У ОАО «Балтийский завод» возникли сложности с реализацией контракта по строительству плавучей атомной теплоэлектростанции (ПАТЭС) стоимостью 9,8 млрд руб. из-за того, что на его счетах в МПБ оказались замороженными 1,7 млрд руб. авансовых платежей «Росатома». В аналогичной ситуации могли оказаться и заказчики ОАО «Северная верфь», крупнейшими из которых были Минобороны и ФГУП «Рособоронэкспорт». «Сложившаяся ситуация — закономерный результат, — считал эксперт Центра анализа стратегий и технологий Константин Макиенко. — Качество управления промышленными активами МПБ оказалось немногим лучше качества менеджмента самого банка». По его словам, с того момента, как структуры Сергея Пугачева приобрели у группы ИСТ судостроительные активы, они практически не занимались их развитием. Еще раньше МПБ предъявили претензии державшие в банке депозиты крупные российские компании («Северсталь», структуры холдинга «Сухой») и зарубежные инвесторы — держатели еврооблигаций.

Спустя месяц после отзыва у Межпромбанка (МПБ) лицензии Банк России наконец официально подтвердил, что кредиторам МПБ не на что рассчитывать, причем уже давно. Банк, входивший в топ-30, фактически занимался выводом активов в пользу собственников, за что ЦБ намеревался добиться привлечения к уголовной ответственности его руководства.

Первый зампред Банка России Геннадий Меликьян в интервью «РИА Новости» рассказал о «реальном состоянии»

МПБ. Интересно, что бедственное положение МПБ, судя по словам господина Меликьяна, было известно регулятору задолго до того, как проблемы банка с ликвидностью получили широкую огласку. «По итогам проведения проверки банка (проходила с сентября по декабрь 2009 года) было установлено, что деятельность банка намеренно организована непрозрачно, ее коммерческая составляющая незначительна, положение банка крайне неустойчиво и всецело зависит от доброй воли его владельцев», — сообщил в интервью первый зампред ЦБ. Как следовало из дальнейшего текста интервью Геннадия Меликьяна, бизнес МПБ сводился к тщательно замаскированному кредитованию собственника. Основная часть кредитов выдавалась компаниям, обладавшим признаками фирм-однодневок, далее средства через цепочку компаний-прокладок поступали к связанным с собственником МПБ лицам. Так, выяснилось, что из 31,8 млрд руб., выделенных Центробанком во время кризиса на спасение Межпромбанка, 25 млрд осели на счетах одной из швейцарских компаний, которой якобы управляет сын сенатора Пугачева. Банком создавалась видимость того, что основная часть ссуд направлялась на кредитование реального сектора, заявил господин Меликьян. По его словам, реально на эти цели пошло менее 6% (около 9 млрд руб.) всех кредитов.

ГЕННАДИЙ МЕЛИКЬЯН: «САМОЛЕТ ИСПОЛЬЗУЕТСЯ КОНЕЧНЫМ БЕНЕФИЦИАРОМ...»

Банк России обнаружил ряд сомнительных сделок в Межпромбанке еще в начале 2008 года — информация об этом была передана в правоохранительные органы. Начальник управления безопасности и защиты информации МГТУ Олег Забелин направил обращение в ОБЭП УВД и прокуратуру Москвы еще весной 2008 года, т. е. за полгода до кризиса и за два года до того, как проблемы Межпромбанка получили огласку. В декабре 2010 года Олег Забелин подтвердил «Ъ», что действительно соответствующие документы были отправлены в 2008 году за его подписью. «Мы просили оказать содействие в проверке законности деятельности отдельных клиентов Межпромбанка, которые проводили операции, имеющие признаки сомнительных. Ответ из правоохранительных органов пришел два года спустя, в июне этого года, и в нем говорилось об отказе в возбуждении уголовных дел», — пояснил он.

Основания, ставшие причиной для обращений ЦБ в правоохранительные органы в 2008 году, идентичны нарушениям, обнародованным ЦБ уже после отзыва лицензии МПБ. Так, в ноябре 2010 года первый зампред ЦБ Геннадий Меликьян в интервью «РИА Новости» указывал: «Основная часть кредитов банка была предоставлена компаниям, которые не вели реальной производственной деятельности. Всего таких компаний было больше 100». В частности, 25 млрд руб. из полученных от Банка России беззалоговых кредитов были переведены на счет в швейцарском банке компании-нерезидента, контролируемой собственником МПБ. Далее средства через ряд компаний направлены французской компании — производителю самолетов. Господин Меликьян, ссылаясь на данные СМИ, добавил, что самолет, произведенный данной компанией, используется конечным бенефициаром МПБ, т. е. самим Сергеем Пугачевым.

Газета «Коммерсантъ», 9 декабря 2010 года

Афера

Подробности деятельности МПБ, раскрытые Центробанком, свидетельствовали о том, что банк занимался не чем иным, как выводом активов. Таким образом, регулятор фактически подтвердил то, что участники рынка давно говорили неофициально. «Председатель Банка России Сергей Игнатьев обратился 20 октября и 3 ноября этого года к Генеральному прокурору РФ Юрию Чайке с письмами, в которых сообщается, что ЦБ усматривает в действиях руководящих сотрудников банка наличие признаков уголовно наказуемых деяний, предусмотренных ст. 195 «Неправомерные действия при банкротстве» и ст. 196 «Преднамеренное банкротство» Уголовного кодекса», — сказал Геннадий Меликьян в завершение интервью.

Впрочем, вопросов к регулятору у экспертов и участников рынка от этого было ничуть не меньше. «Даже при большом умении топ-менеджеров банка «красиво рисовать» отчетность,

ЦБ, у которого в МПБ работал уполномоченный представитель, наделенный обширными правами доступа к информации и участия в деятельности органов управления банка, совершенно необязательно было прибегать к ревизии, для того чтобы выявить проблему, — заметил директор департамента банковского аудита ФБК Алексей Терехов. — Схемный характер бизнеса банка не мог быть не виден из отчетности. И если для быстрого отзыва лицензии это, возможно, недостаточное основание, то для требования о доначислении резервов — более чем, однако такое требование предъявлено не было».

30 ноября 2010 года арбитражный суд Москвы удовлетворил заявление ЦБ и признал Межпромбанк банкротом. В отношении банка было открыто конкурсное производство, конкурсным управляющим назначено Агентство по страхованию вкладов. На признание МПБ банкротом у суда ушло меньше часа.

Крах Межпромбанка стал, бесспорно, самым громким событием 2010 года в банковском секторе. Уход Межпромбанка с рынка походил на яркое шоу. Банк Сергея Пугачева полностью оправдал свое название: оказалось, что выводом активов Межпромбанк промышлял в международном масштабе, т. е. буквально из России — в офшоры. Причем под носом у регулятора и в объемах, которые сложно не заметить. Когда в кризис банк испытывал сложности, он смог получить беззалоговый кредит ЦБ размером 41 млрд руб. Регулятор, как потом заявлял глава ЦБ Сергей Игнатьев, уже тогда сомневался в платежеспособности МПБ, но денег дал. Полученные от ЦБ средства МПБ освоил с математической точностью. Дыра в капитале банка после отзыва лицензии как раз и составила 30 млрд руб., которые он остался должен по беззалоговому кредиту.

Впрочем, и ЦБ был обязан Межпромбанку — дырой в репутации. А как иначе, если выясняется, что о схемах вывода активов ЦБ подозревал еще в 2008 году? Или что уполномоченный представитель Центробанка в МПБ, который как раз и был назначен следить за финансовой устойчивостью банка, за ней не уследил, потому что банк вел себя, по словам первого зампреда ЦБ Геннадия Меликьяна, «некооперативно».

В декабре 2010 года Арбитражный суд Москвы по заявлению Банка России признал несостоятельным (банкротом) «Межпромбанк плюс». Как сообщили журналистам, суд открыл конкурсное производство в отношении банка сроком на один год и назначил конкурсным управляющим Агентство по страхованию вкладов (АСВ).

А в феврале 2011 года под контроль государства перешел последний финансовый актив экс-сенатора от Тувы. Так Сергей Пугачев лишился остатков своей некогда значительной банковской империи. Народный банк Республики Тыва перешел под контроль Агентства по страхованию вкладов. Однако хотя Народный банк Республики Тыва стал первым выставляемым на продажу активом Межпромбанка, обладающим сколь-нибудь реальной стоимостью, кредиторам это вряд ли могло помочь — дыра в капитале МПБ составляла более $1 млрд. Обязательств у МПБ было несопоставимо больше, чем реальных активов. В такой ситуации потенциальный процент удовлетворения требований кредиторов по МПБ должен был быть едва ли не минимальным за всю историю АСВ.

В августе 2011 года империя Сергея Пугачева окончательно развалилась. Банк Тывы был продан с торгов. Госкорпорация АСВ, конкурсный управляющий банкротящегося Межпромбанка, подала иски о взыскании долгов к сети гастрономических бутиков Hediard, часовщику Poljot и девелоперским компаниям бизнесмена.

Дело

В январе 2011 года Главное следственное управление по Москве Следственного комитета России (СКР) возбудило уголовное дело по факту преднамеренного банкротства Межпромбанка по ст. 196 УК РФ. В соответствии с Уголовным кодексом РФ, преднамеренное банкротство, т. е. совершение руководителем или учредителем (участником) юридического лица действий, заведомо влекущих его неспособность в полном объеме удовлетворить требования кредиторов или исполнить обязанность по уплате обязательных платежей, если эти действия причинили крупный ущерб, наказывается лишением свободы на срок до шести лет со штрафом.

Уголовное дело стало логическим продолжением истории банкротства Межпромбанка. Ранее первый зампред ЦБ Геннадий Меликьян в интервью агентству «РИА Новости» рассказывал, что активы банка были фактически выведены его руководством в интересах собственников. В АСВ также добавляют, что сотрудники банка уничтожили не только базу данных, но ее резервную копию: «Последний раз такое было с СБС-Агро, когда руководство банка прятало следы». Кроме того, как выяснилось, реального обеспечения по кредитам в МПБ нет: активы, которые служили залогом, тоже выведены. «Например, МПБ в нарушение требований ЦБ досрочно забрал из банка размещенный там субординированный кредит и фиктивно погасил этими средствами выданные банком залоговые кредиты, чтобы создать видимость законного снятия обременения с залогов», — рассказали в агентстве. Ущерб от преднамеренного банкротства Межпромбанка мог превысить 60 млрд руб., а само банкротство произошло из-за выдачи банком сомнительных кредитов аффилированным с банком структурам. В некоторых случаях банк выдавал крупные кредиты под имущество, которое уже являлось залогом под другие кредиты.

Кто именно подозревался во всех этих деяниях — только ли руководство банка или его реальный собственник, не раскрывалось. Как пояснили в следственном комитете России, подобные дела расследуют как подразделения этого комитета, так и подразделения органов внутренних дел. В ведение последних входят дела, возбуждаемые по банкротствам структур, подконтрольных коммерсантам. СКР же расследует банкротства, связанные с бизнесом бывших чиновников и депутатов. Впрочем, даже с учетом того, что дело расследует СКР, перспективы привлечения реального владельца банка к уголовной ответственности за его банкротство скорее можно было назвать теоретическими, считали юристы. «Доказать, что учредитель траста (именно так фигурировал Пугачев в открытых данных о структуре собственности МПБ. — Ред.) давал прямые указания топ-менеджменту банка, будет крайне непросто, естественно, он их «не давал», — говорит руководитель практики по уголовно-правовой защите юридической компании «Налоговая помощь» Сергей Самойлюк. — К тому же дело возбуждено «по факту», а это очень удобная формулировка для того, чтобы варьировать круг привлекаемых к ответственности». Это скорее политический вопрос, добавил он: «Вспомните приговор по второму делу Ходорковского, где его признали участвовавшим в управлении ЮКОСом в то время, как он сидел в СИЗО».

Привлечение банкиров к уголовной ответственности — редкость в российской практике. По данным Центробанка, с 2005-го по август 2010 года по ст. 196 возбуждено и расследуется всего семь уголовных дел, а число вынесенных приговоров — всего три. А августе 2011 года СКР сообщило, что Главным следственным управлением ведомства по Москве «продолжается расследование уголовного дела по факту неправомерных действий при банкротстве и преднамеренном банкротстве ЗАО «Международный промышленный банк» (ст. 195, 196 УК РФ)». В рамках расследования были проведены масштабные обыски. В результате были изъяты десятки килограммов различных документов, которые едва уместились в несколько мини-вэнов Ford. Следствие установило, что только в июне 2009 года Межпромбанк заключил более 100 кредитных договоров, заемщиками по которым выступали фирмы-однодневки. Никакой деятельности эти фирмы фактически не вели, а деньги вкладывали в ценные бумаги банка, которые, в свою очередь, передавались аналогичным сторонним организациям для погашения уже их кредитов перед Межпромбанком. Таким образом создавалась видимость обслуживания кредитов. При первых же признаках банкротства значительная часть выданных подобным фирмам кредитов была погашена за счет средств, предоставленных банку его клиентами, при этом перечисление денег фактически не производилось, а все расчеты осуществлялись путем обычных записей во внутренних документах банка. Все это, как считали участники расследования, привело к снижению ликвидности банка в целом. Кроме того, выяснилось, что, уже находясь в тяжелом положении, Межпромбанк перечислил на счета различных организаций более 4 млрд руб. в качестве выплат дивидендов своему руководству и собственникам. Таким образом, следствие подтвердило подозрения ЦБ о том, что бизнес Межпромбанка сводился к тщательно замаскированному кредитованию неких определенных лиц без намерения возвращать эти средства, т. е. фактически к выводу активов. Мнение о том, что эти лица — собственники банка, ЦБ публично обнародовал уже после отзыва у Межпромбанка лицензии.

В правоохранительных органах говорили, что расследование громкого дела может занять не менее полутора лет. Ранее представители АСВ указывали, что шансы удовлетворить претензии кредиторов банка в ходе банкротства крайне малы и со временем будут лишь таять. Причина — в крайне низком качестве активов Межпромбанка, по одной из версий отчетности банка за июнь 2010 года, просроченными на тот момент были 99,7% его кредитного портфеля.

Кто виноват?

В апреле 2012 года Агентство по страхованию вкладов (АСВ) впервые обнародовало детальные количественные оценки качества обслуживания кредитов крупнейшими заемщиками Межпромбанка. Невозвратными являются крупные ссуды более чем на 150 млрд руб. По данным АСВ, крупнейшими неплательщиками банка из числа физических лиц являются его бывшие топ-менеджеры, родственники основного владельца и лица, связанные с ним по небанковским бизнесам.

Согласно отчету АСВ о результатах инвентаризации активов Межпромбанка (МПБ), заемщиков — физических лиц, взявших в МПБ кредиты на сумму более 1 млн руб., насчитывается 27 человек. Совокупная оценочная стоимость таких ссуд в пять раз меньше балансовой — 32 млн против 170 млн руб. Из 27 кредитов на дату оценки было погашено всего три, нулевую оценку имели семь ссуд, причем три из них — крупнейшие (на совокупную сумму почти 80 млн руб.). Остальные кредиты были оценены существенно ниже номинала, что означает невозможность возврата этих долгов целиком.

Судя по отчету, самые большие необслуживаемые долги перед МПБ имеют известные на рынке люди, прямо и косвенно связанные с банком и структурами Объединенной промышленной корпорации, куда входил и МПБ. Кроме экс-главы совета директоров Межпромбанка Джеральда Ковальски (ранее занимал пост управляющего директора в Credit Suisse First Boston) это начальник главного эксплуатационного управления Управделами Президента РФ Александр Гладышев и известный дизайнер Сергей Шанович, который с конца 1990-х и до середины 2000-х годов руководил дизайнерским направлением НТВ и известен как создатель современного образа этого и ряда других телеканалов (СТС, ДТВ и пр.), а в настоящее время является руководителем и креативным директором студии Shandesign. В числе клиентов компании — крупные телеканалы, авиа-, инвесткомпании и даже «Газпром».

Долг Джеральда Ковальски — крупнейший из всех кредитов физическим лицам: $1,3 млн. Как сообщили в агентстве, в отношении господина Ковальски уже получено решение суда о взыскании долга, процентов по нему ($575 тыс.) и неустойки за просрочку долга и процентов ($8 млн). Правда, нет самого господина Ковальски: по сведениям «Ъ», он находится за пределами России, связаться с ним не удалось. Александр Гладышев, по данным отчета АСВ, — второй по размеру долга заемщик банка, не обслуживающий кредит на сумму $706,99 тыс. Долг Сергея Шановича, по данным об инвентаризации активов МПБ, составляет 17 млн руб. В компании Shandesign сообщили, что связаться с ним нельзя, поскольку он находится за границей.

По данным, опубликованным АСВ, указанными лицами круг заемщиков-неплательщиков, так или иначе аффилированных с банком, не ограничивается. В число таких должников также входят Сергей Липанов (бывший главный бухгалтер МПБ), сын господина Пугачева Виктор Пугачев, Алексей Карцев (сотрудник Объединенной промышленной корпорации), Михаил Цветников (экс-сотрудник МПБ). Из заемщиков, аффилированных с банком и ОПК, более или менее сознательными оказались лишь трое. Экс-председатель правления МПБ Алексей Злобин, экс-член совета директоров банка Хендерсон-Стюарт Дэвид и генеральный директор московского офиса сети гастрономических бутиков Hediard Жиль Шарбонье.

Однако основную часть активов МПБ составляют корпоративные кредиты, а ситуация с ними — удручающая. В отчете по инвентаризации оценочная стоимость (то, что рассчитывает взыскать конкурсный управляющий) крупных корпоративных кредитов свыше 1 млн руб. в 52 раза меньше балансовой: всего 3 млрд руб. против отраженных в отчетности банка 160 млрд руб. Из 153 кредитов этой категории на дату проведения оценки погашено было лишь четыре (на общую сумму менее 50 млн руб.), ненулевая оценка по невозвращенным кредитам — всего у 22 ссуд. При этом и она существенно меньше их номинала, а реально крупным кредитом, подлежащим взысканию, является лишь один — восстановленный по решению суда долг некогда подконтрольной Сергею Пугачеву Енисейской промышленной компании — 1,4 млрд руб.

...Хоть шерсти клок?

Итак, после банкротства в 2010 году принадлежавшего Пугачеву Межпромбанка кредиторы обнаружили, что самые выгодные активы из него выведены, расплачиваться по долгам нечем, а к личному кошельку бывшего сенатора, отъехавшего за рубеж, не подобраться. И вот редкая удача — обнаружен актив, который можно использовать для погашения хотя бы части задолженности накрывшегося банка.

В феврале 2012 года в недавнем прошлом видный «православный банкир» и сенатор, Сергей Пугачев стал героем скандальных публикаций СМИ. Речь шла о неприятностях с недвижимостью у видного некогда олигарха, в частности о наложении властями французской Ниццы обеспечительных мер на принадлежащую его семейству виллу Шато-де-Гаро — на нее наложен залоговый арест. Земельный участок и замок площадью две с лишним тысячи квадратов пойдут с молотка, если Пугачев не компенсирует 13,6 млн евро российскому Агентству по страхованию вкладов (АСВ), которое и добилось введения санкции во Франции. Тогда же обеспечительные меры были наложены на акции компании «Северная верфь». Это произошло в связи с тем, что Арбитражный суд Москвы удовлетворил иск Банка России к компаниям, владеющим акциями этого предприятия. Акции были залоговым обязательством по кредитам, выданным ЦБ Международному промышленному банку.

Впрочем, все эти мелкие победы большого значения не имеют. Общая сумма долга Пугачева кредиторам такова, что если даже будет продан замок, это ничего не решает. Правда, на Лазурном берегу господину Пугачеву принадлежат еще два замка, есть еще недвижимость в Великобритании, но продажа всего этого добра долгов все равно не покроет — собственность оформлена не на Пугачева, и добраться до этих активов юристам пока не удается.

Что же касается заводов, то каждый месяц тяжб приносит им лишь новые потери. По идее «Северная верфь» вместе с «Балтийским заводом» уже год назад должны были войти в состав Объединенной судостроительной компании (ОСК), которая могла бы существенно поправить финансовое положение предприятий. Но конца-края судебным тяжбам по двум этим заводам не видно. ОСК уже несколько раз заявляла о том, что ей удалось установить контроль над этими предприятиями, но на деле контроль установлен только над Балтийским заводом, и то через процедуру банкротства, и смысла в этом контроле практически нет, поскольку у предприятия после пугачевского шестилетнего там присутствия многомиллионные долги. Более интересная для ОСК крупная и обладающая серьезными заказами «Северная верфь» в распоряжение ОСК, скорее всего, не перейдет, а история с арбитражами разного уровня будет тянуться для завода еще не один месяц.

Агентство по страхованию вкладов пока тратит немалые собственные деньги на то, чтобы найти деньги Пугачева. Сотрудники АСВ поражаются, как человек, который еще в 2010 году попал в список богатейших людей Великобритании с состоянием в £750 млн, вдруг остался без гроша в кармане. По данным сотрудников АСВ, большая часть имущества Межпромбанка переведена на третьи лица. Однако винить во всем случившемся государству, кроме себя, вообще-то некого. В кризис Межпромбанк получил беззалоговый кредит ЦБ на 32 млрд руб. В конце 2009 года рейтинговое агентство Fitch отмечало, что 87% выданных банком кредитов было не обеспечено залогом. Проверка Центробанка показала, что менеджмент банка активно занимался только выводом средств. И тем не менее Пугачеву опять удалось договориться с Центробанком о реструктуризации этого кредита под залог Балтзавода и Северной верфи.

Первый зампред ЦБ Алексей Улюкаев признал: с отзывом лицензии у Межпромбанка, который в 2002 году считался главным соперником Сбербанка на национальном финансовом рынке, ЦБ сознательно тянул, рассчитывая, что Сергей Пугачев решит проблемы. Если бы руководство ЦБ в тот момент перечитало «Мертвые души», возможно, им бы стало понятно, что они имеют дело с Чичиковым, со всеми вытекающими.

ЧАСТЬ 2

В МЕСТАХ НЕ СТОЛЬ ОТДАЛЕННЫХ

Туманные проходят годы,
И вперемежку дышим мы
То затхлым воздухом свободы,
То вольным воздухом тюрьмы.

Георгий Иванов

О ГЕРОЯХ ВТОРОЙ ЧАСТИ НАШЕГО СБОРНИКА РАССКАЗЫВАТЬ НЕЛЕГКО. ВО-ПЕРВЫХ, ОНИ УЖЕ НАКАЗАНЫ, И НАКАЗАНЫ ОЧЕНЬ СУРОВО, НЕЗАВИСИМО ОТ СРОКА ЗАКЛЮЧЕНИЯ, ИБО УСЛОВИЯ В РОССИЙСКИХ МЕСТАХ ЛИШЕНИЯ СВОБОДЫ ТАКОВЫ, ЧТО ТАМ ЗАПРОСТО МОЖНО ЛИШИТЬСЯ И ЗДОРОВЬЯ, И РАССУДКА, И САМОЙ ЖИЗНИ. ВО-ВТОРЫХ, ВОР, КОНЕЧНО, ДОЛЖЕН СИДЕТЬ В ТЮРЬМЕ, НО, КОГДА В РОССИИ СУДЯТ И САЖАЮТ ПРЕДСТАВИТЕЛЕЙ БИЗНЕСА, ПОЧЕМУ-ТО ВСПОМИНАЕТСЯ И ДАВНЯЯ ПОСЛОВИЦА — «ВОР У ВОРА ДУБИНКУ УКРАЛ». В-ТРЕТЬИХ, И ЭТО ГЛАВНОЕ, С ЧЕЛОВЕЧЕСКОЙ ТОЧКИ ЗРЕНИЯ ТАКИЕ ЛЮДИ ВЫЗЫВАЮТ УВАЖЕНИЕ. ОНИ, КАК-НИКАК, НЕ БЕГАЛИ ОТ ПРАВОСУДИЯ, НЕ ОТБЫВАЛИ В СРОЧНОМ ПОРЯДКЕ ИЗ «ШЕРЕМЕТЬЕВО» В «СВОБОДНЫЕ СТРАНЫ», А ОСТАЛИСЬ ЗДЕСЬ, ПРОШЛИ ЧЕРЕЗ ВСЕ ИСПЫТАНИЯ СЛЕДСТВИЯ И СУДА.

Но и защищать их рука не поднимается, во-первых, зачастую они и столь отвратительны и безнравственны в человеческом плане, как и герои первой части. Потому что как бы ни боролся (на словах или на деле) бизнес с властью, делает он это, в конечном счете, для того, чтобы самому стать этой властью. Причем зачастую в личных корыстных интересах, а не только с целью укрепления, развития и процветания родной страны. Обвиняя во всех своих бедах власть, бизнес часто поступает с ней так же, как и она с ним, — забывая о нормах правовых и нравственных. То есть в борьбе с конкурентами и госчиновниками имели место и преступления, и душегубство. Пуля не разбирает, в кого летит, а кровь у всех одного цвета. Если эти люди неправедно боролись с властью и победили, то горе победителям. Если оказались жертвой несправедливости, им зачтется. А если совершили преступление и наказаны по справедливости, не будем бросать в них камни, потому что все мы люди. А во-вторых, потому что обе стороны хороши — и власть, и бизнес. То есть винить их трудно, учитывая все недостатки «самого гуманного суда в мире».

Организованная преступная группировка (по версии обвинения)

Михаил Ходорковский и Платон Лебедев, ЮКОС

В субботу 25 октября 2003 года около 5 утра в новосибирском аэропорту Толмачево для дозаправки совершил посадку следовавший в Иркутск зафрахтованный ЮКОСом самолет Ту-134 московской авиакомпании «Меридиан». На его борту находились Михаил Ходорковский с помощниками и охранниками.

С нас-то все и началось.
Ну... Когда-то началось,
а когда-то надо и заканчивать!

Михаил Ходорковский

Вынужденная мера

В аэропорту их уже ждали вооруженные люди в камуфляже и штатском — спецоперацию проводили бойцы из местного подразделения антитеррористической группы «Альфа» ФСБ России и сотрудники Генпрокуратуры. Вооруженные люди в камуфляже поднялись на борт самолета, выбили дверь в первый салон, где находился господин Ходорковский, и с криками «ФСБ, руки вверх, сидеть, не двигаться, проверка документов! Оружие на пол, будем стрелять!» ворвались туда. Один из силовиков обратился к Михаилу Ходорковскому: «У нас приказ, пройдемте с нами». Олигарх и группа захвата тут же покинули самолет и направились в здание аэропорта. Остальных пассажиров Ту-134 выпустили примерно через час.

В 7.20 Михаила Ходорковского спецрейсом отправили в Москву. Примерно в час дня кортеж автомобилей с включенными мигалками доставил его в следственное управление Генпрокуратуры, туда же был вызван адвокат олигарха Антон Дрель. Допрос самого господина Ходорковского продолжался около трех часов. В итоге следователи предъявили ему обвинение по семи статьям УК РФ. Формула обвинения составила около 50 листов.

Генпрокуратура назвала арест Ходорковского вынужденной мерой. За два дня до задержания на его имя была направлена повестка с вызовом на допрос в прокуратуру в качестве «сидетеля» — именно так было написано в тексте повестки. Ходорковский явиться не мог, так как находился в командировке. В среду он был в Самаре, в четверг — в Саратове, в пятницу — в Нижнем Новгороде. Сотрудники ЮКОСа поставили прокуратуру в известность об этом в установленной форме. Вечером того же дня следователь Каримов, посовещавшись со своим руководством, санкционировал принудительный привод господина Ходорковского в Генпрокуратуру.

Ущерб в миллиард долларов

Проблемы у ЮКОСа начались, конечно, не в октябре, а в конце июня. Партнер Михаила Ходорковского и совладелец контрольного пакета акций ЮКОСа Платон Лебедев был арестован еще 2 июля. Одновременно с этим было объявлено об обвинении начальнику четвертого отдела службы внутренней и экономической безопасности НК ЮКОС Алексею Пичугину, арестованному по другому делу 21 июня.

К началу арестов Михаилу Ходорковскому принадлежало 9,5% акций Group MENATEP, владеющей 61% акций НК ЮКОС. Учитывая, что он был бенефициарием еще 50% акций Group MENATEP, стоимость принадлежащих ему бумаг ЮКОСа в начале июля 2003 года составляла $10,4 млрд. Леониду Невзлину принадлежало 8% акций Group MENATEP на сумму $1,39 млрд, 7% бумаг Платона Лебедева стоили $1,2 млрд. Такими же пакетами владели президент ОАО «ЮКОС-Москва» Василий Шахновский, и.о. президента ОАО ЮКОС-РМ Михаил Брудно и председатель налогового подкомитета Госдумы Владимир Дубов. Шахновский был арестован 17 октября, но отпущен под подписку о невыезде. Невзлину, Брудно и Дубову были предъявлены обвинения в соучастии в убийствах, уклонении от налогов и хищении. Все трое покинули Россию, объявлены в международный розыск и в настоящее время находятся в Израиле.

В рамках первого дела ЮКОСа Михаилу Ходорковскому и Платону Лебедеву были предъявлены обвинения в организации преступной группы, хищении акций, мошенничестве, уклонении от уплаты подоходного налога, уклонении от уплаты налога организаций, причинении имущественного ущерба, злостном неисполнении решения суда, а также в растрате. Ущерб от действий одного только Ходорковского превысил $1 млрд. Кроме того, с ЮКОСом (а значит, и с его руководством) прокуратура связывала и другие преступления: покушение на управляющего нефтяной компанией East Petroleum Handels GmbH Евгения Рыбина, убийства — мэра Нефтеюганска Владимира Петухова, директора нефтеюганского строительного предприятия «Монолит» Николая Филиппова, президента компании «Томск-Нефть-Восток» Александра Берлянда, похищение и убийство Сергея и Ольги Гориных, покушение на бывшую сотрудницу ЦОС банковской группы МЕНАТЕП, а позже пиар-службы мэрии Москвы Ольгу Костину. Правда, эти эпизоды в дело Ходорковского—Лебедева не попали. Обвинения в организации убийств и соучастии в них были предъявлены Пичугину и Невзлину.

Опасные олигархи

Михаил Ходорковский стал далеко не первой жертвой среди олигархов. С не меньшим усердием правоохранительная система боролась с Владимиром Гусинским и Борисом Березовским. Оба в итоге стали политэмигрантами, причем Гусинский даже успел посетить Бутырку. Оба опальных олигарха открыто заявили о неприятии политики нового президента, оба открыто противостояли власти и лично Владимиру Путину, оба открыто говорили о необходимости смены режима.

В чем-то Ходорковский был на них похож. Он давал высшему руководству страны советы, как вести себя в решении иракского кризиса, и выступал за строительство частных нефтепроводов, т. е. фактически покушался на госсобственность. Он публично противоречил Путину, вступая с ним в споры по самым разным поводам — и о тех же нефтепроводах, и об истоках коррупции, и об общей стратегии развития страны, наконец. СМИ тиражировали эти препирательства на весь мир. Он включал в предвыборные списки политических партий своих ставленников. Только напрямую связанных с ЮКОСом насчитывалось больше десятка человек, причем большинство из них занимали заведомо проходные места в таких партиях, как «Единая Россия», КПРФ и «Яблоко». В интервью газете «Ведомости» Ходорковский заявил: «СПС и «Яблоко» — те, кого я поддерживаю лично, из своих собственных средств. Очевидно, что если мы хотим построить в стране демократическое общество, то такие партии должны иметь по крайней мере 30% в парламенте». Он бравировал тем, что первым из крупных предпринимателей раскрыл свои доходы и сделал ЮКОС «прозрачной» компанией.

Михаил Ходорковский:
«Мы сами лучше всех знаем, сколько
в свое время недоплатили государству».

Мы сами лучше всех знаем, сколько в свое время недоплатили государству. Среди нас, участников приватизации,

ЕСТЬ ОБЩЕЕ ПОНИМАНИЕ, КТО СКОЛЬКО ДОЛЖЕН ВНЕСТИ. КТО-ТО $1,5 МЛРД, КТО-ТО $3 МЛРД, КТО-ТО $5 МЛРД. МЫ САМИ МЕЖДУ СОБОЙ ДОГОВОРИМСЯ.

Из книги Михаила Касьянова «Без Путина.
Политические диалоги с Евгением Киселевым»

Он ездил по стране и рассказывал сотрудникам своей компании, студентам, региональным журналистам, какой должна быть Россия. На этом фоне он еще и вел активные переговоры о продаже американским компаниям крупного пакета акций ЮКОСа. Иными словами, Ходорковский сам нарывался на неприятности. И это при том, что время для подобных эскапад было совершенно не подходящим. В середине мая 2003 года на стол Президента Путина легла любопытная бумага. Ее принес начальник личного секретариата Президента и заместитель главы кремлевской Администрации Игорь Сечин. Это был доклад «В России готовится олигархический переворот», написанный неким Советом по национальной стратегии. По неофициальной информации, идеологом доклада был известный политтехнолог Станислав Белковский.

Суть многостраничного доклада сводилась к двум основным выводам. Первый: есть олигархи, «опасные для власти», например Михаил Ходорковский, Михаил Фридман, Владимир Потанин. А есть и «неопасные», например Владимир Евтушенков, владелец АФК «Система». Второй: «опасные» олигархи покупают будущий состав Думы. А значит, они не просто включились в большую политику, но и угрожают самому существованию нынешнего режима и лично Владимиру Путину. Прежде всего тем, что подконтрольная олигархам Дума будет инициировать создание правительства парламентского большинства. Если этим большинством станет руководить конгломерат олигархических партий, то возможно появление правительства, независимого от президента.

После прочтения «доклада Белковского» президент, видимо, и дал заместителю генпрокурора Дмитрию Бирюкову отмашку топить «опасных» олигархов. А Сечин сразу же утвердился в роли «серого кардинала» этого процесса, преследовавшего как политические, так и экономические цели.

Приговор

На 1 июля 2003 года капитализация НК ЮКОС достигала $30,291 млрд, а 2-го, в день ареста Платона Лебедева, — $31,369 млрд. ЮКОС по этому показателю стал крупнейшей российской компанией. Значит, при определенных обстоятельствах добиться от нее можно было многого. Например, уступок госкомпании «Роснефть», руководимой главным финансистом «питерских чекистов» Сергеем Богданчиковым.

«Роснефть» и ЮКОС конфликтовали активно и на самом высоком уровне. Так, на встрече Президента Путина с олигархами 19 февраля 2003 года Михаил Ходорковский в качестве примера непрозрачной, а значит, потенциально коррупционной сделки привел покупку «Роснефтью» «Северной нефти». Кроме того, аналогичные обвинения в недоплате налогов были предъявлены и «Сибнефти» (напомним, процесс слияния «Сибнефти» и ЮКОСа летом 2003 года был в самом разгаре), что многие посчитали недвусмысленным предупреждением Роману Абрамовичу. Впрочем, нынешнему владельцу «Челси» еще предстоит участие в интриге вокруг ЮКОСа. Осенью 2003 года было известно лишь то, что Владимир Путин обсуждал с ним слияние ЮКОСа и «Сибнефти», но сам по себе этот факт совершенно не удивляет: странно, если бы не обсуждал, ведь в результате этого слияния могла образоваться одна из крупнейших в мире нефтяных компаний.

Среди прочих версий того, почему именно Ходорковский (точнее, почему именно ЮКОС), называлась и внутрикремлевская схватка «московских» с «питерскими» накануне президентских выборов. Ходорковскому, мол, давали понять, что пора переориентировать финансовые потоки в интересах «питерских чекистов». Говорили и о попытке завладеть креслом премьер-министра, и сопротивлении принятию правительственных законов о налогообложении нефтяного бизнеса, и даже о личном оскорблении президента. Причем диковатая идея о том, что Ходорковский пытался сторговать президенту США весь российский ядерный потенциал в обмен на кресло Президента России, за что и был арестован, некоторое время активно обсуждалась.

О сути предъявленных Ходорковскому и Лебедеву обвинений спорили даже меньше, полагая их чем-то вроде ширмы, скрывающей истинные причины происходящего. Более того, далеко не все спорящие хотели вникать в тонкости и дыры приватизационного законодательства 1990-х годов, обстоятельства ценообразования при посреднической продаже нефти и детали независимого консультирования без образования юридического лица. Все ждали окончания суда. 11 апреля 2005 года суд над Михаилом Ходорковским и Платоном Лебедевым был фактически завершен. Мещанский суд Москвы оглашал приговор по их делу почти две недели — с 17 по 31 мая. Оба обвиняемых были признаны виновными и получили по 9 лет колонии. После кассационной жалобы срок наказания по эпизодам с мошенническим завладением акций ОАО «Апатит» и НИИУИФ был снижен Мосгорсудом до восьми лет, а эпизод с растратой исключен из приговора за отсутствием состава преступления.

Споры о размере начисленных ЮКОСу налоговых неуплат продолжались и после суда, до тех пор, пока аудитор ЮКОСа «ПрайсвотерхаусКуперс Аудит» в качестве новогоднего подарка от налоговой инспекции в декабре 2006 года сам не получил обвинение в содействии уклонению ЮКОСа от уплаты налогов.

Виктор Геращенко:
«Я не верю нашему правосудию»

После Ходорковского я не верю нашему правосудию.

Из интервью газете «Коммерсантъ», 29 октября 2008 года

Отнять и поделить

Судьба самого ЮКОСа сложилась не менее драматично, чем судьба его руководителей. Пока шел суд над Ходорковским и Лебедевым, вопрос: «Что будет с компанией?» задавался, пожалуй, так же часто, как и «Сколько дадут?» (в то, что руководители ЮКОСа выиграют процесс, верили все меньше и меньше). До конца мая 2004 года предположение, что события вокруг НК ЮКОС и ее крупнейших совладельцев могут закончиться хоть в какой-то мере полюбовно, еще имело право на существование. После того как судья Московского арбитражного суда Андрей Гречишкин 26 мая вынес решение удовлетворить иск к ЮКОСу о выплате налоговой задолженности за 2000 год на сумму 99,4 млрд руб., такая возможность стала неактуальной.

Уже в начале июля компания должна была совершить самый крупный в истории России единовременный налоговый платеж. То, что ЮКОС вряд ли сможет в пятидневный срок, как это предписывает законодательство, заплатить $3,4 млрд на счета МНС, было очевидно: на практике такая операция без надлежащей подготовки невозможна не только для преследуемой нефтяной компании, но и для многих государств. Тем более что помогать ЮКОСу в этом деле государство не собиралось: активы компании были арестованы, и немедленно продать что-либо из них для погашения долга было нельзя. Фактически после решения арбитражного суда ЮКОС был побежден, и уже в июле 2004 года победители могли решать, что делать с побежденным.

Роль олигарха Ходорковского за несколько месяцев, проведенных им в СИЗО, поменялась радикально. До решения судьи Гречишкина он, как собственник одной из крупнейших нефтяных компаний России, был потенциальным субъектом переговоров со своими недоброжелателями, хотя сразу же после ареста сам объявил, что выходит из нефтяного бизнеса, слагает с себя обязанности председателя правления ЮКОСа и в дальнейшем не будет заниматься делами компании. После решения его судьба почти целиком зависела от судьбы компании.

Нефтяная компания ЮКОС представляла тройную ценность. Во-первых, это нефтяной холдинг, акции которого имели вполне конкретную стоимость. Во-вторых, это дорогостоящий набор нефтяных скважин, бензоколонок, офисов, серверов, автомобилей и денег на счетах. В-третьих, это многомиллиардные финансовые потоки, управляя которыми даже бесталанный финансовый менеджер может не беспокоиться о хлебе насущном.

Конечно, речь о полном уничтожении ЮКОСа не шла. Даже Владимир Путин 17 июня 2004 года высказался за сохранение ЮКОСа как единой компании, но по большому счету путей развития ситуации было всего три: банкротство, переход контрольного пакета новым владельцам и потеря добывающих активов. Первый вариант рассматривать не хотел никто. Предложений по второму было несколько. Летом 2004 года тогдашний менеджмент компании во главе с Семеном Кукесом предложил провести дополнительную эмиссию акций, которая либо напрямую передавалась государству как новому собственнику, либо продавалась потенциальным инвесторам. При этом Group MENATEP, владевшая 60% акций ЮКОСа, лишалась контроля над компанией — после допэмиссии у нее оставалось 30—40% акций. В случае реализации этого плана ЮКОС переставал быть компанией Ходорковского и превращался в первую в России крупную нефтяную компанию, контрольным пакетом акций в которой не распоряжается никто.

Не обошлось и без разговоров об Абрамовиче. Ведь злоключения Михаила Ходорковского и его соратников начались вовсе не с ареста Платона Лебедева, а со слияния ЮКОСа и его ближайшего конкурента — «Сибнефти». Первый сенсационный слух, который появился вокруг ЮКОСа после октябрьского ареста Ходорковского, — информация о претензиях акционеров «Сибнефти» (читай: Романа Абрамовича), а также бывшего главы Администрации Президента Александра Волошина на ключевые роли в управлении объединенной «ЮкосСибнефтью». Правда, объединение ЮКОСа и «Сибнефти» усилиями последней в арбитражном суде де-факто было аннулировано, но переход Ходорковского в «младшие партнеры» Абрамовича рассматривался как вполне жизнеспособный способ относительно мирного разрешения конфликта олигарха с властью. По крайней мере с теми, кто считал, что какой-то компромисс еще возможен.

По сути, вариант с передачей управления в ЮКОСе был для Group MENATEP чем-то вроде «условной конфискации имущества». Технически такую передачу можно было осуществить десятком способов, в том числе абсолютно непубличными, а требования МНС гасились из средств владельцев «Сибнефти», заплаченных ей ЮКОСом. ЮКОС в ходе слияния с «Сибнефтью» заплатил за крупный пакет ее акций $3 млрд, т. е. почти столько же, сколько требовал от ЮКОСа МНС. Такая комбинация давала владельцу «Челси» отличные шансы и полностью разрешить конфликт, и выступить в роли спасителя России от имиджевых потерь в глазах Запада, и заработать свежих денег. Владелец «Сибнефти» всегда умел эффективно решать конфликты с госструктурами, не исключая и МНС, а временная потеря управления ЮКОСом для Group MENATEP все же была лучше, чем окончательная.

Третий вариант был самым быстрым и технически легким для исполнения: изъятие из компании ряда ее ключевых активов — вопрос нескольких недель. Кандидатов на продажу называлось много — и Восточная нефтяная компания, и АО «Самаранефтегаз» с ее нефтеперерабатывающими заводами, и подразделения ЮКОСа в Восточной Сибири, и даже газовая компания «Роспан». К тому же распродажа ЮКОСа по частям исключала даже малейший намек на политический компромисс властей с Ходорковским. К этому времени государство перестало делать вид, что процесс над руководством ЮКОСа является вопросом исключительно правосудия и правоприменения. Министр экономического развития и торговли Герман Греф, комментируя журналистам дело ЮКОСа, заявил, что «политическая составляющая» в этом деле «не является главной», хотя, несомненно, присутствует.

Ближе к концу 2004 года стало ясно, что реализован будет третий, наихудший для владельцев бумаг ЮКОСа вариант. За три недели с момента вступления в силу судебного вердикта о выплате ЮКОСом налоговых долгов почти на 100 млрд. руб. приставам удалось взыскать с компании 5,25 млрд руб. из 99,4 млрд руб. Поэтому, заявил Минюст, для погашения долга начата процедура продажи дочерней компании ЮКОСа — АО «Юганскнефтегаз». На деле термин «дочерняя» в отношении «Юганскнефтегаза» был чисто техническим. На АО приходилось 62% нефтедобычи ЮКОСа, оно владело около 70% его нефтяных запасов. В 1994 году ЮКОС создавался именно на базе «Юганскнефтегаза» по инициативе его экс-главы Сергея Муравленко.

Нефтяные аудиторы оценивали стоимость запасов «Юганск-нефтегаза» в $30,4 млрд, а остальных подразделений ЮКОСа — $13,6 млрд. Впрочем, с точки зрения приставов, стартовая цена «Юганскнефтегаза» на аукционе по его продаже должна была определяться по балансовой стоимости в российской отчетности ЮКОСа — около $1,75 млрд. А этого не хватало для погашения требований МНС даже за 2000 год (99,4 млрд руб., или в $3,4 млрд), при том что за 2001 год, как известно, ЮКОСу насчитали еще 98 млрд руб. В итоге общая сумма налоговых претензий составила около $10 млрд.

БАЙКАЛФИНАНСГРУП

12 октября 2004 года Минюст России принял решение о продаже за долги НК ЮКОС «Юганскнефтегаза». Стартовая стоимость актива была обозначена суммой $10,4 млрд, которая фигурировала в качестве минимальной при оценке банком Dresdner Kleinwort Wasserstein.

13 декабря Group MENATEP заявила, что займется судебным преследованием не только покупателей арестованных акций «Юганскнефтегаза», но и банков, которые готовы кредитовать победителя торгов.

15 декабря ЮКОС подала заявление в суд по банкротству в Хьюстоне (США) с просьбой приостановить все операции по активам компании и отменить аукцион. 17 декабря суд Хьюстона принял решение ввести временный запрет на все операции с активами ЮКОСа, в том числе и аукцион по «Юганск-нефтегазу».

19 декабря 2004 года аукцион по продаже ЮНГ состоялся, но торга, по сути, не было. Первую заявку на предложенный лот 16 декабря подало никому дотоле не известное ООО «Байкалфинансгруп». На следующий день заявку подало ООО «Газпромнефть». Комиссия допустила к торгам обоих претендентов.

После неразборчивого предложения представителя «Байкалфинансгруп», аукционист Валерий Суворов, видимо, решив, что речь идет о стартовой цене, спросил у представителей «Газпромнефти», готовы ли они предложить большую цену. И. о. заместителя гендиректора «Газпромнефти» Николай Борисенко неожиданно замялся и попросил разрешения позвонить. После того как он вернулся, аукционист напомнил, что участник № 1 предложил стартовую цену. Представитель «Байкалфинансгруп», однако, возразил, что он предложил другую цену — 260 753 447 303,18 руб. Валерий Суворов не стал спорить и спросил у представителей «Газпромнефти», готовы ли они повысить ставку. Николай Борисенко отказался. После этого аукционисту оставалось трижды повторить заявленную «Байкалфинансгруп» сумму и объявить ее победителем торгов.

Это стало сюрпризом. Все ждали, что аукцион по продаже «Юганскнефтегаза» закончится превращением «Газпрома» в госмонополию в квадрате, газовую и нефтяную, с ярко выраженными претензиями на возведение в куб — «Газпром» проявлял недюжинную активность в скупке акций РАО «ЕЭС России». Получилось иначе. Формально государство, если говорить шахматным языком, на флажке попыталось откреститься от аукциона, который сильно напоминал скупку краденого, о чем в России прямо говорил вице-президент РСПП Игорь Юргенс, а во внешнем мире недвусмысленно заявил техасский суд. Поэтому и появилась темная лошадка «Байкалфинансгруп».

Но смысл событий от этого не изменился. Налицо был залоговый аукцион — правда, порядок ходов в нем обратный по сравнению с классическими образцами. Тогда государство остро нуждалось в деньгах из-за перманентного бюджетного кризиса и уступало свои активы за полцены. 19 декабря 2004 года государство само было заинтересовано в недоплате, чтобы оставить ЮКОС на крючке. Впрочем, большинство участников рынка предполагало, что «Байкалфинансгруп» в конечном итоге передаст арестованные акции «Газпрому». Пока же достоверно был известен лишь юридический адрес ООО «Байкалфинансгруп» — Тверь, улица Новоторжская, дом 12б. Это весьма популярное в городе место.

До 1917 года в здании на Новоторжской, 12б, располагалась гостиница «Лондон», в честь которой названа рюмочнаякафетерий «Лондон», существующая на первом этаже здания и поныне. Кроме того, на первом этаже располагались винно-водочный магазин «Дионис» и продовольственный магазин «Волга». Бармен «Лондона» на вопрос корреспондента о победителе аукциона категорически заявил, что среди его клиентов в последнее время обладатели $9,35 млрд замечены не были. На втором этаже здания размещались офисы некрупных тверских фирм, в том числе структур владельца здания, государственного НПП ГЕРС, а также салоны сотовой связи и магазины джинсовой одежды. На третьем этаже «Лондона» владельцев БФГ также обнаружить не удалось: он заколочен и погружен во тьму. Всего по данному юридическому адресу было зарегистрировано более 150 фирм, среди которых, например, благотворительный фонд «Во имя рождения» и Клиника доктора Лыськова.

На деле единственным результатом аукциона по акциям ЮНГ стало то фактически, что запрет американского суда фактически нарушен не был. «Газпром» не может быть обвинен в покупке имущества ЮКОСа. «Газпромнефть» не могла быть признана победителем, даже если «Байкалфинансгруп» отказался бы платить. При этом компания-победитель могла быть продана структурам, заинтересованным в активах ЮКОСа, и никто из участников сделки не был обязан объявлять об этом публично. Более того, ЮНГ мог быть передан государству безвозмездно. Основная задача — продемонстрировать формальную прозрачность аукциона РФФИ — была выполнена.

Через неделю прояснилась финансовая схема аукциона. В ее основе была крупнейшая в 2004 году в России коммерческая сделка между НК «Роснефть» и ОАО «Газпром». Нефтекомпания продала газовому монополисту свою долю в ЗАО «Севморнефтегаз» (около 70% акций) за $1,7 млрд. Столько же было внесено приобретенным «Роснефтью» ООО «Байкал Финанс Групп» (именно так должно было писаться название нового владельца ЮНГ) в качестве задатка для участия в аукционе по 77% акций «Юганскнефтегаза». Полученные от «Газпрома» средства «Роснефть» вернула «Сургутнефтегазу», который через Сбербанк выдал деньги «БайкалФинансГрупп» для участия в аукционе по основному активу ЮКОСа.

Распродажа активов ЮКОСа аукционом по «Юганскнефтегазу» не закончилась: судебным приставам нужно было взыскать с ЮКОСа еще около 83,5 млрд руб. Правда, после первого аукциона значительное количество претензий было снято, но распродажа продолжалась еще несколько лет. Последний из громких аукционов — покупка лота № 13, в который входило центральное здание ЮКОСа, несколько тысяч цистерн, наличные денежные средства на счетах компании ТД ЮКОС-М в объеме нескольких сотен миллионов долларов, 500 тыс. тонн остатков нефтепродуктов у него же, невозвращенный НДС на «несколько сотен миллионов долларов» и дебиторская задолженность более чем на $1 млрд (т. е. более 25,9 млрд руб.).

В начале мая 2007 года в ходе яростного трехчасового торга с «Роснефтью» этот лот за сумму, почти впятеро превышавшую объявленную стартовую в 22 млрд руб., приобрело ООО «Прана» — компания, еще более загадочная, чем в свое время «Байкал Финанс Групп». Во всяком случае, кто именно является бенефициаром компании, достоверно выяснить не удавалось более месяца. А потом этот вопрос отпал сам собой, ибо «Прана» продала бóльшую часть активов за 87,58 млрд руб. «Роснефти».

СПАСЕНИЕ УТОПАЮЩИХ

Безусловно, руководители ЮКОСа не желали мириться с ролью жертвенного барашка и отчаянно сопротивлялись. Поначалу они были не одиноки — крупный бизнес, понимая, что дело ЮКОСа является не только прецедентом, но прецедентом переломным, определяющим новый этап взаимоотношений с властью, солидарно выступил в поддержку компании.

11 и 21 июля 2003 года к Президенту Путину с письмами от имени РСПП, т. е. от всего бизнес-сообщества, обращался Аркадий Вольский. Первое было довольно резким. Главным виновником бед бизнес-сообщества назывались правоохранительные органы, которым давалась однозначно негативная

оценка (они действуют вне правового поля, «руководствуясь политической целесообразностью»), и поддерживающие их «отдельные политики», в которых Президент без труда должен узнать персонажей из своего ближайшего кремлевского окружения. Авторы письма по законам обличительного жанра поднялись до патетических высот, вспомнив Петра Столыпина: «Им нужны великие потрясения, нам нужна великая Россия».

Это письмо вызывало определенные ассоциации с некоторыми взглядами самого Ходорковского, которые он вместе с Леонидом Невзлиным в 1992 году изложил в книге «Человек с рублем». Вот с такими, например: «...Без бизнесменов экономике не подняться, только предприниматель является спасителем державы. Тот самый предприниматель, который вынужден идти на явное нарушение устаревших, недействующих законов, сознательно, в интересах своих, а значит, и страны, становясь уголовным преступником...» Но на дворе был не 1992-й, а 2003 год. Второе письмо от имени российских предпринимателей было гораздо мягче, больше походило на предложение переговоров на основе некоего «нового общественного договора». Государство обязуется не пересматривать итоги приватизации и защищать демократические институты, бизнес — стать прозрачным, платить налоги и «вытеснять коррупционные схемы».

Вообще, эпистолярный жанр в исполнении знаковых людей государства за время «Дела ЮКОСа» получил новое развитие. Были письма в поддержку Ходорковского и в поддержку решения суда — все от «деятелей науки и культуры», как в старые добрые времена. Были письма и статьи самого Ходорковского — четыре («Кризис либерализма в России» и три «Левых поворота») были посвящены выбору между либеральной и неосоциалистической моделями развития страны, пятая, появившаяся в журнале «Власть» в июне 2009 года, — реформе судебной системы. Правда, авторство самого Ходорковского многими оспаривалось — в его соавторы или просто в авторы статей записывали Леонида Белковского, Михаила Делягина и других.

Как бы то ни было, ни самого Ходорковского, ни его компанию письма-статьи не спасли. С уходом в отставку главы кремлевской Администрации Александра Волошина в октябре 2003 года внесудебных ресурсов обороны внутри России у ЮКОСа не осталось. Очень быстро стало ясно, что и в российском суде руководителям ЮКОСа нечего противопоставить правоохранительным органам. Поэтому основная деятельность по юридической защите Ходорковского и ЮКОСа была перенесена за границу, тем более что крупнейшие страны Запада не остались безучастными к судьбе российского олигарха и это несколько раз вызывало мини-скандалы и перепалки на уровне министерств иностранных дел и резкие ответы Владимира Путина на вопросы иностранных корреспондентов во время пресс-конференций.

Гибралтарская Group MENATEP — владелец контрольного пакета акций ЮКОСа — инспирировала несколько громких судебных процессов. В их числе — уже упомянутое решение техасского суда по банкротству, обойденное при аукционе по ЮНГ, масса исков мелких акционеров к ЮКОСу (на самом деле они направлены против нынешних владельцев активов компании) и иск против Российской Федерации, «Роснефти», «Газпрома» и ряда высокопоставленных российских чиновников с обвинениями в заговоре с целью ренационализации ЮКОСа, поданный в 2005 году.

Внутри России попытки спасти ЮКОС велись, скорее, не в юридическом, а в договорном поле, в духе тех же 1990-х годов. В феврале 2004 года Леонид Невзлин заявил о том, что он и еще два акционера готовы продать лицам, указанным Кремлем, свои акции ЮКОСа в обмен на освобождение из СИЗО экс-главы компании Михаила Ходорковского и его арестованных коллег. Сам Ходорковский гневно отверг это предложение, требуя гласного суда над собой без какого-либо торга. В Кремле же назвали возможность такой сделки «абсурдом».

Последней, пожалуй, серьезной попыткой добиться чего-либо путем переговоров было назначение на пост председателя совета директоров ЮКОСа Геракла — Виктора Владимировича Геращенко. Ради этого назначения он покинул Госдуму и несколько месяцев пытался найти компромисс с государством. Михаил Ходорковский предложил сместить Геращенко с его поста, а тот сначала отказался добровольно сдавать полномочия, а затем резко и язвительно прокомментировал заявление Ходорковского.

При этом оценки Ходорковского и Геращенко друг другу не противоречили. Они лишь подтверждали, что к лету 2004 года ЮКОСа как субъекта сопротивления силовому давлению государства уже не существовало, были лишь несколько очагов корпоративной власти, представители которой не координировали свои действия. Более того, складывалось впечатление, что и «атаку» на ЮКОС единовластной назвать никак нельзя. Судя по всему, делом ЮКОСа на каждом из его этапов управляли разные чиновники — и каждый на свой лад. Была лишь общая команда: «ЮКОС — к ногтю». МНС посчитало это распоряжение основанием насчитать ЮКОСу максимальную сумму налогов. Близкие к власти бизнесмены — основанием рассмотреть активы ЮКОСа как свое потенциальное приобретение. Чиновники либерального крыла — возможностью увеличить налоговые поступления в бюджет. Чиновники силового крыла — возможностью национализировать компанию. Непосредственные исполнители в суде, в службе приставов, в Генпрокуратуре, в МНС — основанием для любых жестких действий в деле ЮКОСа для демонстрации служебного рвения и получения новых звездочек на погоны. При этом действия разных заинтересованных сторон зачастую противоречили друг другу. Хаос внутри ЮКОСа противостоял хаосу внутри власти.

Столкновение двух бестолковых стихий заставляло другие компании с опаской относиться даже к самым привлекательным вариантам участия в разделе ЮКОСа. «Роснефть» и «Газпром», считавшиеся главными претендентами на «Юганскнефтегаз», незадолго до аукциона даже заявляли, что не будут принимать участия в торгах. Итог своих (да и не только своих) усилий по спасению ЮКОСа Виктор Владимирович Геращенко в интервью журналу «Власть» накануне аукциона по продаже ЮНГ подвел одной фразой: «Я никак не думал, что власть так упрется».

Формально вся направленная на поиски компромисса деятельность закончилась 12 января 2005 года, когда Михаил Ходорковский заявил, что передал подконтрольные ему 59,5%

акций гибралтарской Group MENATEP (основной акционер ЮКОСа) в управление проживающему в Израиле другому ее совладельцу — Леониду Невзлину. «Я избавлен от ответственности за оставшийся бизнес и деньги группы вообще. Все, точка», — заявил экс-глава ЮКОСа. В ответ господин Невзлин распространил заявление о том, что он «намерен действовать в интересах всех совладельцев ЮКОСа, используя для их защиты максимально эффективные механизмы». Это означало, что Group MENATEP займет более жесткую позицию в борьбе за имущество ЮКОСа.

Михаил Ходорковский передал Леониду Невзлину права на 59,5% акций Group MENATEP. Правда, право распоряжаться 50% акций Group MENATEP, находящихся в специальном трасте, перешло к Леониду Невзлину автоматически, после потери ЮКОСом ОАО «Юганскнефтегаз». До 19 декабря, когда состоялся аукцион по продаже 77% акций ЮНГ, распорядителем траста оставался господин Ходорковский, несмотря на то что еще в октябре 2003 года, после его ареста, в качестве бенефициара этого траста его заменил Леонид Невзлин. Платон Лебедев, владеющий еще 7% акций Group MENATEP, даже не рассматривал возможность отказа от своих бумаг.

Суд идет

Основной «фронт» борьбы за ЮКОС и за судьбу Ходорковского к 2007 году переместился в Страсбург, в Европейский суд по правам человека. В 2009 году он начал публиковать свои первые решения. Первое же из них, от 29 января, — по корпоративной жалобе ЮКОСа на российское правительство — оказалось очень жестким для России. Аргументы о том, что ЮКОС уже ликвидирован и поэтому дело не может быть рассмотрено, суд отклонил, признав приемлемой жалобу ЮКОСа на то, что налоговые претензии (включая продажу «Юганскнефтегаза», а также в части удвоенных налоговых штрафов) предъявлялись с целью разрушения компании и отчуждения ее активов. Суд усмотрел и возможное нарушение права ЮКОСа на справедливое судебное разбирательство: компания вовремя не смогла получить и, соответственно, обжаловать решение суда о взыскании налогов, что привело к немедленному исполнению этого решения.

В мае 2009 года коллегия судей Европейского суда по правам человека единогласно признала обоснованной личную жалобу экс-главы ЮКОСа Михаила Ходорковского в отношении Российской Федерации. Большинством голосов (судья Ковлер выступил против) Европейский суд признал обоснованность жалобы заявителя Ходорковского в той ее части, что его «уголовное преследование было политически мотивированным». Все контрдоводы России суд отверг.

ДМИТРИЙ КОМНОВ,
НАЧАЛЬНИК СИЗО № 2 («БУТЫРКА»):
«ХОДОРКОВСКИЙ ИМЕЕТ ПРАВО
НА УДО, КАК ЛЮБОЙ ЗАКЛЮЧЕННЫЙ»

ХОДОРКОВСКОГО МОГУТ ОСВОБОДИТЬ ЗА ПРИМЕРНОЕ ПОВЕДЕНИЕ И ДОБРОСОВЕСТНОЕ ОТНОШЕНИЕ К ТРУДУ. ХОДОРКОВСКИЙ ИМЕЕТ ПРАВО НА УДО, КАК ЛЮБОЙ ЗАКЛЮЧЕННЫЙ.

ГАЗЕТА «КОММЕРСАНТЪ»,
17 ИЮЛЯ 2008 ГОДА

Между тем в Хамовническом суде Москвы стартовал процесс по «второму делу ЮКОСа», открытому тоже в 2004 году. 3 марта 2009 года по нему начались предварительные слушания, зимой 2009—2010 года перешедшие в самую, пожалуй, интересную стадию — допрос свидетелей. Среди них оказались глава Сбербанка Герман Греф, министр промышленности и торговли Виктор Христенко, а также бывший премьер-министр Михаил Касьянов и бывший глава Центробанка Виктор Геращенко, но не оказалось премьер-министра Владимира Путина, о вызове которого в качестве свидетеля ходатайствовали адвокаты.

Михаил Ходорковский и Платон Лебедев обвинялись в «хищении путем присвоения» чужого имущества в крупном и особо крупном размерах (почти 350 млн тонн нефти) с использованием служебного положения. Обвинение считало, что подсудимые в 1998—2003 годах похитили нефть и нефтепродукты на 892 млрд руб., а также легализовали средства от их продажи на сумму 450 млрд руб. и $7,5 млрд. По совокупности этих преступлений им грозило до 22 лет лишения свободы.

Во время слушаний Ходорковский и Лебедев неоднократно заявляли, что не понимают сути предъявленных им обвинений. Защита Ходорковского и Лебедева определила обвинение как «набор... бездоказательных утверждений о якобы совершенном хищении и легализации всей нефти, добытой за 6 лет деятельности НК ЮКОС». По словам Ходорковского, то, что обвинение назвало «легализацией», является «отдельными примерами большого количества обычных сделок размещения (временного) средств вертикально интегрированной нефтяной компании «ЮКОС» казначейством компании на российском и международном финансовом рынке».

В ходе процесса обвинение придерживалось старой тактики: в суд было представлено гигантское количество документов, но при этом никак не объяснялось, что эти документы доказывают. Высокопоставленные же свидетели защиты фактически подтвердили: ни присвоения денежных средств, ни их отмывания в действиях ЮКОСа не было и они соответствовали закону. Михаил Касьянов заявил, что деятельность этой и других нефтяных компаний тщательно контролировалась правительством и потому обвиняемые похитить нефть не могли.

В октябре 2010 года стало известно, что прокуратура снизила претензии к Ходорковскому и Лебедеву: к этому времени они уже обвинялись в хищении не 350, а 218 миллионов тонн нефти. Обвинение заявило также о намерении смягчить требуемое наказание, однако продолжало настаивать на доказанности вины бывших руководителей и потребовало для них по 14 лет заключения.

Драматургии в ход процесса добавили и руководители государства. В прямом эфире программы «Разговор с Владимиром Путиным» 16 декабря 2010 г. (до вынесения приговора), отвечая на вопрос о Ходорковском, премьер-министр процитировал фразу из популярного фильма «Место встречи изменить нельзя»: «Вор должен сидеть в тюрьме». Через неделю президент Дмитрий Медведев на встрече с главредами центральных телеканалов мягко пожурил премьера: «Ни президент, ни иное должностное лицо не имеет права высказывать свою позицию по этому делу или по какому-то другому делу до момента вынесения приговора». В середине мая 2011 г. Дмитрий Медведев прямо (что свойственно ему далеко не всегда) ответил на вопрос журналиста «Коммерсантъ FM» Юрия Мацарского «опасен ли для общества выход Ходорковского на свободу?» «Абсолютно ничем не опасен», — заявил Президент.

Но к тому времени Ходорковский и Лебедев уже были признаны виновными по второму делу. 30 декабря 2010 г. судья Виктор Данилкин приговорил их к 14 годам заключения, отсчет которых начинался с 2003 г. Через полтора месяца пресс-секретарь Хамовнического суда Наталья Васильева дала интервью, в котором утверждала, что судья «советовался и прислушивался к мнению Мосгорсуда» и приговор навязан Данилкину против его воли. Разгоравшийся скандал потушили довольно быстро — Данилкин назвал слова Васильевой клеветой (но в суд подавать не стал), а Мосгорсуд — провокацией.

В конце мая 2011 года Европейский суд по правам человека, рассматривая обстоятельства первого дела в отношении Ходорковского, признал, что были нарушены отдельные права предпринимателя, однако отказался признавать само дело политически мотивированным. Соломоново решение суда, с одной стороны, означало, что фактически по «налоговому», т.е. первому делу ЮКОСа, Ходорковский и Лебедев были осуждены законно, с другой — оно же означало, что их права все же были нарушены. Свой вердикт ЕСПЧ подтвердил в сентябре, передав вопрос о компенсации в €81 млрд (на такой сумме компенсации за уничтожение компании настаивали истцы) на согласование сторонам.

ВЛАДИМИР ПУТИН, ПРЕМЬЕР-МИНИСТР РФ:
«...ВОР ДОЛЖЕН СИДЕТЬ В ТЮРЬМЕ.
МЫ ДОЛЖНЫ ИСХОДИТЬ ИЗ ТОГО,
ЧТО ПРЕСТУПЛЕНИЕ ХОДОРКОВСКОГО
В СУДЕ ДОКАЗАНО»

...ВОР ДОЛЖЕН СИДЕТЬ В ТЮРЬМЕ. МЫ ДОЛЖНЫ ИСХОДИТЬ ИЗ ТОГО, ЧТО ПРЕСТУПЛЕНИЕ ХОДОРКОВСКОГО В СУДЕ ДОКАЗАНО.

ПРЯМОЙ ЭФИР ПЕРЕДАЧИ «РАЗГОВОР С ВЛАДИМИРОМ ПУТИНЫМ»
16.12.2010

Дмитрий Медведев, Президент РФ:
выход Ходорковского на свободу
«абсолютно ничем не опасен для общества»

Выход Ходорковского на свободу «абсолютно ничем не опасен для общества».

Пресс-конференция Дмитрия Медведева 18.05.2011

Примерно такое же соломоново решение принял и Дмитрий Медведев, с одной стороны, согласившись в январе 2011 г. на предложение президентского совета провести экспертизу второго дела ЮКОСа, а с другой — поручив (после получения результата этой экспертизе) Генпрокуратуре проверить законность вынесенного по этому делу приговора. Президентский совет в деле состава преступления не нашел вовсе. Генпрокуратура, в свою очередь, не нашла никаких нарушений закона в приговоре, зато нашла следы спонсорских денег, которые фонд Михаила Ходорковского «Открытая Россия» выплачивал правозащитникам — членам президентского совета.

Попытки Михаила Ходорковского и Платона Лебедева добиться условно-досрочного освобождения успеха им не принесли. Правоохранители обвиняли их то в нарушении режима (что автоматически означает отказ в УДО), или же не находили оснований, указывая на отсутствие раскаяния осужденных. На это же (пусть и не впрямую) сослался и Дмитрий Медведев, отказавшись помиловать Ходорковского и Лебедева без их прошения о помиловании. Не признающие вину предприниматели прошения писать не собираются.

Между тем, по ходу судебных разбирательств постоянно звучит тема «третьего дела» Ходорковского. То премьер-министр обронит фразу о том, что «на совести руководителей ЮКОСа — доказанные убийства» (3 декабря 2008 г.), то станет известно о передаче в суд материалов очередного эпизода, выведенного в процессе расследования в отдельное производство (самое недавнее — 9 апреля 2012 г.; по делу проходит Алексей Спиричев). Любой такой эпизод в принципе может стать поводом для возбуждения нового дела.

Вместе с тем весной 2012 г. все больше стали поговаривать о том, что Михаил Ходорковский и Платон Лебедев могут выйти на свободу уже к осени 2012 года. Поэтому решение Вельского областного суда 8 августа снизившего срок заключения Платона Лебедева до 9 лет и 8 месяцев, хотя и стало сенсационным, но было ожидаемым. А за две недели до этого решения председатель Верховного суда России Вячеслав Лебедев принял решение о возбуждении надзорного производства по жалобам Ходорковского и Лебедева. Такое решение дает новые поводы для разговоров о смягчении приговора по второму делу ЮКОСа. Сам же Михаил Ходорковский продолжает оттачивать свои эпистолярные таланты. 13 января 2010 года в Овальном зале Библиотеки иностранной литературы были вручены награды журнала «Знамя». Премию в номинации «Глобус», которая присуждается «за развитие диалога между культурами», получил проект «Диалоги», состоящий из серии писем, которыми обменялись Людмила Улицкая и экс-олигарх. Книга стала бестселлером. Кроме того, его публицистические статьи регулярно появляются на страницах ведущих СМИ как в России, так и за рубежом.

История одного парфюмера

Владимир Некрасов и Семен Могилевич

«Арбат Престиж»

Еще недавно в Москве и других городах России было множество магазинов «Арбат Престиж» — довольно больших и бестолковых, но пользующихся популярностью среди любительниц недорогой косметики и сомнительного качества парфюмерии. А когда магазины открывались, на улицах можно было видеть рекламные щиты с Бабой-Ягой на метле, которая, по ее уверению, летела не куда-нибудь, а в «Арбат Престиж».

Если вернется господин Некрасов, пускать его обратно к управлению компанией нельзя. Это же такое счастье — владеть и не трогать.

Роман Хоменко, генеральный директор сети «Арбат Престиж» с мая по август 2008 года

Встреча друзей

23 января 2008 года в Центре международной торговли встретились два известных бизнесмена. Один из них был владелец парфюмерной сети «Арбат Престиж» Владимир Некрасов, другой — предприниматель Семен Могилевич, которого в СМИ называли не иначе как «авторитетным». О чем говорили эти люди? О жизни? Некрасов и Могилевич много лет дружили домами, вместе отдыхали и проводили праздники. О живописи? Их связывало общее увлечение — коллекционирование произведений искусства. Известно, что в собрании Некрасова более 12 тыс. живописных работ, графики и скульптуры. Возможно, они говорили и о том, и о другом, но не только. Как выяснилось позднее, они обсуждали схемы ухода от налогов (по версии правоохранительных органов) или проблемы оптимизации налогообложения (по версии адвокатов). Об этом, возможно, подробнее могли бы рассказать те, кто слушал беседу друзей: ведь переговоры проходили под контролем сотрудников Главного управления МВД по Центральному федеральному округу (ГУ МВД по ЦФО).

Выйдя из здания ЦМТ, «переговорщики» сели в автомобиль BMW и в сопровождении джипа с охраной двинулись к выезду со стоянки. А через пару секунд они уже стояли под дулами пистолетов, широко раздвинув ноги и положив руки на капот. Задержанных посадили в оперативный микроавтобус, чтобы отправить в изолятор временного содержания на Петровку, 38. Некрасов заметно нервничал. Его предполагаемый сообщник, напротив, был спокоен. По свидетельству участников спецоперации, он обсудил с ними последние новости, поговорил о скверной погоде и только потом сказал, что тихо и мирно жил в столице и ничего криминального не совершал.

Следственной частью Главного управления МВД по Центральному федеральному округу в отношении Некрасова и Могилевича было возбуждено уголовное дело. Друзьям инкриминировали уклонение от уплаты налогов в особо крупных размерах.

«Бизнес у каждого свой»

Некрасова и Могилевича обвинили в неуплате в государственную казну с января 2005 по декабрь 2006 года 49 млн руб. с использованием трех фиктивных ООО — «Магнолия», «Алкион» и «Оригинал». Друзья все отрицали. Когда следователь следственной части при ГУ МВД по ЦФО предъявил Могилевичу постановление о привлечении в качестве подозреваемого, он выразил недоумение. «Арбат Престиж»? — переспросил «авторитетный» бизнесмен. — Я знаю магазины с таким названием, знаю их владельца Владимира Некрасова, но никакого отношения к ним не имею. Тем более никогда не занимался налогами этой фирмы».

По документам господин Могилевич действительно числился в другой организации и был консультантом агентства «ООО «Эвергейт», которое специализировалось на консультациях по вопросам управления и коммерческой недвижимости. Однако следствие полагало, что он был теневым хозяином компании «Арбат Престиж», следовательно, уклонение от уплаты налогов с использованием фиктивных фирм могло быть совершено в его интересах. По словам адвоката Могилевича Александра Погонченкова, Могилевич — друг Некрасова, но «бизнес у каждого свой». Владимир Некрасов — крупный бизнесмен, создавший компанию с капитализацией около $450 млн, он абсолютно самостоятелен в своих решениях и не нуждается в чьих-либо подсказках. Поэтому, заметил защитник, «подозревать Могилевича в том, что он каким-то образом участвовал в сокрытии налогов, якобы имевших место в «Арбат Престиже», по меньшей мере странно». По мнению адвоката, даже если приятели и обсуждали между собой тему оптимизации налогообложения, это не дает следствию оснований привлекать Могилевича за соучастие. Ведь критерием соучастия является некое действие, совершенное подозреваемым. Однако в представленных следствием документах его роль, по мнению адвоката, никак не раскрывалась.

«Авторитетный» консультант Семен Могилевич, которому на момент ареста было уже за 60, по версии обвинения — известная криминальная личность. Он неоднократно подозревался в тяжких и особо тяжких преступлениях. В официальных сообщениях МВД подчеркивалось, что Могилевич давно находится в международном розыске. В деле он фигурировал как «задержанный Сергей Шнайдер, более известный как Семен Могилевич». «Консультанта» Некрасова не случайно называли «авторитетным». Шнайдер, он же Могилевич, использовал порядка двенадцати различных фамилий, в том числе Сайман, Суворов, Телеш и Палагнюк. По словам руководителя пресс-службы ГУ МВД по ЦФО Анжелы Кастуевой, он более 15 лет разыскивался правоохранительными органами не только России, но и ряда зарубежных стран. В частности, в США его разыскивали по подозрению в мошенничестве, отмывании денег и рэкете. С похожим заявлением выступил и Интерпол. По словам оперативных сотрудников МВД, Семен Могилевич давно находился в их поле зрения. Однако они не сомневались, что в ближайшее время может быть поднят вопрос об экстрадиции Могилевича в США, где его давно разыскивают. Главным препятствием для экстрадиции было российское гражданство Могилевича. Дело в том, что 61-я статья Конституции прямо запрещает России выдавать своих граждан для уголовного преследования за границу. Поэтому для выдачи Семена Могилевича необходимо признать его гражданство фиктивным. «Семен Юдкович Могилевич в свое время посчитал, что жить с такими именем и отчеством в СССР неудобно, и сменил их, — заметил адвокат Погонченков. — По тем же причинам, всякий раз заключая браки, он брал фамилии своих новых жен и в 1996 году стал Сергеем Юрьевичем Шнайдером. Но это не означает, что он таким образом пытался от кого-то скрыться. В том же году он получил и российское гражданство. На основании этого гражданства Генпрокуратура уже отказывала США в запросе на его выдачу».

На вопрос, могут ли правоохранительные органы добиться признания его последнего брака фиктивным и лишить Могилевича гражданства с целью выдачи в США, адвокат ответил так: «По закону — нет. Оспаривать гражданство и брак в суде через столько лет нельзя, а по беспределу у нас могут все». Следствие, однако, начало работать в этом направлении. Тем паче что на адвоката Ольгу Шнайдер, последнюю супругу Могилевича (официально они в разводе), была записана часть бизнеса, которым управлял Могилевич. Кроме того, по сообщениям информагентства ИТАР-ТАСС, она в последнее время была юристом «Арбат Престижа». Судьба этого фигуранта уголовного дела «Арбат Престижа» до сих пор неизвестна. Ольга Шнайдер пропала примерно через год, вскоре после обысков, проведенных оперативниками МВД по ЦФО в ее квартире и офисе. Защита обвиняемых тогда предположила, что экс-супругу незаконно задержали и поместили в один из изоляторов, однако выяснилось, что никакого контакта со следствием у подозреваемой Шнайдер не было вовсе, а обыски проводились без нее. «Ольгу Шнайдер мы вообще еще ни разу не видели», — сообщили в МВД по ЦФО.

«ВАМ СМЕШНО, А МНЕ СИДЕТЬ»

Через неделю, 30 января 2008 года, Некрасову и Могилевичу были предъявлены обвинения. Их предъявили арестантам два разных следователя, однако их заключения, как утверждали защитники, были написаны словно под копирку. «Из четырех страниц обвинения одну занимал титульный лист, еще на двух с половиной шло перечисление нормативных актов и положений Конституции, — рассказал адвокат Некрасова Александр Добровинский. — И лишь в конце последнего листа было указано, что «Некрасов при помощи Шнайдера произвел сокрытие налогов в размере 49 511 515 руб.». Так же выглядел и документ, переданный следователем защитнику Семена Могилевича Александру Погонченкову, только консультант, по версии следствия, не «произвел сокрытие», а «выстроил схему» для увода этой суммы «Арбат Престижем». Иначе говоря, следствие, хотя и предъявило обоим фигурантам одинаковые обвинения в «уклонении от уплаты налогов организациями в особо крупном размере», дало понять, что считает Семена Могилевича организатором преступления.

Адвокаты обратили внимание и на фактические неточности. Погонченков, например, указал, что обвинение против его клиента в значительной степени было построено на основании некоего документа, якобы обнаруженного у него при обыске. Однако что это за документ и где его нашли, до сих пор не ясно. «В постановлении суда об аресте Семена Могилевича говорилось о том, что у него дома был найден акт налоговой проверки «Арбат Престижа», — заметил адвокат. — В обвинительном заключении фигурирует уже постановление о назначении этой самой проверки, причем обнаруженное не дома, а в офисе моего подзащитного в Центре международной торговли на Красной Пресне».

Учитывая неконкретность и неточность предъявленных обвинений, адвокаты порекомендовали подзащитным временно воздержаться от ответов на любые вопросы следствия. «Я полагаю, что полученные нами документы — банальная отписка следствия, сделанная для того, чтобы уложиться в предусмотренный законом десятидневный срок предъявления обвинения подозреваемому», — сказал Добровинский. По его словам, изучая материалы следствия вместе со своим подзащитным, он не смог сдержать улыбки, однако клиент Некрасов юмора не оценил. «Вам смешно, а мне сидеть», — заметил он своему адвокату.

Впрочем, условия содержания обвиняемых были вполне сносные. Оба они сидели в спецблоке для VIP-арестантов московского СИЗО 99/1 в четырехместных камерах. Их окружали не мелкие уголовники, а вполне приличные по тюремным меркам соседи. Например, Некрасов, по словам его защитника, сидел с человеком, обвиняемым в хищении 2 млрд руб. Коммерсант освоился в новых для себя условиях, особенно его радовало, что в спецблоке есть душ (50 руб. за посещение). Несколько хуже чувствовал себя Семен Могилевич, у которого в СИЗО обострились все характерные для такого возраста заболевания — повысилось кровяное давление и содержание сахара в крови. Кроме того, он начал задыхаться во сне.

ПАРФЮМЕР

Владимир Некрасов родился в 1961 году в городе Снежное Донецкой области. Себя он называет человеком открытым. Однако на большинство вопросов отвечает уклончиво или говорит, что «это отдельная история». О семье своей рассказывает очень лаконично: мама была главным бухгалтером, папа — руководителем крупного предприятия. Есть старший брат, живет на Украине. Семья, по словам Некрасова, была по тем временам весьма обеспеченная, но «мажором» он никогда не был: «Отец умер, когда я учился в десятом классе, весной. Я собирался поступать в мединститут. Тут встал выбор: учиться или пойти работать, чтобы помогать маме, — отец был большим начальником и зарабатывал большие деньги. С потерей отца что-то в жизни надломилось...»

После школы будущий «парфюмерный король» поступил в Донецкий медицинский институт на специальность «Психиатрия». «Я был очень хороший студент — ну, в плане дисциплины, может быть, и не золотой, но учился очень хорошо». Сразу по окончании института (в 1983 году) переехал из Донецка в Москву. По его словам, он «никогда не делал то, что предписывали партия и правительство». А в 1985 году Некрасов уехал из страны — в Германию, потом во Францию.

Владимир Некрасов:
«Я был романтик и авантюрист»

— Это была не политическая эмиграция и не экономическая — я не собирался зарабатывать деньги на заводах «Рено». Я уехал, потому что искал для себя что-то другое, вернее, хотел найти что-то другое... Это была любовная история. Не роман — скорее детектив. Я сейчас смотрю на себя и думаю, какой я был романтичный. Я был романтик и авантюрист. Попасть за границу тогда было невозможно. Тем не менее мне это удалось. В 1985 году я оказался в Германии, а через несколько месяцев переехал в Париж. Когда я приехал, то не знал французского языка, и вообще жизнь там сильно отличалась от жизни в СССР. Мне помогали друзья, эмигранты первой волны, уехавшие из Крыма после революции. Я не смог там жить, потому что есть в Париже что-то расслабляющее. Там не хочется действовать. Вкусно поесть в ресторане, прогуляться за покупками или просто так, прокатиться в трамвайчике по Сене... Мне было хорошо в этом городе, ведь я провел там не месяц, а несколько лет. Но все время хотелось действия. Я решил тогда для себя, что это просто ностальгия.

Из интервью журналу «Деньги» 28 марта 2005 года

Обстоятельства отъезда Некрасова, а также французский период его жизни овеяны тайной. «Париж расслабляет», — признавался он в одном из интервью. В другом говорил, что сразу после переезда «начал заниматься косметикой». А еще говорил, что «полюбил одну девчонку и уехал ради нее во Францию». Но ни о том, как расслаблялся в Париже, ни о том, как торговал там парфюмом, Владимир Некрасов подробно не рассказывал. Неясно также, когда он вдобавок к российскому паспорту получил французское гражданство.

Возможно, к занятию бизнесом его подтолкнула личная трагедия — нужны были деньги на лечение матери. «В конце 80-х у меня заболела мама, — говорил Некрасов в одном из интервью. — Я жил за границей, посылал ей деньги на лечение. Я потратил все, чтобы спасти ее, и даже больше, но, к сожалению, не смог». Другая личная трагедия Некрасова, похоже, также пришлась на конец 80-х — его девушка под давлением родителей сделала аборт.

Знакомая бизнесмена, модель и писатель Лена Ленина, в своей книге MultiMillionaires приводит рассказ Некрасова об этом событии. «Я любил девушку, и она была беременная... Ее родители, когда узнали, что она беременна 3 месяца, они устроили такой шантаж... И заставили ее сделать аборт. Мы были с ней еще вместе год, но вот этот аборт что-то в нас надломил... Это была драма как для нее, так и для меня. Ей, может быть, было хуже и больнее, чем мне, но и я не мог себе представить, как ребенка убили, это какой-то ужас для меня был». С тех пор Некрасов был сильно влюблен в женщину еще лишь раз. «Знаете, есть такая тема — всепоглощающей любви. Со мной это было два раза, — говорил предприниматель в одном из интервью. — Это была любовь, которая затмила в жизни все». Оба раза «всепоглощающая любовь» накрывала бизнесмена за границей. Узы Гименея настигали предпринимателя чаще, чем любовь: он был женат трижды и трижды же разводился. Последний раз — в середине 1990-х. Но ни Гименей, ни Амур не дали бизнесмену главного — детей. «С первым официальным браком мы не планировали рожать детей, потому что были молодыми и не хотелось... Это перенесли на чуть позже, — говорил бизнесмен Лене Лениной. — А вот с третьим браком я очень хотел ребенка и очень хотел, чтобы она мне родила, и не важно, мальчика или девочку. А она вообще никого не родила, она строила карьеру, ей хотелось доказать, наверное, самой себе, что она успешна...» По словам предпринимателя, последняя его супруга была «жесточайшей бизнесвумен и занимала очень большую должность в одном из банков, зарабатывала очень много денег». «И я, знаете, как все мужчины... Я чувствовал себя в дискомфорте», — признавался журналистам Владимир Некрасов. Но в роли своей следующей спутницы жизни предприниматель все равно видит деловую женщину: «Когда тебе 43 и с тобой 20-летняя девушка — это неправильно, — говорил он журналистам. — Мне интересны женщины-бизнесвумен».

Привычки Некрасова, как, возможно, и положено парфюмерному королю, экстравагантны: увлечение искусством и модой, слегка экзальтированное поведение, дружба со звездой-травести Зазой Наполи, серия фривольных рекламных роликов компании со все той же травести-дивой в главной роли. «Он лично приезжал ко мне, чтобы выбрать костюм, в котором я должен был сниматься, — вспоминал Заза Наполи (в миру Владим Казанцев). — В итоге остановились на огромной голубой шляпе с перьями и ярком-ярком бирюзовом платье. Первый ролик Владимир снимал на свой страх и риск: он не был уверен, возьмут ли его каналы в ротацию. Но когда он увидел, что ролик крутят и он вызывает ажиотаж, то тут же принял решение быстро сделать еще четыре». Рекламу с привлечением Зазы Наполи и мускулистых танцоров Некрасов же объяснял коммерческими соображениями: «У нас 93 процента покупателей в сети — это женщины, женщины от 23 до 45 лет. Было бы, наверное, ни к чему... использовать в качестве рекламной модели женщину. Женщина в любой женщине видит конкурентку».

На просьбу прокомментировать слухи о своей личной жизни сам Некрасов всегда отвечал так: «Я человек очень либеральный и на многие вещи вообще смотрю открыто. Меня никогда не интересует, с кем живет человек. Живет ли он с женой в гражданском браке или официальном. Живет ли он с мужчиной, или с женщиной, или один, есть у него дети или нет».

Отдыхать Некрасов также любил на широкую ногу. «Мы познакомились с ним лет 12 назад на вечеринке в честь приезда в Москву дизайнера Пако Рабана, — вспоминал Владим

Казанцев. — Для кутюрье на два дня арендовали клуб «Черный лебедь» и устроили там вечеринку в «русском стиле»: черная икра, блины, самовары-кокошники, водка — все как положено. Я вел эту вечеринку, а Некрасов ее оплачивал — так и познакомились... Он любил собирать друзей на своей съемной даче в Жуковке, выпивал с ними, а потом вся компания отправлялась гулять в один из клубов, — вспоминает Владим Казанцев. — Однажды они всей тусовкой по пьяной лавке улетели в Петербург. Я как раз там выступал. Они увидели мои афиши и зашли на представление».

Несмотря на свой статус и немалое состояние, Владимир Некрасов тратил на гулянки, по олигархическим меркам, немного: дорогим напиткам предпочитал водку, не имел ни яхты, ни личного самолета, а в гараже держал два представительских «Мерседеса», подаренных друзьями в начале 2000-х. «До этого я ездил на обыкновенной машине-микроавтобусе и чувствовал себя очень комфортно. А потом все друзья стали мне говорить: знаешь, ты не прав, всем понятно, что у тебя есть деньги, а ездишь черт-те на чем! — вспоминал он. — Но вот как-то мы сидели с несколькими близкими друзьями и пили водку. Я вышел на несколько минут, а когда вернулся, они мне говорят: ты знаешь, мы приняли решение, что каждый из нас дарит тебе по машине. Я им говорю: я машины не возьму, потому что буду себя чувствовать не так комфортно. Но два друга мне все равно купили два «Мерседес-бенца» абсолютно разных моделей. И я на них езжу попеременно. Но меня предметы роскоши не трогают».

Трогали Владимира Некрасова предметы искусства. «Его дом — это дом типичного мещанина: все эти статуэточки, вазочки, картины — свободного места не было, — вспоминает Владим Казанцев. — Все было увешано какими-то штучками, причем не всегда ценными». Эти «ценные штучки», которые так раздражали Зазу Наполи, не что иное, как одна из крупнейших частных коллекций. «Значительная часть коллекции висела в его московском особняке, — вспоминает вице-президент Федерации антикваров и арт-дилеров Георгий Путников. — Она занимала весь особняк: там были картины, графика, фарфор, декоративно-прикладное искусство. Были и дореволюционные классические вещи, правда, не много. Основной блок коллекции — советское искусство, в первую очередь живопись». «В начале 2000-х в Москве появился неизвестный, который начал покупать работы Шагала из московских и питерских собраний, — вспоминает директор «Сотби Россия и СНГ» Михаил Каменский. — Он купил несколько прекрасных вещей этого художника, например «Розовых любовников». Потом выяснилось, что он же покупает и Фалька. В тот же период времени в Москве стали открываться парфюмерные магазины с необычным интерьером, где на стенах висели работы самых разных художников, в первую очередь соцреалистов. Тогда-то я и узнал, что имя коллекционера-экспериментатора — Владимир Некрасов. Самые лучшие вещи он вешал у себя дома и в офисе, а вещи не столь ему лично интересные, но яркие, привлекающие внимание, он использовал для декорирования магазинных интерьеров. Решение оригинальное и, без сомнений, обеспечившее его сети прекрасную рекламу». Владимир Некрасов сам искал вещи для коллекции: он встречался с собирателями живописи, художниками и их наследниками. «Незадолго до ареста, где-то в январе 2008 года, — вспоминает Михаил Каменский, — Владимир пригласил меня в свой офис. Там я впервые увидел Некрасова — охотника за искусством, где он и хранитель коллекции рассказывали о своем необычном собрании. Фактически это была не одна, а несколько самостоятельных коллекций: русский авангард, советская довоенная живопись, послевоенное искусство, семидесятники-восьмидесятники, в частности отличные работы Татьяны Назаренко, Натальи Нестеровой. Некрасов сказал, что последнее время его увлекло современное актуальное искусство: например, он купил отливку «Хлебов» Анатолия Осмоловского».

Владимир Некрасов не просто собирал произведения искусства, он содержал их в образцовом порядке: для управления фондами было создано отдельное предприятие — музей «Арбат Престиж». Некрасов старался обеспечить доступ публики к своей коллекции: он с удовольствием предоставлял вещи для выставок, например филиалу Третьяковки на Крымском Валу. Некоторые картины продолжали выставляться там и после ареста Некрасова. Выставок, для которых Некрасов предоставлял полотна, было в ГТГ не меньше десятка, говорит завотделом живописи второй половины XX века ГТГ Наталья Александрова. «На каких-то, например выставке Жилинского или Сидорова, из общего числа работ некрасовских было всего две-три, а на некоторых выставках, например Натальи Нестеровой, почти все картины были из его собрания, — вспоминает она. — При этом формально сотрудничество шло не с Владимиром Некрасовым, а с музеем «Арбат Престиж».

Аромат бизнеса

Заниматься парфюмерией Некрасов начал еще во Франции, но свою первую фирму — «Арбат Престиж» — он зарегистрировал в СССР в 1989 году. «Бухгалтер у меня был по совместительству даже не на полставки, а на четверть ставки, — вспоминал он в разговоре с Леной Лениной. — Мы сняли комнату... 10 метров, в ней сидели три человека, в том числе и я, мы взяли в аренду два стола и четыре стула».

Владимир Некрасов: «Да, у меня всегда были деньги»

— Когда я уезжал в Париж, я был не бедным человеком — я мог позволить себе завтракать, обедать и ужинать в «Национале». Понимаете, когда завтракаешь в «Национале», жизнь воспринимаешь несколько иначе... Это принято говорить, что в Советском Союзе бизнеса не было, — он был, и был весьма серьезный. Я знал людей, которые в 1985 году имели состояние 3 млн руб. и больше. Это целая эпоха и отдельная тема... Одно могу сказать определенно — я никогда в жизни не был связан ни с каким криминалом, ни с какой уголовщиной <...> И когда я вернулся в Москву, люди, с которыми я общался до отъезда, из «моего клуба», уже многого достигли. Да, у меня всегда были деньги, но я много терял — людей, близких. И деньги в том числе. Однажды так получилось, что в результате одной операции я потерял не только все свои деньги, но и чужие. Меня спасла моя самодисциплина. Когда мне стали говорить: «Мы тебя зарежем», — я не стал прятаться и не побежал в милицию. Я выработал собственную стратегию — что нужно делать, а потом встретился с людьми, которые мне угрожали, и спросил: «Чего вы от меня хотите? Давайте сядем и разберемся, кто кому должен». И они были так удивлены, что я их не боюсь <...> Все складывалось не так уж просто. Моя жизнь не похожа на кино: я не шел по улице и не споткнулся о сумку с деньгами...

Из интервью журналу «Деньги» 28 марта 2005 года

В таких условиях «Арбат Престиж» отработал год. Потом фирма расширилась: арендовали еще две комнаты, наняли еще троих сотрудников, у Некрасова появился свой кабинет. Вскоре после расширения на Некрасова наехали местные бандиты.

«Я сидел у себя, и в это время заходят четыре человека, такой кавказской, как сейчас говорят, наружности, кладут мне на стол четыре гранаты и достают два автомата. И я смотрю на это и думаю: боже мой, как в фильме, просто классика жанра, — рассказывал бизнесмен. — А они говорят: давай дэньги, мы тебя будем крышевать. Я говорю: послушайте, пожалуйста, нам не нужны ни ваша крыша, ни ваши вот эти вот гранаты... Мы вызовем милицию, что вы будете делать? Приезжает наряд милиции, вначале из трех человек, а потом, когда милиционеры поняли, что происходит, они вызвали еще подмогу и приехали человек 15 с автоматами. Я говорю: ну, что будем делать?.. А они мне говорят: а ты что, не боишься? Я говорю: послушайте, почему я должен бояться? Бояться надо было, если бы подо мной стоял большой бочонок, набитый деньгами. Одним словом, пришел со стороны милиции начальник, мы этот вопрос отрегулировали, они их забрали и увезли. Но... на следующий же день за мной начали следить на машинах такие же, как и они, видно, они решили продолжить свое давление. Я не стал ломать себе голову, я взял тут же подписал договор с милицией, чтобы милиционера посадили на пост с оружием, завел систему пропусков. И я тогда впервые завел личную охрану, потому что думать о том, что какие-то придурки вычислили твой дом и будут за тобой следить, а потом заходить в подъезд и не знать, что тебя ждет в подъезде, хорошего в этом мало».

Несмотря на бандитские наезды, бизнес Некрасова активно развивался: к середине 90-х он стал крупнейшим оптовым поставщиком парфюмерии в Россию. «В 1996-м у него был огромный склад-шоурум в районе Очакова, — вспоминает бизнесмен, работавший тогда на этом рынке. — Он собрал под своим крылом множество люксовых брендов и продавал их всем желающим: к нему приезжали ларечники со всей страны, там же закупались и представители магазинов — вся Россия тарилась у Некрасова».

Главным конкурентом Некрасова были челноки, которые везли из-за границы товар в обход таможни, зачастую поддельный, и продавали его за бесценок. «Чтобы выдержать конкуренцию, Некрасов держал баснословно низкие цены, по таким ценам товара не было даже у челноков, — вспоминает наш собеседник. — Судя по тем ценам, которые он предлагал, он ничего не таможил. Таможня тогда брала около 40 процентов от стоимости товара, если вычесть эту надбавку из цен Некрасова, то получилось бы, что он продает духи по цене флакона. Было даже подозрение: не мешал ли он оригинальный товар с контрафактом, чтобы добиться низких цен». Сам Некрасов всегда отвергал любые обвинения такого рода: по его словам, все товары ввозились «в белую», а о контрафакте в «Арбат Престиже» и речи быть не могло.

В 2005 году в списке богатых людей, составленном журналом «Финанс», Владимир Некрасов был на 105-м месте: его состояние оценивалось в $102,9 млн. Сам он говорил, что эта оценка несколько занижена: помимо «Арбат Престижа» у него есть другой бизнес, в котором он «участвует только финансами». Были и другие активы — только его дом оценивался в $60 млн. В феврале 2006 года «Финанс» оценил состояние Владимира Некрасова уже в $240 млн (175-е место в России).

Кстати, у владельца крупнейшей в России парфюмерно-косметической сети аллергия на парфюмерию. Однако, выбирая в свое время между торговлей продуктами и парфюмерией, он остановился на последней. Он много раз говорил, что лучше всех в стране разбирается в парфюмерии, при этом ею практически не пользуется: «Я в свое время перепробовал такое количество ароматов, что мой нос больше их не чувствует, — говорил Владимир Некрасов. — Теперь от духов у меня начинает дико болеть голова. У нас есть финансовый директор, которая очень полюбила один аромат. И когда она приходила, у меня начиналась дичайшая головная боль. Мы с ней договорились, что я с ней вижусь не чаще, чем раз в два дня. Но сейчас бизнес развивается так быстро, что ей легче было поменять аромат, чем видеться со мной раз в два дня».

Свое название компания «Арбат Престиж» получила в честь первого магазина, который открылся на Старом Арбате: «Я очень дружил с Леонидом Семеновичем Семеновым, это был владелец «Новоарбатского», не только с ним — со всей его семьей много лет. У него было помещение, и я его арендовал и открыл магазин «Арбат Престиж». С этого началась история сети», — рассказывал Некрасов в интервью журналу «Деньги». В конце 1990-х компания «Арбат Престиж» стала одним из крупнейших дистрибьюторов парфюмерии и косметики. Одно время «Арбат Престиж» продавал более 150 марок — в частности, Clarins, Thierry Mugler, Paco Rabanne, Christian Dior, Issey Miyake. Однако неожиданно для всех в 2000 году Некрасов продал свой дистрибьюторский бизнес компании «Единая Европа», входящей в пятерку крупнейших дистрибьюторов парфюмерии и косметики, владеющей сетью Ile de Beaute и являющейся эксклюзивным дистрибьютором Nina Ricci, Paco Rabanne, Hugo Boss, Dolce&Gabbana, Moschino, Salvador Dali, Valentino, Max Factor и других брендов.

ВЛАДИМИР НЕКРАСОВ: «Я ЗНАЛ ЗАРАНЕЕ...»

— ПОЧЕМУ Я ОТКАЗАЛСЯ ОТ ДИСТРИБЬЮЦИИ И ПЕРЕКЛЮЧИЛСЯ НА РОЗНИЦУ? Я ТОГДА УЖЕ ЗНАЛ ТЕНДЕНЦИИ РАЗВИТИЯ ДИСТРИБЬЮТОРСКОГО БИЗНЕСА И ПОНИМАЛ, ЧТО БУДУЩЕЕ ИМЕННО ЗА РОЗНИЧНОЙ ТОРГОВЛЕЙ. МЕНЯ МНОГИЕ НЕ ПОНИМАЛИ, НО Я ДЕЙСТВОВАЛ ДОВОЛЬНО ЖЕСТКО: Я ЗНАЛ ЗАРАНЕЕ И ГОВОРИЛ, ЧТО БУДЕТ ТАК. СЕЙЧАС СИСТЕМА ДИСТРИБЬЮЦИИ СУЩЕСТВЕННО ИЗМЕНИЛАСЬ. СВЯЗАНО ЭТО ПРЕЖДЕ ВСЕГО С ТЕМ, ЧТО КРУПНЕЙШИЕ МИРОВЫЕ ПРОИЗВОДИТЕЛИ ОТКРЫВАЮТ В РОССИИ СВОИ ПРЕДСТАВИТЕЛЬСТВА И НАПРЯМУЮ ЗАКЛЮЧАЮТ ДОГОВОРЫ С РОЗНИЧНЫМИ ОПЕРАТОРАМИ. СЕЙЧАС ПРИМЕРНО ПОЛОВИНУ ТОВАРА МЫ ПОКУПАЕМ НЕПОСРЕДСТВЕННО У ПРОИЗВОДИТЕЛЯ.

ИЗ ИНТЕРВЬЮ ЖУРНАЛУ «ДЕНЬГИ»
28 МАРТА 2005 ГОДА

Куда летишь, «Арбат Престиж»?

В начале 2000-х годов в сеть «Арбат Престиж» уже входило более десяти магазинов. По данным ассоциации «Старая крепость», «Арбат Престиж» занимал около трети столичного розничного рынка парфюмерии и косметики. Среди широких слоев населения компания стала известной благодаря эпатажной рекламе: стенды с Бабой-Ягой на метле и надписью «– Куда летишь? — В «Арбат Престиж!», трансвеститы в рекламных роликах и обнаженные юноши в витринах магазина на «Соколе». Когда возмущенная общественность потребовала «убрать порнографию», Некрасов был очень удивлен: по его словам, не мог понять, почему копии живописных полотен Дейнеки вызвали такую реакцию. Про себя Некрасов говорил, что он человек широких взглядов: «Я человек интуитивный и креативный. Что же поделаешь, если родился такой?»

Среди участников рынка владелец компании «Арбат Престиж» был известен как бизнесмен, проводящий исключительно жесткую политику по отношению к поставщикам. Так, в апреле 2003 года он разорвал договор с компанией «Селдико», эксклюзивным дистрибьютором французской компании LVMH (владелец брендов Givenchy, Kenzo, Christian Dior). По словам дистрибьютора, они вынуждены были уйти из «Арбат Престижа», потому что Некрасов снижал имидж марок, торгуя люксовым товаром по слишком низким ценам. Некрасов тогда заявил, что сам выгнал «Селдико», потому что они торгуют «Диором на рынках рядом с картошкой и селедкой». Эта фраза про картошку и селедку потом обошла страницы всех СМИ. «Политика по отношению к поставщикам всегда была жесткой, — говорил позднее Некрасов. — Хочешь быть сильным — закаляйся. Хочешь быть сильным и богатым — работай с «Арбат Престижем».

Вскоре Некрасов поссорился с компанией Cofidec (официальным дистрибьютором марок Davidoff, Sisley, Christian Lacroix, Sergio Tacchini, Lancaster) и российским подразделением международной компании Cosmopolitan Cosmetics, которая представляла такие марки, как Gucci, Rochas, Trussardi и другие. Поставщики обвиняли «Арбат Престиж» в нарушении контрактных соглашений — в рамках акции «Обвал цен» цены на косметику и парфюмерию ряда селективных марок были снижены в среднем на 30%. Как заявил генеральный директор компании Cofidec Олег Ничипор, «Арбат Престиж» тем самым не только нарушает договорные соглашения, торгуя по ценам ниже рекомендованных, но и разрушает принципы брендинга как такового... Мы понимаем, что одной из рыночных позиций любой розничной сети может быть позиция дискаунтера. Однако это совершенно неприменимо к отрасли селективной парфюмерии и косметики... Кроме того, складывается впечатление, что по многим позициям торговля идет ниже себестоимости, и тогда вызывает вопрос экономическая целесообразность подобных действий и финансовые возможности сети в будущем. Мы уже остановили сотрудничество с «Арбат Престижем» и уверены, что так поступят многие. Искренне надеемся, что заставим менеджмент сети задуматься о том, что не стоит превращать магазины в помойки».

Однако в «Арбат Престиже» утверждали, что на нарушение контрактных соглашений пошли намеренно. Так компания хотела заставить дистрибьюторов отказаться от поставок элитной косметики на «серый» рынок.

ВЛАДИМИР НЕКРАСОВ: «НЕДОВОЛЬНЫ ТЕ, КТО ВЕДЕТ ДВОЙНУЮ БУХГАЛТЕРИЮ»

— ПОСТАВЩИКИ, КОТОРЫЕ ЗАИНТЕРЕСОВАНЫ В ЛЕГАЛЬНОЙ ПРОДАЖЕ СВОЕГО ТОВАРА, НЕ ИМЕЮТ К НАМ НИКАКИХ ПРЕТЕНЗИЙ. НЕДОВОЛЬНЫ ТЕ, КТО ВЕДЕТ ДВОЙНУЮ БУХГАЛТЕРИЮ, РЕАЛИЗУЯ ЛЬВИНУЮ ДОЛЮ ПРОДУКЦИИ НЕ В ЦИВИЛИЗОВАННОЙ РОЗНИЦЕ, А НА РЫНКАХ. ЧТО КАСАЕТСЯ ПОСТАВЩИКОВ МАРОК GUCCI И DAVIDOFF, ТО В ДАННОМ СЛУЧАЕ МЫ НАРУШАЕМ КОНТРАКТ НАМЕРЕННО, ПОТОМУ ЧТО НА РЫНКАХ ТОТ ЖЕ ТОВАР — ПРИЧЕМ ЭТО НЕ ПОДДЕЛКИ, МЫ ПРОВОДИЛИ ЭКСПЕРТИЗУ, — ПРОДАЕТСЯ ДЕШЕВЛЕ ЗАКУПОЧНЫХ ЦЕН. НАПРИМЕР, ФЛАКОН 30 МЛ ЖЕНСКОЙ ТУАЛЕТНОЙ ВОДЫ ENVY ОТ GUCCI СТОИТ НА РЫНКЕ ЦСКА $11, А МЫ ПОКУПАЕМ ЕГО У ДИСТРИБЬЮТОРА ЗА $14, ПРИ ЭТОМ РЕКОМЕНДОВАННАЯ РОЗНИЧНАЯ ЦЕНА — $36. ПО НАШИМ ДАННЫМ, В МОСКВЕ ПРОДАЕТСЯ 15 ТЫС. ТАКИХ ФЛАКОНОВ В МЕСЯЦ. У НАС ЗА ТО ЖЕ ВРЕМЯ ПОКУПАЮТ НЕ БОЛЬШЕ 300—400. ЭТО ОЗНАЧАЕТ ЛИШЬ ТО, ЧТО ПОСТАВЩИК НЕ ЖЕЛАЕТ ПОЛЬЗОВАТЬСЯ ЛЕГАЛЬНЫМИ КАНАЛАМИ СБЫТА: ЗАЧЕМ, ЕСЛИ ОН И ТАК ИМЕЕТ ГАРАНТИРОВАННЫЕ ОБЪЕМЫ ПРОДАЖ, К

ТОМУ ЖЕ НЕ ПЛАТИТ С НИХ НАЛОГИ <...> В КОНЦЕ КОНЦОВ, ПРОИЗ-
ВОДИТЕЛИ ЗАИНТЕРЕСОВАНЫ В КОНЕЧНОМ ПОТРЕБИТЕЛЕ, ИМ ТОЖЕ
НЕВЫГОДНО СУЩЕСТВОВАНИЕ «СЕРОГО» РЫНКА.

Из интервью газете «Коммерсантъ» 14 июля 2003 года

Чтобы укрепить лидерскую позицию, Некрасов решил заручиться партнерством крупного иностранного игрока. Сначала он пытался договориться с немецкой парфюмерно-косметической сетью Douglas, однако к согласию стороны не пришли: по словам Некрасова, иностранцы хотели получить контроль над его компанией, а на это он идти не желал. В 2002 году «Арбат Престиж» начал переговоры о франшизе с крупнейшей европейской сетью Marionnaud, а в декабре 2003 года Владимир Некрасов продал 40% акций ОАО «Арбат Престиж» инвестиционной компании «Тройка Диалог» за $100 млн. Отвечая на вопросы об этой сделке, он объяснял свое решение желанием «эффективно вести бизнес». Однако на рынке тогда говорили, что сделка была фиктивной и необходимость в ней возникла, чтобы «обелить» бизнес компании в глазах иностранных партнеров. Соглашение с Marionnaud было достигнуто, и в начале 2004 года Некрасов объявил о том, что уже летом на магазинах сети появятся новые вывески — «Арбат Престиж — Marionnaud». Вывески, однако, так и не появились: сделка, по словам Некрасова, была приостановлена из-за того, что сеть Marionnaud была продана гонконгской компании A.S. Watson.

Открытие магазинов сети в Петербурге, на которые Некрасов возлагал большие надежды, ожидаемого результата не принесло — часть из них пришлось закрыть. На рынке ходили слухи, что бизнес подвергся атаке рейдеров. Не были выполнены и финансовые планы: в 2005 году оборот компании составил $240 млн вместо прогнозируемых $445 млн, а в 2006 году — $346 млн вместо заявленных $500 млн.

ВЛАДИМИР НЕКРАСОВ:
«ОДНУ СВОЮ МЕЧТУ Я УЖЕ ОСУЩЕСТВИЛ»

— ВООБЩЕ, Я МЕЧТАЮ О ТОМ, ЧТОБЫ КАЖДАЯ ЖЕНЩИНА, ЗАХО-
ДЯЩАЯ В «АРБАТ ПРЕСТИЖ», ВЫХОДИЛА ИЗ НЕГО СЧАСТЛИВОЙ.
А ОДНУ СВОЮ МЕЧТУ Я УЖЕ ОСУЩЕСТВИЛ. С 7 АПРЕЛЯ ЭТОГО ГОДА

ВСЕ ЖЕНЩИНЫ И МУЖЧИНЫ, КОТОРЫЕ БЫЛИ КЛИЕНТАМИ «АРБАТ ПРЕСТИЖА», СТАНУТ НАШИМИ АКЦИОНЕРАМИ. ЛИЧНО ОТ МЕНЯ СОВЕРШЕННО БЕЗВОЗМЕЗДНО ЛЮДИ ПОЛУЧАТ АКЦИИ НА ТУ СУММУ, КОТОРУЮ ПОТРАТИЛИ В НАШИХ МАГАЗИНАХ. ВСЕГО Я НАМЕРЕН ПЕРЕДАТЬ 500 ТЫС. АКЦИЙ — ЭТО ПРИМЕРНО 2,5% ИЗ ПРИНАДЛЕЖАЩИХ МНЕ 60%. ВСЕ ФОРМАЛЬНОСТИ УЖЕ УЛАЖЕНЫ. МОЖНО НАЗВАТЬ ЭТО МАРКЕТИНГОВОЙ АКЦИЕЙ, НО ЗАЧЕМ ЗАВОЕВЫВАТЬ ЛОЯЛЬНОСТЬ ПОКУПАТЕЛЕЙ, ЕСЛИ ОНИ УЖЕ ЯВЛЯЮТСЯ НАШИМИ КЛИЕНТАМИ И ПОТРАТИЛИ В НАШИХ МАГАЗИНАХ КУЧУ ДЕНЕГ? СКОРЕЕ ЭТО БЛАГОДАРНОСТЬ ЗА ПОСТОЯНСТВО. МЕНЯ НИКТО НЕ ЗАСТАВЛЯЛ ЭТО ДЕЛАТЬ.

Из интервью журналу «Деньги»
28 марта 2005 года

В феврале 2007 года Некрасов выкупил у «Тройки Диалог» ее пакет за $400 млн. И хотя к этому времени компания оценивалась в $1 млрд, «Арбат Престиж» потерял лидерство на рынке, уступив его сети «Л'Этуаль». Впрочем, это не означает, что в 2008 году «Арбат Престиж» не представлял интереса как бизнес. На начало года сеть «Арбат Престиж» объединяла 64 магазина в Москве и области, Санкт-Петербурге, Казани и Воронеже (и еще около 30 магазинов в Украине) и считалась крупнейшей парфюмерно-косметической сетью в России. По оценке агентства «Старая крепость», доля на рынке сетевой торговли парфюмерией и косметикой составила около 14,7%. В 2007 году оборот компании составил $471,5 млн. В рейтинге «Коммерсанта» «Топ-50 российских ритейлеров» сеть заняла 34-е место.

Но было ясно, что после ареста Некрасову все же придется задуматься о судьбе «Арбат Престижа». Многие поставщики косметики и парфюмерии прекратили отгрузку своей продукции на склады магазинов сети. Например, совладелец ГК «Единая Европа» (на долю которой приходилось до 15% всей представленной в «Арбат Престиже» продукции) Игорь Денисов сообщил в феврале 2008 года, что его контракт с «Арбат Престижем» закончился в конце 2007 года, а сейчас ведутся переговоры о возможности его возобновления. Ассистент Владимира Некрасова Светлана Щербакова подтвердила разрыв отношений с некоторыми поставщиками, а прекращение отгрузок грозило закрытием магазинов «Арбат Престиж». Так оно и случилось. После января 2008 года, когда был арестован Владимир Некрасов, у компании «Арбат Престиж» начались неприятности. Резко сократились продажи (по итогам первого квартала — $79,4 млн, на 22,3% ниже, чем в 2007 году), сократился список реализуемых марок — со 100 до 37 наименований. К ней были предъявлены в судах более сотни исков. В результате всего через год, в начале 2009 года, закрылся последний магазин этой парфюмерной сети.

ДОСТУПНЫЕ ВЕРСИИ

По информации следствия, Некрасов был задержан в качестве подозреваемого по уголовному делу, возбужденному по части 2 статьи 199 УК РФ («Уклонение от уплаты налогов и сборов с организаций в особо крупном размере», санкция — до шести лет лишения свободы). Всего, по данным следствия, с января 2005-го по декабрь 2006 года путем внесения в налоговую декларацию заведомо ложных сведений Владимир Некрасов уклонился от уплаты налогов на сумму 49 511 515 руб. с ООО «Арбат энд Ко» (входит в ОАО «Арбат Престиж», является розничным оператором сети «Арбат Престиж»). Следствие считало, что в 2005—2006 годах Некрасов заключил договоры о поставке товаров с тремя фирмами, которые оказались однодневками. По мнению следствия, эти фирмы-однодневки — ООО «Магнолия», ООО «Алкион» и ООО «Оригинал» — были учреждены не без участия самого Некрасова. Во всяком случае, во время обысков в офисе «Арбат Престижа» оперативниками якобы были изъяты печати этих фирм-однодневок.

Семена Могилевича задержали как соучастника Некрасова — по подозрению в организации преступной группы, которая помогала уклоняться от налогов. Как только стало известно о задержании владельца сети «Арбат Престиж» в компании с «авторитетным» предпринимателем, в СМИ начали появляться версии случившегося, одна фантастичнее другой. В частности, сообщалось о том, что неуплата налогов стала лишь поводом для задержания Семена Могилевича, имя которого связывалось не только с крупными международными преступлениями (например, он якобы продавал обогащенный уран бен Ладену), в связи с чем его более десяти лет разыскивает Интерпол, но и с переделом газового рынка. Поэтому правоохранительным органам нужен был лишь повод для его задержания. Могилевича сравнивали с Аль Капоне, арестованным не за убийства и организацию различных преступлений, а за уклонение от уплаты налогов. Некрасов же, согласно этой версии, оказался замешан в деле «случайно». Впрочем, согласно другой версии, Могилевич был настоящим владельцем компании «Арбат Престиж», а Некрасов — лишь номинальным, и они вместе придумывали преступные схемы для ухода от налогов.

Еще в одной версии Некрасова также называли номинальным владельцем «Арбат Престижа». Но арест его объясняли тем, что истинных владельцев перестало устраивать то, как Некрасов ведет бизнес: в последнее время компания потеряла лидерство на парфюмерно-косметическом рынке, было закрыто несколько магазинов и заморожен ряд проектов. Поэтому «настоящие» владельцы просто решили Некрасова «слить». Эту версию отчасти подтверждали участники рынка, сообщившие, что в последнее время вместе с Некрасовым, который всегда сам непосредственно руководил всеми процессами в компании, в переговорах с поставщиками стал участвовать Виктор Бескибалов. Причем, по словам поставщиков, Бескибалов не только весьма активно участвовал в переговорах, но и порой имел отличное от Некрасова мнение. А сразу после ареста Некрасова предложил поставщикам переподписать договоры с ним.

Виктор Бескибалов пришел в «Арбат Престиж» в 2004 году. (До этого с начала 1990-х годов занимался бизнесом, возглавлял компанию «АВЛ-Аудит», работал аудитором в Arthur Andersen, затем был заместителем гендиректора ЗАО «Центринвест Секьюритис».) В 2005 году он стал финансовым директором головной компании холдинга, а в 2007 году — председателем совета директоров холдинга. Считается миноритарием сети: в отчетности ООО «Арбат энд Ко» указан как владелец 0,0001% этой компании.

Наконец, участники рынка активно обсуждали версию, согласно которой арест Некрасова был подстроен конкурентами, желающими задешево приобрести «Арбат Престиж». Если до ареста директора компания оценивалась примерно в $1 млрд, то после эксперты понизили оценки до $300—400 млн. Например, операция могла быть проведена в интересах инвестиционной компании, которая получила контроль над четвертой по величине парфюмерно-косметической сетью «Рив Гош», включающей 70 магазинов, 48 из которых находятся в Санкт-Петербурге. Приобретение «Арбат Престижа» сразу вывело бы эту сеть в лидеры рынка.

Что касается официальной версии, то в ней участники рынка единодушно сомневаются: Владимир Некрасов всегда был известен среди поставщиков и деловых партнеров как бизнесмен, у которого «комар носа не подточит».

СУД ДА ДЕЛО

Судебная машина была запущена, и дело шло своим чередом. В феврале 2008 года на заседании в Мосгорсуде адвокаты Некрасова Алексей Минчин и Александр Садуков заявили, что никаких оснований для ареста их клиента у Останкинского суда не было, а «сторона обвинения основывается исключительно на личных предположениях». Они предложили суду освободить бизнесмена под залог в размере тех самых 49 млн руб. Выступившая следом прокурор Елена Перова была более чем лаконична и уложилась ровно в 20 секунд. По ее словам, постановление Останкинского суда законно и обоснованно и никаких оснований для его отмены не имеется. «Содержательное выступление!» — воскликнул молчавший до этого адвокат Александр Добровинский, также представляющий интересы бизнесмена.

На следующем заседании Мосгорсуд подтвердил законность ареста Семена Могилевича. В суде представитель обвинения назвала его «истинным владельцем» «Арбат Престижа», а сам обвиняемый заявил, что до рассмотрения дела по существу может не дожить. На заседании адвокат Семена Могилевича Александр Погонченков ходатайствовал перед Мосгорсудом об изменении меры пресечения своему клиенту на любую другую, не связанную с содержанием под стражей. Защитник предлагал подписку о невыезде или залог в размере «около 5 млн руб.». По словам Погонченкова, для ареста его подзащитного у

Останкинского суда не было оснований. Защитник объяснил, что Семен Могилевич постоянно живет и работает в Москве, не судим, а инкриминируемое ему преступление не относится к опасным для общества. Бежать обвиняемому Могилевичу просто некуда, поскольку он находится в международном розыске. Генпрокуратура РФ отказала США в его выдаче, так как он является гражданином России, но в случае появления на территории другой страны, может быть передан инициатору розыска. Таким образом, бежать из России с перспективой оказаться в американской тюрьме Семену Могилевичу просто не имеет смысла.

Сам обвиняемый выступал в режиме видеоконференции. Семен Могилевич, нервно теребя в руках упаковку с каким-то лекарством, вслед за адвокатом напомнил суду о своем состоянии здоровья и сообщил, что может «не дожить до суда, который его в конце концов оправдает или осудит».

Представитель обвинения был и вовсе краток. Сотрудница Генпрокуратуры лишь сообщила, что Семен Могилевич, по версии следствия, является «истинным владельцем» «Арбат Престижа» и участвовал в уклонении от уплаты налогов фирмой наравне с ее гендиректором Некрасовым. Учитывая это обстоятельство, обвинитель попросила суд оставить решение Останкинского райсуда в силе, а обвиняемого под стражей, что и было сделано.

11 февраля по окончании заседания адвокат сделал сенсационное заявление: «На прошлой неделе мне поступило предложение о том, чтобы Некрасов продал свой бизнес». Назвать имя возможного покупателя он отказался. Но добавил: «Мне дали понять, что в случае положительного ответа все беды моего клиента закончатся летом. Я уже сообщил об этом предложении Владимиру Некрасову. Он ответил отказом». Эту тему адвокат развил на пресс-конференции 20 февраля 2008 года. Он вновь заявил, что Некрасову поступило предложение продать бизнес за $3 млн, после чего уголовное дело против него якобы будет прекращено. При этом он категорически отказался назвать человека, желающего купить компанию. «Ко мне обращались опосредованно. Могу сказать лишь, что это достаточно влиятельный человек, чьи возможности я знаю. В случае отказа нам пообещали возбудить еще несколько уголовных дел —

по различным статьям УК, среди которых назвали и организацию преступного сообщества», — сказал адвокат. По словам защитника, сам Некрасов идти на эту сделку отказывается, а все происходящее с его бизнесом называет хорошо организованным рейдерским захватом.

ТРИ БАБОЧКИ

Тем временем следствие вплотную занялось руководителями фирм «Магнолия», «Алкион» и «Оригинал», которые якобы использовались Некрасовым и Могилевичем для махинаций с налогами: фиктивные сделки с посредниками давали обвиняемым возможность вернуть якобы уже выплаченный посредниками налог на добавленную стоимость. Защита бизнесменов, в свою очередь, утверждала, что посредники реально участвовали в сделках и именно их руководители должны отвечать за недоплаченные государству налоги. Следствием было установлено местонахождение фирм «Магнолия», «Алкион» и «Оригинал» (они были зарегистрированы в Московской и Липецкой областях) и их руководителей. Была назначена почерковедческая экспертиза, которая должна установить, подписывали ли они сами документы, или это делали за них другие люди. Поставщиков активно допрашивали, требуя дать показания на владельцев «Арбат Престижа». Следствие давало понять, что от показаний будет зависеть и их собственный процессуальный статус — в деле появятся либо новые обвиняемые, либо свидетели обвинения.

20 февраля 2008 года на пресс-конференции, организованной адвокатами обвиняемых, бывший гендиректор ООО «Оригинал» Татьяна Петунова опровергла версию следствия о том, что эта фирма была подставной и использовалась Некрасовым и его подельником бизнесменом Семеном Могилевичем в преступных целях. Бывший гендиректор «Оригинала» отвергла обвинения в адрес своей фирмы. «В течение восьми лет я занималась поставками косметики и парфюмерии в российские регионы, а в 2005 году решила попробовать себя на столичном рынке и организовала свое дело — купила фирму, ООО «Оригинал», — рассказала Петунова. — Им я владела с января по июнь 2005 года, после чего поняла, насколько это тяжело, и

продала бизнес. Все договоры с «Арбат Престижем» (за пять месяцев «Оригинал» поставил компании «Арбат Престиж» товары на 22 млн руб.) я подписывала лично, также сама платила НДС и налог на прибыль».

По словам Петуновой, около двух недель назад ведущий дело Некрасова следователь вызвал ее на допрос. «Я подтвердила, что все подписи на предъявленных мне документах — мои. Следователь же начал убеждать меня, что это не так. При этом угрожал, что отправит меня в изолятор и будет держать там, пока я не дам нужных показаний. Мы с адвокатом все эти угрозы отразили в протоколе допроса», — заявила она.

В ГУ МВД России по ЦФО официально говорить об этом уголовном деле отказались. Источники же, близкие к следствию, утверждали, что никаких угроз в адрес Татьяны Петуновой во время допроса не было. «Все это выдумки, жаль, что на видеокамеру не снимали», — посетовали в главке. Кстати, следствие нашло человека, который продал Татьяне Петуновой ООО «Оригинал». Им оказался студент одного из столичных вузов Алексей Степанов. «Три года назад он согласился дать свои паспортные данные с тем, чтобы на его имя было учреждено ООО «Оригинал». Сам он бизнесом не занимался и не занимается, — рассказал адвокат молодого человека Александр Островский. — Полгода назад его вызвали в управление по налоговым преступлениям и стали запугивать: дескать, твоя фирма подставная, тебя посадят. Он подтвердил, что является учредителем фирмы, которую в 2005 году у него купила Петунова. Допрос прошел спокойно, без угроз».

Что касается руководителей двух других фигурирующих в деле фирм — «Магнолии» и «Алкиона», то их руководители, по словам Александра Добровинского, видимо, опасаясь участи главы «Арбат Престижа», «ушли в подполье». «Уговорить их выступить с официальным заявлением, как это сделала Татьяна Петунова, мы не смогли», — заявил адвокат Добровинский.

В конце февраля 2008 года в рамках уголовного дела Владимира Некрасова были проведены новые обыски. Сыщики изъяли документацию и электронные базы у консалтинговой компании, с помощью которой, по версии следствия, Некрасов и Могилевич создали сеть фирм-однодневок для уклонения от уплаты налогов. Обыски проводили сразу по четырем адресам.

По словам представителей милицейского главка, «мероприятия проходили в офисах и квартирах лиц, имеющих отношение к данному уголовному делу». Из источников, близких к следствию, стало известно, что обыскивали офис одной из столичных консалтинговых фирм, а также квартиры ее сотрудников. Фирма, название которой не разглашалось, по мнению следствия, имела непосредственное отношение к оформлению учредительных документов «Оригинала», «Магнолии» и «Алкиона». В офисе консалтинговой фирмы следователи изъяли документацию, а также электронные базы данных, в которых, по словам сотрудников правоохранительных органов, содержалось описание схем ухода от налогов. Кроме того, были изъяты бланки договоров об оказании этой консалтинговой фирмой неких консультативных услуг «Арбат Престижу». В ГУ МВД по ЦФО заявили, что в ходе обысков следствию удалось получить документальные подтверждения того, что три ООО были созданы специально для уклонения от уплаты налогов. Кроме того, в ГУ МВД напомнили, что ждут от адвоката официального заявления по поводу «непристойного предложения» о продаже «Арбат Престижа», по которому будет проведена проверка. Если слова Александра Добровинского подтвердятся, отметили в милицейском главке, то авторы предложения о покупке компании могут быть привлечены к уголовной ответственности. «Никакого заявления подавать я не буду, — заявил Александр Добровинский. — На этот счет у меня есть свои соображения, поделиться которыми я пока не могу».

«Арбат», теряющий свой «Престиж»

Летом 2007 года Некрасов оценивал стоимость «Арбат Престижа» в $1 млрд. Через год, по признанию заменившего его на этом посту нового гендиректора сети Романа Хоменко, сеть оказалась на грани банкротства. Предложение занять эту должность поступило Хоменко в мае от адвоката Некрасова Александра Добровинского. По словам нового управляющего, он никогда не видел Некрасова. «Говорят, — добавил новый гендиректор, — что он мною доволен и передает приветы». В интервью газете «Коммесантъ» Хоменко рассказал, что «увидел последствия прискорбного бездействия персонала, деморализованного отсутствием хозяина».

Роман Хоменко:
«Компания–покойник»

— «Арбат Престиж» — это не единственная компания, которую я встречаю, построенная архаично по вертикальному типу, замкнутая на одном владельце. Я уверен: если у тебя личное отношение к бизнесу — уходи сразу и нанимай менеджеров. Иногда я смотрю на то, что мне приносят на подпись, и понимаю, насколько с пристрастием господин Некрасов относился к компании. Например, недавно мне принесли обращение «лица», которое просит оставить себе из закрытого магазина в Петербурге шторки, микроволновую печь и чайник для охраны. Соответственно, исчезновение такого человека приводит к полному и абсолютному развалу. <...> Упало все. Падение продаж на 82% с момента ареста господина Некрасова до момента моего прихода — это ад! Показатель долговых обязательств к EBITDA — 7,4. Ситуация в компании была более чем плохая, хотя она и сейчас остается таковой, даже после моих реанимационных мер: активы компании вдвое превышают ее обязательства, но компания — покойник. Финансово все было построено так, что все было заложено под кредиты в банках двумя непересекающимися кредитными линиями — недвижимость, остатки на складах товара, торговое оборудование. Я думал, что приду, вытащу из залога объекты, на аукционе продам за $1 млрд и решу много проблем. Но ничего не вытаскивается. <...> Если вернется господин Некрасов, пускать его обратно к управлению компанией нельзя. Это же такое счастье — владеть и не трогать.

Из интервью газете «Коммерсантъ»
24 июня 2008 года

По словам Хоменко, положение «Арбат Престижа» «было плохим еще до ареста Некрасова. Катастрофа для компании настала тогда, когда владелец принял решение об экспансии в регионы. При всем уважении к регионам рынок luxury в городах Мариуполе, Горловке и Конотопе мне представляется крайне сомнительным. При экспансии деньги особо не считаются, а все финансирование идет за счет кредитов. Но эффекта по возврату вложенных средств так и не было. В итоге денег у компании нет, кредиты нужно выплачивать сейчас, дамоклов облигационный заем — как черная метка, нервная позиция банков, косвенные признаки наличия заказа и откровенное рейдерство».

Кстати, Виктор Бескибалов после прихода Хоменко практически сразу уволился, хотя тот просил его остаться. А сам Хоменко проработал в новой должности неполные четыре месяца — с мая по август 2008 года. После его ухода компанией управлял адвокат Некрасова Александр Добровинский, который был и председателем совета директоров сети «Арбат Престиж», а с 1 октября 2008 года управленческие услуги сети оказывала компания «Русские инвестиции» (глава — Кирилл Игнатьев). В феврале 2009 года новым гендиректором сети был назначен Александр Цыбульский. Роль нового главы компании была номинальная: представлять «Арбат Престиж» в процессе банкротства, которое не смогли предотвратить бывшие управляющие.

А банкротства было уже не избежать. После ареста Некрасова долги компании стали расти. С 1 января 2008 года к «Арбат энд Ко» (головной компании парфюмерно-косметической сети «Арбат Престиж») по март 2009 года было предъявлено 78 исков на общую сумму свыше 4 млрд руб. Среди крупнейших кредиторов были «Номос-банк» ($27,5 млн) и Сбербанк (около 536,8 млн руб.). Кроме того, суд постановил взыскать с «Арбат энд Ко» $27,5 млн в пользу «Номос-банка». Основным же кредитором компании на сумму свыше 1,6 млрд руб. являлось ООО «Капитал Истейт», входящее в холдинг «Арбат Престиж». 22 декабря 2008 года Арбитражный суд Москвы утвердил мировое соглашение, по которому «Арбат энд Ко» признала долг и обязалась погасить его до 30 января нынешнего года. Но 3 марта 2009 года Федеральная налоговая служба потребовала признать «Капитал Истейт» банкротом. В феврале 2009 года в Арбитражном суде Москвы было зарегистрировано Заявление о банкротстве ООО «Арбат энд Ко» от банка «Национальная факторинговая компания» (НФК).

Последний работающий магазин сети, в московском торгцентре «Атриум», закрылся. Сеть фактически прекратила свое существование.

ПОЛТОРА СУДА

Расследование уголовного дела Некрасова и Могилевича продолжалось почти год и завершилось 20 февраля 2009 года. Знакомиться с собранными доказательствами своей вины оба обвиняемых отказались, давая таким образом понять, что держать их дальше под арестом не имеет смысла.

Судьба Некрасова была решена за несколько минут — суд согласился с доводами следствия о том, что бизнесмен, занимавший должность гендиректора «Арбат Престижа», владеющий парфюмерно-торговой сетью и лично подписывавший все финансовые документы, может воздействовать на свидетелей и уничтожить вещдоки, если окажется на свободе. Ему продлили срок ареста еще на два месяца — до 23 марта 2009 года.

Избрать меру пресечения консультанту Могилевичу, не имеющему прямого отношения к «Арбат Престижу» и его финансовой отчетности (следствие считает его теневым владельцем парфюмерной сети), судья сразу не смог и взял тайм-аут на один день. Задержка, по словам адвоката Погонченкова, была связана с тем, что «все юридические основания для содержания Могилевича под стражей... исчерпаны».

17 мая 2009 года следственная часть ГУ МВД России по ЦФО передала уголовное дело в отношении Некрасова и Могилевича в Тушинский суд Москвы. Если сначала Сергей Шнайдер фигурировал в материалах расследования как организатор схемы уклонения от налогов, то в итоговой редакции обвинительного заключения он назван лишь пособником в совершении этого преступления. В деле имеется распечатка телефонных переговоров между Некрасовым и Шнайдером в 2007 году, которая, по мнению обвинения, подтверждает, что схема уклонения от уплаты налогов была разработана приятелями совместно.

1 июня 2009 года в Тушинском райсуде Москвы началось рассмотрение дела по существу. Большая часть заседания была посвящена оглашению обвинительного заключения, которое зачитывали поочередно двое гособвинителей. Согласно этому документу, глава «Арбат Престижа» Некрасов, заключая фиктивные договоры на поставку парфюмерной продукции с посредническими фирмами-однодневками, несколько лет уклонялся от уплаты налогов и сборов, нанеся таким обра-

зом государству ущерб на сумму около 49,5 млн руб. При этом действовал юридический владелец фирмы, как полагает следствие, не самостоятельно, а по команде фактического хозяина «Арбат Престижа» — «авторитетного» бизнесмена Сергея Шнайдера. Последний, занимавший скромную должность финансового консультанта фирмы «Эвергейт», якобы разработал для своего партнера и схему ухода от налогов, поэтому ему в обвинительном заключении отводится роль организатора аферы, в то время как Некрасов проходит в деле как исполнитель.

Обвинение ходатайствовало о рассмотрении дела в закрытом для публики режиме, мотивируя это обеспечением безопасности участников процесса. С прокуратурой фактически согласились подсудимые и их защитники, правда, высказали они другие аргументы. Некрасов, например, со слов его адвоката, заявил, что «излишнее внимание прессы может помешать процессу», а Шнайдер через своего защитника Александра Погонченкова попросил суд обеспечить его конституционное право на охрану частной жизни. Дело в том, что обвинение против Сергея Шнайдера строится в основном на данных прослушки его телефонных переговоров, во время которых он якобы объясняет своему партнеру, как правильно уклониться от налогов. Следствие представило в суд несколько компакт-дисков с записями переговоров Шнайдера, в число которых почему-то попали и его частные беседы с супругой, родственниками и приятелями.

Последним и решающим аргументом в пользу закрытия процесса, с которым безоговорочно согласились обе стороны, стало обеспечение комфорта для участников судопроизводства. «Процесс, по моим данным, затянется на все лето, которое наверняка будет жарким, — объяснил один из адвокатов. — Если к десяти постоянно присутствующим на процессе защитникам, судье, двум прокурорам, подсудимым и конвойным добавится еще толпа зрителей и журналистов, работать станет тяжело».

8 июня 2009 года должны были опрашивать свидетелей обвинения. В частности, планировалось, что показания даст бывший финансовый директор ОАО «Арбат Престиж» Виктор Бескибалов. Однако до этого дело так и не дошло. Председательствующая на процессе федеральный судья Зоя Иванова неожиданно для всех предложила гособвинению и адвокатам

подсудимых обсудить вопрос о возвращении дела в прокуратуру с целью «устранения препятствий для рассмотрения дела судом». Как рассказала пресс-секретарь Мосгорсуда Анна Усачева, «суд усмотрел, что обвинительное заключение составлено с нарушениями требований УПК, что исключает возможность вынесения судом приговора на основании данного заключения». По словам адвокатов подсудимых, таких нарушений в деле набралось множество. Например, речь идет о серьезных разночтениях между обвинительным заключением и материалами дела. В частности, не совпадают номера договоров между компаниями, которые якобы использовались руководством «Арбат Престижа» для ухода от налогов. Напомним, что подсудимым вменяется уклонение от налогов на общую сумму 49,5 млн руб.

Во время обсуждения этого вопроса гособвинители заявили, что возражают против возвращения дела в прокуратуру. По их мнению, «имели место чисто технические ошибки, которые могут быть устранены в ходе процесса». В свою очередь, Некрасов и Шнайдер, а также их адвокаты поддержали предложение судьи. «Мы считаем, что суд, изучив материалы дела и поняв, что вынести по нему приговор невозможно, отказался участвовать в этом фарсе», — заявил адвокат Некрасова Александр Аснис. При этом защита подсудимых заявила ходатайство об изменении подсудимым меры пресечения на подписку о невыезде или залог в 120 млн руб. за каждого. Однако суд в этом отказал, продлив обвиняемым срок содержания под стражей еще на месяц.

27 июля 2009 года ГУ МВД по ЦФО заявило о завершении следственных действий по делу и сообщило, что «все выявленные судом незначительные ошибки в оформлении обвинительного заключения устранены». В частности, один из договоров был вообще исключен из материалов дела. Представители милицейского главка добавили, что в ближайшие день-два обвинительное заключение поступит на утверждение в прокуратуру, после чего вновь будет направлено в суд. Уголовное дело Некрасова и Шнайдера по закону должно считаться вновь поступившим в суд, поэтому не только его рассмотрение начнется заново, но и будет назначен новый председательствующий на процессе судья. Как показывает практика, повторное

рассмотрение дела тем же судьей, что и в первый раз, хотя нормативно и не запрещается, но практически исключено.

Обвиняемые ждали нового процесса, оставаясь на свободе. Следователь отпустил их обоих из-под ареста под подписку о невыезде. Такое решение было обусловлено тем, что 26 июля 2009 года истекал предельный установленный Мосгорсудом срок содержания Некрасова и Шнайдера под стражей на время следствия (в итоге он составил ровно полтора года). «Мой подзащитный будет неукоснительно выполнять все требования, предусмотренные избранной ему мерой пресечения», — сказал адвокат Сергея Шнайдера Александр Погонченков. В ближайшем же окружении бизнесмена говорят, что полуторагодичный срок пребывания в СИЗО не прошел бесследно для здоровья Шнайдера: в частности, у него появились проблемы, связанные с кровяным давлением. Именно своему здоровью, а также общению с близкими родственниками, по словам представителей бизнесмена, он и намерен уделять практически все время до начала нового процесса. При этом, отметили они, Шнайдер настроен очень решительно и намерен отстоять в суде свою невиновность.

Адвокат Некрасова Александр Добровинский также сообщил, что поправка собственного здоровья будет главной заботой для его подзащитного в ближайшее время. «Почти полтора года, проведенные в камере СИЗО, где все курят, отразились на его самочувствии соответствующим образом», — пояснил адвокат.

5 августа 2009 года ГУ МВД по ЦФО повторно направило для утверждения в Генпрокуратуру уголовное дело. Генпрокуратура РФ утвердила обвинительное заключение и направила дело в Тушинский райсуд Москвы. Вести процесс должен был судья Олег Пашковец.

7 сентября 2009 года в Тушинском райсуде Москвы начался новый процесс по делу. Предварительные слушания начались с ходатайств защиты обвиняемых Некрасова и Шнайдера, которые попросили исключить из материалов дела ряд доказательств. В частности, речь шла о фоноскопической и судебно-бухгалтерской экспертизах. «Следователь скрыл от нас факт их назначения. Узнали об этом мы только через пять месяцев при ознакомлении с материалами дела, но и тогда нам отка-

зали в ознакомлении с постановлением. Сделать это защите и обвиняемым удалось лишь после завершения экспертиз. По нашему мнению, при их проведении был нарушен как уголовно-процессуальный закон, так и Федеральный закон «О государственной судебно-экспертной деятельности в Российской Федерации», — заявил в суде адвокат Александр Аснис, представляющий интересы Некрасова. Впрочем, председательствующий Олег Пашковец счел, что это ходатайство заявлено преждевременно, и предложил вернуться к нему при рассмотрении дела по существу. После этого суд предоставил слово стороне обвинения, у которой оказалось лишь одно ходатайство. Представитель прокуратуры попросил оставить обвиняемым меру пресечения прежней — в виде подписки о невыезде.

Стоит также отметить, что, в отличие от первого слушания, в рамках которого в июне 2009 года состоялось всего два заседания, после чего дело было возвращено судьей следствию на доработку, на этот раз ни одна из сторон не стала настаивать на том, чтобы процесс проходил в закрытом режиме. Слушания по существу были назначены на 18 сентября.

Рассмотрение дела в Тушинском суде началось с оглашения прокурором Светланой Волковой обвинительного заключения. Ущерб государству, нанесенный, по версии следствия, обвиняемыми, превысил 115 млн руб. Кстати, на стадии следствия им вменялось уклонение на сумму 49,5 млн руб., но затем ущерб вырос более чем в два раза.

Обвиняемые по-прежнему отказывались признать свою вину. «Все обвинение строится на предположениях следователя и составлено, чтобы ввести суд в заблуждение», — заявил Шнайдер. Обвиняемый отметил, что следствие отклонило все его ходатайства о проведении очных ставок, лингвистических экспертиз и других действий. «В противном случае обвинение в отношении меня рассыпалось бы», — уверен он. «Обвинение мне понятно, но вину свою я не признаю. Полагаю, что предъявленное мне и Шнайдеру обвинение является необоснованным, надуманным и противоречащим фактическим обстоятельствам уголовного дела», — заявил в суде Некрасов. По его словам, и после возвращения дела в прокуратуру следствие так и не смогло «собрать доказательств нашей виновности, поскольку невозможно доказать то, чего не было». «Чего стоит заявление о том, что я подписывал налоговые декларации, содержащие заведомо ложные сведения, если невооруженным взглядом видно, что там стоит не моя подпись!» — возмущался обвиняемый. Он также заявил, что основной цели — уничтожить созданный им бизнес — следствие добилось.

РАЗРЫВ СЕТИ

В октябре 2010 года дело было вновь возвращено в прокуратуру для устранения процессуальных нарушений. А 8 октября 2010 года Арбитражный суд Москвы по иску ООО «Арбат энд Ко» признал незаконными предъявленные компании налоговые претензии, на которые ссылалось следствие по уголовному делу. Стало ясно, что у уголовного дела нет перспектив. 4 апреля 2011 года кассационная инстанция подтвердила незаконность налоговых претензий. В силу вступил принцип преюдиции (ст. 90 УПК РФ), по которому факты, содержащиеся во вступивших в силу судебных решениях, считаются установленными и не требующими доказательства в других делах и процессах. И в апреле 2011 года следствие прекратило дело за отсутствием в действиях господ Некрасова и Могилевича состава преступления. К этому времени Владимир Некрасов уже взял в свои руки контроль над банкротством «Арбат Престижа». Холдинг погасил долг перед последним крупнейшим кредитором — Сбербанком (341 млн руб.). Ранее уже были выкуплены долги перед «Уралсибом» (583 млн руб.) и Номос-банком (1,033 млрд руб.).

«Хочу отметить, что постановление о прекращении уголовного дела основано не только на решении арбитражного суда, — заявил адвокат господина Некрасова Александр Аснис. — Как говорится в документе, такое решение следствие приняло, оценив все материалы дела». По словам защитника, его клиент принял решение, что ни моральных, ни материальных претензий к органам предварительного следствия выдвигать не будет. Точно такой же позиции, как заявила адвокат Семена Могилевича Ольга Козырева, придерживается и ее подзащитный.

Но... Если раньше представители господина Некрасова не исключали его возвращения в бизнес, то теперь они полагали, что он вряд ли будет возрождать «Арбат Престиж». Адвокат господина Некрасова Александр Добровинский не считал, что Владимир Некрасов вернется в парфюмерный бизнес. «Арбат Престиж» задумывался как разветвленная сеть супермаркетов с большим ассортиментом косметики. С небольшим количеством магазинов это неосуществимо», — говорит он. С ним соглашается Кирилл Игнатьев: «Задача восстанавливать сеть не ставилась. Более полутора лет идет планомерный процесс продажи активов в целях хотя бы частичного возврата долгов. Смысл в том, чтобы корректно разойтись с кредиторами, продать по максимуму то, что можно продать».

Помимо банков, большая задолженность у «Арбат энд Ко» и перед поставщиками, их количество исчисляется десятками, предполагаемая сумма претензий — около 1 млрд руб. Руководитель дистрибуторской компании Hermitage & Star Beaute, бывшего поставщика «Арбат Престижа», Владимир Воронченко отметил, что «интерес Некрасова может быть только к помещениям, поскольку бизнес возрождать бессмысленно: слишком конкурентный рынок». К тому же г-н Воронченко уверен, что поставщики согласятся работать с «Арбат Престижем» только при условии погашения всех старых долгов.

Справедливость восстановлена, но сети парфюмерных магазинов «Арбат Престиж» больше не будет.

Жертва личной неприязни

Алексей Френкель
«ВИП-банк»

В ночь на 11 января 2007 года в Москве был задержан бывший председатель правления «ВИП-банка» 35-летний Алексей Френкель. Причина задержания — подозрение в организации покушения на первого зампреда ЦБ Андрея Козлова, которого смертельно ранили 13 сентября 2006 года. Водитель, выполнявший также функции охранника, был убит на месте.

Может, в убийстве замешан кто-то
связанный с банком, но сидит-то Френкель.

*Виктор Геращенко,
в 1998—2002 годах глава ЦБ РФ,
в 2004—2007 годах председатель
совета директоров «ЮКОСа»*

Убийство на улице Олений Вал

Андрей Козлов скончался, не приходя в сознание, на следующий после покушения день, 14 сентября, в 5.30 утра. Сложнейшая нейрохирургическая операция не помогла: ранение, в результате которого был поврежден мозг, оказалось несовместимым с жизнью.

Восстановить картину преступления следствию удалось почти сразу. Вечером Андрей Козлов играл в футбол за команду ЦБ на крытом манеже «Спартак» на улице Олений Вал. Большое поле было разделено на две половины. На одной играли команды, состоящие из топ-менеджеров Банка России, их водителей и охранников, на другой — молодые банковские служащие. Матч закончился около 9 часов вечера. Минут через пятнадцать банкир в сопровождении водителя-телохранителя Александра Семенова покинул спорткомплекс. Они вышли чуть позже других (задержались в бане), поэтому служебный Mercedes 600 банкира стоял уже не в плотном ряду припаркованных автомобилей, а отдельно. Убийцы, которые прятались в кустах у парковки, открыли огонь, когда жертвы убирали сумки с формой в багажник.

Попасть на территорию комплекса было несложно: она практически не охранялась. Два гектара (с одной стороны — лес, выходящий на Большую Оленью улицу, с другой — глухой пустырь и безлюдная набережная реки Яузы) были обнесены старым металлическим забором, в котором не хватало нескольких пролетов. Воспользовавшись дырами, преступники спокойно могли попасть на территорию и покинуть ее после покушения. По данным следствия, отстрелявшись и бросив у забора два пистолета, они направились в лесопарк, где их следы затерялись.

Два киллера в одной кепке

Описание киллеров — рост 175—180 см, нормального телосложения, в темной одежде, на голове одного из них была кепка, — полученное со слов свидетеля, находившегося метрах в тридцати от них, следствию практически ничего не дало. Оставалось рассчитывать только на откровенные показания коллег

Козлова. Кто-то из них почти сразу же сообщил, что угрозу для зампреда ЦБ могли представлять несколько коммерческих банков, которые были лишены лицензий за незаконные финансовые операции. Якобы руководители этих банков пользовались некоторой лояльностью со стороны Козлова, поэтому восприняли последовавшие санкции весьма болезненно.

В Банке России Андрей Козлов отвечал за одно из самых конфликтных направлений — банковский надзор. При этом он всегда считался сторонником жестких мер. В частности, добился принятия закона «О страховании вкладов». Кроме того, в последние годы ЦБ активно отзывал банковские лицензии за невыполнение закона «О противодействии легализации преступных доходов». По этой причине были отозваны лицензии, в частности, у банка «Нефтяной», «Содбизнесбанка», «Кредиттраста», Федерального резервного банка. Как позднее выразился один из руководителей Банка России, «все шокированы, хотя признать, что удивлены, было бы неверным — надзор в последнее время ущемлял интересы слишком многих банков».

Деятельность Андрея Козлова ущемляла интересы и операторов рынка «серого импорта». Большинство отзывов банковских лицензий с 1 июня 2006 года, по данным ЦБ, было связано с «проведением клиентами сомнительных безналичных операций». Эти операции составляли львиную долю сумм «подозрительных» операций, ставших причиной отзыва лицензий у 33 банков летом 2006 года. В случае «сомнительных безналичных операций» речь шла прежде всего о «левой оплате импорта» — схемах, при которых импортер незаконно минимизирует таможенные платежи и НДС. Занижение таможенной стоимости товара «серым» импортером не освобождает его от необходимости выплачивать реальную стоимость импортированных товаров иностранным контрагентам. Для таких ситуаций ряд банков оформляет фиктивные платежи клиентам-импортерам в адрес контрагентов в третьих странах, в том числе в странах СНГ, — объектом оплаты может быть что угодно, вплоть до консалтинговых услуг. Банковский надзор ЦБ регулярно закрывал возможность таких операций для импортеров — если учесть давление ФТС на «серых» импортеров весной-летом 2006 года и реальные потери компаний, участвующих в этих операциях, при ликвидации соответствующих банков, ценой вопроса для них могли быть сотни миллионов долларов в год. А одной из последних инициатив Андрея Козлова стало предложение ввести пожизненный запрет на профессию банкирам, замешанным в экономических (налоговых и связанных с «отмыванием» преступных доходов) преступлениях.

ВЕРСИИ

Уголовное дело было возбуждено по «обычной» части 2, пункту «б», статьи 105 УК («Убийство в связи с осуществлением служебной деятельности»), хотя само преступление могло подпадать и под действие 277-й статьи («Посягательство на жизнь государственного или общественного деятеля»). 15 сентября 2006 года Президент Владимир Путин провел совещание по расследованию убийства с руководителями силовых ведомств и ЦБ. 20 сентября расследование передано в Генпрокуратуру.

Вскоре курирующий расследование дела об убийстве банкира первый замгенпрокурора России Александр Буксман сообщил, что рассматриваются четыре версии убийства, из которых он рассказал только о двух. Согласно им киллеры действовали по заказу, однако объектом мог быть как сам замглавы Центробанка (тогда преступление связано с его профессиональной деятельностью), так и кто-то из его коллег по ведомству, игравший в среду вечером в футбол на манеже «Спартак». Во втором случае Буксман не исключал, что преступники могли в темноте перепутать цели.

Две другие версии первый замгенпрокурора не назвал. Скорее всего, это была бытовая и так называемая разбойная версии. Допрашивая свидетелей, следователи обратили внимание на важную деталь: расстрел не вписывался в схему классического заказного убийства, когда преступники подбегают к жертве, расстреливают ее и быстро скрываются. Выяснилось, что выстрелам предшествовали короткий разговор на повышенных тонах и какая-то «толкотня». О чем спорили преступники и их жертвы, никто не знал, но со стороны это напоминало попытку ограбления. В версию об ограблении вписывалось и обнаруженное оружие преступников — газовый «Байкал» производства Ижевского механического завода, переделанный под стрельбу боевыми патронами, и самодельный пистолет. Рукоятки обоих пистолетов оказались обмотаны медицинским пластырем, чтобы не оставалось отпечатков пальцев, а заодно и для того, чтобы самоделки не развалились во время стрельбы. Самодельный глушитель оторвался еще во время покушения.

По мнению участников расследования, маловероятно, чтобы профессиональные киллеры, тем более нанятые пострадавшими от действий Козлова, чтобы отомстить ему, воспользовались ненадежным самодельным оружием, да еще и затевали перед покушением какую-то разборку со своими будущими жертвами. Гораздо больше все это напоминало вооруженное нападение дорожных грабителей, пожелавших отобрать у представительных футболистов, например, Mercedes или бумажники. Банкир и его водитель могли оказать нападавшим сопротивление, которое и закончилось для них фатально.

Впрочем, были слабые места и у этой версии. Нападать на двух мужчин, стоящих на охраняемой парковке, ради денег или не нового автомобиля, цена которого не более $15—20 тыс., стали бы разве что отмороженные грабители-наркоманы. Но стреляли преступники с не свойственной такому контингенту меткостью. Поэтому наиболее вероятной участникам расследования представлялась некая промежуточная версия, согласно которой стреляли профессионалы, но не киллеры узкой специализации. Например, опытные уголовники, которые с одинаковым успехом могли «подписаться» на заказное убийство или разбой. Причем оба этих преступления готовы были совершить и одновременно.

Три явки с повинной

Преступление удалось раскрыть на удивление быстро. В октябре были задержаны трое предполагаемых исполнителей убийства — граждане Украины Алексей Половинкин, Максим Прогляда и Александр Белокопытов. Еще один был объявлен в розыск. По версии следствия, Половинкин стрелял в зампреда ЦБ и поддерживал связь с посредником, Прогляда застрелил водителя Александра Семенова, а Белокопытов помог киллерам скрыться с места убийства.

Всем троим были оформлены явки с повинной, и все они начали сотрудничать со следствием. Арестанты подробно рассказали о том, как готовилось это преступление и кто из них какую роль играл в нем. Показания украинцев были закреплены следственными экспериментами. Обвиняемые признали, что преступление они совершили по найму. Однако заказчик и посредник, осуществлявший его связь с исполнителями, пока оставались неизвестными.

По данным следствия, летом на Алексея Половинкина вышел некий посредник и попросил его организовать слежку за банкиром, который, по его словам, «кинул хороших людей». Якобы с ним хотели поговорить, но тот на телефонные звонки не отвечал, а встретиться с ним не было никакой возможности, поскольку тот нигде не бывал, кроме дома и работы. Украинцам, по их словам, было предложено выследить банкира, дождаться, пока он окажется в каком-то удобном для разговора месте, и немедленно дать знать об этом посреднику. Что будет дальше — их не касается.

Алексей Половинкин согласился и привлек к новой работе своих друзей. Украинцы начали «водить» Mercedes банкира на «ВАЗ-2108» цвета «белая ночь», принадлежавшем Половинкину. Однако уже через несколько дней приятели убедились, что маршрут передвижения Андрея Козлова довольно однообразен — ездил он только из дома, расположенного в районе Поклонной горы, в Центробанк на Неглинной улице и обратно. Ни в каких других местах практически не бывал. Учитывая это обстоятельство, белая «восьмерка», как посчитали филеры, быстро примелькалась, и к слежке решили подключить «ВАЗ-2108» цвета «баклажан», принадлежащий Прогляде. Была задумка использовать и третью машину — «восьмерку» Белокопытова, но тот категорически отказался, поскольку денег на текущие расходы ему не выдали — даже бензин нужно было оплачивать самому.

Роли распределили так: Белокопытов сопровождает объект по обычному маршруту Неглинка — Поклонная гора, а двое его приятелей на другом автомобиле подключаются в том случае, если банкир вдруг решит заглянуть еще куда-то, кроме работы и дома. При этом оба экипажа постоянно должны были находиться неподалеку от объекта и поддерживать связь по мобильным телефонам. Для этого на радиорынке были куплены SIM-карты, оформленные на других лиц.

Два месяца за Mercedes следил фактически один Белокопытов, его подельники подключались к слежке лишь изредка. Вечером 13 сентября лимузин банкира, как известно, отправился не на Поклонную гору, а в район Сокольников, где Козлов решил поиграть с коллегами в футбол. Учитывая это обстоятельство, водитель Белокопытов, как и было заранее оговорено, передал объект Половинкину и Прогляде, а сам поехал домой отдыхать. Однако еще по дороге ему позвонил на мобильный старший группы Половинкин, приказал развернуться и срочно ехать в Сокольники. Белокопытову велели припарковать «восьмерку» на набережной реки Яузы возле Оленьего моста и ждать, не выключая двигателя, что он и сделал.

Половинкин и Прогляда тем временем проводили Mercedes банкира до спорткомплекса «Спартак», расположенного в парке «Лосиный остров» примерно в километре от Оленьего моста. Дождавшись, когда Козлов выйдет из лимузина и скроется в здании спорткомплекса, они отогнали свою машину на ближайшую к стадиону Оленью улицу и припарковали ее там. Затем прошли через лесополосу и пустырь, отделяющий улицу от стадиона, и спрятались в кустах возле автостоянки перед «Спартаком». В этот момент, по версии арестантов, Половинкин позвонил посреднику и сообщил, что появился удобный момент для разговора. Посредник приказал ждать, сообщив, что сам выезжает на место.

Пока Козлов играл в футбол, к сидящим в засаде украинцам действительно подошел некий человек. Он, по версии исполнителей, сказал, что банкира нужно будет ликвидировать. Для Половинкина и Прогляды, подрядившихся только на слежку, как они утверждали на следствии, это стало полной неожиданностью. Тем не менее посреднику удалось как-то убедить украинцев пойти на двойное убийство. Тогда же неизвестный, со слов обвиняемых, передал им два пистолета с полными обоймами и скрылся в лесу.

Выполнив заказ, Половинкин и Прогляда побежали через лесопарк не к своему автомобилю, припаркованному всего в сотне метров, а к Оленьему мосту, где киллеров дожидался водитель Белокопытов. Сев на переднее кресло «восьмерки», Алексей Половинкин скомандовал задремавшему, несмотря на приказ, и выключившему двигатель Белокопытову: «Быстро заводи. Едем домой». Выехать из района Сокольники им удалось не сразу — на всех дорогах были пробки из-за того, что к месту происшествия съезжались милицейские экипажи. Всю дорогу, по признанию убийц, они молчали.

Примерно через две недели после покушения всех троих украинцев задержали. Киллеров — в Москве, а их пособника — в Ставрополе. Оказалось, что Белокопытов, узнав из теленовостей, кого убили его приятели, уехал на своей машине к другу в Ставрополь, запил там и попал за мелкое нарушение в милицию. Потом его этапировали в столицу.

После этого расследование буксовало несколько месяцев. Лишь 5 декабря 2006 года Генпрокурор Юрий Чайка объявил о раскрытии убийства. Сначала в декабре под стражу взяли двух посредников: уроженца Винницкой области Украины Богдана Погоржевского и владельца холдинга «Русь-Алмаз» Бориса Шафрая. Земляк киллеров Погоржевский, которого задержали первым, не стал запираться и выдал столичного бизнесмена Шафрая.

А по «наводке» Шафрая в январе 2007 года была арестована Лиана Аскерова, президент Боксерской промоутерской компании и совладелица московского ресторана «Триш».

Доказательствами необходимости ее ареста стало признание и загранпаспорт с многочисленными визами с неистекшим сроком действия. Прокурор утверждал, что она может скрыться из страны. Впрочем, Аскерова выдала себя сама. Узнав об аресте Шафрая, она занервничала и принялась искать для него адвоката, попав в поле зрение оперативников. За дамой установили наблюдение, ее телефоны стали прослушивать. К 10 января 2007 года следствию стало ясно, что именно она и есть последний посредник, который выведет следствие на заказчика. Аскерову в тот же день задержали в Москве. На допросе ей сообщили, что ее сообщник Шафрай якобы дал на нее показания, что на самом деле было не так. Прием сработал, и Аскерова рассказала следователям о Френкеле.

ЗАКАЗЧИК

Итак, Алексей Френкель стал седьмым и, по версии следствия, главным задержанным по этому громкому делу. 17 января банкиру было предъявлено обвинение. Заседание Басманного суда Москвы, на котором рассматривалось ходатайство Генпрокуратуры об аресте Френкеля, проходило в закрытом режиме. Вскоре после его начала адвокат подозреваемого Игорь Трунов потребовал вызвать в суд «Скорую помощь» для своего подзащитного. У того, по словам адвоката, были просто «дикие» боли в сердце: «К нему ночью в ИВС вызывали врачей, но те ему не помогли». Суд ходатайство защитника отклонил и перешел к сути рассматриваемого ходатайства.

Выступивший первым прокурор Вячеслав Смирнов в качестве основания для ареста Френкеля предъявил протокол допроса Аскеровой. На допросе она назвала Френкеля заказчиком убийства Козлова. По ее словам, именно Френкель обращался к ней с просьбой найти исполнителей для убийства первого зампреда ЦБ и передал ей для этого деньги. Сумма в протоколе не фигурировала. Услышав это, Френкель заявил, что Аскерова его оговорила, и потребовал организовать с ней очную ставку. Суд ему отказал, предоставив десять минут на изучение протокола ее допроса. «Заявление Аскеровой о причастности к убийству Алексея Френкеля может быть основанием для предъявления ему обвинения в убийстве, — заявил Игорь Трунов. — Но оно не может быть причиной для взятия Алексея Френкеля под стражу». Адвокат заметил: «Между Андреем Козловым и Алексеем Френкелем была огромная дистанция. Образно говоря, это все равно, как если бы кто-нибудь заказал убийство мэра Москвы за то, что у него плохо убираются в подъезде. Если бы Френкель был причастен к убийству, то после ареста предполагаемых исполнителей и посредников у него была масса времени для того, чтобы скрыться. Но он все это время находился в стране. Получается, что Френкель просто ждал, когда за ним придут».

Задержание Френкеля в Генпрокуратуре назвали финалом четырехмесячного расследования убийства Андрея Козлова. И хотя, по словам Генпрокурора Юрия Чайки, аресты по этому делу еще были возможны — предстояло установить некоторых соучастников, — следователи были уверены, что в целом преступление можно считать раскрытым. Раскрыть его удалось во многом из-за скупости организаторов: убийство одного из главных банкиров страны они поручили неопытным киллерам, заплатив за него всего $10 тыс.

Причины личной неприязни

По мнению следствия, Френкель решил ликвидировать Козлова из личной неприязни, после того как 15 июня 2006 года первый зампред ЦБ принял решение об отзыве лицензии у его «ВИП-банка» за отмывание денежных средств. Однако, по мнению экспертов по банковскому рынку, личный конфликт между Козловым и Френкелем возник еще в августе 2005 года, когда ЦБ отказался включить «ВИП-банк» в систему страхования вкладов. Одной из причин отказа стало нарушение порядка отправки в Росфинмониторинг сообщений о сомнительных операциях. Это решение ЦБ было оспорено в арбитражном суде. Тогда Френкель сложил с себя полномочия председателя правления банка и лично стал представлять банк в судебных заседаниях. В суде он угрожал ЦБ миллионными исками по возмещению ущерба «ВИП-банку», который тот понес, не попав в список избранных банков — членов системы страхования. А вне стен суда он, как утверждают очевидцы, стремился лично пообщаться по спорным вопросам с Козловым и другими руководителями ЦБ, для чего посещал все приемы и вечеринки с участием руководства Банка России. Козлов от такого общения старательно уклонялся. В это же время Козлову стали поступать звонки от первых лиц Генпрокуратуры и ФСБ с ходатайствами о включении «ВИП-банка» в систему страхования вкладов. Правда, впоследствии выяснялось, что от их имени по «вертушкам» звонили другие люди.

Тем не менее суд у ЦБ Френкель выиграл: он сумел доказать, что нарушения были незначительными, и 6 мая 2006 года арбитражный суд Москвы признал незаконным отказ ЦБ включить «ВИП-банк» в систему страхования вкладов. Тогда, по личному распоряжению Козлова, ЦБ провел внеочередную проверку «ВИП-банка», по результатам которой 15 июня 2006 года у него была отозвана лицензия за отмывание денежных средств. Основанием послужил акт от 27 марта 2006 года о 26 задержках отправки сведений в Росфинмониторинг. Попытка акционеров «ВИП-банка» оспорить отзыв лицензии в суде не увенчалась успехом: представители Центробанка доказали, что банк неоднократно нарушал закон о противодействии легализации, несвоевременно направив в Росфинмониторинг 115 сообщений.

В банке было открыто конкурсное производство сроком на один год, конкурсным управляющим назначено Агентство по страхованию вкладов. Закон «О банках и банковской деятельности» требовал, чтобы после отзыва лицензии банк был принудительно ликвидирован либо признан банкротом, если у него недостаточно имущества для расчетов со всеми кредиторами.

После решений ЦБ на счетах «ВИП-банка» «зависли» миллиарды рублей, которые якобы должны были быть обналичены, и клиенты предъявляли претензии Френкелю. И тогда тот, по версии следствия, решил просто устранить Андрея Козлова.

Как считали в Генпрокуратуре, не имевший связей в криминальных кругах, банкир Френкель обратился с просьбой организовать за вознаграждение убийство Козлова к своей знакомой Аскеровой. С ней банкир познакомился, посещая ее ресторан «Триш». Она в присутствии Френкеля якобы не раз говорила, что знакома с криминальными «авторитетами». К тому же ранее Аскерова и сама была не в ладах с законом: в 1995 году ее объявляли в розыск по подозрению в мошенничестве, правда, затем дело развалилось.

Аскерова, по мнению следствия, согласилась помочь банкиру. Но ее знакомыми оказались далеко не «крестные отцы» криминального мира, поэтому привлечь к делу профессионалов ей не удалось. Вместе с владелицей ресторана на убийстве Козлова решил заработать ее деловой партнер Шафрай. Именно он нашел, как считает следствие, «авторитета» средней руки из своего родного Луганска Богдана Погоржевского, известного в криминальных кругах этого города как Боня. В ходе переговоров ликвидацию первого зампреда ЦБ РФ оценили всего в $10 тыс. Половину этой суммы Боня намеревался оставить себе, а на оставшиеся $5000 купил два пистолета и нанял киллеров, тоже жителей Луганска Половинкина, Прогляду и Белокопытова. Все трое таксовали в Москве.

Обвиняемый обвиняет. Первое письмо Френкеля

«Я абсолютно невиновен», — заявил Френкель в суде журналистам. Задержание он назвал «провокацией Центробанка против своего оппонента». А адвокат Игорь Трунов объяснил, что провокация связана с рассмотрением в апелляционном арбитражном суде иска «ВИП-банка» к ЦБ по поводу отзыва лицензии. По словам защитника, все вопросы с ЦБ Френкель «решал только юридическим способом, а то, что он был задержан, является воздействием на арбитражных судей, которые теперь не могут быть объективными».

Между тем стало известно, что Френкель еще за месяц до ареста планировал выступить в СМИ с обвинениями в коррупции в адрес чиновников ЦБ и с критикой политики банковского регулирования при отзыве лицензий у банков. Как сообщил президент Московской международной валютной ассоциации (ММВА) Алексей Мамонтов, 18 января 2007 года отец Алексея Френкеля, Ефим Френкель, при личной встрече попросил его передать в СМИ материал, отправленный Мамонтову Алексеем Френкелем 6 ноября 2006 года по электронной почте. В тексте Алексей Френкель высказывал свое мнение по поводу отзыва ЦБ лицензий у ряда банков в 2005—2006 годах. В частности, экс-глава «ВИП-банка» обвинял неких сотрудников ЦБ в отмывании денег при банкротстве «Роскомветеранбанка», «Панэмстройбанка», банков «БиСи Ди» и «Региональная перспектива». Он описывал технологию «поджигания» банка, якобы состоящую в следующем: ЦБ предупреждает банк в том, что у него будет отозвана лицензия, и в обмен на отсрочку решения на несколько месяцев (что позволяет урегулировать проблемы владельцев) партнеры чиновников ЦБ обналичивают через обреченный банк десятки миллиардов рублей. Он объясняет отзыв лицензии у контролировавшегося им «ВИП-банка» отказом «поджигать» свой банк. При этом никаких имен, в том числе имени Андрея Козлова, Френкель не называл.

Как Центральный банк борется с отмыванием денег

В последнее время только и слышишь — «Центральный банк России борется с отмыванием денег», «Централь ный банк России отозвал очередную банковскую лицензию за отмывание денег», «за 2005 год отозвано столько-то лицензий, а за 2006 год — на столько-то процентов больше» <...>

Вдумаемся в смысл фразы «легализация (отмывание) доходов, полученных преступным путем». Некий наркобарон получил, очевидно, преступным путем, т. е. путем продажи наркотиков, некоторую сумму денег. Он хочет на эти деньги приобрести нечто полезное — дом, яхту, машину или ювелирные изделия. На Западе для осуществления его мечты ему потребуется нажитые преступным путем деньги легализовать, превратить из «черных» в «белые». Иначе покупка не состоится. Чтобы ему этого не удалось сделать, все западные страны приняли у себя законы, аналогичные нашему 115-му закону, и создали международную организацию — ФАТФ, — которая должна координировать работу и осуществлять обмен информацией между странами, которые борются с отмыванием денег. Действительно, если наркобарон не сможет направить свои деньги на покупку материальных благ, то зачем, спрашивается, он зарабатывал деньги? Не лучше ли податься в сельское хозяйство и переключиться с выращивания опиумного мака на выращивание телят?

Теперь посмотрим, что происходит в России. В отличие от Запада, в России на «черные» деньги можно купить абсолютно все — и дом, и яхту, и машину, и ювелирные изделия. Этот факт никого в нашей стране не удивляет. Следовательно, в России, в отличие от Запада, у лиц, наживших преступным путем деньги, нет никакой мотивации для легализации (или отмывания) денег. Отмыть деньги, т. е. сделать их из «черных» (грязных) «белыми» (чистыми), в России никому не нужно. Если же исходить из расхожей в нашей стране точки зрения, что деньги, заработанные на приватизации, нажиты преступным путем, то мы дополнительно будем вынуждены констатировать, что на нажитые преступным путем деньги можно купить еще и заводы, и газеты, и пароходы, и целые отрасли народного хозяйства.

Так как же Центральный банк страны борется с отмыванием в то время, когда ни у кого в России не имеется потребности отмывать деньги? Посмотрим на пресс-релизы Департамента внешних и общественных связей Центробанка, посвященные отзывам лицензий у коммерческих банков. Такой-то банк выдал наличными столько-то миллиардов рублей. Такой-то банк отправил за границу столько-то миллиардов долларов. И так в каждом сообщении.

Но позвольте: если банк выдал деньги наличными или отправил их за границу, то он потенциально мог выступить соучастником превращения «белых» денег в «черные», но никак не наоборот! Действительно, на Западе взнос наличных считается значительно более подозрительной операцией, чем выдача. Взнос наличных предполагает потенциальную опасность той самой легализации преступных денег, с которой борется весь цивилизованный мир. Выдача уже «белых» денег никакой опасности с точки зрения отмывания в себе не несет. Деньги на счете в банке уже отмыты (если они когда-то и были нажиты преступным путем), они уже «белые», им легализация не требуется. Снимай наличными и пользуйся, закон о легализации к этим деньгам отношения не имеет <...>

Итак, вектор финансового потока в России и на Западе направлен в противоположные стороны: на Западе люди пытаются «черные» деньги превратить в «белые», а в России наоборот — из «белых» в «черные».

Банки являются зеркалом экономики. Они не способны повлиять на спрос, они лишь могут предложить услугу или ее не предложить. Российские банки отмыванием денег не занимаются, потому что в России на эту услугу спрос невелик.

Российские банки оказывают клиентам противоположную по направленности услугу — обналичивание и финансирование «серого» импорта. Центральный банк борется именно с этими явлениями, так как с самим отмыванием он бороться не может: и недвижимость, и таможня, и коррупция, и выборы — все, где действительно отмываются деньги, находится вне сферы его компетенции. Однако Центральный банк

ПРИ ЭТОМ ПОСТОЯННО ЗАЯВЛЯЕТ, ЧТО ОН БОРЕТСЯ С ОТМЫВАНИЕМ ДЕНЕГ. ПОЧЕМУ? ВСЕ ЛИ ДЕЛО В ПОДМЕНЕ ПОНЯТИЙ, ИЛИ ЗА ЭТИМ СТОИТ НЕЧТО БОЛЕЕ СЕРЬЕЗНОЕ? <...>

Из письма Алексея Френкеля
от 19 января 2007 года

Письмо вызвало громкий скандал. Игорь Трунов, адвокат Френкеля, сказал: «144-я статья Уголовно-процессуального кодекса обязывает прокуратуру провести проверку сообщения о возможно совершенном преступлении, распространенного в средствах массовой информации. У меня мурашки по телу от той фактуры, которую изложил Френкель. Содержание письма должно быть проверено Генпрокуратурой, и только после этого, по моему мнению, уместно делать какие-то заявления».

В руководстве ЦБ не смогли дать никаких комментариев по поводу изложенного в письме. На выручку ЦБ пришла Генпрокуратура, где письмо сочли уловкой Френкеля и его защиты, направленной на то, чтобы увести следствие по делу об убийстве Козлова в сторону. «Обстановка в местах изоляции, видимо, способствует посещению неких мыслей, писем, обращений глобального характера. Думаю, что все это — один из способов защиты», — заявил журналистам первый замгенпрокурора Александр Буксман. Из этого заявления следовало, что Генпрокуратура не намеревалась заниматься проверкой фактов, изложенных в письме Френкеля.

Мало кто заметил одно обстоятельство — в письме Френкель ни слова не говорил о том, что он невиновен.

Обвиняемый обвиняет.
Второе письмо Френкеля

В конце января 2007 года Алексей Мамонтов передал в редакцию газеты «Коммерсантъ» еще одно письмо Френкеля, пояснив, что текст был написан Френкелем летом 2006 года и переслан ему по электронной почте. Тогда, по словам главы ММВА, он посоветовал коллеге вместо этого текста опубликовать по возможности документы, подтверждающие изложенное. Мамонтов и Козлов обсудили письмо и решили его не публиковать. Ситуация изменилась лишь после ареста Френкеля, когда последний дал добро на распространение своих текстов.

Второе послание Френкеля, озаглавленное «О надзоре и надзирателях», оказалось много короче и гораздо конкретнее первого. В нем содержалось описание якобы существующей системы взяток ЦБ при отборе банков в систему страхования вкладов (ССВ) и персональные обвинения. Так, по имени был назван зампред ЦБ, отвечающий за взаимодействие с Росфин-мониторингом, Виктор Мельников. Хотя никаких конкретных обвинений ему Френкель не предъявлял, описанные им ситуации были невозможны без участия чиновника. Автор письма отмечал негативную роль, сыгранную «Добровольческим корпусом по оказанию финансовых услуг» (некоммерческой организации из США, специализирующейся на оказании технической помощи развитию финансовых рынков в странах с переходной экономикой) в развитии банковского надзора, — напомним, в 2001—2002 годах его управляющим директором в России был именно Андрей Козлов.

О НАДЗОРЕ И НАДЗИРАТЕЛЯХ

<...> НЕ СТРАННО ЛИ, ЧТО В ССВ ПОПАЛИ 300 БАНКОВ (ИЗ БОЛЕЕ ЧЕМ 900) С ОТРИЦАТЕЛЬНЫМ КАПИТАЛОМ ПО МЕЖДУНАРОДНЫМ СТАНДАРТАМ ФИНАНСОВОЙ ОТЧЕТНОСТИ (МСФО). А ВЕДЬ ЭТО ОЗ-НАЧАЕТ, ЧТО АКТИВОВ У ЭТИХ БАНКОВ МЕНЬШЕ ОБЯЗАТЕЛЬСТВ, ЧТО НЕ МОЖЕТ НЕ ПРЕДСТАВЛЯТЬ РЕАЛЬНОЙ УГРОЗЫ ДЕНЕЖНЫМ СРЕД-СТВАМ ВКЛАДЧИКОВ. ЧТО ЖЕ ДО ВТОРОЙ ВЕРСИИ, ТО ЗА БОРТОМ ССВ ОСТАЛИСЬ МНОГИЕ БАНКИ, КОТОРЫЕ НИКОГДА НЕ РАБОТАЛИ В СКОЛЬКО-НИБУДЬ ЗАМЕТНЫХ ОБЪЕМАХ С НАЛИЧНОСТЬЮ. ПРИ ЭТОМ В СИСТЕМЕ КАК-ТО ВДРУГ ОКАЗАЛИСЬ ДЕСЯТКИ БАНКОВ, НИ-ЧЕМ ДРУГИМ КАК РАЗ И НЕ ЗАНИМАЮЩИЕСЯ, КРОМЕ КАК «ОТМЫ-ВАНИЕМ» ДЕНЕГ.

ОБЪЯСНЯЕТСЯ ЭТО, ПО-ВИДИМОМУ, ТЕМ, ЧТО В РЕГУЛИРУЮЩЕМ ОРГАНЕ (И В «СМЕЖНЫХ» ФЕДЕРАЛЬНЫХ ВЕДОМСТВАХ) СУЩЕСТВУ-ЮТ ВЛИЯТЕЛЬНЫЕ ЛОББИСТЫ, ЗАЩИЩАЮЩИЕ ИНТЕРЕСЫ «СВОИХ» БАНКОВСКИХ ГРУПП.

ТЕХНИКА ЛОББИРОВАНИЯ ДОСТАТОЧНО ПРОСТА. «ЗАКАЗЧИКИ» («КУРАТОРЫ» ВЫШЕУКАЗАННЫХ БАНКОВСКИХ ГРУПП ИЛИ ИХ СОБ-СТВЕННИКИ) УКАЗЫВАЮТ, КАКИЕ ДЕЙСТВИЯ НАДО СОВЕРШИТЬ НА РЫНКЕ ИЛИ КАКОГО КОНКУРЕНТА УБРАТЬ В ЦЕЛЯХ УСИЛЕНИЯ ПО-ЗИЦИЙ «СВОИХ» БАНКОВ. ПРИ ОТСУТСТВИИ У ЦБ РФ ФОРМАЛЬНЫХ

ПРЕТЕНЗИЙ К «ЗАКАЗАННОЙ» КРЕДИТНОЙ ОРГАНИЗАЦИИ ФОРМИРУЕТСЯ СООТВЕТСТВУЮЩАЯ СПРАВКА ОТ ПРАВООХРАНИТЕЛЬНЫХ ОРГАНОВ, КОТОРАЯ СТАНОВИТСЯ ОСНОВАНИЕМ ДЛЯ ПРИНЯТИЯ ОРГАНАМИ БАНКОВСКОГО НАДЗОРА «МОТИВИРОВАННОГО» СУЖДЕНИЯ. ПРИ НАЛИЧИИ ХОТЯ БЫ НЕСКОЛЬКИХ ОШИБОК ПО ЛИНИИ РОСФИНМОНИТОРИНГА (ЗА ВЗАИМОДЕЙСТВИЕ С НИМ ОТВЕЧАЕТ ЧЛЕН КОМИТЕТ БАНКОВСКОГО НАДЗОРА (КБН) И СОВЕТА ДИРЕКТОРОВ ЦБ РФ В.Н. МЕЛЬНИКОВ) У ЛЮБОГО НЕУГОДНОГО БАНКА МОЖНО ОТОБРАТЬ ЛИЦЕНЗИЮ. ОКОНЧАТЕЛЬНОЕ РЕШЕНИЕ ВЫНОСИТ ВСЕ ТОТ ЖЕ КОМИТЕТ БАНКОВСКОГО НАДЗОРА <...>

СУММА ВОЗНАГРАЖДЕНИЯ, КАК ПРАВИЛО, ЗАВИСЕЛА ОТ РАЗМЕРА БАНКА. В БАНКОВСКИХ КРУГАХ СЧИТАЮТ, ЧТО РЕКОРД ПРИНАДЛЕЖИТ ОДНОМУ КРУПНОМУ МОСКОВСКОМУ БАНКУ, КОТОРЫЙ ЗАПЛАТИЛ ЗА ВХОЖДЕНИЕ В ССВ 5 МЛН ДОЛЛ. США. ЭТО БЫЛА КОМПЕНСАЦИЯ ЗА ТО, ЧТО НАДЗИРАТЕЛЬ «НЕ ЗАМЕТИЛ» ДИСБАЛАНС НА 1 МЛРД ДОЛЛ. США МЕЖДУ ОБЯЗАТЕЛЬСТВАМИ И АКТИВАМИ, ПРЕДСТАВЛЯЮЩИЙ ЯВНУЮ УГРОЗУ ДЛЯ ВКЛАДЧИКОВ. ЗА 1 МЛН ДОЛЛ. США НАДЗИРАТЕЛЬ «НЕ ЗАМЕТИЛ» НЕНАДЛЕЖАЩИЕ АКТИВЫ В КАПИТАЛЕ БАНКА <...> (ФОРМАЛЬНО УСТАВНЫЙ КАПИТАЛ БАНКА СОСТАВЛЯЕТ 10 МЛРД РУБ., ОДНАКО В НИХ НЕТ НИ КОПЕЙКИ «ЖИВЫХ» ДЕНЕГ). ДРУГОМУ БАНКУ — <...> — ПРИШЛОСЬ ВЫЛОЖИТЬ 600 ТЫС. ДОЛЛ. (ПО ДРУГИМ ДАННЫМ — 700 ТЫС.) ЗА ТО, ЧТО ОН НАХОДИЛСЯ В СПИСКЕ КОНКУРЕНТОВ АФФИЛИРОВАННЫХ БАНКОВ НА РЫНКЕ ОБНАЛИЧИВАНИЯ. БАНКУ <...> ВХОЖДЕНИЕ В ССВ ОБОШЛОСЬ В 500 ТЫС. ДОЛЛ. США. ЭТОТ БАНК СНАЧАЛА ПОПАЛ В СПИСОК ВЫШЕУКАЗАННЫХ КОНКУРЕНТОВ ЗА ВНУШИТЕЛЬНЫЙ ОБЪЕМ «ОБНАЛИЧКИ». НО ОТКАЗ ОТ ТАКИХ ОПЕРАЦИЙ И «ПОЛ-ЛИМОНА» ПОЗВОЛИЛИ ЧИНОВНИКАМ «ПЕРЕДУМАТЬ». МАЛЕНЬКИЙ ОБЛАСТНОЙ «...БАНК», АКТИВНО ЗАНИМАЮЩИЙСЯ «ОБНАЛИЧКОЙ» ЧЕРЕЗ СВОЙ МОСКОВСКИЙ ФИЛИАЛ, <...> ПОЛУЧИЛ ОТПУЩЕНИЕ ГРЕХОВ «ВСЕГО» ЗА 150 ТЫС. ДОЛЛ. США. БАНКИ СЕВЕРНОГО КАВКАЗА, А ТАКЖЕ МОСКОВСКИЕ БАНКИ, ПРИНАДЛЕЖАЩИЕ ВЫХОДЦАМ ИЗ ЭТОГО РЕГИОНА, ПЛАТИЛИ ПО 200 ТЫС. ДОЛЛ. США, ХОТЯ В ОТДЕЛЬНЫХ СЛУЧАЯХ СУММЫ ДОСТИГАЛИ И 1 МЛН ДОЛЛ. США. МЕХАНИЗМ ПРИЕМА БАНКОВ В ССВ РАБОТАЛ БЕЗОТКАЗНО. ПРИНИМАЛИ ВСЕХ, КТО НЕ БЫЛ В «ЧЕРНОМ» СПИСКЕ И ПЛАТИЛ <...>

В ПОЛОЖЕНИИ БАНКА РОССИИ ОТ 9 ИЮНЯ 2005 ГОДА № 271-П ПРИВЕДЕН ПЕРЕЧЕНЬ ОСНОВНЫХ ВИДОВ ДОКУМЕНТОВ, КОТОРЫЕ РАССМАТРИВАЮТ УЧРЕЖДЕНИЯ ЦЕНТРАЛЬНОГО БАНКА ПРИ ПРИНЯТИИ ТЕХ ИЛИ ИНЫХ РЕШЕНИЙ. ПО КАЖДОМУ ИЗ ЭТИХ ВИДОВ СУЩЕСТВУЮТ «РАСЦЕНКИ», КОТОРЫЕ В ПОСЛЕДНИЕ ДВА ГОДА ИМЕЮТ ТЕНДЕНЦИЮ К ЗАМЕТНОМУ РОСТУ. ПРИЧИН ТРИ: НОРМАТИВНАЯ БАЗА СТАНОВИТСЯ ВСЕ БОЛЕЕ РАСПЛЫВЧАТОЙ, «МОТИВИРОВАННОСТЬ» СУЖДЕНИЙ

ПРИМЕНЯЕТСЯ ВСЕ ЧАЩЕ, РИСК ЖЕ ОТВЕТСТВЕННОСТИ ЗА ПРИНЯТИЕ ПРОИЗВОЛЬНЫХ, СУБЪЕКТИВНЫХ РЕШЕНИЙ ПРИ ЭТОМ ВСЕ МЕНЬ-ШЕ. КОРРУПЦИОННЫЕ ПРОЯВЛЕНИЯ БЫЛИ В ЦБ И ПРЕЖДЕ, ОДНАКО ИМЕННО В ПОСЛЕДНИЕ ДВА-ТРИ ГОДА ОНИ ВЫРОСЛИ В ЦЕЛОСТНУЮ СИСТЕМУ И ДОСТИГЛИ НЕВИДАННЫХ МАСШТАБОВ.

ИЗ ПИСЬМА АЛЕКСЕЯ ФРЕНКЕЛЯ
ОТ 29 ЯНВАРЯ 2007 ГОДА

Некоторые предприниматели, знакомые с практикой обна-лички и банковского надзора, анонимно заявили, что второе письмо Френкеля содержит информацию и данные, совпада-ющие с общим мнением о происходящем на рынке и в ЦБ. «Это слишком правдоподобно, чтобы это комментировать», — заявил один из участников рынка, пожелавший остаться не-известным. Впрочем, как и в ситуации с первым письмом, участники рынка разделяли не все взгляды Френкеля, назы-вая некоторые его высказывания «шизофренией чистой воды». Они подчеркивали, что если его бизнес действительно нахо-дился на грани правовой зоны и криминала, то его стремле-ние бороться с коррупцией и «играть в правозащитника» как минимум трудно объяснить.

Впрочем, все участники рынка отмечали, что, как и в первом письме, в тексте старательно обходился вопрос о до-кументальных подтверждениях обвинений. А названия кон-кретных банков хотя и были вычисляемы, но не предавались гласности.

Алексей Мамонтов, как и раньше, сознательно вымарал в тексте все имена банков, но они легко восстановимы по датам.

В ЦБ отказались от комментариев на любые темы, связан-ные с коррупцией и обвинениями Френкеля. «Правоохрани-тельные органы неоднократно, в том числе и за последний год, проверяли деятельность ЦБ, в том числе и по подобным заявлениям, но никаких подтверждений существования кор-рупции никто не обнаружил», — заявил один руководителей ЦБ, но на условиях анонимности. А заместитель председателя комитета Госдумы по кредитным организациям и финансовым рынкам Павел Медведев заявил: «Это жалкие заявления, они недорого стоят. Не приведены ни фамилии, ни названия бан-ков».

Обвиняемый обвиняет.
Третье письмо Френкеля

Часть обвинений Френкеля была проверяема, хотя сам глава «ВИП-банка» в этом помочь не мог. Алексей Мамонтов сообщил, что второй текст является последним — «архивы Френкеля» на нем полностью исчерпаны.

В конце концов Генеральная прокуратура отреагировала на публикацию «писем Френкеля». Мамонтов был вызван в Генпрокуратуру. «Ознакомительная беседа», как он выразился, продолжалась полтора часа.

Реакция Генпрокуратуры на беседу была неожиданной. Пресс-служба ведомства информировала: «Алексей Мамонтов письменно сообщил органам прокуратуры, что конкретными данными о фактах получения взяток и злоупотребления должностным положением должностными лицами ЦБ не располагает», а целью публикации «писем Френкеля» не была дискредитация ЦБ. Однако, как сообщил адвокат Френкеля Игорь Трунов, были назначены следственные действия с участием его клиента в СИЗО — по факту «письменного сообщения о совершении преступления».

По словам Игоря Трунова, в его распоряжении оказались материалы, которые могли уже сегодня стать «третьим письмом Алексея Френкеля»: «Есть продолжение текстов Френкеля. Оно написано в октябре 2006 года, касается той же темы, что и предыдущие. Но там есть и фамилии, и названия банков, и указания на имеющиеся доказательства. Разумеется, оно написано не в тюрьме». Возможность передачи третьего письма Френкеля адвокат связал с ходом следственных действий в СИЗО. «Если они будут формальными, публикации возможны. Если же заявления моего подзащитного будут расследоваться так, как этого требует закон, — они будут переданы в Генпрокуратуру», — заявил Трунов.

Между тем Мамонтов, ранее сообщивший, что у него больше нет письменных материалов Френкеля, так прокомментировал заявления Генпрокуратуры, сделанные после «ознакомительной беседы»: «Моя внутренняя уверенность в том, что Алексей Френкель невиновен в преступлениях, в которых его обвиняют, выросла со 100 до 200%. Появление в ряде СМИ информации о моем «отречении» от позиции Френкеля — плод воображения чиновников, которые чрезмерно нервничают в связи с открывшимися обстоятельствами».

Ва-банк

Между тем в арбитражном апелляционном суде завершился основной процесс «ВИП-банка», который до октября 2005 года возглавлял Френкель. Суд отклонил жалобу акционеров «ВИП-банка» на незаконность отзыва у него лицензии. Эксперты были уверены, что иного постановления суда быть не могло, учитывая обвинения, предъявленные Френкелю. Однако Банку России потребовалось в суде рекордное число представителей.

«ВИП-банку» не удалось вернуть лицензию. Центробанк отозвал ее за «отмывание» 15 июня 2006 года, вскоре после того, как 6 мая «ВИП-банк» успешно оспорил в Арбитражном суде Москвы отказ включить банк в систему страхования вкладов. Восстановить лицензию через суд попытались несколько акционеров «ВИП-банка», но безуспешно: Арбитражный суд Москвы 11 ноября 2006 года вынес решение в пользу ЦБ, которое Девятый арбитражный апелляционный суд оставил без изменения.

Слушать дело суду пришлось в большом зале: одних только сотрудников ЦБ оказалось 12 человек, тогда как раньше на подобных процессах Банку России хватало шести-семи представителей. Правда, двое сотрудников ЦБ представляли «ВИП-банк», будучи членами назначенной в нем временной администрации. Это сразу вызвало возражения акционеров банка, заявивших, что представлять банк в делах об отзыве лицензии вправе только его бывший руководитель. Последним председателем правления «ВИП-банка» был Олег Власов, но акционеры потребовали, чтобы в суд вызвали Алексея Френкеля, имеющего доверенность от Власова.

Это ходатайство суд сразу же отклонил, но разбирательство, длившееся около полутора часов, временами вызывало у судей недоумение. Представитель акционеров «ВИП-банка» заявил, что протокол заседания комитета банковского надзора, на котором принималось решение об отзыве у банка лицензии, ЦБ отказался представить даже по запросу арбитражного суда Москвы. Этот протокол, по сути, был единственным документом, из которого можно было узнать мотивы решения суда.

Представитель Банка России в ответ сообщил, что в суд дважды была представлена выписка из протокола, касающаяся вопроса о «ВИП-банке». «Что можно понять из выписки, в которой есть только резолютивная часть?» — задал вопрос один из судей.

«Решение принято полномочным коллегиальным органом в надлежащем порядке, а выписка заверена секретарем комитета банковского надзора», — ответил юрист ЦБ. Запрашивать протокол, откладывая заседание, суд тем не менее не стал и после продолжительного совещания отказался удовлетворить жалобу акционеров «ВИП-банка».

В Центробанке постановлением были удовлетворены. А представители акционеров «ВИП-банка» сочли его незаконным и намеревались обжаловать в вышестоящих инстанциях. В банковском сообществе, однако, считали эту затею бесперспективной. «Законодательство и нормативные акты Центробанка исключают возврат банку лицензии, тем более что для ее отзыва у ЦБ всегда есть совокупность причин и необходимые обоснования», — заметил конкурсный управляющий банка «Диалог-Оптим» Андрей Сергеев. С ним согласился председатель правления «Ист Бридж Банка» Валерий Калачев: «Перспектива отсудить у Банка России лицензию равна нулю, поскольку интересы банка в суде представляет временная администрация, состоящая из сотрудников ЦБ. Эта проблема уже обсуждалась судьями в рамках научной конференции, но ЦБ менять что-либо не готов».

На условиях анонимности банкиры признавали, что важную роль в исходе дела сыграло обвинение, предъявленное Френкелю в связи с убийством первого зампреда ЦБ.

«Это вопрос не экономический, а политический», — сказал руководитель одного из крупнейших российских банков. Он пояснил, что экс-глава «ВИП-банка» сидит по очень серьезному обвинению, и «если бы сегодня арбитражный суд вынес положительное решение, то со стороны это выглядело бы как провал правоохранительной системы, обвинившей господина Френкеля в организации убийства».

Экспертов постановление суда не удивило. «Решение было предсказуемо, поскольку решения об отзыве лицензий ЦБ принимает очень профессионально», — заметил председатель совета Ассоциации региональных банков России Александр Мурычев. «В отношении «ВИП-банка» у меня нет никаких иллюзий, мне кажется, что он вел себя грубо неправильно, поэтому такое решение суда было ожидаемо», — подчеркнул первый зампред банковского комитета Госдумы Павел Медведев.

После отзыва лицензии банк по закону должен был быть принудительно ликвидирован либо, при нехватке активов для расчета со всеми кредиторами, признан банкротом. Заявление о банкротстве «ВИП-банка» Центробанк подал еще в декабре 2006 года, и 20 февраля 2007 года должно было состояться очередное заседание арбитражного суда Москвы по этому делу. В этот день Арбитражный суд Москвы признал «ВИП-банк» банкротом. Тем самым суд поставил точку в хозяйственном споре экс-банкира с Центробанком. В суде выяснилось, что временная администрация, назначенная в «ВИП-банк» Центробанком после отзыва лицензии, выявила в банке факт вывода активов. Несмотря на то что в момент отзыва лицензии финансовое положение «ВИП-банка» считалось устойчивым, временная администрация провела переоценку его активов. Их размер оказался вдвое меньше предполагаемого: временная администрация оценила активы «ВИП-банка» всего в 350 млн руб., тогда как его обязательства перед кредиторами составили около 700 млн руб. По оценке экспертов, «ВИП-банк» вкладывал средства в уставные капиталы сомнительных организаций, а также выдавал кредиты заемщикам, находящимся в процедуре ликвидации. Именно эти данные были положены в основу уголовного дела.

Обвиняемого обвиняют

В феврале 2007 года адвокат Френкеля Игорь Трунов заявил, что его подзащитному вскоре могут предъявить новые обвинения. «Скорее всего, это будут экономические обвинения», — сказал он. По его словам, они могут быть связаны с информацией о коррупции в Центробанке, распространенной банкиром Френкелем. «На сегодняшний день проверка Центробанка в связи с заявлениями господина Френкеля не ведется. Проверяют не заявления о коррупции, а заявителя на предмет распространения им заведомо ложной информации», — подчеркнул защитник. Адвокат пояснил также, что если информация о коррупции в Центробанке не подтвердится, то Френкель может быть привлечен к уголовной ответственности. «Это можно понять по характеру вопросов, которые ему задают следователи, — сказал Игорь Трунов. — Я направил в Генпрокуратуру заявление, в котором обращаю внимание прокуроров на то, что они не то проверяют». По мнению адвоката, проверять следует не его подзащитного, а «деятельность Центробанка на предмет выявления коррупционных схем, о которых говорил Алексей Френкель».

В марте 2007 года Френкель был допрошен следователями Следственного комитета при МВД России в рамках расследования нового уголовного дела. По результатам допроса Френкелю могли предъявить обвинение в незаконной банковской деятельности. По словам близких Френкелю людей, они давно ожидали такого поворота событий: основное дело банкира разваливалось.

Адвокат Френкеля Игорь Трунов получил повестку с вызовом на допрос в рамках нового, экономического дела. По его словам, следователь СК при МВД не стал уточнять, в рамках какого именно уголовного дела будет проведен допрос. «Следователь лишь ограничился информацией о том, что мой доверитель проходит по некоему уголовному делу в качестве свидетеля и нам будет представлена некая аудиозапись его телефонных разговоров», — сказал адвокат.

В Следственном комитете официально говорить о предстоящем допросе не стали, но неофициально пояснили, что следственные действия будут проводиться в рамках расследования уголовного дела, возбужденного по 172-й статье УК («Незаконная банковская деятельность»). Эта статья предусматривает от 3 до 7 лет лишения свободы, «если это деяние причинило крупный ущерб гражданам, организациям или государству либо сопряжено с извлечением доходов в крупном размере». Дело было напрямую связано с «ВИП-банком», который до недавнего времени возглавлял Френкель.

В свою очередь, президент ММВА Алексей Мамонтов, активно защищающий бывшего главу «ВИП-банка» и распространявший его письма о коррупции в ЦБ, заявил, что «такое развитие событий давно ожидалось, потому что у следствия нет реальных доказательств вины Алексея Френкеля в убийстве Андрея Козлова». Уголовное дело по убийству, по мнению Мамонтова, разваливалось на глазах, а чтобы как-то выбраться из сложившегося тупика, следствию понадобилась экономическая поддержка. «Вот так и появилась незаконная банковская деятельность», — объяснил Мамонтов.

Допрос свидетеля Френкеля по делу о незаконной банковской деятельности, связанной с выводом активов из «ВИП-банка», проводил старший следователь по особо важным делам управления по расследованию организованной преступной деятельности Следственного комитета Геннадий Шанкин в присутствии представителя департамента экономической безопасности (ДЭБ) МВД России Александра Носенко.

Следственные действия с бывшим главой «ВИП-банка» в СИЗО «Матросская Тишина» начались в 10 часов утра и закончились только в 17 часов. По словам адвоката Игоря Трунова, это не был допрос в прямом смысле слова. Весь день присутствовавшие занимались прослушиванием аудиозаписей, которые сделали сотрудники ДЭБа в августе–сентябре 2006 года. «В ходе прослушивания такого большого количества записей мой доверитель просто давал пояснения к прозвучавшим на пленках именам, а также отдельным фразам, которые в контексте «прослушки» были непонятны следователю, — пояснил адвокат и добавил: — Там прозвучало просто огромное количество имен и фамилий как банкиров, так и чиновников Центробанка и его московского территориального управления». Он сразу оговорился, что называть фамилии и имена прозвучавших на аудиопленках людей он не будет, потому что не хочет «нарываться на иски уже от их адвокатов». «Но это были люди из высшего эшелона», — подчеркнул он. Прослушав часть записей, адвокат и его доверитель, в свою очередь, поинтересовались у следователя Шанкина: «А их вы тоже будете проверять в рамках этого дела?» И на это, по словам Трунова, прозвучал утвердительный ответ.

На пленках были записаны переговоры Френкеля и других крупных банкиров, которые осенью 2006 года, незадолго до убийства Козлова, обсуждали слухи о его возможном смещении с поста. «На допросе слушались куски из «прослушек», где банкиры в случае увольнения Козлова пытались решить весьма щекотливые для себя финансовые вопросы», — заявил Трунов.

СВИДЕТЕЛИ

В июле 2007 года у Генпрокуратуры появился ценный свидетель обвинения. Протокол допроса старшим следователем Генпрокуратуры по особо важным делам Валерием Хомицким свидетеля обвинения, данные о личности которого были засекречены, занимал в 22-м томе уголовного дела об убийстве Андрея Козлова два листа. Из показаний следовало, что он — банкир и хорошо знаком с Френкелем. Допрошенный заявил, что в апреле 2006 года Френкель в кругу нескольких лиц сказал: «Скоро Козлова не будет, и на его костях многие захотят попрыгать, даже в ЦБ, и мы решим все свои вопросы...»

Примечательно, что, по версии обвинения, именно в период с 20 по 30 апреля 2006 года Френкель предложил Аскеровой подыскать исполнителей убийства Козлова. В следующем же, 23-м томе уголовного дела на листе 14 были изложены показания допрошенного в качестве свидетеля следователя, прикомандированного к Генпрокуратуре, который сообщил, что на следующий день после убийства Козлова в Центробанк, где этот следователь дежурил на телефоне «горячей линии», позвонил не представившийся мужчина и сообщил, что «убийцей является Френкель».

В конце сентября 2007 года находящийся в СИЗО «Матросская Тишина» Алексей Френкель решил еще до начала суда по его делу добиться признания недопустимым главного доказательства его вины — протокола допроса Лианы Аскеровой. Допрос велся в присутствии адвоката по назначению Виталия Сванидзе, работающего в коллегии «Статус» Гильдии российских адвокатов. В ходе ознакомления с материалами своего дела Френкель изучил оба протокола допроса Аскеровой, после чего обратился с жалобой на адвоката Виталия Сванидзе в Адвокатскую палату Москвы, потребовав возбудить дисциплинарное производство и наказать защитника, который «оказал давление на Лиану Аскерову в самооговоре и оговоре меня». По словам Френкеля, «после семи часов пытки она подписала протокол допроса, не глядя и не читая, так как ей уже было все равно». Затем же, как он утверждает, «показания против меня, выбитые из смертельно больной женщины, не только не подтвердились, но и оказались опровергнуты».

Еще 4 апреля 2007 года Лиана Аскерова отказалась от показаний, указав в протоколе допроса, что фамилию Френкеля ей «продиктовали для явки с повинной следователи», а защитник Сванидзе, «назначенный следователем, сказал мне, что мое дело политическое, меня все равно посадят, что я должна подписать протокол допроса».

Адвокатская палата отказала Френкелю в рассмотрении его жалобы, указав, что оценивать качество работы защитника вправе лишь его доверитель или подзащитный, а банкир Френкель в данном случае является ненадлежащим заявителем. Впрочем, адвокат Аскеровой Николай Клен сообщил, что она на днях также подала в Адвокатскую палату жалобу на защитника Сванидзе.

Противоречия в деле

22 мая 2007 года Генпрокуратура завершила расследование, выделив в отдельное производство дело еще одного соучастника преступления Андрея Космынина, объявленного в розыск. Обвиняемые начали знакомиться с материалами 59-томного дела. В числе материалов, с которыми Френкель успел ознакомиться, было, в частности, и окончательно отредактированное постановление следствия о привлечении его в качестве обвиняемого по 105-й статье УК РФ («Умышленное убийство»).

В этом документе указано на причинно-следственную связь между убийством и принятым несколькими месяцами ранее решением комитета банковского надзора ЦБ (который возглавлял Козлов) об отзыве лицензии на банковскую деятельность у «ВИП-банка», принадлежавшего Френкелю. При этом в окончательной редакции обвинения говорилось, что Френкель отомстил банкиру Козлову не только за фактическую ликвидацию «ВИП-банка». Согласно постановлению следствия, неприязнь Френкеля к банкиру Козлову вызвало также решение комитета банковского надзора от 20 апреля 2006 года об отзыве лицензии на банковскую деятельность у ОАО КБ РТБ (любопытно, что это решение было отменено 4 октября того же года, т. е. через несколько недель после убийства Козлова, Арбитражным судом Москвы). К тому же, как считали следователи, у Френкеля были еще банк «Европроминвест», которому Козлов «препятствовал в незаконной деятельности», а также ярославский банк «Орион» с филиалом в Москве, который, согласно заключению ЦБ, «осуществлял необычные операции» и также, по мнению обвинения, мог быть ликвидирован в результате бдительности Козлова.

В свою очередь, Френкель подал руководителю следственной группы Валерию Хомицкому ходатайство о прекращении его уголовного преследования, в котором сообщил, что тот «сам себе противоречит». Дело в том, что Лиана Аскерова заявила в своих показаниях 10 января (на них основывалось обвинение), что Френкель предложил ей подыскать исполнителей убийства банкира Козлова «из-за опасений сотрудников «ВИП-банка» остаться без работы из-за действий Центробанка». По мнению Френкеля, противоречие следствия заключается в том, что в показаниях Аскеровой упоминается лишь «ВИП-банк», тогда как остальные банки, имевшие отношение к Френкелю, не называли ни она, ни остальные обвиняемые и свидетели.

Френкель заявил также, что инициатором проблем для «ВИП-банка» был вообще не Козлов, а зампред Центробанка Виктор Мельников. Именно последний, по его словам, курировал департамент финансового мониторинга и валютного контроля ЦБ, вынесший заключение о несоответствии «ВИП-банка» критериям отбора в систему страхования вкладов.

«Департамент, курируемый Мельниковым, — написал следствию обвиняемый Френкель, — умышленно провоцировал

Козлова, создавал у того впечатление, что «ВИП-банк» его обманывает». Френкель, по его словам, в 2006 году несколько раз встречался с полковниками ФСБ, которые расследовали «коррупцию в Центробанке», и один из фээсбэшников якобы ему даже заявил: «Мы хотим не просто подвести кого-то в Центробанке к увольнению. Мы хотим, чтобы вывели в наручниках того же Козлова или Мельникова. Наше руководство уже докладывало Президенту РФ о ситуации с Центробанком, и сейчас мы занимаемся сбором доказательств». По мнению Алексея Френкеля, Козлова устранили его же коллеги — высокопоставленные чиновники, которые опасались результатов проверки ФСБ.

«Роман детективного жанра»

24 января 2008 года заместитель Генпрокурора Виктор Гринь утвердил обвинительное заключение и направил дело в Мосгорсуд. 3 марта 2008 года Алексей Френкель предстал перед судом присяжных. На скамье подсудимых оказались семеро обвиняемых.

Гособвинитель Гульчехрай Ибрагимова рассказала присяжным, как было совершено убийство высокопоставленного банкира и его водителя. По ее словам, первый зампред Центробанка Андрей Козлов «активно боролся с банками, которые занимались отмыванием денежных средств». В число таких банков входили подконтрольные Френкелю «ВИП-банк», «Орион», РТБ, а также «Европроминвест», которые по инициативе Андрея Козлова не были включены в систему страхования вкладов, а потом и лишились лицензий. Из-за этого, по словам Ибрагимовой, Френкель, потерпевший огромные финансовые убытки, и решил убить Андрея Козлова.

По данным следствия, исполнителей преступления Френкель нашел в апреле 2006 года с помощью Лианы Аскеровой. Она, в свою очередь, встретилась с Борисом Шафраем, которому передала просьбу Френкеля. Шафрай привлек к делу украинского предпринимателя Погоржевского, который подобрал в качестве киллеров выходцев с Украины Половинкина, Прогляду, Белокопытова и Касмынина. Вначале убийство Козлова

Аскерова оценила в $200 тыс., но потом потребовала дополнительно еще $110 тыс. Как установило следствие, $200 тыс. достались посреднику Погоржевскому. $90 тыс. Аскерова оставила себе. Таким образом, киллеры получили всего $20 тыс., из которых стрелки Прогляд и Половинкин — по $8,5 тыс. Вместе с деньгами Френкель передал исполнителям через Аскерову конверт с фотографиями Козлова, распорядком его рабочего дня и номером служебной машины.

Первая попытка ликвидировать Козлова была предпринята в конце июня 2006 года, когда он вместе с семьей находился в доме отдыха Центробанка в Псковской области. Однако приехавшие туда киллеры Козлова там не застали — он был вынужден вернуться в Москву по делам.

На вопрос, понятна ли ему суть обвинения, Френкель ответил так: «Я не понимаю. Это не обвинение, а клевета, просто помоями какими-то обливают». Назвав выступление прокурора «романом детективного жанра», Френкель свою вину не признал. Не признали ее и остальные подсудимые, хотя во время следствия все три исполнителя не только признались в содеянном, но и рассказали, как именно было совершено преступление.

14 марта 2008 года дал показания Председатель Центробанка Сергей Игнатьев. Он подтвердил, что Козлов незадолго до убийства получал анонимное письмо с угрозами. Кроме того, глава ЦБ вспомнил, что в письме упоминались банки, ранее принадлежавшие подсудимому Френкелю. По версии следствия, Френкель мог заказать убийство Андрея Козлова именно из-за отказа последнего включить эти банки в систему страхования вкладов. Говоря об обстоятельствах отказа коммерческим банкам во вступлении в систему страхования вкладов (ССВ), Игнатьев пояснил, что таких банков, которым отказали в 2005—2006 годах, было около двухсот. При этом он лично рассматривал заявки банков на вступление в ССВ, а решения об отказе принимались коллегиально. «В большинстве случаев я отказывал, и когда речь зашла о «ВИП-банке», я также принял решение отказать», — заявил Игнатьев. В конце допроса он резюмировал: «Деятельность Андрея Андреевича Козлова, ЦБ и его руководителя может вызывать недовольство каких-то лиц,

в том числе из криминальной среды, — это очевидно для всех нас. Криминальная среда может отреагировать весьма жестко. Кроме этого анонимного письма, каких-то аналогичных случаев я не помню».

После этого на заседании суда главный обвиняемый заявил, что автор анонимного письма Козлову и некий Москалев, показания которого приобщены к уголовному делу, одно и то же лицо. Френкель заявил, что на самом деле это бывший зампред «ВИП-банка» Андрей Ухабов-Богословский. По данным следствия, «свидетель Москалев» заявил следователям, что в апреле 2006 года в кругу нескольких лиц Френкель сказал: «Скоро Козлова не будет, и на его костях многие захотят попрыгать, даже в ЦБ, и мы решим все свои вопросы». Ухабов-Богословский был приглашен в суд и признался, что он и есть Москалев, автор анонимки Козлову. Свидетель заявил суду, что дважды писал Козлову письма.

21 марта 2008 года допросили зампреда ЦБ РФ Виктора Мельникова. Он сообщил, что Козлов сообщал ему о поступавших угрозах, и рассказал, как обвиняемый в организации убийства Френкель ранее пытался решать через руководство ЦБ проблемы прежде принадлежавших ему банков. Защита указала суду на расхождения в показаниях Виктора Мельникова, данных им на следствии и в суде.

На вопрос, знаком ли он с обвиняемым Френкелем, зампред ЦБ сначала ответил коротко: «Видел один раз». Мельников также сообщил суду, что в день убийства, 13 сентября 2006 года, они с Козловым встретились утром у проходной МИДа, где было запланировано совещание, и провели вместе весь рабочий день. «Расстались мы около 17 часов, а в 21.30 я узнал из теленовостей о том, что в него стреляли, — рассказал он. — Хотел бы отметить, что Андрей Андреевич был в тот день угнетенным, весь желтый, говорил: «Надоело мне эту грязь разгребать. Хорошо бы было поменять участок банковского надзора», — добавил зампред ЦБ. На вопрос, слышал ли он от Андрея Козлова об угрозах в адрес последнего, Виктор Мельников ответил: «Да, он делился опасениями. Андрей Андреевич был человеком принципиальным, неоднократно говорил о попытках его физически ликвидировать. Он находился под сильнейшим прессом. Было по меньшей мере семь публикаций о том, что он американский шпион, некие письма в Генпрокуратуру...» На вопрос, говорил ли ему Козлов о поступавших анонимных письмах, зампред ЦБ ответил: «Нет, не говорил. Но я видел принимаемые им меры безопасности: он ездил на бронированном автомобиле, копировал со своего компьютера все данные на флеш-карту».

На предложение рассказать о встрече с Френкелем Мельников ответил: «Мы общались в декабре 2005 года в Санкт-Петербурге на банковском конгрессе. Он подошел ко мне по делам «ВИП-банка». Я ему сказал, что это не тема для кулуарных разговоров, и предложил перезвонить мне на работу. Затем Френкель не раз звонил, мне секретари сообщали, в конце концов я один раз ответил». В этот момент Виктор Мельников сделал заявление: «Я хочу еще раз отметить, что занимаюсь борьбой с отмыванием грязных денег, меня не интересует человек, меня интересует деятельность банка». После этого Мельников сообщил, что в 2005 году во время приема банков в систему страхования вкладов рассматривался по этому поводу и «ВИП-банк».

На вопрос: «Что вы знаете об отношении Френкеля к другим банкам?» зампред ЦБ ответил: «Прослеживалась троица — «Орион», «ВИП-банк» и «Европроминвест» (по версии следствия, эти банки ранее контролировались Френкелем. — *Ред.*)». Мельников добавил, что, по его подсчетам, «Орион», «ВИП-банк» и «Европроминвест» «всего за границу мимо таможни отогнали» в сумме около 200 млрд руб.

Затем свидетель рассказал о процедуре приема банков в систему страхования, а также об отзыве у них лицензий. На вопрос: «Если решения принимались коллегиально, то зачем было ликвидировать Андрея Козлова?» — Виктор Мельников ответил так: «Мне приходилось встречаться с банкирами, некоторым из них свойственно персонифицировать зло. Некоторые считали, что Андрей Козлов — зло». «Андрей Андреевич — уникальный человек. До Козлова был один надзор, он оставил нам совсем другой», — отметил свидетель.

После этого суд отклонил ряд вопросов к свидетелю со стороны защиты. Впрочем, защита добилась, чтобы были зачитаны показания Виктора Мельникова на следствии. «Сегодня мы обратили внимание на расхождения в показаниях Мельникова, которые он давал на предварительном следствии и в суде, — сказал адвокат Френкеля Руслан Коблев. — В частности, зампред ЦБ Виктор Мельников, как и многие другие сотрудники Центробанка, допрошенные вскоре после убийства Андрея Козлова, в качестве версии говорили о банковской группе «Дисконт» (в нее входило пять кредитных организаций), счета которой в связи с отмыванием огромной суммы денег Козлову удалось заморозить незадолго до своей смерти, а также инициировать в ДЭБе возбуждение против них уголовного дела. И тогда в своих показаниях Мельников фамилию Френкеля не упоминал. А вот в суде почему-то только и звучала его фамилия». Сам Френкель в суде заявил: «Заказчиком убийства Андрея мог выступить кто угодно, включая любого высокопоставленного сотрудника Центробанка, с кем у господина Козлова были напряженные отношения. И таких в ЦБ не один человек».

Процесс по делу об убийстве Козлова ознаменовался рядом скандалов. 25 марта 2008 года Мосгорсуд закрыл его для публики. Сделано это было по требованию гособвинения для обеспечения безопасности его участников. Дело в том, что после начала слушаний вдова Козлова Екатерина стала получать по телефонам угрозы от неизвестных лиц. В связи с этим она обратилась с заявлением в милицию. Кроме того, обвинение посчитало, что СМИ, освещая процесс, допускают ошибки, а адвокаты, комментируя судебное разбирательство в тех же СМИ, могут оказывать давление на присяжных.

Закончилось скандалом и заседание Мосгорсуда в апреле 2008 года. Сначала главный обвиняемый Френкель заявил, что суд ущемляет его право на защиту, и за пререкания с судьей был удален из зала. Затем после объявленного в процессе перерыва шестеро остальных обвиняемых в знак солидарности с подсудимым Френкелем отказались входить в зал заседаний даже под угрозой применения силы. «Это уже не первый случай, когда мой подзащитный выражает протест по поводу действий суда, — заявил адвокат Френкеля Руслан Коблев. — На протяжении всего процесса суд отказывается допрашивать свидетелей защиты в присутствии присяжных заседателей. Я могу объяснить это только тем, что их показания фактически опровергают всю версию обвинения».

В июле 2008 года председательствующая на процессе Наталья Олихвер сделала сенсационное заявление. Судья сообщила, что занимающие десять томов уголовного дела результаты детализации телефонных переговоров подсудимых по делу признаны недопустимыми доказательствами.

На этом же заседании обвиняемый Борис Шафрай заявил коллегии присяжных, что Аскерова обратилась к нему в начале мая 2006 года и он сразу начал искать своего знакомого Богдана Погоржевского, однако их первая встреча состоялась только в «середине июня 2006 года» (следствие же утверждало, что заказ на устранение Андрея Козлова был получен киллерами еще 28 апреля 2006 года. — *Ред.*). После этих слов адвокат Френкеля Руслан Коблев обратился к суду с просьбой дать разъяснение: как могло получиться так, что если исходить из результатов приобщенной к материалам дела детализации телефонных переговоров подсудимых (они были оглашены другим защитником, Сергеем Гребенщиковым, в самом начале процесса), то слежка за Андреем Козловым началась в конце марта 2006 года, заказ на убийство поступил киллерам 28 апреля, а встреча между посредниками Шафраем и Погоржевским произошла только в середине июня? Отметим, что именно эта встреча, по версии следствия, стала отправной точкой в организации слежки преступников за Козловым.

В июле 2008 года из коллегии присяжных были выведены три человека: один — по подозрению в подкупе запасных заседателей, двое — за распитие пива в общественном месте. А 2 октября 2008 года из процесса вышел очередной присяжный, на этот раз старшина заседателей Владимир Еникеев. Таким образом, в деле об убийстве Козлова осталось двенадцать основных и один запасной присяжный.

В октябре 2008 года Следственный комитет при прокуратуре РФ начал доследственную проверку в отношении адвоката Александра Чернова, который защищал предполагаемого убийцу Козлова Алексея Половинкина. Следствие заподозрило его в противодействии правосудию и хотело добиться его привлечения к уголовной ответственности. Поводом для подозрений в «противодействии правосудию» (ст. 294 УК РФ) стало заявление гособвинителя Гульчехрай Ибрагимовой в Следственный комитет при прокуратуре РФ. В нем гособвинитель сочла действия Чернова, записавшего в перерыве заседания на диктофон доверительный разговор между председательствующей на процессе Натальей Олихвер и одной из присяжных, уголовно наказуемым преступлением. Как заявил сам Александр Чернов, в истории с диктофоном не было ничего криминального. Дело в том, что 28 августа из-за болезни на заседание не пришел адвокат Прогляды Игнат Яворский. Судья Наталья Олихвер объявила в заседании перерыв на час, потребовав при этом от участников процесса быстро покинуть зал. «Я в спешке забыл забрать свой диктофон, который остался лежать на столе», — рассказал адвокат. По словам Александра Чернова, он «был вынужден фиксировать судебные заседания только потому, что судья не предоставляла протоколы заседаний для ознакомления». «Через несколько дней, — пояснил Чернов, — я получил расшифровку того, что было записано на диктофоне, и не поверил своим глазам». Помимо самого судебного заседания диктофон зафиксировал разговор между судьей Олихвер и присяжной № 7. «Судя по записи, дамы беседовали минут сорок. В частности, присяжная докладывала судье Олихвер о том, как ведут себя другие присяжные», — рассказал Александр Чернов. Скандальная запись получила огласку. Адвокат Чернов, опираясь на запись, потребовал отвода судьи Олихвер, но она его не приняла. Гособвинитель Ибрагимова обратилась с заявлением в Следственный комитет. В соответствии с ее распоряжением следственное управление Восточного округа Москвы по этому факту начало доследственную проверку, по результатам которой следствие планировало направить в Преображенский райсуд Москвы ходатайство о признании наличия в действиях адвоката Чернова признаков преступления.

«Обвинение заменило пятого и седьмого присяжных, — рассказывал Чернов, — Владимира Гершуни и Александра Попова. Их милиция задержала, когда они пиво пили в скверике у метро «Преображенская площадь». По закону, административное правонарушение не является основанием для отвода присяжного, ведь никому не придет в голову отстранять, например, прокурора, перешедшего улицу на красный свет. С другой стороны, заседателя, скрывшего при отборе в коллегию какие-то важные факты своей биографии, наоборот, положено отвести. Однако суд отказался отстранить присяжного № 2, пожилую даму. По нашим данным, она была народным заседателем еще в социалистических, товарищеских судах...

Между тем бывшие адвокаты бывшего главы «ВИП-банка» Руслан Коблев, Наталья Кирсанова и Сергей Гребенщиков провели пресс-конференцию, на которой заявили о непричастности своего клиента к инкриминируемому убийству первого зампреда ЦБ. Они утверждали, что дело Френкеля — заказное, и это, в частности, следует из хода следствия и судебного процесса. В подтверждение своих слов они привели данные прослушки сотрудников Центробанка из дела, которые якобы говорили: «Банк («ВИП-банк. — *Ред.*) чистый, но это заказ свыше. Этому дебилу (Алексею Френкелю. — *Ред.*) говорили, а он никому все равно не платил, а только кляузы писал...»

13 октября 2008 года судебное следствие было завершено. Начались прения сторон. Судебное заседание открылось выступлением адвоката бывшего главы «ВИП-банка» Дмитрия Хорста. Его речь длилась всего несколько минут. Хорст заявил, что доказательств вины Френкеля у следствия нет, нет и доказанного мотива преступления. «Мотив надуман. Френкель никогда бы не стал решать свои проблемы таким способом», — заявил на суде Дмитрий Хорст. Многие данные следствия, отметил адвокат, расходятся друг с другом. Таким образом, следствие не смогло представить суду присяжных настоящих доказательств вины подсудимого Френкеля, резюмировал адвокат.

Более детально высказались в прениях Игнат Яворский и Александр Чернов, адвокаты Максима Прогляды и Алексея Половинкина, которым инкриминируется соучастие в преступлении и его исполнение. Они попытались проанализировать доказательства, представленные следствием.

Адвокаты не оспаривали допустимость доказательств, но решили объяснить присяжным, что эти улики «просто подтверждают определенные факты, а вот доказывают они как раз невиновность, а не виновность подсудимых». Защитники отметили, что действительно совершено убийство Андрея Козлова. С этим никто не спорит. «Но вот совершили ли это именно подсудимые?» — обратили внимание присяжных на это выступающие адвокаты. Защитники напомнили суду и присяжным результаты нескольких проведенных по делу экспертиз — судебно-медицинской, биологической, баллистической. По мнению адвокатов, экспертизы как раз доказывали непричастность подсудимых к случившемуся убийству. «Да, на оружии эксперты обнаружили следы пота, — привел пример суду адвокат Игнат Яворский. — Но выяснилось, что этот пот не принадлежит ни Половинкину, ни Прогляде. Дактилоскопическая экспертиза показала отсутствие следов на оружии. Были, правда, найдены волосы. Но один оказался волосом животного, а второй опять же не принадлежит ни Половинкину, ни Прогляде». По мнению адвокатов, все это доказывает невиновность их подсудимых.

В прениях также выступили и подсудимые Прогляда и Половинкин. Оба они вслед за своими адвокатами еще раз заявили, что невиновны. Половинкин отметил, что действительно осуществлял слежку за автомобилем Козлова, но больше ничего, он хотел просто заработать денег: «Только я тогда еще удивлялся: какой идиот платит за слежку $2500 в месяц? А теперь понимаю: идиот — это я. Нас просто использовали». «Наша роль была следить и наследить», — добавил Прогляда. «Наши признательные первоначальные показания — единственное доказательство нашей вины. Но я отказываюсь от этих показаний. Мы просто козлы отпущения в этом деле», — заявил он.

17 октября 2007 года адвокат Бориса Шафрая Гай Мирзоян попросил присяжных вынести его подзащитному оправдательный вердикт, так как в суде не была доказана не только его причастность к данному преступлению, но и тот факт, что он вообще был осведомлен о подготовке убийства.

Следом в прениях должен был выступить активно сотрудничавший со следствием Богдан Погоржевский. По версии следствия, именно он купил за $500 пистолеты у неизвестного в ресторане «Сим-Сим», расположенном на Красной Пресне, для убийства Козлова. Однако Погоржевский неожиданно заявил, что отказывается от выступления в прениях, полностью доверяя свою защиту адвокатам — Марине Колотушкиной и Александре Пироговой. Те, выступая перед присяжными, попросили учесть искреннее раскаяние их клиента, а также тот факт, что он активно сотрудничал со следствием. Затем выступила предполагаемая сообщница Богдана Погоржевского — Лиана Аскерова. Ее адвокат Карина Гарибян утверждала, что данное признание было получено незаконным путем и написано чуть ли не под диктовку следователя. Эту версию активно поддержала и сама Аскерова, выступившая после своей защитницы.

Последнее слово

23 октября 2008 года в Мосгорсуде на закрытом для публики процессе обвиняемые выступили с последним словом. Алексей Френкель готовился к этому дню более чем основательно. Его выступление было написано мелким убористым почерком на 80 страницах. Однако в последний момент он решил существенно, до восьми страниц, сократить свою речь. Но и ее не удалось донести до присяжных. Поздоровавшись с присяжными заседателями, Френкель заявил: «Я рад, что мне дали возможность хоть что-то сказать... Хочу обратить ваше внимание, что за девять месяцев, пока шел процесс, мы были в зале поочередно. То был я, а вас удаляли, когда я начинал говорить, то удаляли меня. При этом я постоянно задаюсь вопросом: как вы можете судить меня, когда в XXI веке в Мосгорсуде мне не дают даже высказаться? Даже инквизиторы перед костром предоставляли жертвам последнее слово».

На этом Наталья Олихвер прервала подсудимого, заявив, что его речь не соответствует требованиям закона. Однако Френкель продолжил: «Хочу обратить ваше внимание на то, что мне даже не дали возможность представить доказательства моей невиновности, а их у меня много». Здесь судья Олихвер снова вмешалась, заявив подсудимому, что всякий раз, когда он будет нарушать закон, она будет удалять из зала присяжных. И вскоре их удалили, когда Френкель сказал: «Сегодня происходит заседание по замещению вакантных должностей убийц Козлова — три гастарбайтера, лицо без определенного места жительства, человек с израильским паспортом, лицо кавказской национальности и банкир. И при этом вам говорят: голосуйте сердцем!»

«Представим себе, что я не вырос в бедной семье, — продолжал обвиняемый, — что я не пахал 16 часов в сутки. Я не пробился своим трудом из маленькой провинции в большой город. Представьте себе, что я сын олигарха. Представьте, что у меня вилла на Канарах и дача на Рублевке... Что занимаюсь какими-то аморальными делами. Представьте такое и скажите, это основание для того, чтобы признать человека виновным и вести его на виселицу? Именно к этому они (гособвинители. — *Ред.*) вас и призывают. Они хотят довершить вашими руками умышленное убийство!» «Подсудимый Френкель! Не надо воздействовать на коллегию присяжных заседателей. Вы сами выбрали, чтобы они рассматривали ваше дело», — сказала на это председательствующая. «Прокурор в этом процессе сказал буквально следующее: «Дорогие товарищи присяжные, сегодня мы вам представляем кандидатов на вакантные должности убийц», — парировал Френкель. — Нравятся ли вам наши кандидатуры?» «Френкель, о чем вы просите присяжных в последнем слове перед тем, как они удалятся в совещательную комнату?» — настаивала на своем судья.

Выступление Алексея Френкеля неоднократно прерывалось судьей, присяжные также несколько раз удалялись из зала. Из наиболее запоминающихся откровений подсудимого следовало, что он оказался на скамье подсудимых «из-за нулевой гибкости спины», пояснив присяжным, что ему «говорили «плати», а я не платил и в банковской среде был белой вороной, потому что не играл по их правилам». В конце своего последнего слова Френкель сказал: «Я не сомневаюсь, что в поставленных перед вами вопросах вы отличите «Убивал ли Френкель Козлова?» от вопроса «Нравится ли вам Френкель?». При этом Френкель напомнил присяжным, что «все расстрелянные по делу Чикатило тоже давали признательные показания».

Вслед за Френкелем, который не признал своей вины в организации убийства Козлова и его водителя, довольно кратко с последним словом выступили и остальные подсудимые.

Большинство из них просили присяжных «вынести вердикт, опираясь на полученные в суде доказательства, а не предположения обвинения». Только Богдан Погоржевский раскаялся и попросил присяжных о снисхождении. Лиана Аскерова (для нее запросили 17-летнее заключение) и один из убийц, Максим Прогляда, которому грозило 25 лет лишения свободы, от последнего слова отказались. Борис Шафрай, которого сторона обвинения просила приговорить к 17 годам, и в последнем слове сохранил чувство юмора, заявив судье, что «с учетом моего возраста, а мне 57 лет, прокурор выписала мне билет в один конец, поэтому прошу, ваша честь, выдать мне билет на обратный рейс». «Я понимаю, что прокурор попросил дать мне ПЖ (пожизненный срок. — *Ред.*), но меня это не пугает, — заявил в последнем слове предполагаемый киллер Алексей Половинкин. — Но у меня есть близкие люди, и за них я буду бороться, потому что этого преступления я не совершал». Подвозивший, по версии следствия, киллеров Александр Белокопытов (обвинение запросило для него 12 лет) вообще обратился к судье с просьбой полностью оправдать его «в соответствии с вердиктом присяжных, которые установили мою непричастность к убийству Козлова, а за слежку уголовной ответственности нет».

Наиболее пафосным из всех оказался посредник Богдан Погоржевский, который предложил судье Наталье Олихвер сделку, заявив: «Я готов заключить договор ренты с женой Андрея Козлова Екатериной. И если меня отпустят на свободу, я буду выплачивать ей по 5000 рублей за каждого несовершеннолетнего ребенка, в том числе и детям водителя Семенова. Кроме того, буду платить и отцу банкира по 10 тысяч рублей на лечение». Обвинение с учетом раскаяния и помощи следствию запросило для Богдана Погоржевского девятилетний срок.

Вердикт

29 октября 2008 года присяжные Мосгорсуда вынесли вердикт по делу об убийстве первого зампреда ЦБ РФ Андрея Козлова. Заказчиком этого преступления присяжные большинством голосов (десять против двух) признали бывшего главу «ВИП-банка» Алексея Френкеля. Из семи обвиняемых в убийстве только двое заслужили снисхождения.

Решающее заседание по делу началось с ходатайства сотрудницы Генпрокуратуры Гульчехрай Ибрагимовой, которая потребовала вывести из коллегии присяжных заседателя № 7. По ее словам, она видела, как по дороге в суд на трамвайной остановке на проспекте Буденного эта присяжная общалась с двумя незнакомыми людьми. Судья Наталья Олихвер удовлетворила требование обвинения, а присяжная, покинув зал, сказала, что еще подаст в суд на прокурора Ибрагимову и очень надеется, что ее иск рассмотрят в том же зале суда, где сейчас слушается дело по обвинению Алексея Френкеля.

В коллегии присяжных осталось 12 заседателей без запасных. Перед ними судья Олихвер и поставила тридцать вопросов. Сначала присяжные должны были сказать, «доказано ли, что 13 сентября 2006 года примерно в 20 часов 50 минут возле здания учебно-спортивного комплекса «Спартак», расположенного по улице Олений Вал, дом 3, из пистолета с глушителем звука № ТОО45491 и пистолета без номера с глушителем звука, изготовленного самодельным способом, были произведены два выстрела в голову первого заместителя председателя Центрального банка РФ Козлова А. А., причинившие ему два огнестрельных сквозных ранения головы, и два выстрела в грудь его водителя Семенова А. Д., причинившие пулевое сквозное ранение груди; в результате обильного кровотечения Семенов А. Д. скончался на месте происшествия, а потерпевший Козлов А. А. был доставлен в ГКБ № 33, где 14 сентября 2006 года в 5 часов 30 минут от полученных повреждений наступила его смерть». Исходя из утвердительного ответа на первый вопрос, присяжным предлагалось ответить, что «указанные в нем действия совершил Френкель А. А., действуя совместно и согласованно в группе с другими лицами».

После напутственного слова председательствующей судьи Олихвер присяжные удалились в совещательную комнату. Френкель, надеявшийся, что его оправдают, попросил адвокатов вызвать в суд его личного водителя с машиной. По сведениям защиты, будучи оправданным, он собирался забрать домой материалы уголовного дела, чтобы потом их еще раз изучить и использовать полученные знания для поступления на юридический факультет МГУ. «Он сам хотел стать адвокатом», — сообщили защитники Френкеля.

Признав, что убийство Андрея Козлова и его водителя Александра Семенова имело место, присяжные подавляющим большинством голосов (десять против двух) посчитали вину бывшего главы «ВИП-банка» в организации этого преступления доказанной, а его самого не заслуживающим снисхождения. Присяжные подвергли сомнению только наличие оружия у подсудимого Александра Белокопытова, который, по версии следствия, подвозил киллеров к спорткомплексу «Спартак» и увез их оттуда, оправдав его в этой части, но при этом признали его участником убийства. Белокопытов, как решили присяжные, заслужил снисхождения. Заслужил его и посредник Богдан Погоржевский, сотрудничавший со следствием и признававший свою вину. Посредники Лиана Аскерова и Борис Шафрай, а также исполнители убийства Алексей Половинкин и Максим Прогляда были признаны виновными без снисхождения.

Одетый в черную футболку и нервно сжимавший в руках кипу листов Френкель выслушал вердикт внешне спокойно. Как-либо комментировать решение коллегии присяжных ни он, ни другие подсудимые не стали. Адвокаты подсудимых заявили, что обжалуют вердикт и будущий приговор в Верховном Суде России.

Прокурор Ибрагимова сказала, что сторона обвинения «удовлетворена вердиктом». «Френкель хотел суд присяжных. Суд присяжных однозначно высказался, что он виновен в организации убийства Козлова», — отметила она. Процесс, напомнила прокурор Ибрагимова, продолжался восемь месяцев, «и это был тяжелый труд».

ПРИГОВОР

13 ноября 2008 года на основании обвинительного вердикта судья Мосгорсуда Наталья Олихвер вынесла приговор по делу об убийстве первого зампреда ЦБ Андрея Козлова и его водителя.

Зал судебных заседаний № 308, в котором в течение восьми месяцев в закрытом режиме проходили слушания громкого дела, был забит до отказа. Помимо десятков журналистов, родственников подсудимых и потерпевших присутствовать на приговоре решили все члены следственной бригады во главе с ее руководителем Валерием Хомицким. Из-за опоздания одного из адвокатов судья Наталья Олихвер была вынуждена отложить начало оглашения приговора почти на час. Затем в мертвой тишине она начала читать резолютивную часть приговора. Опираясь на обвинительный вердикт присяжных, судья Олихвер произнесла: «Именем Российской Федерации суд признал Френкеля Алексея Ефимовича, 1974 года рождения, виновным по статьям 33, 105 УК РФ и назначил ему наказание в виде 19 лет с отбыванием в исправительной колонии строгого режима».

Вслед за ним к 13 годам заключения была приговорена Лиана Аскерова, которую признали виновной в организации преступления. Сожитель Аскеровой Шафрай, которого она, по данным следствия, просила подыскать «знакомых, чтобы разобраться с одним человеком», был осужден на 14 лет строгого режима. Александра Белокопытова, доставившего киллеров к спорткомплексу «Спартак», судья полностью оправдала в части «хранения и ношения оружия» (ст. 222 УК РФ). Тем не менее и он был признан виновным в двойном убийстве и приговорен к десятилетнему сроку. Максим Прогляда, стрелявший в Козлова, получил 24 года строгого режима. Алексей Половинкин, пули которого добили тяжело раненного Козлова и убили его водителя, получил пожизненный срок. Наименьший срок был назначен одному из организаторов убийства — Богдану Погоржевскому. На посредничестве, по данным следствия, он заработал около $200 тыс., а кроме того, помог киллерам достать оружие. За активное сотрудничество со следствием и гособвинением на судебном процессе признанный виновным в «незаконном обороте оружия» и убийстве Богдан Погоржевский был осужден всего на шесть лет лишения свободы.

Последнего фигуранта по этому делу — Андрея Космынина — задержали лишь в декабре 2008 года. Он не оказал никакого сопротивления сотрудникам правоохранительных органов и в тот же день полностью признал свое участие в убийстве. В ходе процесса, который начался в конце января 2009 года, он выразил пожелание, чтобы его суд поскорее закончился.

А судья Олихвер полностью удовлетворила иск на 10 млн руб., поданный к подсудимым отцом Андрея Козлова в связи с тем, что он находился на иждивении сына. По решению суда, Френкель, Половинкин и Прогляда должны будут выплатить Андрею Козлову-старшему по 2 млн руб., а остальные подсудимые — по 1 млн руб.

Так закончился этот процесс, наделавший много шума. И можно сколько угодно говорить о справедливости или несправедливости нашего суда, отмывании денег и особенностях денежной политики Центробанка. Но вот что интересно: Алексей Френкель говорил много и о многом, но ни разу четко и ясно не сказал одного — что он-таки не совершал преступления, в котором его обвинили.

ЧАСТЬ 3

ИНЫХ УЖ НЕТ...

Sic transit gloria mundi.
(Так проходит слава мира (лат.).)

Говорят, что о мертвых — либо хорошо, либо ничего. В журналистике и в истории это правило не работает. Что делать, если герои последней части нашей книги при жизни были столь публичны и известны, что в течение продолжительного времени находились в центре внимания общественности, а потому вошли в историю страны?

Владимир Виноградов и Бадри Патаркацишвили, о которых идет речь в этой части, без преувеличения были сильными мира сего. Они могли позволить себе все или многое из того, что можно приобрести за деньги. Первый из них умер почти в нищете, не пережив разорения своей банковской империи, и деньги на его похороны собирали его бывшие сотрудники. Другой, который при жизни был нужен столь многим людям, погиб на чужбине, при загадочных обстоятельствах, почти в полном одиночестве, несмотря на двоеженство, впрочем, возможно, и поэтому. Разве они не заслуживают того, чтобы люди знали историю их возвышения и падения? Разве эти истории ничему не учат? Хотя бы тому, как проходит слава сильных мира сего.

Банкир-романтик

Владимир Виноградов,
«Инкомбанк»

Сегодня забавно читать первые «послеперестроечные» публикации в СМИ о коммерческих банках. Тут и восхищение новым рыночным институтом, и некоторая понятная наивность, и радужные ожидания. Забавно — и немного грустно: ведь сегодня мы уже знаем, чем все кончилось. Иных уж нет, а те далече. Нет и одного из первых и крупнейших российских коммерческих банков — «Инкомбанка». Нет в живых и его основателя и бессменного руководителя — Владимира Виноградова.

Он был романтиком от бизнеса.

Евгений Бернштам,
бывший президент банка «Хоум Кредит»

Закрытый счет банкира

Владимир Виноградов скончался от инсульта в одной из московских больниц 29 июня 2008 года. Ему было 52 года. Основатель «Инкомбанка», один из семи крупнейших банкиров и один из 12 бизнесменов-олигархов, бесславно покинул большой бизнес за 10 лет до смерти, осенью 1998 года. Банкротство было не просто крупным — оно было унизительным. Виноградов был со скандалом лишен своего поста. Кредиторы пригрозили ему уголовным преследованием. От банкира отвернулись все: и государство, и коллеги-олигархи, и ближайшие партнеры по бизнесу.

Когда он умер, выяснилось, что денег у него практически нет. Говорили, что после дефолта и краха «Инкомбанка» семья Виноградова жила в съемной двухкомнатной квартире в панельном доме на окраине Москвы. А когда возникли сложности с оплатой обучения ребенка в Московской экономической школе, которую в свое время спонсировал Виноградов, никто и не вспомнил о его былых заслугах, и мальчику пришлось перейти в другое учебное заведение.

Средства на похороны собирали бывшие сотрудники «Инкомбанка». Эти люди по-разному уходили из «Инкомбанка», часто со скандалом. О Виноградове говорили многое: что он был очень сложным человеком, жестким, с тяжелым характером, заносчивым, гордым, что обстановка в его кабинете стоила $1 млн, что он летал на собственном самолете и возил с собой личный автомобиль. Но проводить своего шефа они пришли. На гражданскую панихиду собралось около 800 человек, в разное время работавших в Инкомбанке.

«Он был романтиком от бизнеса, — рассказывал президент «Хоум Кредит» Евгений Бернштам, сотрудничавший с «Инкомбанком» в конце 1990-х годов. — Отличный профессионал, но слишком сильно доверял своим подчиненным, особенно региональным руководителям». По словам президента Ассоциации российских банков (АРБ) Гарегина Тосуняна, он виделся с Виноградовым последний раз за полтора года до его смерти, когда банкир восстанавливался после очередного инсульта и хотел вернуться к работе. «Судя по его виду, Владимир нуждался в работе для исправления своего финансового положения, но этого деятельного человека, к сожалению, подкосила болезнь», — сказал он. «Виноградов был, безусловно, человеком талантливым, в то же время, как любой олигарх того времени, считал, что он безупречен, — вспоминал Сергей Алексашенко, занимавший в то время должность зампреда ЦБ. — Банк рухнул из-за простейшей ошибки менеджмента — имея короткие пассивы, вкладывали деньги в длинные активы. Если его коллеги из состава «семибанкирщины» смогли разделить банк и бизнес, то у Виноградова это не получилось».

Рожденный на кухне

Владимир Виноградов создал «Инкомбанк» (Московский инновационный коммерческий банк) 21 ноября 1988 года. Это был один из первых частных банков России. Основатель «Инкомбанка» родился в Уфе. Отец банкира умер рано, когда Владимир учился в 10-м классе. Окончив школу, Виноградов поступил в Московский авиационный институт (МАИ), где был комсомольским активистом, в 1979 году с отличием окончил его и получил специальность инженера-механика по космической энергетике. Одновременно его привлекала экономика. В книге «История советской банковской реформы 80-х годов XX века. Первые коммерческие банки» Виноградов пишет, что всегда интересовался экономикой и даже собирался бросить учебу в МАИ и поступить на экономический факультет МГУ или во Всесоюзный заочный финансово-экономический институт, но, так как он к тому времени был женат, нужно было зарабатывать, чтобы кормить семью. После окончания МАИ он все-таки поступил в аспирантуру Московского института народного хозяйства им. Г.В. Плеханова (МИНХ) и устроился на работу в «Промстройбанк».

Виноградов пишет, что стать банкиром его подвигло желание раз и навсегда избавиться от нужды — в Уфе у него оставались мать и сестра, которым надо было помогать, семья жены тоже была небогатая. По словам Сергея Марьина, в свое время занимавшего пост первого вице-президента «Инкомбанка», собственных денег на момент создания банка Виноградов не имел: он был обычным инженером, потом банковским клерком в «Промстройбанке».

Бывший глава Госбанка России, почетный председатель Ассоциации российских банков (АРБ) Сергей Егоров рассказывал, что в конце 1980-х годов, когда началось кооперативное движение, кооперативы пошли в банки за деньгами, но банки тогда были в основном государственные. Кооперативы, приходя в госбанки, наталкивались на непонимание. В результате появились кооперативные банки. Это было решение правительства СССР, которое возглавлял Николай Рыжков. Первый коммерческий банк, продержавшийся семь лет, был создан 24 августа 1988 года в Казахстане (чимкентский Союзбанк).

А первый российский банк (ленинградский банк «Патент») был зарегистрирован через два дня, 26 августа 1988 года. Всего в 1988 году было создано 25 банков. «Инкомбанк» фактически родился на кухне общежития в Ясеневе, где в то время ютилась семья будущего олигарха.

Осенью 1987 года, когда Виноградов уже работал старшим экономистом в «Промстройбанке», у него родилась идея создать собственное дело — венчурный инвестиционный (банковский) фонд. Идея обсуждалась на даче у тещи. В начале лета 1988 года был создан временный творческий коллектив (ВТК), который был зарегистрирован по только что вышедшему Закону о кооперации в СССР. Главной задачей кооператива, получившего название ВТК «Документ», стало создание инвестиционного венчурного (банковского) фонда.

Учредителями ВТК стали Московский институт народного хозяйства (МИНХ) им. Г.В. Плеханова (в лице ректора Владимира Грошева), Всесоюзный центр МЖК (Молодежного жилищного комплекса) и Кредитно-финансовый НИИ при Госбанке СССР в лице директора Александра Хандруева. Учредителей свел случай. В июне 1988 года Виноградов участвовал в научном семинаре, который вел Леонид Абалкин. Там он познакомился с Русланом Хасбулатовым, в то время заведовавшим кафедрой в МИНХ им. Г.В. Плеханова, и рассказал ему о своей идее. Хасбулатов представил его Абалкину, а тот посоветовал обратиться за поддержкой к Грошеву. Ректор, имеющий богатый опыт работы в комсомольских и партийных органах, помог познакомиться с зампредом Госбанка СССР Вячеславом

Захаровым, который и порекомендовал Хандруеву выступить учредителем нового предприятия. После этого началась напряженная работа на кухне общежития.

ВЛАДИМИР ВИНОГРАДОВ:
«ВСЕ ЗАНИМАЛИСЬ ВСЕМ»

ВСТРЕЧАТЬСЯ МЫ МОГЛИ ТОЛЬКО ПОСЛЕ РАБОТЫ, ТАК ЧТО РАСХОДИЛИСЬ ИНОГДА ПОД УТРО, А У НАС ТОГДА БЫЛ ГРУДНОЙ РЕБЕНОК. ВСЕ ЗАНИМАЛИСЬ ВСЕМ. МЫ ПРОРАБОТАЛИ ВСЕ СУЩЕСТВОВАВШИЕ БАНКОВСКИЕ ИНСТРУКТИВНЫЕ МАТЕРИАЛЫ, ПЕРЕВЕЛИ ОГРОМНОЕ КОЛИЧЕСТВО ДЕФИЦИТНОЙ В ТО ВРЕМЯ ИНОСТРАННОЙ ЛИТЕРАТУРЫ ПО ВЕНЧУРНЫМ ФОНДАМ И БАНКОВСКОМУ ДЕЛУ. ВСЮ ЭТУ ГОРУ ИНФОРМАЦИИ ЛЮДМИЛА (ЖЕНА ВИНОГРАДОВА. — *Ред*.) ПЕРЕПЕЧАТАЛА НА МЕХАНИЧЕСКОЙ ПИШУЩЕЙ МАШИНКЕ. ЗАДУМЫВАЯ ВЕНЧУРНЫЙ ИНВЕСТФОНД, МЫ ПРАКТИЧЕСКИ СОЗДАВАЛИ ИНВЕСТИЦИОННЫЙ БАНК В ЕГО ЗАПАДНОМ ПОНИМАНИИ.

Из книги В. Виноградова
«История советской банковской реформы 80-х годов XX века.
Первые коммерческие банки»

10 октября 1988 года в здании Всесоюзного общества «Знание» (Политехнический музей) состоялось учредительное собрание «Инкомбанка». Решено было регистрировать не кооперативный, а паевой банк. Это означало, что по закону требовалось собрать уставной капитал не в 500 тыс. руб., а в 5 млн. Правда, для регистрации достаточно было гарантийных писем учредителей, в число которых входили Всесоюзное общество «Знание», Главное управление науки и техники, МИНХ им. Г.В. Плеханова, Всесоюзный центр МЖК, «Литературная газета», Литературный фонд, НТТМ «Рост» — всего 11 организаций. После этого 19 ноября 1988 года устав был зарегистрирован в Госбанке СССР (банковская лицензия № 22). Виноградов стал первым председателем правления банка, Владимир Грошев — председателем совета.

СЕРГЕЙ ЕГОРОВ,
бывший глава Госбанка России,
почетный председатель
Ассоциации российских банков:
«В БАНКИ ПРИШЛИ И ФИЗИКИ, И ЛИРИКИ»

ТО, ЧТО В КОММЕРЧЕСКИЕ БАНКИ ПРИШЛИ ЛЮДИ ИЗ ДРУГИХ ОТРАСЛЕЙ, СЫГРАЛО ПОЛОЖИТЕЛЬНУЮ РОЛЬ ДЛЯ УСКОРЕНИЯ СОЗДАНИЯ БАНКОВСКОГО СЕКТОРА. В БАНКИ ПРИШЛИ, КАК ГОВОРЯТ, И ФИЗИ-

КИ, И ЛИРИКИ <...> ПЕРВЫЕ БАНКИ НАЧИНАЛИ РАБОТАТЬ КТО В ПОД-
ВАЛАХ, КТО НА ЧЕРДАКЕ... «ИНКОМБАНК» ЗАРОДИЛСЯ НА КУХНЕ У
ВИНОГРАДОВА <...>

Из интервью журналу «Деньги» 1 сентября 2003 года

Владимир Виноградов:
«Мы всюду успевали»

ПЕРВЫМ НАШИМ ПОМЕЩЕНИЕМ БЫЛИ ТРИ КОМНАТЫ В САБУРОВЕ,
В ОБЩЕСТВЕННОМ ЦЕНТРЕ САМОГО БОЛЬШОГО В РОССИИ МЖК,
ГДЕ МЫ ТОГДА УЖЕ ПОЛУЧИЛИ СВОЮ ПЕРВУЮ КВАРТИРУ. НА МЕСТЕ
МЫ НЕ СИДЕЛИ, ХОТЯ НА ВЕСЬ БАНК У НАС БЫЛА ОДНА МАШИНА —
ЛИЧНАЯ МАШИНА МОЕГО ВОДИТЕЛЯ ЕГОРА НИКОЛАЕВИЧА. ТЕМ НЕ
МЕНЕЕ МЫ ВСЮДУ УСПЕВАЛИ. ПОМНЮ, КАК ЖАЛОВАЛИСЬ МЕНАТЕ-
ПОВЦЫ: «КУДА НИ ПРИДЕШЬ, ГОВОРЯТ, ЧТО ЧАС НАЗАД ПОБЫВАЛИ
ИНКОМБАНКОВЦЫ!» НАШ БАНК БЫЛ СИЛЬНЫМ ИХ КОНКУРЕНТОМ.
ОНИ ИСПОЛЬЗОВАЛИ ЛОГОТИП НАШЕГО БАНКА, СОВСЕМ НЕМНОГО
ЕГО ИЗМЕНИВ. ПЕРЕХОДИЛИ НАМ ДОРОГУ ВЕЗДЕ ГДЕ МОГЛИ! ОД-
НАЖДЫ ДАЖЕ УКРАСИЛИ РЕКЛАМОЙ СВОЕГО БАНКА ТРОЛЛЕЙБУСЫ,
МАРШРУТ КОТОРЫХ ПРОХОДИЛ ПО КАШИРСКОМУ ШОССЕ МИМО
САБУРОВА. ВЕСНОЙ 1990 ГОДА ПОТРАТИЛИ ОГРОМНЫЕ ДЕНЬГИ И
ПОВЕСИЛИ НАД ЭТИМ НЕ САМЫМ ЭЛИТНЫМ РАЙОНОМ МОСКВЫ
АЭРОСТАТ СО СВОЕЙ ЭМБЛЕМОЙ. ВИСЕЛ ОН ПРЯМО НАПРОТИВ ОКОН
НАШЕГО ДОМА!

Из книги В. Виноградова
«История советской банковской реформы 80-х годов XX века.
Первые коммерческие банки»

Одними из первых клиентов «Инкомбанка» стали Артем
Тарасов и печально известный концерн АНТ, прославив-
шийся в 1990 году продажей танков. Первые операции «Инкомбанка» были не очень сложными. Через него проходили
деньги, которые правительство Рыжкова выделяло на поддержку социалистической индустрии. А индустрия образца
1988—1990 годов все кредиты возвращала исправно. В итоге
банк без особых проблем снимал свою маржу и быстро расширялся.

В начале 1990-х годов «Инкомбанк» уже считался одним из
ведущих российских банков. В 1993 году он занимал девятое
место в банковских рейтингах, в 1994-м — пятое, а в 1995-м
вышел на второе. Владимир Виноградов стал одним из самых

влиятельных людей России — тех, кого позднее стали называть олигархами.

Виноградову удалось стать звездой, не проходя, условно говоря, через тернии. Из малозаметного банковского клерка среднего звена он в считаные недели превратился в одного из лидеров банковского бизнеса. Его взлет удивил даже видавших виды банкиров. Бывший босс Виноградова, президент «Промстройбанка» Яков Дубенецкий, однажды признался журналистам, что о существовании своего подчиненного по фамилии Виноградов он впервые узнал, когда тот уже был президентом «Инкомбанка».

СЕМЬ ТУЧНЫХ ЛЕТ

Первые семь лет для «Инкомбанка» были безоблачными. По крайней мере так казалось: презентации, конференции, фуршеты...

1992 год. «Инкомбанк» с размахом отмечает свою четвертую годовщину: пресс-конференция в Министерстве иностранных дел, фуршет, Виноградов рассказывает собравшимся о результатах работы банка и о планах на будущее. Он отмечает, что за четыре года банк стал одним из крупнейших в России. Банк финансирует предприятия химической, лесоперерабатывающей, добывающей отраслей, конверсию, а также участвует в создании нескольких инвестиционных фондов, специализирующихся на операциях с ваучерами и промышленными активами. Планы банка амбициозны: он намеревается представлять интересы западных инвесторов в России, имеет корсчета в Deutshe Bank, Dresdner Bank, Credit Suisse, Credit Lyonnais, Bank Of America, Bank Of New York. В том же 1992 году газеты с восхищением пишут о церемонии закладки первого камня нового здания банка в Гончарном переулке. А участвующий в церемонии президент Ассоциации российских коммерческих банков Сергей Егоров даже говорит, что «заложен не просто фундамент нового здания «Инкомбанка», но и фундамент новой банковской системы России». Церемония закладки завершается вручением денежных премий и подарков проектировщикам и строителям нового здания и, разумеется, совместным распитием шампанского.

1993 год. «Инкомбанк» объявляет о своем намерении открыть филиал на Кипре. Сегодня забавно читать, что «у российских банкиров осталось приятное впечатление как от самого острова, так и от своих контрагентов по переговорам» и что «Кипр как офшорная зона весьма привлекателен для российских предпринимателей, стремящихся избежать высоких налогов в России». По замыслу российских банкиров, максимально высокие проценты по депозитам, предлагаемые филиалом, должны были способствовать привлечению клиентуры и в результате возвращению офшорных капиталов в отечественную экономику...

1994 год. Выступая в Центре международной торговли на презентации для крупных акционеров и клиентов, приуроченной к пятилетию «Инкомбанка», Виноградов говорит, что по темпам роста активов банк за последний год вышел на первое место среди российских коллег. Столь же высоких результатов удалось добиться и в области кредитования предприятий и финансирования инвестиционных программ.

В 1995 году на пресс-конференции, посвященной семилетию банка, Виноградов заявляет о планах продажи акций иностранным инвесторам «в целях укрепления позиций банка на международных финансовых рынках». В 1996 году количество филиалов «Инкомбанка» достигло 52, открылись представительства в Германии, Австрии, Швейцарии и Китае.

Дела банка были столь хороши, что даже такие неоднозначные управленческие решения, как наличие в коммерческом банке 42 вице-президентов и добровольно-принудительного профсоюза (члены профсоюза должны были платить взнос в 3% зарплаты и отдыхать в инкомбанковском пансионате «Елочки»), казалось, не снижали его эффективности. Президент такого банка заслуженно мог позволить себе, например, охоту на диких зверей с вертолета или утверждение кандидатур журналисток для освещения своего пребывания на Всемирном экономическом форуме в Давосе. Кроме того, Виноградов был известен как коллекционер — в коллекции «Инкомбанка» находилась одна из авторских версий «Черного квадрата».

Еще в 1994 году, на очередной конференции для крупнейших клиентов в отеле «Балчуг», руководство банка говорило о четко определенной стратегии дальнейшего развития. Владимир Виноградов, который в то время уже занимал должность президента, сказал, что «судьба банка предопределена — он будет играть роль крупного промышленно-инвестиционного финансового учреждения». База для выполнения этой задачи была. В начале 1994 года банк удерживал 3,4% рынка кредитных вложений, а в сумме кредитных вложений, произведенных 25 крупнейшими российскими банками, ему принадлежало 5%. По объемам кредитов он уступал только «Россельхозбанку» и Сбербанку России.

Приоритеты в кредитной политике отдавались вложениям в цветную металлургию, химическую и деревообрабатывающую промышленность. «Инкомбанк» намеревался продолжить проникновение в регионы и готовился подписать договоры с региональными ассоциациями «Уральское соглашение» и «Северо-Западное соглашение», согласно которым должен был стать агентом ассоциаций по обслуживанию инвестиционных программ. Ранее аналогичный договор был подписан с «Сибирским соглашением». Через свою дочернюю фирму «Инком-Капитал» банк собирался участвовать в начинающихся залоговых аукционах. Особое внимание «Инкомбанка» привлекала пищевая промышленность. Наряду с банком «МЕНАТЕП» и группой «Альфа» он начал спринтерскими темпами осваивать просторы захиревшего отечественного пищепрома, стремясь не просто получить контроль над отдельно взятыми предприятиями, а создать самодостаточные холдинги, объединяющие и поставщиков сырья, и его переработчиков, и производителей готового продукта.

В 1995 году банк вел около сорока инвестиционных проектов, в которые инвестировано $84 млн. На пищевую промышленность приходилось примерно 30% вложений. Объемы пакетов акций предприятий, которыми он владел, варьировались от 5 до 51%. Опыт создания отраслевых холдингов у «Инкомбанка» тоже был — например, компания «Агроинком», занимавшаяся растительным маслом и сахарной свеклой.

Казалось бы, все шло прекрасно. Но после семи тучных лет у банка начались проблемы.

Проверка на дороге

В начале 1996 года Главное управление ЦБ по Москве иницировало проверку «Инкомбанка», которая продолжалась почти полгода. Кратко ее результаты можно было описать так: путем различных бухгалтерских манипуляций банк пытался скрыть убытки на сумму 998,2 млрд руб. Так как, по мнению ревизоров, эту сумму, а также сумму завышения собственных фондов — всего 1,35 трлн руб. — следует вычесть из собственных средств банка, то выходит, что «в 1996 год АКБ «Инкомбанк» вступил практически без собственного капитала». Кроме того, ревизоры сочли, что значительная часть активов банка, на сумму более 2,2 трлн руб., обладает «крайне невысокой ликвидностью». Это главным образом просроченные кредиты в рублях и в валюте, векселя, замещающие просроченную ссудную задолженность, а также дебиторскую задолженность, которая требует специального анализа. Вывод ревизоров, хотя и сформулированный очень осторожно, звучал почти как приговор банку: «Все приведенные данные позволяют сделать вывод о том, что существует реальная угроза неисполнения банком его обязательств перед клиентами, вкладчиками и кредиторами».

Представители банка сначала все отрицали. Но затем, видимо, рассудили, что просто игнорировать документ, содержащий неблагоприятные оценки положения в банке, неразумно. Поэтому попавший в средства массовой информации акт был назван предварительным. В подтверждение этого появилось совместное заявление банка и ГУ ЦБ, в котором сказано, что «результаты комплексной проверки... еще не согласованы и не подписаны». О результатах «согласительного процесса» руководство банка должно было сообщить на пресс-конференции.

11 июля 1996 года Владимир Виноградов встретился с журналистами. Официально объявленный информационный повод — «Итоги деятельности «Инкомбанка» за первое полугодие 1996 года». Действительно, всю первую часть пресс-конференции банкир знакомил прессу с достижениями своего банка: на 1 июля прибыль составила более 438 млрд руб., активы выросли до 19,853 трлн руб. Присутствовавшие там

же председатель АРБ Сергей Егоров и два представителя от «мелких и средних банков» одобрительно кивали, а затем выступили каждый в отдельности. Впрочем, их речи не отличались разнообразием и сводились к освещению роли «Инкомбанка» в истории России и банковского сообщества. Затем Виноградов приступил к освещению деятельности комиссии ЦБ. Посыпались слова «провокация», «слухи», «фальшивки». Банкир заявил, что комиссия ЦБ пересмотрела свои выводы, и зачитал буквально следующее: «...Банк активно управляет ликвидностью и доходностью и способен выполнить в полном объеме обязательства перед вкладчиками и своими кредиторами».

Однако самое удивительное в этой истории было то, что вызвавший столько страстей акт проверки банка на самом деле не содержал ничего сенсационного. Всякий, кто хоть немного следил за положением в банковской сфере, прочитав этот документ, мог сказать, что ожидал чего-то подобного. Дело в том, что после семи «тучных лет» в печати стали появляться сообщения о больших и малых коммерческих неудачах «Инкомбанка». Еще в «тучные годы», где-то на рубеже 1994 и 1995 годов, в развитии банка явственно обозначились негативные тенденции. Банк, до этого стремительно расширявшийся во всех направлениях, замедлил движение вперед, а затем начал и отступать с завоеванных позиций. Это подтверждалось объективными данными. По расчетам Михаила Делягина, в то время эксперта президентской администрации, доля «Инкомбанка» в совокупных активах российских банков росла в 1992—1994 годах и начала сокращаться в 1995 году. Этот показатель на 1 января 1993, 1994, 1995 и 1996 годов составлял соответственно 1,4, 1,6, 3,1 и 2,3%.

Проблемы накапливались исподволь. По данным, опубликованным в 1995 году в журнале «Финансист», на протяжении всего 1994 года, несмотря на усилия, предпринимаемые руководством банка, увеличивалась доля просроченных кредитов, достигшая к январю 1995 года 15% суммы всех его кредитных вложений. В этой ситуации в феврале 1995 года руководители банка вынуждены были объявить о смене вех — переходе от «политики экспансии» к «политике консолидации». В частности, было объявлено о «корректировке» и сокращении на

20—22% кредитного портфеля и замедлении экспансии в регионах. Это, однако, не спасло банк от целого ряда чувствительных неудач уже в 1990-е годы. Так, еще в 1993 году банк «попал» на $1,5 млн, профинансировав создание Российского торгово-культурного центра, который в итоге так и не был создан. В 1994 году — выдал кредит на $10 млн АО «Лэнд», однако смог вернуть только $5,8 млн. В 1995 году банк потерял около $10 млн, когда сбежало руководство торгового дома «Эрлан». В целом кредитная политика «Инкомбанка» оставалась довольно рискованной. В акте проверки банка отмечались многочисленные случаи выдачи кредитов без обеспечения и без погашения предыдущего кредита, а дочерним предприятиям — беспроцентных кредитов.

Не все гладко шло и внутри банка. Огромное количество заместителей, которые, в отличие от Виноградова, отнюдь не были «романтиками от бизнеса», разрушали банк изнутри. Виноградов не любил выносить сор из избы, и многое становилось известно уже post factum.

Чужой среди своих

Виноградов одним из первых понял, какую силу может иметь организованное банковское сообщество. Он стал одном из отцов-основателей Московского банковского союза и Ассоциации российских банков (АРБ).

Сергей Егоров,
бывший глава Госбанка России,
почетный председатель
Ассоциации российских банков:
«Большую инициативу проявил
Виноградов Владимир Викторович...»

— Создание Московского банковского союза и позднее ассоциации было инициировано самими банками <...> Коммерческие банки поняли, что если они не создадут коллегиальный орган, который бы отстаивал их интересы, представлял их во всех органах государственного управления, то им будет трудно поодиночке противостоять огромной государственной машине. И тогда тринадцатью банками был создан Московский банковский союз. Тогда большую инициативу проявил Виноградов Владимир Викторович <...>

Банки понимали, что ограничиться только Московским банковским союзом будет неверно, потому что законы создаются Федеральной властью, значит, все основополагающие условия для деятельности банков выходили на Федеральный уровень. Тогда был поставлен вопрос о создании Ассоциации российских банков...

Из интервью журналу «Деньги» 1 сентября 2003 года

Но Виноградов использовал эти структуры прежде всего в своих интересах. В результате в конце 1995 года он стал главным героем так называемой первой банковской войны. Многих известных банкиров (глав «ОНЭКСИМбанка», «МЕНАТЕПа», банка «Столичный» и др.) уже не устраивала ситуация в АРБ, при которой руководство АРБ действовало от имени всего банковского сообщества. Тринадцать банкиров предложили передать управление ассоциацией коллегиальному органу, т. е. потребовали, чтобы Виноградов поделился властью. Инициаторы «письма тринадцати» предложили подписать документ и ему. Но он отказался, организовал свою группу и выступил с письмом «шести».

Владимир Виноградов: «Любой банкир должен быть публичным»

— Любой банкир должен быть публичным, за исключением «швейцарских гномиков», которые управляют теневыми деньгами. Банкир, который возглавляет не частную финансовую компанию, а большой публичный банк, акционерный, должен быть публичным банкиром. У меня около 11 тыс. акционеров. Я должен защищать интересы моих клиентов, их у меня порядка 325 тыс. Из них 60 тыс. — корпорации, а все остальные — частные лица, и зачастую решения местных органов власти или высших органов власти как-то задевают интересы моих акционеров и клиентов. С помощью общественных организаций мы защищаем и наши профессиональные интересы, и экономические интересы клиентов и акционеров <...>
Что касается «инициативы тринадцати банкиров», то про нее мне ничего не было известно. Предложения в ней участвовать я не получал, и заявления устные о том, что меня туда приглашали, — это ложь. Что касается самого материала, который был подписан нашими тринадцатью коллега-

МИ, ТО Я СЧИТАЮ, ЧТО ТЕКСТ В ТАКОМ ВИДЕ Я БЫ НЕ ПОДПИСАЛ ПО
ТОЙ ПРИЧИНЕ, ЧТО ТАМ МЫСЛИ СКАЧУТ, КАК ЗАЙЦЫ. В ТОМ ВИДЕ,
В КОТОРОМ ЛЮДИ (НЕ ЗНАЮ ПОЧЕМУ, ПОД ДАВЛЕНИЕМ КАКИХ ОБ-
СТОЯТЕЛЬСТВ) НАПИСАЛИ ЭТО ПИСЬМО И ПОДПИСАЛИСЬ ПОД НИМ,
КАК СЛЕДУЕТ ЕГО НЕ ОТРЕДАКТИРОВАВ, Я БЫ НЕ ПОДПИСАЛ. НО КАК
ИДЕЯ, НАВЕРНОЕ, ПИСЬМО БЫЛО БЫ МНОЮ ПОДДЕРЖАНО.

Из интервью журналу «Власть» 11 марта 1997 года

Последствия были серьезными. Началась война компро-
матов, и Виноградов напрочь рассорился с банковским сооб-
ществом. Не исключено, что из-за этого «Инкомбанку» ничего
не досталось на залоговых аукционах, а приватизировать он
смог лишь несколько шоколадных фабрик. Дело в том, что
незадолго до проведения этих самых аукционов, где банки
получали контрольные пакеты акций крупных предприятий,
участники заключили джентльменское соглашение о разделе
сфер влияния. В случае с «Инкомбанком» оно заключалось в
следующем: «МЕНАТЕП» продает «Инкомбанку» пакет акций
АО «Бабаевское», а тот, в свою очередь, не участвует в аукционе по «ЮКОСу». Однако «Инкомбанк» не только нарушил
соглашение, но, более того, проиграв аукцион, выступил с
разоблачающими «МЕНАТЕП» заявлениями. После подобных
выступлений к Виноградову стали относиться несколько на-
стороженно.

Ходорковский тогда признался, что больше всего в этой
истории ему не понравилось то, что Виноградов нарушил устные договоренности: «Ведь только-только мы договорились о
том, что «МЕНАТЕП» передает «Инкомбанку» свои акции Баба-
евской фабрики, а он корректно ведет себя по приватизаци-
онным проектам и, если где-либо наши интересы пересекают-
ся, делает ответный шаг — уступает». Виноградов не уступил.
Аналогично он повел себя и с Борисом Березовским в истории
с акциями «Сибнефти». В итоге и с Ходорковским, и с Березовским ему пришлось выяснять отношения в суде.

В начале 1995 года горячей темой в банковском сообществе было создание ОРТ. Среди потенциальных акционеров
значились практически все наиболее крупные банки и компании. В том числе и «Инкомбанк». Однако уже в феврале банк
вдруг вышел из состава акционеров ОРТ, оповестив прессу,

что «временно воздерживается от принятия окончательного решения по участию в акционировании Останкино, поскольку к заранее определенному сроку ОРТ не представило банку ни бизнес-плана, ни концепции вещания». «Инкомбанк» отказался от участия в проекте, имевшем явно государственное значение. Мало того, как говорят, Виноградов направил еще и письмо премьер-министру, в котором описал проект ОРТ в самых черных тонах, и тем оскорбил своих бывших компаньонов.

Впрочем, поскольку проекты, в которых коллеги-банкиры предлагали участвовать и Виноградову, носили государственный характер, им впоследствии была обеспечена правительственная поддержка. Права банков как залогодержателей, несмотря на все споры, строго соблюдались, причем после президентских выборов 1996 года лояльные режиму банкиры получали благодарности президента, а Владимир Потанин — представитель банковского сообщества — даже вошел в состав правительства.

ВЛАДИМИР ВИНОГРАДОВ:
«ЗАДАЧА БАНКА — СОХРАНЯТЬ ДЕНЬГИ ОБЩЕСТВА»

— ЧТО КАСАЕТСЯ ОРТ, ТО Я УЧАСТВОВАЛ В ОБСУЖДЕНИИ ЭТИХ ВОПРОСОВ, И ПРИЧИНА НЕПОДПИСАНИЯ ДОКУМЕНТОВ ОЧЕНЬ ПРОСТА. МНОЮ БЫЛ ЗАДАН КОЛЛЕГАМ ВОПРОС, А ЕСТЬ ЛИ БИЗНЕС-ПЛАН ПО ОРТ И КАК МЫ БУДЕМ ВОЗВРАЩАТЬ ВЛОЖЕННЫЕ ДЕНЬГИ? НА ЧТО КОЛЛЕГИ СКАЗАЛИ, ЧТО, МОЛ, ТАМ БУДУТ РЕКЛАМНЫЕ НАЛИЧНЫЕ СРЕДСТВА, КОТОРЫХ ВСЕМ ХВАТИТ. НО Я, КАК БАНКИР, КОТОРЫЙ ВОЗГЛАВЛЯЕТ СОЛИДНЫЙ БАНК, ПОСЛЕ ТАКИХ ЗАЯВЛЕНИЙ НЕ МОГ УЧАСТВОВАТЬ В ЭТОМ ПРОЕКТЕ. ПОЭТОМУ, НЕ УВИДЕВ БИЗНЕСПЛАНА, МЫ ВЫНУЖДЕНЫ БЫЛИ ОТКАЗАТЬСЯ. ХОТЯ МЫ ПРЕДЛАГАЛИ ПОДГОТОВИТЬ БИЗНЕС-ПЛАН ВМЕСТЕ. А ОБИДНО, МОЖНО БЫЛО БЫ ВЛОЖИТЬ ОЧЕНЬ СОЛИДНЫЕ ДЕНЬГИ. ПО МОЕЙ ИНФОРМАЦИИ, НИКТО ИЗ ПОДПИСАВШИХ СЕРЬЕЗНЫХ ДЕНЕГ ТАК И НЕ ВЛОЖИЛИ В ОРТ, ЗАЧЕМ ЖЕ ТОГДА ПОДПИСЫВАТЬ? ВООБЩЕ, ЭТОТ ПРОЕКТ — ЭКОНОМИЧЕСКИЙ ИЛИ ПОЛИТИЧЕСКИЙ? <...>
БАНКИ НЕ ДОЛЖНЫ УЧАСТВОВАТЬ ОТКРЫТО В ПОЛИТИКЕ. ЗАДАЧА БАНКА НЕ ЗАНИМАТЬ ЧЬЮ-ТО ПОЛИТИЧЕСКУЮ СТОРОНУ. ЗАДАЧА БАНКА — СОХРАНЯТЬ ДЕНЬГИ ОБЩЕСТВА, ДАЖЕ НЕ ПРЕУМНОЖАТЬ, А СОХРАНЯТЬ ИХ, ЧТОБЫ ОНИ НЕ УБЫВАЛИ ОТ ИНФЛЯЦИИ ИЛИ ОТ ДУ-

РАЦКИХ ПРОЕКТОВ. ТОГДА ОБЩЕСТВО БОГАТЕЕТ. ПОЧЕМУ В ШВЕЙ-
ЦАРИИ ТАКАЯ СТАБИЛЬНАЯ ОБСТАНОВКА, ХОТЯ СТРАНА НИЧЕГО НЕ
ПРОИЗВОДИТ? ПОТОМУ ЧТО ОНИ УМЕЮТ СОХРАНЯТЬ ДЕНЬГИ. ПО-
ЧЕМУ ЖЕ У НАС БАНКИРЫ СЕБЯ ВЕДУТ, КАК КОМИССАРЫ В ГРАЖ-
ДАНСКУЮ ВОЙНУ?!

ИЗ ИНТЕРВЬЮ ЖУРНАЛУ «ВЛАСТЬ» 11 МАРТА 1997 ГОДА

Последний раз банкиры предложили Виноградову сыграть в одну игру весной 1996 года, когда деловая элита гото-
вила предвыборное обращение «Выйти из тупика!». Потанин
и Гусинский в течение получаса уговаривали Виноградова по
телефону приехать и поставить свою подпись под обращени-
ем. Но он отказался. «Инкомбанк» не только не стал играть в
государственные игры, но и умудрился окончательно выпасть
из обоймы.

В итоге он оказался в полном одиночестве. На его пресс-
конференцию по поводу нашумевшей проверки ГУ ЦБ по Москве пришел один только президент АРБ Сергей Егоров, хотя
накануне Виноградов приглашал буквально всех. Итоги проверки «Инкомбанка», ставшие достоянием гласности, а также
выплеснувшийся наружу скандал с продажей акций банка
американским инвесторам наглядно продемонстрировали,
что его президент растерял почти всех друзей в банковском
сообществе, зато нажил много врагов. Он стал белой вороной
в банковском сообществе — чужим среди своих, — и в итоге
даже просил главу «ОНЭКСИМбанка» Владимира Потанина по-
мирить его с крупнейшими банкирами.

В октябре 1996 года президент «Инкомбанка» нанес официальный визит первому вице-премьеру Владимиру Потанину.
Банку и его хозяину, оказавшимся в полной изоляции, нужно
было вновь налаживать отношения — и с государством, и с
банками. Он пришел не столько за прямой государственной
поддержкой, сколько за тем, чтобы получить мощного союз-
ника в банковской среде, а также посредника для замирения
с конкурентами.

Реакция Потанина на предложения «Инкомбанка» была
сдержанной. И это понятно. Как крупный государственный
чиновник он видел, что дальше топить «Инкомбанк» опасно —
для всей банковской системы. Как банкир, он это тоже пони-

мал, однако как член вполне конкретной банковской группы прекрасно знал, что личный конфликт Виноградова с коллегами зашел уже слишком далеко, и их позиция сводится к простой формуле: «За «Инкомбанк», но без Виноградова».

СВОЙ СРЕДИ ЧУЖИХ

Отношения с властью у Виноградова тоже складывались не гладко. С одной стороны, он не мог не понимать, что без поддержки Кремля крупному банку не обойтись. С другой стороны, в отношениях с властью Виноградов всегда старался оставаться самостоятельным игроком.

В конце 1993 года Борис Ельцин издал указ, ограничивающий присутствие иностранных банков в России. Документ настолько не понравился тогдашнему председателю ЦБ Виктору Геращенко, что он выступил с его критикой, надеясь на поддержку коммерческих банков. Однако президент АРБ Сергей Егоров и ее неформальный лидер Владимир Виноградов, вопреки мнению целого ряда банков, заявили в СМИ о несогласии с ЦБ.

В 1995 году президент «Инкомбанка» обратился с открытым письмом к Борису Ельцину, в котором подверг резкой критике (мягко говоря) зампреда ЦБ Татьяну Парамонову — вопрос касался формирования банковских резервов. Крайне негативное отношение банкиров к этому решению вылилось в открытую угрозу: мол, если государство не отступит от политики фактической конфискации средств банков через увеличение обязательных резервов, то на его планах получить приватизационные кредиты, реализовать в требуемом для бюджета объеме государственные бумаги и обеспечить инвестиции в производство можно будет поставить крест. Виноградов, в частности, пророчил, что бюджет не досчитается 21 трлн руб., а примерно каждый третий из 25 крупнейших банков закончит год с убытками.

В ответ на критику Банк России решил несколько снизить размеры резервных отчислений. Однако это не только не устроило банки, поскольку не меняло сам перечень подлежащих резервированию счетов, но и дало им повод активизировать противодействие. Вот и пришлось прибегнуть к обращению непосредственно к главе государства — испытанному средству, считавшемуся одним из лучших для решения частных проблем, причем не только среди простых смертных, но и у элиты российского бизнеса. После введения новых норм банк продолжал демонстративно делать отчисления по старым нормам, чем восстановил против себя ГУ ЦБ по Москве. Руководитель ГУ ЦБ Константин Шор вынужден был даже предупредить банк о возможности отзыва у него лицензии, если задолженность по отчислениям в ФОР не будет погашена.

Кстати, воюя с ЦБ, Виноградов нажил себе смертельного врага в лице Татьяны Парамоновой, что аукнулось ему позднее.

Владимир Виноградов: «Никто не знает, с кем мы работаем»

— Какие у вас личные контакты на уровне правительства, президентского окружения, в политических кругах?

— Мы очень скромны в этой области. Самое идеальное, когда никто не знает, с кем мы работаем. Я удивляюсь тем банкирам, которые говорят, что они руководят Россией. Россией, по-моему, никто не руководит полностью со времен ее возникновения.

— Вы можете сказать, что без личных контактов во властных структурах невозможно работать?

— Всякая публичная организация должна поддерживать личные контакты — публичные и непубличные, как с широкими народными массами, так и с лидерами, которые возглавляют эти массы. Это просто наша обязанность. Мягко говоря, это 30% моей деятельности, 10% деятельности моих заместителей.

Из интервью журналу «Власть» 11 марта 1997 года

Но, судя по всему, роковым для банка стал иной конфликт с властями, возникший во время проведения залоговых аукционов в конце 1995 года. Это была другая сторона конфликта, возникшего в результате нарушения договоренности о разделе сфер влияния. «Инкомбанк», «Альфа-банк» и «Российский кредит» не были допущены к участию в залоговом аукционе акций нефтяной компании «ЮКОС» на том основании, что не внесли предварительно требовавшуюся по условиям аукциона сумму. Наличных денег у банков действительно не хватало, но зато у них были крупные пакеты ГКО. Тогда они выступили с сенсационным заявлением, в котором пригрозили сбросить свои пакеты госбумаг (чтобы выручить наличные), тем самым обвалив рынок ГКО. Это заявление вызвало очень резкую реакцию ЦБ, Минфина и ГКИ. Ведь банки ударили действительно в больное место — рынок ГКО был жизненно важен для финансирования дефицита федерального бюджета. Первый заместитель Председателя ЦБ Александр Хандруев предупредил «большую тройку» о возможных ответных мерах в случае, если банки дестабилизируют рынок ГКО.

Владимир Виноградов:
«Разве залоговые аукционы
помогли экономике России?!»

— Мне кажется, вы неадекватно, я бы сказал, негативно оценивали результаты залоговых аукционов, которые проходили в 1995 году.

— У меня к вам ответный вопрос. Разве залоговые аукционы помогли экономике России?! Что же касается адекватного или неадекватного отношения к залоговым аукционам, то я отношусь к ним объективно. Потому что в экономике есть понятие прибыли, есть понятие поступления средств в бюджет, есть понятие выплаты заработной платы бюджетникам, есть понятие, в конце концов, выплаты пенсий. А сколько было зачислено в бюджет от залоговых аукционов? Вопросов очень много, но на них нет ответов. Никто никогда еще честно на них не ответил.

— Вы считаете, что практика залоговых аукционов не принесла и не принесет результатов?

— Я считаю, что любая экзотика, — я хочу подчеркнуть эту мысль, — возникающая в России в области «экономических новаций», вызывает раздражение у международного экономического сообщества и не добавляет авторитета российскому банковскому миру, конкретным банкам, российской экономике, не повышает кредитный рейтинг России и не позволяет нам привлечь большие, реальные деньги. От экзотики давно пора отказаться. Залоговые аукционы — это не для меня экзотика, это экзотика для всего мира. Такие приемы неизвестны нигде в мире. Они непонятны, они неадекватны с точки зрения правил междуна-

РОДНОГО БУХГАЛТЕРСКОГО УЧЕТА. ОНИ НЕПОНЯТНЫ ГРАМОТНЫМ БУХГАЛТЕРАМ, МЕЖДУНАРОДНЫМ АУДИТОРАМ. ОБ ЭТОМ Я И ГОВОРИЛ ОРГАНИЗАТОРАМ И ИНИЦИАТОРАМ ЗАЛОГОВЫХ АУКЦИОНОВ С САМОГО НАЧАЛА.

ИЗ ИНТЕРВЬЮ ЖУРНАЛУ «ВЛАСТЬ»
11 МАРТА 1997 ГОДА

ПЕРЕД НАЧАЛОМ КОНЦА

В 1997 году банк всеми силами старался поправить свое положение, но его преследовали неудачи. Почти двухлетние переговоры с немецким банком Westdeutsche Landesbank Girozentrale (WestLB), намеревавшимся стать акционером «Инкомбанка», зашли в тупик. Причиной стало нежелание немецкого банка вкладывать значительные средства в оплату акций «Инкома». По утверждению одного из руководителей WestLB, «представления о сотрудничестве не совпали»: немецкая сторона предлагала в качестве оплаты своей доли в уставном капитале не столько «живые» деньги, сколько финансовые технологии и совместные проекты. «Инкомбанку» же хотелось получить именно деньги. В этом же году «Инкомбанк» стал совладельцем судостроительного завода «Северная верфь», получив 19%-ный пакет его акций от торговой компании «Союзконтракт»: пакет был передан банку в качестве оплаты за невозвращенный кредит. Но полный контроль над этим предприятием был у «ОНЭКСИМбанка» (52% акций завода). Но большую их часть (33%) «ОНЭКСИМбанк» отсудил в свое время у того же «Союзконтракта» в процессе «развода», и позднее «Инкомбанку» пришлось оспаривать права конкурента на 33% акций «Северной верфи» в Высшем Арбитражном Суде.

Но, несмотря на все неприятности, это был большой банк. Очень большой. Например, по сумме вкладов частных лиц он занимал второе место в России — после Сбербанка, здесь держало свои счета каждое десятое российское предприятие. Он обслуживал 8% внешнеторгового оборота страны. В период расцвета в «Инкомбанке» работало до 10 тыс. человек.

Владимир Виноградов:
«Мы твердо в десятке»

— Какие банки вы могли поставить над собой, позади себя и наравне с собой?

— Вы имеете в виду мир или Европу?

— Россию.

— Мы твердо в десятке. По каким-то параметрам мы первые. Группа конкурентов, она уже сложилась. Это 5—7 банков. Мы в этой команде. <...> Это прежде всего «ОНЭКСИМбанк», «Столичный банк сбережений», ВТБ (по-своему тоже очень силен), Сбербанк (его нельзя сбрасывать со счетов), «Российский кредит» и «Мосбизнесбанк». Приотстал «Промстройбанк».

— В 1996 году создавалось впечатление, что «Инкомбанк» стал изгоем в банковском сообществе.

— Понимаете, банковское сообщество состоит из 2,5 тысяч российских банков. Может быть, среди трех—пяти банков мы были не в почете, но если вы спросите у всех 2,5 тысяч — вы приходите на Ассоциацию российских банков, — там все поняли, кто есть кто. Осмелюсь заявить, что в АРБ наш банк очень уважают, особенно региональные банки, ведь у нас из России и стран СНГ более 700 банков-корреспондентов, которые рассчитываются через наш банк с другими банками и между собой. Мы крупнейший расчетно-клиринговый банк. Мы за 1996 год — несмотря на массированную недобросовестную конкуренцию — получили очень много клиентов, и еще больше получим. Недобросовестная конкуренция бьет по тому, кто ее организует <...> Мы уже в 35 регионах имеем достаточно твердые позиции. Наши региональные филиалы занимают 2—4-е места среди местных банков. По мере приобретения экономикой регионального характера мы будем укрепляться. Филиалы приносят банку 75% прибыли.

— Как вы охарактеризуете нишу вашего банка?

— Мы стоим твердо на рынке средних и мелких приватизированных и частных корпораций. Очень твердо стоим. На этом рынке мы себя чувствуем достаточно уверенно. У нас очень большой портфель клиентов — свыше 300 тыс. Мы хотим через год или полтора иметь миллион клиентов. Мы срослись с нашей неплохо работающей частью российской экономики. Они наши клиенты, мы их домашний банк.

— У вас большой пакет акций в банке?

— У МЕНЯ ЛИЧНО 1,02%.

— ЕСТЬ ЧАСТНЫЕ ВКЛАДЧИКИ, У КОТОРЫХ БОЛЬШЕ?

— ПО КРАЙНЕЙ МЕРЕ ЕЩЕ ДВОЕ МНЕ ИЗВЕСТНЫ. ОНИ НЕ РАБОТАЮТ В БАНКЕ.

Из интервью журналу «Власть» 11 марта 1997 года

Именно в сентябре 1997 года Владимир Виноградов фактически стал олигархом — тогда крупнейших банкиров и промышленников начали приглашать на встречи с Борисом Ельциным. Владимир Виноградов был членом пресловутой «семибанкирщины», в которую входили также Александр Смоленский, Михаил Ходорковский, Владимир Потанин, Борис Березовский, Владимир Гусинский, Михаил Фридман. По оценке одного из них, группа «рулила не только всем бизнесом страны, но и ее президентом Ельциным».

ВЛАДИМИР ВИНОГРАДОВ:
«ВСЕ ВЕДЬ ИЗМЕРЯЕТСЯ РУБЛЯМИ»

— О ЧЕМ ВЫ МОГЛИ БЫ СКАЗАТЬ КАК О СВОЕМ АБСОЛЮТНОМ ПРОИГРЫШЕ? ИЛИ ОКОНЧАТЕЛЬНОЙ ПОБЕДЕ...

— НЕ СУЩЕСТВУЕТ АБСОЛЮТНЫХ ПОБЕД. БЫЛИ ПОТЕРИ. БЫЛИ ПЛОХИЕ КРЕДИТЫ, БЫЛО СПИСАНИЕ. НО НЕСРАВНИМО С ТЕМИ СПИСАНИЯМИ, КОТОРЫЕ БЫЛИ, НАПРИМЕР, У АМЕРИКАНСКИХ БАНКОВ ПО ЛАТИНОАМЕРИКАНСКОМУ ДОЛГУ, ДЕСЯТКИ МИЛЛИАРДОВ ДОЛЛАРОВ. МЫ СПИСАЛИ ДВА-ТРИ ДЕСЯТКА МИЛЛИОНОВ. Я ДУМАЮ, БОЛЬШИНСТВО НАШИХ КОНКУРЕНТОВ ПРОЙДЕТ ЧЕРЕЗ ЭТОТ ЭТАП ИЛИ УЖЕ ПРОШЛИ.

— ВЫ ЧЕГО-НИБУДЬ БОИТЕСЬ?

— (ПРОДОЛЖИТЕЛЬНЫЙ СМЕХ.) Я БОЮСЬ ПОТЕРЯННЫХ И НЕДОПОЛУЧЕННЫХ ДЕНЕГ, Я БОЮСЬ ПЛОХОГО ИНВЕСТИРОВАНИЯ В НАШУ СТРАНУ, Я БОЮСЬ НИЗКОГО КРЕДИТНОГО РЕЙТИНГА СТРАНЫ — ЭТО ВСЕ ОЗНАЧАЕТ, ЧТО МЫ ТЕРЯЕМ ВОЗМОЖНОСТЬ НОРМАЛЬНО, ЦИВИЛИЗОВАННО РАБОТАТЬ НА МЕЖДУНАРОДНЫХ РЫНКАХ. А ЭТО СВЯЗАНО С ПОТЕРЕЙ ДЕНЕГ, ВСЕ ВЕДЬ ИЗМЕРЯЕТСЯ РУБЛЯМИ.

Из интервью журналу «Власть» 11 марта 1997 года

1998 год начался для «Инкомбанка» хорошо. В газетах писали, что в конце января в отреставрированной церкви Иоанна Богослова, расположенной рядом с Театром имени Пушкина, состоялась встреча патриарха Московского и всея Руси

Алексия II с президентом «Инкомбанка» Владимиром Виноградовым. По выражению патриарха, эта церковь, которая в советское время была подобна развалинам Карфагена, ныне восстановлена на средства банка. Поводом для встречи стало вручение храму двух купленных «Инкомбанком» у частных лиц и отреставрированных икон XVII и XIX веков. В качестве ответного дара Алексий II преподнес банкиру образ святого Владимира.

А в августе грянул кризис.

КРИЗИС ЕСТЬ КРИЗИС

17 августа было объявлено о первом объединении российских банков. Двенадцать крупнейших российских банков подписали соглашение о создании так называемого расчетного пула — для обеспечения бесперебойных расчетов между своими клиентами. Об этом президент «Инкомбанка» сообщил на состоявшейся в тот же день пресс-конференции. В пул должны были войти банк «Российский кредит», «Альфа-банк», Сбербанк России, «Внешторгбанк», Внешэкономбанк, «СБС-Агро», «МЕНАТЕП», «Мост-банк», «Инкомбанк», «Национальный резервный банк» (НРБ), а также группа «ОНЭКСИМбанк» — МФК. ЦБ подтвердил, что будет кредитовать эти банки на стандартных условиях. При этом, как сообщил Владимир Виноградов, если у одного из этих банков возникнут финансовые трудности, прочие банки пула и ЦБ России при кредитовании «будут предъявлять к нему ломбардные условия, вплоть до залога контрольного пакета акций». Этот пул («двенадцатибанкирщина») так и исчез, не сделав ничего. Объединение просуществовало всего пару дней — от заявления главы «Инкомбанка» Владимира Виноградова о создании пула до заявлений глав Сбербанка и «Внешторгбанка» о том, что они в этот пул не входят.

Вскоре «Национальный резервный банк» и «Инкомбанк» объявили о создании новой банковской группы — «Газпромовского синдиката». Название альянса говорило само за себя — эти банки решили объединиться вокруг «трубы». Действительно, в полуразрушенной кризисом финансовой системе России лучшей поддержки, чем «Газпром», для банков, пожалуй, было не найти. Во всяком случае, столь же мощного потока валюты на банковские счета никакое другое российское предприятие обеспечить не могло. Когда российский рубль стремительно падал, а Банк России отказывался продать даже доллар из своих запасов, лучшего пути у банков просто не было. Поэтому вполне понятно, что инициатива «Национального резервного банка» была поддержана, и он быстро обрел сторонников.

Через несколько дней помимо «Инкомбанка» под знамена «Газпромовского синдиката» собрались «Автобанк», «Альфа-банк» и «Межкомбанк». Структура новой банковской группы явно говорила о том, что банки не особенно интересуются проблемами друг друга. Все они сохраняли статус юридических лиц, и, по-видимому, никто из них не намерен был нести ответственность по долгам других членов группы. Правда, представители НРБ заявляли, что этот банк займется «реструктуризацией и рекапитализацией группы». Однако было неясно, откуда у банка, активно работавшего на многих обрушившихся секторах финансового рынка, могли появиться свободные средства, чтобы это осуществить. Единственное, на что он мог рассчитывать, — это средства «Газпрома».

27 августа «Газпромбанк» заявил, что информация о том, что он рассматривает вопрос о присоединении к банковскому холдингу, не имеет под собой никаких оснований. Не было подтверждено и участие в нем банка «Российский кредит».

После 17 августа проблемы банка стали очевидны всем. Начались задержки платежей и перебои с выплатой вкладов. Уже в сентябре практически все операции в банке остановились и часть его счетов была арестована. ЦБ попытался было ввести в банк временную администрацию, но тот оспорил это решение в суде, и временная администрация ушла.

В конце сентября 1998 года по распоряжению Лондонского королевского суда были заморожены корсчета «Инкомбанка» в британском филиале американского банка Lehman Brothers Holdings Inc. Поводом для обращения Lehman Brothers в суд стало неисполнение российскими партнерами форвардных контрактов на поставку долларов на сумму $87 млн.

Четыре последних месяца банк отчаянно боролся за жизнь. Он искал помощи. То у «Газпрома», то у Внешэкономбанка. То у Лужкова, то у Вольского. До последнего дня он надеялся, что ему все-таки поможет ЦБ. Но ничего из этого не вышло.

19 октября 1998 года Владимиру Виноградову исполнилось 43 года.

«ИНКОМБАНК», НО БЕЗ ВИНОГРАДОВА

28 октября 1998 года, через несколько дней после дня рождения, Владимир Виноградов подал в отставку, которую принял наблюдательный совет «Инкомбанка». Исполняющим обязанности президента был назначен первый вице-президент банка Борис Зенков. Самого Виноградова на совете не было, и о его дальнейших планах в «Инкомбанке» ничего сказать не смогли.

Подав заявление с просьбой уволить его «по собственному желанию», Владимир Виноградов, по сути, взял на себя всю ответственность за бедственное положение, в котором оказался банк. В тот момент никакие операции «Инкомбанк» не проводил, а «дыра в балансе», по некоторым сведениям, составляла больше $1 млрд.

Ни одна из идей Виноградова по оздоровлению банка не принесла практического результата. Продажа пакета акций «Газпрому» так и не дала банку возможности обслуживать финансовые потоки газового гиганта. Последующие переговоры об объединении с «Национальным резервным банком» в сентябре провалились. Программа реструктуризации «Инкомбанка», предложенная Виноградовым ЦБ, так и не начала осуществляться. Жестом отчаяния было обращение в ЦБ от 19 октября с просьбой ввести в «Инкомбанке» временную администрацию. Однако и тут не повезло. Банк России не только не ввел временную администрацию, но и, по некоторым данным, начал подумывать о возможности отзыва лицензии у банка.

В сложившейся ситуации Владимир Виноградов был едва ли не худшим из возможных руководителей для «Инкомбанка». У него всегда были непростые отношения с ЦБ. Особенно натянутыми они с давних пор были с Татьяной Парамоновой, так что когда она стала первым зампредом ЦБ, судьба Виноградова оказалась решена. Во всяком случае, в Банке России поговаривали, что с Парамоновой проводились консультации и по поводу смещения Виноградова, и по поводу кандидатуры его преемника.

Практически сразу после отставки Виноградова глава наблюдательного совета банка Владимир Грошев заявил, что все руководители «Инкомбанка» будут уволены и лишены акций. Их долги войдут в блокирующий пакет акций банка, передаваемый в доверительное управление Российскому союзу промышленников и предпринимателей (РСПП). На совместном брифинге глава РСПП Аркадий Вольский, Грошев, а также и. о. президента банка Борис Зенков рассказали о том, чем новый союз «Инкомбанка» обернется для его менеджеров и акционеров. По мнению Грошева, в том, что «Инкомбанк» имеет отрицательный собственный капитал, виноваты были в первую очередь управленцы. Грошев заявил, что менеджеры банка «были не готовы к происходящим в стране изменениям» и «неадекватно руководили банком в условиях кризиса». В частности, не была создана «система противодействия выводу активов из банка». В переводе на русский язык это означает, что менеджеры начали разворовывать собственный банк, а глава наблюдательного совета заметил это только накануне отзыва лицензии.

Новый партнер Грошева Аркадий Вольский соглашался с такой оценкой: «Все сотрудники банка должны нести ответственность за произошедшее, особенно те, кто выводил средства из банка дружественным организациям». Вскоре, по словам Грошева, был «сменен почти весь менеджмент головного офиса «Инкомбанка». В ближайшее время предполагалась и смена менеджеров всех филиалов. Принадлежащие им акции должны были быть «отобраны» и войти в блокирующий пакет, передаваемый в управление. Такая же судьба ожидала и 8% акций «Инкомбанка», находившихся на тот момент в собственности Владимира Виноградова.

Однако без Виноградова банк просуществовал всего двое суток. 29 октября 1998 года ЦБ отозвал у «Инкомбанка» лицензию. В пресс-релизе ЦБ отмечалось, что за последние три месяца ситуация в банке резко ухудшилась, что в итоге привело к его «фактической неплатежеспособности». Главными причинами этого Центробанк называл несбалансированность обязательств банка по срокам и принятие на себя чрезмерных рисков на рынке срочных сделок. Все это на фоне снижения курса рубля и массового изъятия средств клиентами банка и привело к столь печальному результату.

В последнее время положение «Инкомбанка» стремительно ухудшалось. Размер дневных поступлений на корсчет сократился в 200—300 раз. Сумма средств, списанных со счетов клиентов, но не проведенных по корсчету, выросла в четыре раза. В результате к настоящему времени «Инкомбанк» полностью утратил капитал и нарушил все нормативы ЦБ. Одновременно резко увеличилось количество исков кредиторов «Инкомбанка», в обеспечение которых арестовывались его активы. Аресту подверглись имущество и здания нескольких филиалов, часть автопарка, корсчета в зарубежных банках и проч. Нарастала угроза ареста всех сколько-нибудь ценных активов. В результате, по мнению Банка России, часть требований к «Инкомбанку» была бы удовлетворена в ущерб интересам основной массы его вкладчиков и кредиторов.

Чтобы не допустить «неконтролируемого «размывания» активов банка, ЦБ решил отозвать у него лицензию. В банк был назначен уполномоченный представитель ЦБ — начальник отдела ликвидации кредитных организаций ГУ ЦБ по Москве Геннадий Кузнецов. Так закончилась десятилетняя история «Инкомбанка».

Владимир Виноградов после отзыва у банка лицензии старательно избегал общения с прессой. Глава наблюдательного совета банка Владимир Грошев тоже был не особенно разговорчив. Хотя буквально за сутки до лишения «Инкомбанка» лицензии он провел брифинг, на котором, как мы помним, предложил свою трактовку событий.

Представители банковского сообщества по-разному оценивали причины падения банка. Сергей Калугин, президент инвестиционной компании «КФП-Капитал», говорил, что одного определяющего фактора быстрого падения «Инкомбанка» не было, а имелась совокупность причин. Первая, но не главная — это общая ситуация в стране. Вторая — менеджмент самого банка. Третья — внутренняя ситуация: из банка и до кризиса, и во время него ушло немало людей. На определенном этапе люди, по-видимому, просто решили выходить из трудной ситуации по-разному, команда распалась. Каждый из ее бывших членов начал создавать собственный бизнес на обломках. А Ральф-Дитер Монтаг-Гирмес, управляющий директор компании ARQ, был уверен, что все дело в выводе активов, или, попросту говоря, в воровстве.

Многие связывали крах банка с личностью его хозяина, который, как оказалось, не справлялся со своей ролью ни на внутреннем, ни на внешнем фронте. К тому же в течение всей жизни Владимир Виноградов страдал болезнью почек. Но главная ошибка Виноградова, как утверждают в банковских кругах, все же другая: он поплатился за то, что постоянно переоценивал свои силы и недооценивал чужие. «Наследник» Виноградова Лебедев выразил эту мысль предельно ясно: «Я прекрасно понимаю, чего хотел Виноградов. Он хотел найти философский камень, с помощью которого можно было бы обычные предметы превращать в золото».

Жизнь после смерти

Виноградов был единственным российским олигархом, о судьбе которого после 17 августа почти ничего не было известно. Он избегал общения с прессой, не был замечен на бизнес-тусовках, не делал публичных заявлений о новых проектах. После его отставки не было даже точных сведений о его местонахождении. Рассказывали, что у него был нервный срыв. Якобы он уехал в какое-то охотничье хозяйство в Карелии, а потом за границу. Во всяком случае, на публике банкир больше не появлялся. Одни источники утверждали, что он работает в концерне «Бабаевский», другие — что его убили по заказу кредиторов где-то в Малайзии.

«Коммерсантъ» стал первой газетой, которой в 1999 году удалось узнать, чем занимался после отставки Владимир Виноградов. Проведенное расследование показало, что создатель и бессменный руководитель «Инкомбанка» и не думал бросать банковский бизнес: он купил себе новый банк. Поиски подходящего банка начались осенью 1998 года, и уже в ноябре выбор был сделан в пользу «Оргбанка». В его структуру входило четыре банка, и как раз в это время один из них — «МКБ-

Оргбанк» — продавался. Сделка состоялась в декабре, а юридически была оформлена 27 января 1999 года. Именно тогда «МКБ-Оргбанк» получил новое название ООО «Межрегиональный клиринговый банк» (МКБ).

Летом 2000 года Владимир Виноградов согласился дать газете «Коммерсантъ» интервью, в котором рассказал о своем видении причин краха банка. Это было его первое интервью с августа 1998 года.

Владимир Виноградов:
«Уголовных дел не ведется.
Да я и не напрашиваюсь»

— Почему «Инкомбанк» не стал исключением среди других крупных банков и не выжил?

— И не должен был. Все банки, за исключением банка уважаемого господина Смоленского, который испытывал трудности уже до 17 августа, неплохо себя чувствовали. Но из-за того, что резко изменились курсы валют, поменялись правила игры, платежи по экспортной выручке перестали поступать в страну и не поступали до конца года, банки не смогли существовать.

— Это главная причина?

— Да. Но были и другие. По количеству привлеченных денег физических лиц мы были первыми после Сбербанка — у нас было порядка миллиарда долларов. И когда население пошло массово забирать деньги, мы приняли решение отдавать, потому что надеялись, что правительство примет соответствующие меры. Отдавали честно и сполна. За первые четыре недели выдали свыше $600 млн! Потом из оставшихся $400 млн около $70 млн отдавали с поступлений на счета. При этом, естественно, предприятия перестали нам платить. Также у нас была задолженность по евробондам на $350—400 млн. Несмотря на то что сразу мы заплатили только процентов 15—20 суммы, все оставшееся с нас взяли после того, как стоимость этих бумаг упала до нуля за два месяца, прошедшие с 17 августа. И все равно все мы не покрыли, потому что платили не вовремя, возникали штрафные санкции, пени. Помимо этого, вы, конечно, знаете, что «Инкомбанк» последовательно кредитовал экономику России и прежде всего — промышленные предприятия. Реальный портфель кредитных активов был равен $3,5 млрд. На $1 млрд активы были профондированы деньгами частных вкладчиков. Это именно та треть кредитного портфеля, которая достигала по срочности года и больше.

— Еще говорят, что банк погубили противоречия внутри менеджмента...

— Кроме макроэкономических причин существует и несколько субъективных, внутренних причин — моя болезнь в 1997 году и то, что некоторые мои коллеги мечтали занять мой пост, пока я болел. Это председатель наблюдательного совета банка Владимир Грошев, вице-президенты Юрий Мишов, Сергей Марьин, которые пришли в банк не без рекомендации Грошева. Люди, значительная часть биографии которых прошла в ЦК ВЛКСМ. Мне кажется, что, если бы они в то время занимались делом, банк оказался бы более устойчивым во время кризиса. Да, были бы проблемы в связи с большим промышленным кредитным портфелем, но меньше риск в связи с еврооблигационным займом Минфина. Евробонды купили в ноябре, как раз когда я лежал в больнице.

— То есть получается, что банк растащили команды менеджеров, которые работали в своих интересах?

— Я бы не сказал, что это были команды. Просто, пока меня чинили врачи, прошло месяцев 9—12... как считать. Я одному из своих коллег — Марьину — сказал: хотели поруководить — берите, принимайте ответственность, я буду лечиться, а потом посмотрим, что вы сделаете. И, к сожалению, они занялись вопросами власти, а не конкретным управлением. Помните, как сказал Ельцин...

— По поводу «Инкомбанка»?

— Нет, по поводу Коржакова. «Они слишком много брали и слишком много отдавали». Моя вина в том, что я этим людям доверял как самому себе. Переоценивал в лучшую сторону, считал их более грамотными, чем они оказались, считал их более корпоративными. А они оказались испорченными ЦК ВЛКСМ до мозга костей. Это поколение, которое отработало в высших комсомольских инстанциях, особенно в период заката перестройки, испорчено. Может быть, в предыдущих поколениях были люди и потверже, поделовитей, а эти... учились много, но не научились ничему. Сожалею, что в свое время не предпринял решительных шагов и от них не освободился. Хотя пытался это сделать в последующем.

— Когда?

— В конце 1997 года, когда вышел на работу, я обсуждал с Грошевым вопрос, как с ними быть. Сказал, давай что-то делать — они же не работают, только обсуждают, кто будет первым, кто какую будет зарплату получать. Грошев сказал, что поговорит с ними.

— Договорился?

— Сказал, что разошлись в три часа ночи, выпили 0,7 виски, но друг друга не поняли. Сказал, давай посмотрим, как будут работать, подождем. Вот и подождали...

— Непонятно, как же у вас такой прокол с командой вышел. Ведь рассказывали, что у вас все топ-менеджеры проходили тест на лояльность вам и банку на детекторе лжи.

— Такую проверку все менеджеры между январем 1997-го и февралем 1998-го прошли. И, кстати, позже все подтвердилось в соответствии с данными описаниями <...>

— Полтора миллиарда убытков — они где? Говорят, что менеджеры покинули банк не с пустыми карманами.

— Я не могу сказать про это: не пойман — не вор. Наверное, им пообещали в тех структурах, куда они перешли, что если они помогут в разборке «Инкомбанка», то у них все будет. А $1,5 млрд — в курсовых разницах. ГКО стоило три единицы, а после кризиса — минус сто единиц. Во всяком случае, по международной отчетности — так. Нас, кстати, подвело и то, что мы готовились с октября 1997 года до июня к продаже 20% акций «Дойче банку». И в июне они нам отказали, сказав, что условия в стране не позволяют совершить сделку. А мы очень серьезно готовились к ней, делая суперпрозрачные ежемесячные и ежеквартальные балансы.

— То есть они видели, что у вас уже все непросто?

— Нет, на тот момент у нас все было хорошо. По апрель включительно. Было сделано заявление Черномырдина об экономическом росте, Чубайс неофициально, в тусовке МВФ, говорил про это. Мы бы сделали эту инвестицию, потому что заинтересованность Дойче банка была очень высока. Иногда даже в шутку кажется, что наши конкуренты простимулировали некоторых деятелей в России, чтобы так резко объявить о дефолте и обвалить курс <...>

— А чем вы сейчас занимаетесь?

— Вместе с коллегами приобрел контрольный пакет в банке, который имел проблемы, — Межрегиональном клиринговом банке. Он небольшой, сейчас абсолютно чистый, прозрачный.

Капитал $2 млн. Валюта баланса от $12 млн до $30 млн. Я там скромный акционер, член совета. Создали холдинг из трех лизинговых предприятий. Одно из них СП с «Сибирским алюминием», которое входит в тройку крупнейших лизинговых. Среди направлений его деятельности — проекты по производству и последующей передаче в лизинг самолетов «Ту-204» и «Ан-140», получившие одобрение в правительстве. Вторая компания — для сделок, найденных на рынке. Третья компания, созданная на Кипре, имеет лицензию Минэкономики и предназначена для инвестиций в форме лизинга импортного оборудования. В настоящий момент все три компании имеют определенные портфели сделок, суммарный объем которых около $50 млн. Из них около $35 млн уже профинансированы. Не расстался и с фабрикой имени Бабаева.

— И как вам после руководства «Инкомбанком» МКБ?

— Пригласил молодых людей, старой команды нет. Они не испорчены старой, доперестроечной системой. Они, конечно, историю плоховато знают, но я им иногда рассказываю, как мы жили, как ошибались. Будем заниматься корпоративным лизингом и проектным финансированием, организовывать облигационные займы для хороших средних предприятий и некоторых регионов уже с осени этого года. Вопросами управления промышленными проектами, например, в пищевой отрасли. Создали очень дешевую расчетную рублевую карту — «Бэтакард». Она имеет очень неплохие перспективы, и думаю, что есть возможность со временем побороться за создание на ее основе национальной платежной карточной системы.

— С действующими олигархами встречаетесь?

— Конечно. Вот на днях обсуждали с известным товарищем из первой тройки крупных бизнесменов ситуацию вокруг «Норильского никеля». По залоговым аукционам. Я сказал, что этого и следовало ожидать. Все нужно делать по закону. А залоговые аукционы делали по подзаконному акту. Что мешало подождать немножко и принять закон. Хотелось в одно мгновение стать богатым. Кстати, это и во время аукционов было моей позицией. Я говорил: давайте делать приватизацию, но давайте по правилам, по законам. Тендеры проводить в единообразной форме. А не так, когда правила писал твой спарринг-партнер.

— Очень уверенно говорите. Ваше прошлое безоблачно?

— Думаю, что на два порядка безоблачнее, чем у многих.

— То есть проблем с органами у вас нет?
— Нет. Иногда захаживаю в налоговую полицию, приглашают по некоторым вопросам. Как свидетеля. Уголовных дел не ведется. Да я и не напрашиваюсь.

Из интервью газете «Коммерсантъ» 29 июня 2000 года

Владимир Виноградов уверенно говорил, что его прошлое безоблачно. Что он думал о своем будущем? Мог ли представить себе, что через восемь лет деньги на похороны придется собирать его бывшим сотрудникам? И что попрощаться с ним придет так много людей?

Двоеженец,
или Дважды изгой

Бадри (Аркадий)
Патаркацишвили,
«ЛогоВАЗ», ОРТ, «Сибнефть», ИД
«Коммерсантъ», «Имеди» и многое другое

20 июня 2001 года центр общественных связей Генпрокуратуры РФ обратился к предпринимателю Бадри Патаркацишвили, по сути, с настоящим ультиматумом. Ему предлагалось в течение недели явиться в Генпрокуратуру (или хотя бы связаться со следователем).

Жить по понятиям — для меня это значит жить по совести. И законы созданы для того же.

Бадри Патаркацишвили

...При попытке к бегству

«В случае неявки к нему будут приняты в полном объеме меры, предусмотренные уголовно-процессуальным законодательством», — предупреждали сотрудники правоохранительных органов. Фактически это значило, что через неделю Бадри Патаркацишвили вполне может быть объявлен в розыск и затем арестован (что, правда, совершенно не исключалось и в случае его добровольной явки на допрос).

Предприниматель проходил свидетелем по делу о попытке побега из-под стражи бывшего топ-менеджера компании «Аэрофлот» Николая Глушкова. По данным правоохранительных органов, 11 апреля 2001 года около 10 часов вечера обвиняемый Николай Глушков вышел из здания столичного гематологического центра, где он находился на лечении под круглосуточной охраной. На выходе с территории центра его задержали сотрудники ФСБ, имевшие оперативную информацию о готовящемся побеге. По их версии, побег готовили друзья Николая Глушкова — Бадри Патаркацишвили и Борис Березовский.

На следующий день устами своего адвоката Семена Ария Бадри Патаркацишвили ответил прокуратуре. Опровергая претензии правоохранителей, адвокат утверждал, что его клиента один раз уже вызывали на допрос, еще в апреле. При этом в Генпрокуратуру было направлено объяснение, что он находится в длительной командировке и вернется в Россию только в сентябре. Никаких других повесток Бадри Патаркацишвили не получал. Указав, что публичный анонс связи известного предпринимателя с уголовщиной как минимум некорректен, от себя адвокат добавил, что «процессуально допустимых доказательств причастности господина Патаркацишвили к делу о побеге у следствия нет».

Впрочем, объявленный Генпрокуратурой недельный срок понадобился следователям не только для того, чтобы дождаться добровольной явки подозреваемого и тем самым избежать возможных трудностей с его розыском. За это время была проведена экспертиза прослушки телефонного разговора Бадри Патаркацишвили с начальником службы безопасности телекомпании ОРТ Андреем Луговым. Собеседники якобы обсуждали варианты побега Николая Глушкова. Эксперты подтвердили, что говорил именно Бадри Патаркацишвили. Этого оказалось достаточно, чтобы выдвинуть против него обвинение в организации побега. Второй же собеседник — Андрей Луговой — 28 июня был арестован по такому же обвинению. Ему предстояло провести в заключении больше года.

Еще через пять лет Андрей Луговой, ныне депутат Госдумы от ЛДПР, «засветится» в печально известном деле о чашке чая с изотопами в баре отеля «Миллениум». Впрочем, к Патаркацишвили та история отношения не имеет. Сам же Бадри Шалвович, находившийся, по информации своей пресс-службы, в длительной зарубежной командировке, принял предсказуемое решение — не возвращаться в Россию. Генпрокуратура сразу же объявила его в международный розыск, минуя федеральный.

Патаркацишвили принял грузинское гражданство, и направленный Генпрокуратурой в ноябре 2001 года в Грузию запрос на его выдачу остался без удовлетворения — грузинские законы (как и российские) запрещали выдачу своих граждан правоохранительным органам иностранных государств.

Топ-менеджер Березовского

До того как стать правой рукой Бориса Березовского и разглядеть — по своим же словам — в рядовом работнике петербургской мэрии Владимире Путине потенциального премьер-министра России, Аркадий Патаркацишвили делал карьеру в грузинском комсомоле и на производстве. В конце 1980-х он стал начальником станции техобслуживания автомобилей «Жигули», а в 1990 году — директором Кавказского регионального представительства АО «ЛогоВАЗ». В том же году он познакомился с Борисом Березовским.

Первая половина 1990-х годов стала периодом профессионального капиталистического роста Бадри Патаркацишвили в пределах (и за оными) империи «ЛогоВАЗ». Если Березовский был, скорее, стратегом, отвечавшим за «политическое прикрытие» бизнеса, то Патаркацишвили, перебравшись в Москву, становился все более хватким топ-менеджером.

С мая 1992-го по май 1994 года Бадри — заместитель генерального директора АО «ЛогоВАЗ», с июня 1994 года — первый заместитель генерального директора. С 1994 года он возглавлял фирму «Лада-инжиниринг», входящую в состав «ЛогоВАЗа»; был вице-президентом ассоциации «Российские автомобильные дилеры» (1994—1995).

В декабре 1995 года ЗАО «Нефтяная финансовая компания», совладельцем и председателем совета директоров которого был Бадри, купило 51% акций «Сибнефти». В 1996—1999 годах Патаркацишвили возглавлял совет директоров Объединенного банка. Также считается, что он совместно с Борисом Березовским владел 25% «Русского алюминия».

С середины 1990-х годов Патаркацишвили участвует и в медийном бизнесе своего партнера. Он занимал должность заместителя генерального директора телеканала «Общественное российское телевидение» (ОРТ) по коммерции; был первым заместителем председателя совета директоров ОАО «Общественное российское телевидение». За полгода установив контроль над телеканалом, он стал его директором по коммерции и финансам, а на пике карьеры — председателем совета директоров «Первого канала». Тогда же господин Патаркацишвили впервые столкнулся с российскими правоохранительными органами.

В марте 1995 года его допрашивали по делу об убийстве гендиректора телекомпании ОРТ Владислава Листьева. В СМИ высказывались версии, что убийство было организовано по заказу Бориса Березовского, желавшего контролировать рекламные доходы канала. Тогда обвинений ему не предъявили.

В 1999 году под контроль Бориса Березовского переходит телеканал ТВ-6. В марте 2001 года Бадри Патаркацишвили, будучи исполнительным директором ОРТ, становится еще и генеральным директором ТВ-6. Другими российскими медийными активами двух бизнесменов были издательский дом «Коммерсантъ», «Независимая газета», «Новые Известия» и журнал «ТВ-Парк».

Но политика, которой Патаркацишвили долго сторонился в России, нашла его сама. 7 декабря 2000 года в рамках дела «Аэрофлота» был арестован и помещен в изолятор «Лефортово» Николай Глушков. По словам самого Патаркацишвили, это дело изначально было направлено против Березовского.

В зависимости от взаимоотношений Березовского с властью оно или закрывалось, или снова возобновлялось. Когда Березовский помогал Путину на выборах, Генпрокуратура закрыла дело. Когда пошел против Путина — возобновила. Партнеры поняли это быстро. Как и то, что одним из главных элементов политики «равноудаления олигархов» станет перехват контроля над средствами массовой информации, и над ТВ — в первую очередь. Они решили, что их медиа-активы представляют предмет торга с властью, а качество этих активов обеспечивает сильную переговорную позицию. Требования Кремля, как утверждал Патаркацишвили, сводились к тому, чтобы партнеры «продали медиаимперию, а Березовский прекратил политическую деятельность».

БАДРИ ПАТАРКАЦИШВИЛИ: «Я НАЗНАЧИЛ СЕБЯ ГЕНЕРАЛЬНЫМ ДИРЕКТОРОМ ТВ-6»

— <...> Я ПРОДОЛЖАЛ ПЕРЕГОВОРЫ С ПРЕДСТАВИТЕЛЯМИ ВЛАСТИ ОБ ОСВОБОЖДЕНИИ ГЛУШКОВА ИЗ-ПОД СТРАЖИ И ПОЛУЧИЛ ПРЕДВАРИТЕЛЬНОЕ СОГЛАСИЕ ПРИ УСЛОВИИ, ЧТО ГЛУШКОВ НЕМЕДЛЕННО ПОКИНЕТ СТРАНУ.
— С КЕМ ИМЕННО ИЗ ПРЕДСТАВИТЕЛЕЙ ВЛАСТИ?
— С СЕРГЕЕМ ИВАНОВЫМ, ОН ТОГДА ЕЩЕ БЫЛ СЕКРЕТАРЕМ СБ <...> И ДЕЙСТВОВАЛ ПО ПОРУЧЕНИЮ ПУТИНА. МНЕ БЫЛО ПРЕДЛОЖЕНО ЗАНИМАТЬСЯ ЛЮБЫМ БИЗНЕСОМ, НО ПРОТИВОПОКАЗАНО ЗАНИМАТЬСЯ ПОЛИТИКОЙ И МАССМЕДИА <...> Я НАЗНАЧИЛ СЕБЯ ГЕНЕРАЛЬНЫМ ДИРЕКТОРОМ ТВ-6, ИСХОДЯ ТОЛЬКО ЛИШЬ ИЗ ТОГО, ЧТО ЕСЛИ ВСЕ ЖЕ НАМ ПРИДЕТСЯ ДОГОВАРИВАТЬСЯ С ВЛАСТЬЮ, ТО ЛУЧШЕ ЭТО ДЕЛАТЬ СО МНОЙ.

ИЗ ИНТЕРВЬЮ ГАЗЕТЕ «КОММЕРСАНТЪ» 4 ИЮЛЯ 2001 ГОДА

Покупателем ТВ-6 (опять-таки по словам Бадри Патаркацишвили) был «назначен» Вагит Алекперов. Но с ним договориться не удалось, и противостояние предпринимателя с властью перешло в «открытую фазу». Глушков был пойман при попытке побега, а Патаркацишвили перебрался в Грузию, не оставляя, правда, усилий вытащить своего друга из тюрьмы. В результате 30 октября 2002 года Басманный суд Москвы по ходатайству Генпрокуратуры выдал санкцию на арест Бадри

Патаркацишвили по делу о хищении около 2000 автомобилей при проведении «ЛогоВАЗом» в 1994—1995 годах взаимозачета с «АвтоВАЗом» и администрацией Самарской области. Предприниматель был снова объявлен в международный розыск.

САМЫЙ БОГАТЫЙ ГРУЗИН

К тому времени у себя на родине Бадри Патаркацишвили пользовался огромным авторитетом. Его активное участие в грузинском бизнесе вызвало искренний энтузиазм как грузинских властей, так и делового сообщества. Деньги и авторитет Бадри позволяли ему помимо всего остального выступать своего рода посредником, арбитром во многих вопросах, где пересекались интересы властей и бизнеса.

В Грузии он занялся в основном медийным бизнесом: создал телекомпанию «Имеди», купил доли в телекомпаниях «Мзе» и «Первое стерео». Вместе с Борисом Березовским приобрел паи в фонде Bary Discovered Partners, владеющем целым рядом предприятий пищевой промышленности в Грузии и Сербии. Владел 49,9% грузинского сотового оператора Magticom, долями в футбольном и баскетбольном клубах «Динамо» (Тбилиси), а через британскую компанию Media Sports Investement контролировал 51% акций бразильского футбольного клуба «Коринтианс».

В Грузии Патаркацишвили в начале и середине 2000-х годов вел все более широкую общественную и политическую деятельность. Он возглавил Федерацию бизнесменов Грузии, купил столичный цирк, финансировал борцов, пловцов и шахматистов, вложил крупные средства в реконструкцию древней грузинской столицы Мцхета и в строительство нового кафедрального собора Святой Троицы в Тбилиси. В 2002 году Патаркацишвили предоставил тбилисской мэрии беспроцентный кредит в $1 млн для оплаты российского природного газа, когда Москва пригрозила прекратить газоснабжение Грузии в связи с ростом задолженности. 17 декабря 2004 года Патаркацишвили был избран президентом Национального олимпийского комитета Грузии. В 2005-м — президентом только что созданного Всемирного еврейского телевидения. Кандидатура Патаркацишвили на этот пост была выдвинута на заседании Всемирного конгресса евреев, проходившем в Иерусалиме.

На его положении не особо сказался даже очередной конфликт с правоохранителями. В феврале 2005 года прокуратура Бразилии начала расследование возможных финансовых нарушений в футбольном клубе «Коринтианс», инвестором которого вместе с Борисом Березовским был Бадри Патаркацишвили. По данным следствия, клуб использовался для отмывания денег.

Но репутация Бадри в Грузии была безупречна, а позиции казались незыблемыми. К 2007 году он владел 70% акций грузинского медиахолдинга «Имеди» (тогда холдинг оценивался в $300—400 млн), 78% акций телеканала «Рустави-2», 51% акций телекомпаний «Мзе» и «Первое стерео». Всего он контролировал 80% грузинского телерынка.

Активы фонда Bary Discovered Partners оценивались в $1 млрд. Фонд владел корпорацией Georgian Glass and Mineral Waters (производитель грузинской минеральной воды «Боржоми» и украинских «Миргородской» и «Моршинской») с оборотом более $120 млн, кондитерской фабрикой Bamby и молочным заводом Imlek в Грузии. В 2007 году газета Georgian Times оценила состояние Бадри Патаркацишвили в $12 млрд. В его владении еще оставались и доли в российских активах, и авторитет в российских деловых и властных кругах. Именно через Бадри в 2006 году Борис Березовский продаст лояльному Кремлю предпринимателю Алишеру Усманову ИД «Коммерсантъ».

БАДРИ ПАТАРКАЦИШВИЛИ:
«Я БЫЛ УБЕЖДЕН, ЧТО ПРИШЛА ВЛАСТЬ, О КОТОРОЙ Я МЕЧТАЛ»

Я НЕ ТОТ ЧЕЛОВЕК, КОТОРЫЙ ВОТ ТАК ВДРУГ ВСТАЛ И НАЧАЛ БОРЬБУ ПРОТИВ МИШИ. ВОТ КОГДА ОН ПРИШЕЛ К ВЛАСТИ, Я ВЗЯЛ И ОТДАЛ 51% «МЗЕ». СКАЗАЛ БЫ: ОТДАЙ МНЕ «ИМЕДИ», Я БЫ ОТДАЛ И «ИМЕДИ». Я БЫ ОТДАЛ, ПОСКОЛЬКУ ТОГДА БЫЛ УБЕЖДЕН, ЧТО ПРИШЛА ВЛАСТЬ, О КОТОРОЙ Я МЕЧТАЛ, КОТОРАЯ СДЕЛАЕТ ВСЕ, ЧТОБЫ СТРАНА НОРМАЛЬНО РАЗВИВАЛАСЬ И НОРМАЛЬНО ШЛА. Я ВЕРИЛ

ЗУРЕ, АБСОЛЮТНО, И МЫ НОЧАМИ НАПРОЛЕТ ДУМАЛИ, КАК ПОСТРО-
ИТЬ ЭКОНОМИКУ <..> И ТА ЭКОНОМИЧЕСКАЯ ПРОГРАММА, КОТОРАЯ
БЫЛА СДЕЛАНА ФАКТИЧЕСКИ МНОЙ, — СОКРАТИЛИ НАЛОГИ ДО 32%,
НДС И ТАК ДАЛЕЕ. УМОЛЯЛ МИШУ ВЫПУСТИТЬ АМНИСТИЮ ДЛЯ
БИЗНЕСА И ГОВОРИЛ, ЧТО БИЗНЕС ДОЛЖЕН ВЗДОХНУТЬ СВОБОДНО.
ТОГДА И СТРАНА БУДЕТ РАЗВИВАТЬСЯ. ТРИ МИЛЛИОНА ЗА ПРОГРАМ-
МУ ЗАПЛАТИЛ, ПОДГОТОВИЛИ В КАНАДЕ. ПОТОМ ПЛЮНУЛ НА ВСЕ,
ПОТОМУ ЧТО ПОНЯЛ — НЕ ИМЕЕТ СМЫСЛА.

ИЗ ЗАПИСИ ВСТРЕЧИ С ИРАКЛИЕМ КОДУА,
ОПУБЛИКОВАННОЙ В ГРУЗИНСКОЙ ГАЗЕТЕ «АЛИЯ» 5 ФЕВРАЛЯ 2008 ГОДА
(ЖУРНАЛ «ВЛАСТЬ», 18 ФЕВРАЛЯ 2008 ГОДА)

Оппозиционер

Но в марте 2006 года Патаркацишвили выступил с критикой
грузинских властей, обвинив их в вымогательстве «оброка с
бизнеса», и перешел в оппозицию президенту Грузии Михаилу Саакашвили. В ответ Бадри назвали тайным спонсором
оппозиции, и новый виток противостояния предпринимателя и властей — на сей раз грузинских — оказался неизбеж-
ным. Он развивался в целом по тому же сценарию, что и в
России. От Патаркацишвили потребовали переуступить государству его медиахолдинг. Он отказался — уже из Лондона —
и в 2006 году продал австралийскому медиамагнату Руперту
Мердоку акции телеканала «Имеди», позже уступив ему всю
компанию.

В марте 2007 года Патаркацишвили из Лондона объявил о
прекращении политической и экономической деятельности в
Грузии. На полгода конфликт затих, но осенью 2007 года обстановка в Грузии начала накаляться. 7 ноября предприниматель принял участие в массовой акции протеста оппозиции
перед грузинским парламентом, а после грубого разгона этого митинга призвал оппозицию к объединению для борьбы с
Саакашвили и пообещал потратить все свои деньги «на освобождение Грузии от фашистского режима». Ответный ход не
заставил себя ждать. 9 ноября 2007 года Генпрокуратура Грузии возбудила против находившегося в Лондоне Бадри Патаркацишвили уголовное дело по обвинению в сговоре с целью
свержения власти. Спустя неделю Тбилисский городской суд

по ходатайству прокуратуры приостановил лицензию на вещание созданной Патаркацишвили телекомпании «Имеди» и наложил арест на ее имущество.

В декабре 2007 года Патаркацишвили стал одним из оппозиционных кандидатов в президенты, однако на выборах 5 января занял лишь третье место. Накануне в проправительственных грузинских СМИ начал появляться компромат. Так, прокуратура обнародовала аудиозапись встречи Патаркацишвили с начальником оперативного департамента МВД Грузии Эрекле (Ираклия) Кодуа, которая якобы прошла в Лондоне 23 декабря. Согласно записи, в ходе этой встречи Патаркацишвили дал указание Кодуа арестовать главу МВД Вано Мерабишвили, обещав ему $100 млн «за активное участие в осуществлении госпереворота». Патаркацишвили назвал пленку провокацией, хотя факт встречи с Кодуа не отрицал. После этого ему было предъявлено новое обвинение «в заговоре с целью свержения госвласти в Грузии, подготовке нападения на политическое должностное лицо и подготовке теракта».

В начале февраля 2008 года в Грузии разразился настоящий скандал. Сразу после обнародования прокуратурой записи разговора Патаркацишвили с Кодуа сторонники Бадри заявили, что запись смонтирована некорректно, куски вырваны из контекста и что будет опубликована полная запись разговора, из которой станет ясно, что никакого госпереворота Патаркацишвили не готовил. 2 февраля полковнику Кодуа за особые заслуги было присвоено звание генерал-майора. А уже 5 февраля газета «Алия», выходящая на грузинском языке, сообщила, что в ее почтовом ящике был обнаружен диск с запиской «Здесь полная запись разговора между Патаркацишвили и Кодуа. Опубликуете?». «Алия» опубликовала. В Грузии стенограмма стала темой номер один. Не в последнюю очередь потому, что в полном варианте речь идет не только о внутригрузинских проблемах, но и о России, точнее, о ее президентах — Ельцине и Путине. Впрочем, о них Бадри говорил немного. В частности, именно тогда он обозначил свою роль в политической карьере Владимира Путина.

Бадри Патаркацишвили: «На хрен мне пост министра, мне деньги нужны»

— Мне в России предлагали пост министра экономики. Потому что у меня пятьдесят человек лучших экономистов работали. Я целый институт создал, который работал над тем, как законы обойти. Какие тогда законы государство принимало? Когда принимало, я выступал и говорил, каким путем надо идти, чтобы обойти закон, ничего при этом не нарушить и цели достигнуть. Многие из тогдашних новых схем в России мной придуманы. И когда Путин пришел, он мне предложил занять пост министра экономики. Я ему ответил: ты что, с ума сошел? На хрен мне пост министра, мне деньги нужны...

Из записи встречи с Ираклием Кодуа,
опубликованной в грузинской газете «Алия» 5 февраля 2008 года
(«Власть», 18 февраля 2008 года)

В основном же речь шла о Грузии. В частности, о том, что на самого Патаркацишвили готовится покушение. О том, в чем именно Бадри расходится с Саакашвили, об «Имеди», о демократии, экономике, политике в Грузии.

Смерть и наследство

Через неделю после публикации в «Алие» и на следующий день после статей в российских СМИ Бадри Патаркацишвили скончался в своем доме в городе Лезерхед неподалеку от Лондона. Поздним вечером 12 февраля он сказал родным, что плохо себя чувствует, пошел в спальню, упал и умер. Английская полиция, ссылаясь на предварительные результаты вскрытия, сообщила о смерти от естественных причин — внезапного сердечного приступа. Но смерть дважды опального олигарха выглядела настолько подозрительно, что потребовала дополнительного тщательного расследования, результат которого — смерть в результате ишемической болезни сердца — убедил, впрочем, не всех.

Не успели родственники предать покойного земле (похороны Аркадия Патаркацишвили прошли в его тбилисской резиденции 28 февраля 2008 года при большом скоплении народа и превратились в импровизированный митинг грузинской оппозиции), как за его наследство развернулась самая настоящая война. Через три дня после смерти Бадри Патаркацишвили двоюродный брат покойного по материнской линии Джозеф Кей (эмигрировавший в США уроженец Грузии Иосиф Какалашвили) предъявил его вдове Инне Гудавадзе копии завещания и доверенности на право распоряжаться всеми активами. Вдова обвинила его в мошенничестве, подделке завещания и разослала письма с предупреждениями о попытке завладения активами властям США, Великобритании, Грузии и Белоруссии.

20 февраля грузинский канал «Мзе» сообщил, что господин Кей ведет в Тбилиси переговоры как распорядитель имущества покойного. Позже выяснилось, что в это время он переоформил на себя телеканал «Имеди».

12 марта в Белоруссии был арестован адвокат Джозефа Кея Эммануил Зельцер. Его обвинили в подделке документов и попытке мошеннического завладения белорусскими активами Бадри Патаркацишвили. 19 марта Инна Гудавадзе сообщила, что «самозванцы» провозгласили себя хозяевами «Имеди» и «пытаются продать ее правительству». 21 марта Джозеф Кей заявил, что «законно» купил акции телеканала у доверенного лица господина Патаркацишвили бизнесмена Георгия Джаошвили.

22 марта Борис Березовский заявил телеканалу «Рустави-2», что тоже может претендовать на доли в грузинских активах, управление которыми он ранее передал Бадри Патаркацишвили.

4 апреля Инна Гудавадзе и ее дочери подали в федеральный суд Южного округа Нью-Йорка иск к Джозефу Кею и Эммануилу Зельцеру. Они заявили, что ответчики пытаются захватить наследство стоимостью около $1 млрд, и попросили установить истинного наследника. В ходе разбирательств стороны договорились, что господин Кей не будет претендовать на спорные активы до конца процесса.

7 апреля Джозеф Кей и брат Эммануила Зельцера Марк обратились в суд Нью-Йорка с жалобой на то, что Борис Березовский и семья Гудавадзе заманили Эммануила Зельцера в Минск, где он был арестован. 10 апреля заключенный адвокат был переведен из СИЗО в психиатрическую клинику.

Лето 2008 года прошло в судейских баталиях. Тбилисский городской суд признал Джозефа Кея распорядителем завещания Бадри Патаркацишвили. Первая супруга покойного предпринимателя Инна Гудавадзе в Хамовническом суде Москвы добилась признания его брака с москвичкой Ольгой Сафоновой от 1997 года недействительным, сократив таким образом число претендентов на наследство.

В 2009 году в лондонский суд по вопросу о дележе наследства Патаркацишвили обратился и Борис Березовский, претендующий на половину активов покойного. Очередное многоточие в деле о наследстве поставил в феврале 2009 года тбилисский суд, не подтвердив право господина Кея распоряжаться наследством господина Патаркацишвили, но признав его исполнителем завещания, что давало ему возможность управлять тем же «Имеди». Семья Патаркацишвили оспорила это решение, но апелляционный суд оставил его в силе.

Послесловие

Российский бизнес еще очень молод. Какую бы дату ни считать датой его рождения — 1986 год, когда был принят Закон «О кооперации в СССР», или 1991 год, когда с СССР было покончено, — ему всего чуть более 20 лет. Он еще не вступил в возраст зрелости, но уже многого добился — крупнейшие российские предприятия сделались уважаемыми игроками на мировом рынке, а сам рынок стал неотъемлемой частью жизни России.

Нельзя сказать, что детство и юность российского бизнеса были счастливыми и безоблачными. Это было трудное время — сегодня многие с содроганием вспоминают «лихие 90-е». Период первоначального накопления в России проходил болезненно — бандитские разборки, дележка территории, борьба с конкурентами, противостояние коррумпированным «регуляторам» и обман потребителей. Юности свойственны крайности — этот период был временем быстрых взлетов и падений, мгновенного обогащения и столь же стремительного разорения.

Первопроходцами российского бизнеса, независимо от того, какими методами они действовали и каким бы ни был их «облико морале», безусловно, стали люди яркие, умные, сильные. Кто-то может сказать — амбициозные, хитрые, изворотливые, нечестные, безжалостные... Да мало ли что еще? Но, во-первых, это можно сказать и о тех, кто бизнесом не занимается; во-вторых, эти люди не с луны свалились, а были плотью от плоти нашего общества; и наконец, не должны одни люди осуждать других, потому что суд человеческий несовершенен и есть другой, высший суд.

Они очень разные, эти люди. Одни из них — люди старшего поколения — начали заниматься бизнесом уже в зрелом возрасте, другие — еще со школы. Кто-то добился профессионального успеха еще до «исторического материализма», как, например, Борис Березовский. Для кого-то бизнес стал продолжением «советской карьеры» — Владимир Виноградов, например, работал в советском банке. А кто-то начинал с извоза, как Гусинский, или даже был наперсточником, как гласит легенда о Смоленском. Хорошо заработав на торговле «часами да трусами» или компьютерами, они шли в «серьезные» отрасли (нефть, например, как Ходорковский, или, как Батурина, в строительство) или даже создавали новые (например, сотовый ритейл, как Чичваркин). Все они очень разные люди, но у них есть нечто общее: все они ушли с «игрового поля» российского бизнеса — одни были вынуждены уехать на чужбину, скрываясь от преследований властей; другие по тем или иным причинам оказались за решеткой; третьи просто ушли из жизни.

«Удаление» игроков с поля — вещь грустная, часто трагическая, но, в общем-то, закономерная. Это происходит в любой стране и в любое время. Но если речь идет о бизнесе российском, этот процесс имеет, разумеется, свои особенности. В общественном сознании существует такой шаблон: у российских бизнесменов начинаются неприятности, как только они вспоминают, что у экономики есть продолжение — политика, и тем самым уже начинают представлять угрозу для власти. Для такого мнения есть основания. Не успев как следует опериться, российский бизнес начал сопротивляться тому, кто его породил, — государству. Игроки быстро поняли, кто в России устанавливает правила игры, и начали действовать: одни договаривались, другие пытались противостоять, полагая, что деньги тоже кое-что значат, третьи предпочитали просто сидеть тихо и не высовываться. Но и власть прекрасно понимала, что такое деньги, и делала все, чтобы не утратить контроль над бизнесом и максимально использовать его в своих интересах. Естественно, не обошлось без потерь. Но среди тех, кто потерял свой бизнес и вынужден жить на чужбине, как Михаил Живило, Александр Конаныхин, есть и те, кого трудно считать «пострадавшими от власти», например Сергей Пугачев или Андрей Бородин.

Первопроходцы российского бизнеса, как и все люди, совершали ошибки, в том числе роковые, поддавались соблазнам насилия и душегубства, как Алексей Френкель (если верить приговору суда присяжных). Более того, многие из них, находясь под следствием по вполне уголовным статьям, изо всех сил старались выдать себя за жертв политических репрессий, и некоторые в этом преуспели, хотя и не имели на то никаких оснований, будучи уголовниками с точки зрения российского законодательства и общественной морали. Потому что эти люди — не ангелы, они такие же, как и все мы. Им так же, как и всем нам, нелегко противостоять соблазну. Да и бизнес — дело такое: трудно не запачкаться, трудно пройти по острию ножа и не порезаться. К тому же им не у кого было учиться, не у кого было спросить совета: они свой бизнес, свое дело не унаследовали от отцов и дедов, а создали сами. Мы их не судим, поскольку у нас иная профессия, у нас есть право рассказать об их жизненном пути максимально точно и взвешенно.

Владислав Дорофеев, Валерия Башкирова

Источники

В книге использованы материалы журналистов ИД «Коммерсантъ»: Максима Акимова, Наталии Акимовой, Владимира Александрова, Алексея Алексеева, Ольги Алленовой, Халиля Аминова, Оксаны Андреевой, Татьяны Андрияновой, Виктории Арутюновой, Наили Аскер-заде, Дины Ахметовой, Алека Ахундова, Евгения Багаева, Елены Баженовой, Анны Балашовой, Глеба Баранова, Евгения Белова, Юрия Белова, Сергея Боброва, Ивана Богачева, Сергея Бойко, Клавдии Большаковой, Тимура Бордюга, Максима Буйлова, Ивана Буранова, Зои Бурой, Кристины Бусько, Дмитрия Бутрина, Николая Вардуля, Максима Варывдина, Варвары Васильевой, Александра Воронова, Константина Воронова, Елены Вранцевой, Наталии Геворкян, Владимира Гендлина, Алексея Герасимова, Михаила Голубева, Юлии Гордиенко, Кирилла Горского, Анастасии Горшковой, Елены Гостевой, Натальи Гриб, Николая Гулько, Эльмара Гусейнова, Светланы Дементьевой, Тамилы Джоджуа, Дмитрия Доброва, Киры Долининой, Владислава Дорофеева, Игоря Дроздецкого, Сергея Дюпина, Инны Ерохиной, Владимира Есипова, Александра Жеглова, Елены Загородней, Инги Замуруевой, Анны Заниной, Екатерины Заподинской, Дмитрия Зеленцова, Николая Иванова, Валентины Ивановой, Александра Игорева, Алексея Ионова, Льва Кадика, Владимира Кара-Мурзы, Юрия Кацмана, Ирины Кашаевой, Никиты Кириченко, Елены Киселевой, Бориса Клина, Георгия Князева, Андрея Кобича, Николая Ковалева, Валерия Кодачигова, Евгения Козичева, Ивана Козлова, Владимира Козловского, Андрея Колесникова, Романа Костикова, Анастасии Костиной, Юрия Котова, Сергея Кочетова, Ивана Краснова, Павла Куликова, Олега Кутасова, Вероники Куцылло, Владимира Лавицкого, Дмитрия Ладыгина, Марины Лепиной, Дмитрия Ловягина, Михаила Логинова, Кирилла Лубнина, Екатерины Любавиной, Елены Максименко, Федора Максимова, Александра Малютина, Сергея Машкина, Алены Миклашевской, Евгении Миловой, Владимира Мироненко, Яны Миронцевой, Михаила Михайлина, Игоря Моисеева, Сергея Муравьева, Мусы Мурадова, Сергея Начарова, Алексея Ненашева, Владимира Новикова, Елены Новомлинской, Яна Ноуна, Ольги Оболенской, Игоря Орлова, Валерия Павлова, Дмитрия Павлова, Юрия Панкова, Юлии Панфиловой, Ирины Парфентьевой, Юлии Пелеховой, Сергея Переходова, Светланы Петровой, Гурана Петровича, Ольги Плешановой, Александра Потапова, Глеба Пьяных, Владимира Раввинского, Дениса Реброва, Валентина Романова, Олега Рубниковича, Петра Рушайло, Анны Рябовой, Руслана Сакаева, Петра Сапожникова, Ивана Сборова, Афанасия Сборова, Александра Семенова, Юрия Сенаторова, Николая Сергеева, Дмитрия Сидорова, Ольги Сичкарь, Натальи Скорлыгиной, Дениса Скоробогатько, Константина Смирнова, Алексея Соковнина, Валерии Сорокиной, Елены Становой, Максима Степенина, Олега Стулова, Вячеслава Суханова, Юрия Сюна, Марии-Луизы Тирмастэ, Сергея Тополя, Елены Трегубовой, Владислава Трифонова, Игоря Тросникова, Елены Утенковой, Олега Утицина, Заура Фарниева, Ивана Федина, Максима Федорова, Виктора Хамраева, Юрия Хатуляь, Евгения Хвостика, Юрия Хнычкина, Александры Ходоновой, Андрея Цыганова, Сергея Чабаненко, Юлии Чайкиной, Ивана Чеберко, Марии Черкасовой, Максима Шандарова, Лилии Шарафеевой, Антона Шварца, Сергея Шерстенникова, Максима Шишкина, Ольги Шкуренко, Татьяны Юрасовой, Станислава Юшкина, Кирилла Ячеистова, а также Александра Смотрова («РИА Новости», Лондон), статьи из газет «Ведомости» и «Финансовые известия», а также статья Михаила Шевелева «Тельман Исмаилов: из цеховиков и обратно» (www.svobodanews.ru/content/article/1768853.html).

*Сведения, изложенные в книге, могут быть
художественной реконструкцией или мнением авторов*

Массово-политическое издание

16+

БИБЛИОТЕКА «КОММЕРСАНТЪ». ЛЮДИ

Соловьев Александр, Башкирова Валерия

ИЗГОИ
За чертой бизнеса

ИД «Коммерсантъ»

Руководитель проекта *В. Дорофеев*
Редактор *В. Дорофеев*. Арт-директор *А. Ирбит*
Бильд-редактор *Е. Худобко*. Фоторедактор *А. Токарева*
Ответственный за выпуск *В. Башкирова*

ЗАО «Коммерсантъ. Издательский дом»
125080, Москва, ул. Врубеля, д. 4
kommersant.ru

Издательство «Эксмо»

Ответственный редактор *Т. Безгодова*
Технический редактор *Л. Зотова*
Компьютерная верстка *И. Кондратюк*

ООО «Издательство «Эксмо»
127299, Москва, ул. Клары Цеткин, д. 18/5. Тел. 411-68-86, 956-39-21.
Home page: **www.eksmo.ru**   E-mail: **info@eksmo.ru**

Подписано в печать 08.11.2012. Формат 60×90 $^1/_{16}$.
Гарнитура «Swift». Печать офсетная. Усл. печ. л. 27,0.
Доп. тираж 3100 экз. Заказ 9574.

Отпечатано в ОАО «Можайский полиграфический комбинат»
143200, г. Можайск, ул. Мира, 93
www.oaompk.ru, www.оаомпк.рф тел.: (495) 745-84-28, (49638) 20-685

ISBN 978-5-699-58877-0